崇明文库

崇明中青年刑事法文库·第二辑

吴宏耀 主编

A Study on the Cognitive Ability of Judges in the Context of Substantive Trial

庭审实质化语境下裁判者认知力研究

元轶 著

中国政法大学出版社

2025·北京

声　明　1. 版权所有，侵权必究。
　　　　2. 如有缺页、倒装问题，由出版社负责退换。

图书在版编目（CIP）数据

庭审实质化语境下裁判者认知力研究 / 元轶著. -- 北京：中国政法大学出版社, 2025.4 -- ISBN 978-7-5764-1199-7

Ⅰ.①庭… Ⅱ.①元… Ⅲ.①审判—研究—中国 Ⅳ.①D925.04

中国国家版本馆 CIP 数据核字(2024)第 102382 号

庭审实质化语境下裁判者认知力研究

书　名	TINGSHEN SHIZHIHUA YUJINGXIA CAIPANZHE RENZHILI YANJIU
出版者	中国政法大学出版社
地　址	北京市海淀区西土城路 25 号
邮　箱	bianjishi07public@163.com
网　址	http://www.cuplpress.com（网络实名：中国政法大学出版社）
电　话	010-58908466(第七编辑部) 010-58908334(邮购部)
承　印	北京旺都印务有限公司
开　本	720mm×960mm　1/16
印　张	21.25
字　数	380 千字
版　次	2025 年 4 月第 1 版
印　次	2025 年 4 月第 1 次印刷
定　价	95.00 元

序言
裁判者认知力研究的价值

　　裁判者认知力研究是实现依法治国的必要保证。2014 年 10 月，中国共产党第十八届中央委员会第四次全体会议首次专题讨论依法治国问题。2014 年 10 月 28 日，《中共中央关于全面推进依法治国若干重大问题的决定》发布。其中，第 4 条提出："公正是法治的生命线。司法公正对社会公正具有重要引领作用，司法不公对社会公正具有致命破坏作用。必须完善司法管理体制和司法权力运行机制，规范司法行为，加强对司法活动的监督，努力让人民群众在每一个司法案件中感受到公平正义。"同时，习近平总书记早在首都各界纪念现行宪法公布施行 30 周年大会上，明确提出："我们要依法公正对待人民群众的诉求，努力让人民群众在每一个司法案件中都能感受到公平正义，决不能让不公正的审判伤害人民群众感情，损害人民群众权益。只有公正司法，才能使人们正当的利益诉求通过司法裁判而得以落实；也只有实现了公正司法，人们才可以真正感知来自司法的公平正义。"[1]

　　因此，如果说司法是维护社会公平正义的最后一道防线，那么谁是这道防线的守门员，无疑是裁判者，而什么是能让裁判者作出公正判决的基础，就是那看不见、摸不着的认知力。习近平总书记指出："司法活动具有特殊的性质和规律，司法权是对案件事实和法律的判断权和裁决权。"[2] 基于对事实认知和法律适用中司法活动过程的考察可知，司法裁判的形成依靠于裁判者的认知力，

---

〔1〕 中共中央文献研究室编：《十八大以来重要文献选编》（上），中央文献出版社 2014 年版，第 91 页。

〔2〕 习近平：《在中央政法工作会议上的讲话》，载中共中央文献研究室编：《习近平关于全面依法治国论述摘编》，中央文献出版社 2015 年版，第 102 页。

这种认知力主要体现在庭审过程中裁判者运用证据对案件事实与法律适用进行逻辑推演、经验归纳及价值衡量。因此，要实现"让人民群众在每一个司法案件中感受到公平正义"这一总体目标，就必须充分研究司法裁判者的认知力问题。

除此之外，裁判者认知力的研究可以统一裁判者的认知模式，保证思维的统一性和确定性，从而保障法律的统一适用和正确实施，从而维护法律的尊严和司法的权威；它可以保证裁判者将抽象的法律条文应用于具体的案件中，从而保障司法裁判的普遍性和合理性，在法网与人情中达到平衡。裁判者认知力的研究可以充分保障裁判者有效裁判案件，激发裁判者对个案的处理智慧，从而弥补法律的空白和不足，保证法律制度随着社会发展而不断完善；与此同时，还可以限制裁判者的自由裁量权，使裁判者的自由心证不至于滑向肆意专断。

还需注意的是，裁判者认知力研究还是庭审实质化改革的必经之路。如果我们一直以来的研究对象是中国刑事司法的现状何以发生，其根本规律何在，我们终将洞悉其司法改革的方向。《中共中央关于全面推进依法治国若干重大问题的决定》提出："推进以审判为中心的诉讼制度改革，确保侦查、审查起诉的案件事实证据经得起法律的检验。全面贯彻证据裁判规则，严格依法收集、固定、保存、审查、运用证据，完善证人、鉴定人出庭制度，保证庭审在查明事实、认定证据、保护诉权、公正裁判中发挥决定性作用。"由此，以审判为中心的诉讼制度改革这项系统工程，既包含规范审前侦查程序运行，优化公检法三机关"线性诉讼构造"，更具有使庭审实质化，使裁判者心证形成在法庭的制度要求。因此，庭审实质化制度改革要求裁判者所作出的裁判不再以法庭之外的卷宗阅读或笔录阅读为依据，而是强调裁判者的亲历性，即裁判的作出必须以其在庭上的所见、所感、所闻为依据，对影响案件事实真相发现的证据都应当庭进行实质性审查与判断。这对裁判者的认知力水平提出了较高要求。

在此基础上，如果裁判者的认知能力无法适应审判制度的推进，就会造成相关改革制度的异化及裁判者认知偏差等问题。根据我们的研究，包括庭前阶段的证据移送、庭审阶段的证人出庭、重新鉴定，以及裁判阶段的当庭宣判等制度在内的庭审实质化改革措施，其意涵在于防止审前预断，保障庭审心证。然而，囿于裁判者自身认知力水平无法与改革举措协同推进，主要证据移送制度异化为"庭后案卷移送"，证人出庭制度异化为"笔录宣读"，重新鉴定制度

序言　裁判者认知力研究的价值

异化为"一次鉴定",当庭宣判制度异化为"定期宣判"。[1]由此可见,裁判者认知力研究对庭审实质化的实现而言非常重要。

同时,2019年4月23日,十三届全国人大常委会第十次会议表决通过了新修订的《法官法》[2]。《法官法》是规范审判权运行主体、构建我国法官制度的专门法律。1995年,我国首次颁布实施《法官法》,2001年进行修改。此次全面修订《法官法》对进一步推进我国法官制度革命化、正规化、职业化、专业化,依法保障司法公平公正具有重要而深远的意义。通观法律的修订,巩固司法体制改革成效和着力塑造一支忠诚干净担当的专业化法官队伍是立法的核心内容。《法官法》第26条以立法的形式明确了实行员额制管理,充实了员额制管理的内容,将员额制改革成果上升为法律。司法责任制改革后,法官权力大了,责任也更重了。依法推进法官队伍革命化、正规化、职业化、专业化建设,确保法官队伍让党和人民放心,是此次法官法修订的重要内容。习近平总书记明确指出:"司法人员管理等同于一般公务员管理,不利于提高专业素质、保障办案质量。"因此,新一代的法官,应当更具专业化素养,更有责任担当,更加有职业崇高感。裁判者认知力的研究有利于保障裁判者队伍走向职业化、专业化道路,与其他法律人形成有利于法律实施的法律职业共同体。裁判者认知力的研究有利于培养裁判者的实践理性,促进裁判者包括裁判人格、裁判思维以及知识结构、推理方式、论证方法等方面的形成,构建其认知力水平的内在依据。

除此之外,裁判者认知力研究还是刑事司法研究的必然趋势。如果说《刑事诉讼法》的根本价值在于证明被告人刑事责任的有无问题,而其使用的是本质上极为简单、粗糙的三段论模式,即大前提—小前提—结论。那么刑法的灵魂核心,即犯罪构成要件,则是解决其中小前提的具体问题,即被追诉人是否实施了犯罪行为,从中衍生出主体、行为、对象、结果、因果关系、故意、过失等一系列问题。而在这一问题之下,则是证据法的范畴,证据法研究是否构成上述整体事实,上述整体事实中的片段事实,直至构成这些片段事实的每一个细小的证据本身的真实性、关联性和合法性。

由此可见,从刑事诉讼法到刑法,再到证据法,越来越底层,越来越细微,其实,也就越来越根本,越来越复杂,越来越不可确定。如果说囿于刑事诉讼法的语境里,还可以振振有词地谈三段论多么的正确、明晰。那么到了犯罪构

---

〔1〕 元轶:《庭审实质化压力下的制度异化及裁判者认知偏差》,载《政法论坛》2019年第4期。

〔2〕 为行文方便,本书中涉及的我国法律法规直接使用简称,例如《中华人民共和国法官法》简称《法官法》,全书统一,不再一一说明。

成层面，已经开始产生疑问，而在证据法层面，这种疑问已经演变为一种惶恐。

如果说研究证据是研究最重要的客观现象，那么研究裁判者认知就是研究裁判者内心的证据。也就是说，裁判者认知是一种裁判者的内心证据，是另一种证据形式，是一种更本质、更直接的证据形式，即客观证据的主观反映。面对如此复杂、不确定并且叫人惶恐的证据法系统，裁判者认知力的研究能够将不确定的知识转变为相对确定的裁判者认知。例如，美国法学家芭芭拉教授注意到，盖然性在表现认知不确定性的同时也具有确定性，并提出确定"道德确定"的方法将盖然性改造为确定性知识，即"在刑事审判中，案件事实清楚达到如下程度，尽管没有纯粹的必要认为案件事实一定如此，但是他们不可能是另外一种状态，每一个不带有偏见的裁判者都会认同这个结论。这样道德确定就成为毋庸置疑的标志"。[1]因此，随着法庭上对案件事实认定所依据的证据等信息量的大幅增加，事实认知的不确定性也显著加强，传统的三段论模式已无法满足如今的司法裁判要求，裁判者的认知力研究则是一把尝试将其打开的钥匙。

除此之外，正如左卫民教授所言："随着时间的推进与中国法学的发展，'法条主义'或者'法教义学'在学术研究中产生了强大的惯性作用，使得对于法律条文的打磨、修葺甚至是推翻与再建，成为不少学者学术研究的出发点与最终归宿。在这一前提之下，刑事诉讼制度践行者只是充当了一个配合学术理论与概念构建的'配角'，无法成为学术研究问题意识的真正来源。"[2]法教义学固然有利于论证的体系化和规范化，但却容易出现封闭的研究倾向，固化于学科的框架。当出现相关改革制度的异化及裁判者认知偏差等问题时，大多研究认定为制度或程序本身出现了问题，并未正视法律机制自主运行的真正内在原因。笔者认为可以把研究重心转移到裁判者本身，将裁判者作为决定制度运行效果的能动因素来看待，将其作为目的与研究对象，而非研究的手段与方法。正如哈贝马斯所言："不要固执于一个学科的眼光，而要坚持开放的态度，不同的方法论立场，不同的理论目标，不同的角色视域，以及不同的语用研究态度（诠释的、批判的、分析的），对这些都要持开放态度。"[3]本论著将视角放于裁判者之上，将其作为刑事诉讼中的"人"，不仅立足于规范研究，还将裁判者认知力视为一个涉及逻辑、经验、价值衡量等因素的复杂的认知系统。

---

[1] 张斌：《英美刑事证明标准的理性基础——以"盖然性"思想解读为中心》，载《清华法学》2010年第3期。

[2] 左卫民：《刑事诉讼中的"人"：一种主体性研究》，载《中国法学》2021年第5期。

[3] 转引自陈向明：《质的研究方法与社会科学研究》，教育科学出版社2000年版，第3页。

目 录

序 言
裁判者认知力研究的价值   I

1 认知问题的发现   001

1.1 裁判者认知力研究的必要性   001
1.2 裁判者认知力研究的实体法之维度   002
1.3 裁判者认知力研究的程序法之维度   011
1.4 认知力研究的职业培养维度   014

2 裁判者认知力的分析维度   018

2.1 裁判者认知的概念及其发展   018
2.2 裁判者认知的理论基础   021
2.3 裁判者认知的适用场域   035
2.4 裁判者思维   044
2.5 认知经验   054
2.6 认知逻辑   078
2.7 法官认知的价值衡量   095

3 司法认知与庭审实质化相互关系论　　116

3.1 司法认知在庭审实质化中的作用和地位　　116
3.2 庭审实质化压力下的制度异化　　125
3.3 制度异化下司法认知的系统性偏差　　138
3.4 司法鉴定制度异化的裁判者能力解释　　150
3.5 庭审制度异化的裁判者动机解释　　184
3.6 司法认知特殊情形：陪审团制　　202

4 机器认知与裁判者认知　　215

4.1 机器智能与裁判者经验　　215
4.2 人工智能与裁判者裁判逻辑　　229
4.3 人工智能带来的机遇、问题与展望　　241

5 庭审实质化对判决形成的影响　　282

5.1 庭审实质化改革下证人出庭对最终裁判的影响及其价值　　282
5.2 判决融贯论证与印证　　297
5.3 重塑裁判文书的分析方法　　308
5.4 跨学科视角下的裁判文书说理　　325

1. 认知问题的发现

1.1 裁判者认知力研究的必要性

司法权的本质是判断,判断的基础是认知力。这种认知力主要体现在裁判者在庭审中运用证据对案件事实与法律适用进行逻辑推演、经验归纳及价值衡量的过程之中。中共十八届四中全会通过的《中共中央关于全面推进依法治国若干重大问题的决定》明确提出,要推进以审判为中心的刑事诉讼制度改革,保证庭审在查明事实、认定证据、保护诉权、公正裁判中发挥决定性作用。以审判为中心的诉讼制度改革这项系统工程,既包含规范审前侦查程序运行、优化公检法三机关"线性诉讼构造",也包含具有使庭审实质化,使裁判者心证形成在法庭的制度语义。如果裁判者的认知能力无法适应审判制度的推进,就会造成司法制度改革发生异化,这也是本课题在"庭审实质化语境下裁判者认知力研究"下完成的第一阶段成果,即庭审实质化压力下相关改革制度的异化及裁判者认知偏差等问题。根据本课题第一阶段研究,庭审实质化改革措施的意涵在于防止审前预断,保障庭审心证,由此可见,裁判者认知力研究对庭审实质化的实现而言至关重要。

换言之,庭审实质化制度改革强调裁判者的亲历性,即裁判的作出必须以其在庭上的所见、所感、所闻为依据,对影响案件事实真相发现的证据都应当庭进行实质性审查与判断,这无疑是对裁判者的认知能力提出了更高要求。而从裁判者的主观视角观之,随着法庭上对案件事实认定所依据的证据等信息量的大幅增加,裁判者需要处理大量的信息和证据,事实认知的不确定性也显著增加,在处理复杂案件时可能会出现信息巨大超载的情况,从而影响其决策能力。裁判主体的认知压力相较改革前明显加剧。正如习近平总书记所指出的:"同面临的形势和任务相比,政法队伍能力水平还很不适应,'追不上、打不赢、说不过、判不明'等问题还没有完全解决,面临着'本领恐慌'问题,必须大力提高业务能力。"[1]

事实上,对于裁判者认知力提升这一问题始终缺乏系统性研究,尤其对裁判者认知力这一深层问题。20世纪初,卡多佐大法官在其著作中针对这一问题提出,即便是在存在陪审团审判的英美法系国家,也一直"相当缺乏坦诚,似乎一提到裁判者受制于人所具有的局限性,裁判者就一定会失去尊严和确认"。[2]其实,无论是奉行法律理性主义的传统法学,认为裁判者完全有能力对证据材料进行理性推断,还是20世纪发展起来的法律现实主义,强调人类特质的非理性因素,主张法律裁断必须在社会环境中来研究,其中,裁判者认知力研究都是无法规避的重要主题。然而,对这一问题的学术研究,截至2021年3月18日,笔者通过中国知网(1996—2021年),以"裁判者认知力"为主题词进行统计,共检索到相关文献21篇,而同期以"庭审实质化"为主题词的文献,则有537篇之多,前者尚不及后者的1/25。在此基础上,笔者又对既有研究文献侧重点分布进行分析,发现学界对于裁判者认知力的研究尚缺乏系统性,其中一半左右的研究属于与该问题相关度不高的边缘性研究,侧重于分析裁判者对某一特定领域的认知及证明模式的研究等,分析层面较为单一,角度不够全面,缺乏对裁判者认知力的多维系统研究。

由此可见,无论是立足于我国司法体制改革的现实语境,还是着眼于学术理论研究供给,裁判者认知力问题的研究都具有现实性。因此,有必要从实体法、程序法以及裁判者职业培养等多个维度,对裁判者认知力问题展开研究。

1.2 裁判者认知力研究的实体法之维度

德国法学家、前法官施特劳赫(Hans-Joachim Strauch)曾指出:司法过程是一种"认知过程"(Erkenntnisprozess),在其中,法官必须始终在两个不同层面上进行工作:实然(事实认知)和应然(法律发现)。[3]也就是说,在实体法层面,裁判人员认知活动:一是事实认知;二是法律适用。

---

[1] 习近平:《在中央政法工作会议上的讲话》,载中共中央文献研究室编:《习近平关于全面依法治国论述摘编》,中央文献出版社2015年版,第101页。

[2] [美]本杰明·卡多佐:《司法过程的性质》,苏力译,商务印书馆1997年版,第105页。

[3] Strauch, Methodenlehre des gerichtlichen Erkenntnisverfahrens, *Prozesse richterlicher Kognition*, 2017, S. 157.

1.2.1 案件事实认知是一种主观建构过程

事实认知是司法裁判之基石，是案件裁判内在过程的决定因素。[1]在刑事法领域，事实认知是实现刑事法治的基础。具体而言，在以尊重人格尊严为价值内核的当代法秩序中，刑罚权的发动必须遵循责任主义原则，也就是说，国家只能对那些就其所造成的不法负有可谴责性的主体在其负有的可谴责性程度范围内发动刑罚权。[2]这决定了，在刑事裁判活动中，不但要具体查明被告人所造成不法的范围，还要具体查明被告人就该等不法在何种程度上负有可谴责性。否则，如果因事实审查不清而造成在没有非难可能性的情形下或超出非难可能性程度对被告人判处刑罚的后果，那么这种刑罚则意味着将被告人单纯看作刑事诉讼过程的客体而非主体、手段而非目的，构成对人格尊严（《宪法》第33条第3款、《宪法》第38条）的否定是法秩序所不能接受的。[3]因此，刑事诉讼中的事实查明必须是全面的（umfassend）。[4]正因如此，刑事诉讼中的事实查明实行"职权调查原则"，要求将一切对定罪和量刑有意义的事实和材料都纳入事实查明的范围（2018年《刑事诉讼法》第52条），在证明标准中要求"定罪量刑的事实都有证据证明"且事实认定者对证明体系形成内心确信、"排除合理怀疑"（2018年《刑事诉讼法》第55条第2款）。

为实质地实现责任主义，须查明实质真实，或者说客观真实。实质真实观立基于符合论（Korrespondenztheorie）的真理概念上。[5]然而，在事实查明的

---

[1] 元轶：《庭审实质化压力下的制度异化及裁判者认知偏差》，载《政法论坛》2019年第4期。

[2] Vgl. Jescheck/Weigend, Lehrbuch des Strafrechts, Allgemeiner Teil, 5. Aufl., 1996; Roxin/Greco, Strafrecht Allgemeiner Teil Band I, 5. Aufl., 2020, § 3, Rn. 51ff.

[3] 事实查明对实现责任主义的意义，vgl. MüKoStPO/Trüg/Habetha, 1. Aufl. 2016, StPO § 244 Rn. 4-7；责任主义在宪法上的意涵，参见张明楷：《宪法与刑法的循环解释》，载《法学评论》2019年第1期。

[4] Vgl. BVerfG NJW 2003, 2444.

[5] Vgl. MüKoStPO/Trüg/Habetha, 1. Aufl. 2016, StPO § 244 Rn. 47. 苏联理论立基于马克思列宁主义认识论原理，对实质真实（客观真实）亦作类似理解："基于马克思列宁主义的认识论，在刑事诉讼中得以确定的真实，是一种符合概念意义上的客观真实。这种符合，即对实在客体的思想观念与该客体的不以人对其的认知为转移的存在形式相符合。"Курс советского уголовного процесса. Т 1. Основные положения науки советского уголовного процесса. / Строгович М. С. -Москва：Издательство 《Наука》, 1968, С. 133. 对客观真实的符合论式理解在我国亦是主流观点。参见陈光中、陈海光、魏晓娜：《刑事证据制度与认识论——兼与误区论、法律真实论、相对真实论商榷》，载《中国法学》2001年第1期。

实践中，事实认定者能否实现在符合论指导下，如同"发现被埋藏的金块"[1]那样，通过其认识活动"找到"真相呢？答案是否定的。与一般认识活动中可以任意选用认识方法和认识材料不同，在刑事诉讼中，证明材料和证明方法的运用均须严格遵守刑事诉讼法的限制。在这一意义上，刑事诉讼法形塑了诉讼过程的事实认知及其评判标准。这意味着，"并不存在这样一种外在于诉讼过程的视角，以对既经确定的案件事实'客观'地作出评判"，[2]进而，"如果我们——作为诉讼过程的观察者——意欲评判，法院是否'正确'认定了案件事实，那么我们只能从诉讼程序的情况（prozessuale situation）出发"[3]。可见，过去发生的案件事实，已不可能在法庭上复现，无法在法庭上直接予以"观察"。因此，事实认定者无法在其思想意识中直接对该案件事实形成反映，也就无从校验其思想意识与客观情况的符合性。进而，在刑事诉讼中，符合论的真理观尽管具有目的价值，但其本身并不足以构成事实认知在方法论层面的指引。

在价值冲突中，不同的价值来源表现为不同的价值形式，主要总结为以下四种情形：一是法律内部冲突；二是法律外部冲突；三是法律内部价值与法律外部价值的冲突；四是法律内部价值冲突与法律外部价值冲突并存。[4]对价值的判断其本质是对实质理由的现实应用，因此价值作为典型实质性理由的运作方式为"权衡"或"衡量"。在此过程中裁判者需要明确界定何种利益需相互权衡、应如何权衡。[5]

社会的发展和法律体系的复杂性增加，传统的形式性推理和论证已不能完全解决现代法律面临的各种复杂问题。在许多案件中，仅依靠逻辑推理和法条解释无法提供清晰的答案。这就引发了对实质理由的关注，特别是对原则和价值的重视。实质理由强调的是法律的目的、价值和原则，以及其与社会道德、公平正义等价值体系的关联。裁判理论越来越注重在决策过程中引入这些实质理由，以更好地解决复杂的案件和涉及伦理、公共利益以及社会影响等方面的

---

[1] Volk, Konfliktverteidigung, Konsensualverteidigung und die Strafrechtsdogmatik, in: *FS-Dahs*, 2005, 495 (496), zitiert nach MüKoStPO/Trüg/Habetha, 1. Aufl. 2016, StPO § 244 Rn. 47.

[2] Strauch, Methodenlehre des gerichtlichen Erkenntnisverfahrens, *Prozesse richterlicher Kognition*, 2017, S. 168 f.

[3] Strauch, Methodenlehre des gerichtlichen Erkenntnisverfahrens, *Prozesse richterlicher Kognition*, 2017, S. 175.

[4] 黎丽：《价值判断之于法官》，载《法学杂志》2003年第6期。

[5] Eveline T. Feteris, Weighing and Balancing in the Justification of Judicial Decisions, *28 Informal Logic*, 23 (2008).

问题。这种转向实质理由的裁判理论使裁判者的价值判断发挥了重要作用。裁判者不再仅仅是法律规则的应用者，而是需要权衡各种价值，如公正、人权、社会利益等，以确定最合理和公正的判断结果。裁判者需要运用专业知识和判断力，综合考虑各种实质性因素，并在裁决中表达其价值观和理念。

为事实认知过程提供认识论指导基础的，是融贯论的真理观。事实认定者获得经证据法则所筛选的信息。基于其已掌握的信息，事实认定者生成法律模型（Rechtliches Muster），亦即对案件事实的假设。在此基础上，事实认定者考察各种证据信息是否与这一法律模型相契合，并随时为多样化信息的拼入而变更或推翻这一模型。[1]这一过程并非易事。融贯性关涉到法律规范与裁判的证立问题，其要求裁判具备以下基本要求。首先，判决推论必须具有"合法性"，也就是要求判决从现有的法规范中推导出来。裁判者的责任是按照与现有法规范相一致的方式进行裁判。这个要求实质上也是对形式一致性的逻辑要求。然而，融贯性的这一方面可能与司法裁判追求的其他目标（如实质正义）产生矛盾。[2]这是因为法规范并不总能完全涵盖所有情况，有时需要对规范进行解释和补充。在这种情况下，裁判者可能需要在法规范的限制之下作出判断，以追求更大的正义和公平。其次，裁判所依赖的理由之间应该相互支持，形成一个理由链条，确保判决的合理性和逻辑性。如果说融贯性的第二个方面是约束价值判断应该"依法"进行的话，那么融贯性的这一方面则强调了裁判者在进行价值判断时应该综合各种因素，以达到合情合理的结果。这意味着裁判者需要在法律规范的框架下，充分考虑案件的具体情况和各方利益，以便作出符合实质正义和公平原则的决策。融贯性要求裁判者在裁判中同时兼顾形式一致性和实质正义。裁判者既要遵循现有的法规范进行推理，又要确保判决的理由相互支持、合理协调，并在判断中全面考虑各种因素，以达到符合法律精神和公正要求的结果。这是一项挑战性的任务，需要裁判者具备专业知识、逻辑思维和价值判断的能力。[3]

如同拉伦茨（Karl Larenz）所精辟指出的，面对涉争事实是否确实发生的

---

[1] Strauch, Methodenlehre des gerichtlichen Erkenntnisverfahrens, *Prozesse richterlicher Kognition*, 2017, S. 208 f.

[2] Neil MacCormic, Coherence in Legal Justification, in Aleksander Peczenik, Lars Lindahl, Bert Foermundeds. , *Theory of Legal Science*, D. Reidel Publishing Company, 1984, pp. 243-244.

[3] 孙海波：《司法裁判中法官价值判断的理性限制体系及其展开》，载《法商研究》2023年第3期。

问题，裁判者"通常并非亲身对其有所感知，而是必须依赖于他人的感知"。[1]在这一意义上，即使是直接目击案件的证人提供的证言，对事实认定者而言也只能构成"间接"认识案件事实的材料。可以说，"法庭上的每种证据，几乎都是间接的证据"。[2]与此同时，言词证据特别是证人证言具有相当程度的主观性，证人证言出现错误或遗漏在所难免。即使是诸如鉴定意见之类的科学证据，亦须事实认定者对其证明价值作出独立判断。这一切考察表明，诉讼过程中的事实认知，具有相当程度的复杂性。在案证据信息须"要么能够归入逻辑一贯的事实关联；要么有充分的理由被视为未被证明、不真实、非常不可信（eher unwahrscheinlich）或者其在建构案件事实的过程中因其非本质性和不重要性而未获考虑"[3]。

总之，事实认知是运用有限手段追求较高目的的复杂过程。一方面，符合论意义上的客观真实是事实认知的价值目标。另一方面，取决于诉讼法之限制和诉讼事实认知活动的特殊性，事实认知活动只能以融贯论的真相观念为方法指引。[4]可以认为，事实认知，是通过充分运用在案证据信息，特别是基于在案证据信息之间的关联性，对案件事实给出融贯解释的过程。在这一意义上，案件事实不是"找到"的，而是"建构"的。而这种建构，实际上对事实认定者提出了极高的要求。

1.2.2　案件法律适用中的解释性认知

正确开展法律适用是罪刑法定和责任主义的题中之义，也是实现正当程序的基本要求。以司法三段论为典型表现形式的涵摄模式，是法律适用——确切地说是法之内部证成——的基本模式，但该模式并不描述裁判者在其认知过程中开展法律发现活动的实际样态。[5]具体而言，作为法的内部证成之逻辑样态，涵摄模式预设了两个前提条件：第一，法典中每一概念的常规用法都已被

---

〔1〕 Larenz/Canaris, Methodenlehre der Rechtswissenschaft, 1995, 3. Aufl., S. 125.

〔2〕 Bender/Nack/Treuer, Tatsachenfeststellung vor Gericht, Glaubwürdigkeits- und Beweislehre, Vernehmungslehre, 3. Aufl., 2007, S. 145, zitiert nach Strauch, *Methodenlehre des gerichtlichen Erkenntnisverfahrens*, Prozesse richterlicher Kognition, 2017, S. 164.

〔3〕 Strauch, Methodenlehre des gerichtlichen Erkenntnisverfahrens, *Prozesse richterlicher Kognition*, 2017, S. 207 f.

〔4〕 符合论与融贯论亦构成印证证明方法作用机理之基础。龙宗智：《刑事印证证明模式新探》，载《法学研究》2017 年第 2 期。

〔5〕 雷磊：《为涵摄模式辩护》，载《中外法学》2016 年第 5 期。

明确定义；第二，在对象和概念之间，更为一般地说，是在现实与语言之间，存在明确的对应关系。[1]这些基本预设，是实现法律论证逻辑有效性的前提。然而，这无法否认现实情况与这些预设的差异，无法否认裁判者通过其智识活动，通过展开外部论证，对这种差异进行解释的必要性。详言之，"规范的意义受到既有的语言使用规则的制约，也受到许多其他因素的影响（目的、发生史、历史、社会、理性等等），从而多少显现出某些不确定的面相（法律解释的必要）；规范有时存在空缺、矛盾、言不及义、言过其义等缺失，都需要我们根据某些方法对其进行发展、修正与改造（法的续造）"。[2]

当案件的裁判结果与民意相冲突时，裁判者面临选择顺应民意，还是站在法律的立场对相关价值进行理性反思，这个问题需要深入探讨。民意是指大众的意见、情绪和价值观念的聚合体。由于民意具有感性特征，在某些时候它可能是非理性的，甚至是错误的。此外，民意的形成往往缺乏相应的检测机制，容易受到舆论引导、情绪影响和信息不对称等因素的影响。因此，单纯以民意来支配和主导裁判者的价值判断风险极高。劳东燕教授指出，裁判者不应以民意来支配和主导价值判断，如果裁判者盲目追随民意的价值取向，并任意吸纳所谓的民意，不仅审判的独立性将被削弱，法治和人权也将受到威胁和破坏。[3]因此，裁判者在面对民意时应当保持独立思考，遵循一定的教义逻辑和规则，并根据法律的基本原则和价值进行判断。法律是经过长期思考、实践和演变而形成的，它提供了一条确定性和稳定性的思考轨道。裁判者应当站在法律的立场，凭借法律知识和原则来分析和判断案件。同时，裁判者的价值判断也不应该局限于法律本身，还需要考虑法律的社会价值和公正性。法律的目的是实现公正、维护社会秩序和促进人民福祉。因此，在处理与民意相冲突的案件时，裁判者可以在法律框架内对相关价值进行理性反思，并根据具体情况进行权衡和平衡，以实现法律价值与社会民意的有机融合。

实体法适用上的复杂性自不待言。而程序法和实体法一样，也涉及一系列法律适用问题。相较于实体法上高度成熟的法教义学理论状况，刑事诉讼法教义学理论长期缺位。那种"将法律体系呈现为内部融贯的集合"，并"使它与

---

[1] Strauch, Methodenlehre des gerichtlichen Erkenntnisverfahrens, Prozesse richterlicher Kognition, 2017, S. 296.

[2] 雷磊：《法教义学的基本立场》，载《中外法学》2015年第1期。

[3] 劳东燕：《刑事政策与刑法解释中的价值判断——兼论解释论上的"以刑制罪"现象》，载《政法论坛》2012年第4期。

背后的正当化脉络（道德和政治哲学）相协调，以此达到法律作为实践理性和法学作为实践科学之效果"[1]的刑事诉讼法教义学体系一直未能得以建构，刑事诉讼法学上与之相关的若干基本范畴和基础理论尚未得到清晰阐释。在这种理论状况下，在刑事诉讼法适用上，特别是在法律和司法解释都未明确赋予法律后果之领域的适用上，难免存在粗疏、困难乃至无法满足涵摄模式逻辑一贯性要求的情形，进而动摇着刑事裁判的正当性根基。而司法解释的大量适用尽管在一定程度上化解了由于立法的高度抽象性和简略性造成的法律发现之复杂性，然而这并未从根本上消解法律适用的难度。实际上，司法解释也是一种立法；[2]司法解释"是规范性文件，甚至采用了与刑法条文一样的表述方式，并且具有法律效力"。[3]因此，裁判者既面临如何适用法律的问题，也面临如何适用司法解释的问题。

首先，与常规的法律解释、法律推理或法律论证方法不同，裁判者价值判断通常不能直接推导出裁判结果，因为法律体系是建立在具体法律规定和原则之上的，需要依据具体的法律条款、法律解释、判例和其他法律规则进行推理和论证。在判断案件时，裁判者会参考法律的明文规定、相关法律解释以及判例等，然后结合适用情况和特定背景，进行价值判断的运用。例如，裁判者可能会考虑社会公共利益、法律的目的和精神，以及维护公正、公平和法律秩序的原则。然而，这种价值判断通常需要与其他法律方法相互作用，以确保裁判结果的合法性和合理性。

其次，需要强调的是裁判者认知在价值判断中的运用是一个具体化的过程，它需要依赖于中介点或连接点才能发挥作用。在法律体系中，存在一些规范能够提供自由裁量空间，为价值判断的应用创造了条件。只有通过法律教义学上的"连接点"，如一般条款、法律解释（尤其是目的解释）、法律漏洞补充，才能将价值判断引入法律论证中。[4]法律体系中的概括性规定、一般条款和不确定法律概念等，扮演着将裁判者的价值判断与实体法相结合的连接作用。裁判者在进行价值判断时，需要结合具体的法律规范和解释，并根据案件的具体情况进行判断和论证。裁判者需要参考相关的判例、法律原则和法律政策，同时考虑社会价值观念和公共利益等因素，以达到法律判断的合理性和公正性。通

---

[1] 雷磊：《法教义学的基本立场》，载《中外法学》2015年第1期。
[2] 聂友伦：《论司法解释的立法性质》，载《华东政法大学学报》2020年第3期。
[3] 张明楷：《明确性原则在刑事司法中的贯彻》，载《吉林大学社会科学学报》2015年第4期。
[4] 许德风：《论法教义学与价值判断：以民法方法为重点》，载《中外法学》2008年第2期。

过依赖中介点或连接点，裁判者能够确保价值判断在法律体系中的妥善运用，避免过度主观的判断，从而维护法律的权威性和一致性。

最后，裁判者的价值判断应当以法教义规则为基础，以确保其决策与社会共识相符，并维护司法的公正性和稳定性。法教义规则代表了社会的共同意愿和价值观，是立法者通过制定法律所表达的法律目的和原则。同时，法教义规则并非僵化不变的，它们可以根据社会的发展和变化进行演进和调整。裁判者在处理具体案件时，可能会面临新的社会问题和挑战，而某些法教义规则可能需要重新解释或适应新的情况。因此，裁判者在遵循法教义规则的同时，也应该具备适度的灵活性和判断力，以确保法律在不同情境下的合理应用。

裁判者对立法者意愿的尊重体现了司法权力的制约和平衡，这种从属关系有助于维护法治的稳定性和可预测性，同时保障了公民的权益和法律的公正应用。尊重立法者意愿并不意味着裁判者在价值判断方面完全受限于立法者的观点。裁判者作为司法机关的代表，需要根据具体案件的事实和法律规定，运用独立的思考和判断力来作出公正的决策。在这个过程中，裁判者可能需要解释法律的含义和目的，同时考虑社会的变化和进步，以确保法律的适用性和公正性。可以说，"现行法的制度在大部分情况下已经固定了立法者的价值判断，法教义学研究是为了发现这些价值判断并对其合理性进行论证，裁判者在一目了然的具体案件中，只要适用法律即可，而无需过问法律规定背后价值判断的合理性"。[1] 法教义学通过研究法教义规则，帮助裁判者发现并论证法律规定背后的价值判断的合理性，而无须过问法律规定背后价值判断的合理性，这是因为在简单案件中，人们对法律规范的理解和适用没有争议，法教义学的作用在于减轻裁判者的论证负担。

因此，在适用法律的过程中，为追求实质正义、促进司法与时代发展相适应并实现个案特殊情况的充分考量，[2] 以价值衡量为论理基础，在法秩序所允许的范围内，通过适当的扩大或缩小等解释手段，把对法外因素的考量纳入涵摄模式的逻辑形式中，亦是无法避免且必不可少的，这也是对裁判者认知力的另一重考验和挑战。

习近平总书记指出："司法活动具有特殊的性质和规律，司法权是对案件事

---

[1] 卜元石：《法教义学：建立司法、学术与法学教育良性互动的途径》，载田士永、王洪亮、张双根主编：《中德私法研究》，北京大学出版社 2010 年版，第 13 页。

[2] Döhring, Die gesellschaftlichen Grundlagen der juristischen Entscheidung, 1977, S. 15.

实和法律的判断权和裁决权。"[1]基于对事实认知和法律适用中认知过程的考察,可以发现,两者对裁判者的认知力提出了相当高的要求。因此,要实现庭审实质化改革,实现"让人民群众在每一个司法案件中感受到公平正义"这一总体目标,就必须充分研究司法裁判者的认知力问题。

1.2.3 案件裁判结果中的比例原则（演绎推理依据/认知基础）

裁判结果最理想的状态是收益最大化的同时损害最小化,因此为了保证结果无限接近理性状态并且为人们所接受,裁判者结合不同规范以及自身认知力在必要的限度内获得最优结果。在裁判结果中应用比例原则即为了使损害最小化或实现利益最大化。通常认为,比例原则涵盖以下三个层次：第一,适当性原则,即采取的措施必须与目标之间存在合理的关联性,以确保所采取的行动能够有效地促进目标的实现；第二,必要性原则,即在选择措施时,应优先考虑对人们权益干扰最小的方式,以确保在追求目标的过程中最大限度地保护人们的权益；第三,狭义的比例原则,即在决策过程中,需要仔细权衡不同的价值和法益,并确定最合适的平衡点,这种权衡考虑到不同权益之间的相对重要性,确保决策结果在维护各方利益的同时尽可能合理和公正。[2]

在案件裁判结果中可以从必要性原则中汲取经验,通常也称为最小损害原则,即利益最大化。如果有一种解决方案能够达成目标而不侵犯任何一方的利益,我们应该优先选择这种方案。这种原则被学者称为"避让原则",[3]也是最小损害原则的核心思想。这里,裁判者在裁判过程中权衡最小"损害"的对象主要包含以下三种观点：

第一,从最直观的角度来看,受到损害的是权利和利益。在更广泛的意义上,损害权利和利益涉及了权力、正义、平等、自由、社会福祉和可持续发展等方面。因此,权利和利益的具象性特征使得其在实践中更易理解和把握。

第二,人们在比较利益或权利时,实际上是在比较这些利益或权利背后的价值观。为了最大限度地兼容不同的价值观,我们应该给予法律规范所代表的价值更多的重视,并努力在追求某个价值观的同时尽量满足其他价值观的需求。这意味着我们应该努力找到一个平衡点,既能够尊重和维护主要价值观,又能

---

〔1〕 习近平:《在中央政法工作会议上的讲话》,载中共中央文献研究室编:《习近平关于全面依法治国论述摘编》,中央文献出版社2015年版,第102页。

〔2〕 参见姜昕:《比例原则研究——一个宪政的视角》,法律出版社2008年版,第16-17页。

〔3〕 Vgl. HeinrichHubmann, GrundsätzederInteressenabwägung, AcP, 1956, S. 123-125.

够尽量满足其他价值观的要求。因此，在追求最小化损害的同时，法律规范所代表的价值应得到更大的重视，以最大限度地兼容其他价值观。

第三，裁判者的判断不仅受个人信念的影响，更受法教义学体系中的规范性命题的指引。这个体系是法律的集大成者，蕴含着法律的内在精神和原则。裁判者在作出判断时，应当尊重和维护法律体系的完整性和连贯性。当决策方案可能对法律规则所构成的外部形式体系造成损害时，裁判者应当选择那些对外部体系造成最小侵害的方案。这是为了维护整个法教义学体系的稳定性和权威性，确保法律的可预测性和一致性。同时，裁判者也应当考虑法律原则所构建的内在价值体系，避免对法律原则的核心价值进行过度侵害。

综上，裁判者认知力便体现在庭审中运用证据对案件事实与法律适用进行逻辑推演、经验归纳及价值衡量的过程之中。

1.3 裁判者认知力研究的程序法之维度

习近平总书记指出，"执法司法中存在的突出问题，原因是多方面的，但很多与司法体制和工作机制不合理有关"。[1]裁判人员是认知力的主体，从主体角度考察认知力现状问题，首先引起注意的便是，享有认知力的主体正在以何种样态将其认知力投入审判实践？如果把认知力看作一种资源，需要回答的问题是，认知力资源在以何种机制被用于事实认知和法律适用活动？可以发现，在这一方面，仍存在多种突出问题，下面，笔者就从程序法视角对这些问题分而述之。

1.3.1 承办制下合议案件认知力配置问题

从认知角度看，合议制的功能在于，通过由复数的人员参与事实认知和法律适用活动，以尽可能避免这一过程中信息搜集的缺漏和信息处理的偏颇，尽可能达成妥适的评判结论。在决策理论上认为："与个体决策相比，群体决策所提供的信息、方案比较丰富，在容易出现错误的地方也有更多的检验和校正。因而，群体决策适合于解决较为复杂的决策问题。"[2]

然而，在我国当前实行的案件承办制环境下，即使是合议案件，事实上也

---

[1] 中共中央文献研究室编：《习近平关于全面依法治国论述摘编》，中央文献出版社2015年版，第76—77页。

[2] 张雪纯：《合议制与独任制优势比较：基于决策理论的分析》，载《法制与社会发展》2009年第6期。

只有三名承办人参与合议案件，一名承办人承担与案件审判有关的实质性工作，一名承办人在合议庭内部的范围内就案件处理结果提出主导性意见，还有一名承办人对案件负有司法责任。

1.3.2　参审制下法庭认知力结构问题

比较法上，在职业裁判者审理制中引入参审制的元素，已成为一种普遍做法。从司法裁判质量视角观之，我国设立人民陪审员制度，意在实现司法专业判断与群众朴素认知的有机统一。

"法官误认一切的人都像他们一样的合逻辑，而陪审员则往往比较更明了普通人的混乱和谬误",[1]因此，平民裁判者（Laienrichter）的引入，有利于弥补专业裁判者——特别是在事实认知方面——由于其长期接受的职业训练、工作环境和思维习惯而在认知上有悖于常理常情之处。在事实查明过程中，平民裁判者凭借其各自独有的生活经验，可能提出独到的见解，揭示出案件事实中可能常为专业裁判者所忽略的方面。在法律适用上，构成要件符合性认定过程中，常有须站在一般人视角予以评判的情形，在此，平民裁判者的引入将有助于改善法庭的认知结构，避免"一般人视角"的"司法精英化"，进而降低非难可能性的门槛，造成对被追诉人的过分苛责。

尽管人民陪审员制度改革一直是司法改革的一项重要内容，然而实证研究表明，"陪而不审""审而不议"的痼疾尚未得到实质性改观。这意味着，即使人民陪审员对改善法庭认知结构能够发挥一定作用，但这种作用往往并不能有效地反映在裁判结果上。更为值得注意的是，尽管陪审员平均参审频次近年来有所下降，但是"参审高度不均衡，年度参审数前20%的陪审员参审的案件数达到年度总数的77.3%",[2]在这种人民陪审员"驻庭"现象下，人民陪审员的认知模式和思维习惯将在这种高强度参审活动中逐渐靠近于专业裁判者，人民陪审员制度在改善法庭认知结构上功能的独特性方面亦将难以奏效。

1.3.3　司法行政化下裁判者认知力效能问题

习近平总书记指出，"执法司法中存在的突出问题，原因是多方面的，但很

---

〔1〕［美］哈罗德·伯曼：《美国法律讲话》，陈若桓译，生活·读书·新知三联书店1988年版，第41页。

〔2〕王禄生：《人民陪审改革成效的非均衡困境及其对策——基于刑事判决书的大数据挖掘》，载《中国刑事法杂志》2020年第4期。

多与司法体制和工作机制不合理有关。比如……司法行政化问题突出，审者不判、判者不审"。[1]可见，判审分离现象所存在的突出问题，已被纳入改革决策者的视野。

就法院内部的审判业务运行而言，其行政化最突出的表现就是我国长期以来实行的审判委员会制度和庭长、院长审签裁判文书制。审判委员会制度影响裁判者的亲历性，不利于裁判者良好认知能力的形成，这是众所周知的。尽管2018年《人民法院组织法》对审判委员会制度已作出大幅修改，将审判委员会对案件的决定职能限定在了重大、疑难、复杂案件的法律适用问题之内，然而，审理与裁判仍存在分离现象，如在案件的法律适用上，主审法官缺乏发挥自身认知主动性的机会，无法对案件在整体上进行认知判断。而事实上，对案件事实的认知，尤其是对重大、疑难、复杂案件事实的认知，是和案件法律适用紧密关联的，失去其中任何一部分，都会对整体认知效能产生重要影响。

庭长、院长审签裁判文书制，同样是沿用多年的审判管理制度，同样体现的是庭长、院长对案件的传统管理。在这一制度下，判决的作出并非全系主审法官作出，而是要由主管的行政业务领导，即庭长（副庭长）、院长（副院长）对判决进行审查后方能最终正式作出。此制度要求领导需对案件的处理意见进行审查，同时分情况作出指示，有问题的需指出实体上或程序上的不足，没有问题的要签署同意意见，然后由承办法官依据指示进行调查处理，作出最终判决。按照这种办案流程设计，一个案件的最终判决权在一定程度上取决于未直接参加庭审的行政长官，这无疑与现代审判活动所要求的"直接和言词审理方式"不相符。在此制度影响下，直接承办案件的裁判者作为直接了解案情、直接接触证据的人，很难完全发挥自己对案件的认知。

2017年4月12日，最高人民法院发布《关于落实司法责任制完善审判监督管理机制的意见（试行）》，力图改革庭长、院长审签裁判文书制，其第1条就开宗明义地规定：各级人民法院在法官员额制改革完成后，必须严格落实责任制改革要求，确保"让审理者裁判，由裁判者负责"。除审判委员会讨论决定的案件外，庭长、院长对其未直接参加审理案件的裁判文书不再进行审核签发，也不得以口头指示、旁听合议、文书送阅等方式变相审批案件。这一规定要求庭长、院长仅对一般案件的程序性事项进行监督，还案件裁判权及文书签发权于法官，这无疑是庭审实质化改革下对裁判者认知力提升的有效举措。

---

[1] 中共中央文献研究室编：《习近平关于全面依法治国论述摘编》，中央文献出版社2015年版，第76-77页。

013

1.3.4 证据信息基础上认知力受限问题

要充分发挥认知力的效能,须使得认知主体掌握充分的认知材料。习近平总书记指出,"在司法实践中,存在办案人员对法庭审判重视不够,常常出现一些关键证据没有收集或者没有依法收集,进入庭审的案件没有达到'案件事实清楚、证据确实充分'的法定要求,使审判无法顺利进行"[1]。在"量"的层面上,这要求充分收集证据,做到"定罪量刑的事实都有证据加以证明",实现证据信息对案件事实认知和法律评价各方面的充分覆盖;在"质"的层面上,这要求阅卷的同时,还须保证直接言词原则的贯彻落实和必要的庭审对抗的实现,保证被告人对实体和程序性法律之适用充分发表意见,以促进裁判者对案件事实获得相对更为直接的认识,对涉争的法律评价问题进行更为充分的考虑。然而,刑事审判中的实际情况并不能为认知活动的开展提供充分的证据信息。在庭审形式化背景下,包括裁判经验、逻辑推理以及论证方法等在内的认知方法在审判实践中缺乏有效运用的基础条件,当然也就很难达到庭审实质化的要求。

加之我国的庭审事实发现机制并不完善,辩方的调查取证能力尚缺乏保障,同时,简略举证、质证,批量举证、概括质证成为主流,由此实际形成"以阅卷为中心"的审判模式。如此一来,占据庭审的证据主要是控方证据,由于缺乏控辩双方的对抗,证据承载的信息,以及关联性和证明力均无法被充分揭示。因此,裁判者对证据和事实的认知几乎无法摆脱控方构筑的指控证据体系之限制,最终所认定的也只能是与侦诉结论大体无异的案件事实。

1.4 认知力研究的职业培养维度

如果说符合司法规律的制度设计是裁判者认知力得以发挥的外部条件,那么对裁判主体的职业培养,包括裁判人格、裁判思维以及知识结构、推理方式、论证方法等方面,则是构建其认知力水平的内在根据。对此,本书将从法学教育、职业培训和职业惩戒等几个方面展开分析。

---

[1] 习近平:《关于〈中共中央关于全面推进依法治国若干重大问题的决定〉的说明》,载《中国共产党第十八届中央委员会第四次全体会议文件汇编》编委会编:《中国共产党第十八届中央委员会第四次全体会议文件汇编》,人民出版社2014年版,第93-94页。

1.4.1 法学教育

在正式具备法律职业资格前，学生须经过长则三年，短则一年半的实务培训。[1]如前所述，诉讼事实认知和法律适用都具有其特殊的复杂性，这对认知力提出了相当高的要求。这种认知力，是在法教义学知识的不断运用中得到积累和锻炼的，而不是通过学习而直接获取的。如同欧克肖特（Michael Oakeshott）所指出的："技术知识在教与学这两个字的最简单的意义上可以教与学……实践知识既不能教，也不能学，而只能传授和习得。它只存在于实践中，唯一获得它的方式就是给一个师傅当徒弟——不是因为师傅能教它（他不能），而是因为只有通过与一个不断实践它的人持续接触，才能习得它。"法律适用是运用法教义学知识的过程，自不待言。事实认知，实际上也是在法教义学理论体系指导下——更确切地说是在每一相关法规范的构成要件指引下——提出针对构成要件事实的假设命题，并随着诉讼过程的推进和新的证据信息不断涌进认知视野，与证据信息的不断比对中调整假设命题的过程；这既要求熟稔掌握每一个构成要件的内涵和外延，又需要敏锐地把握对构成要件及其与具体事实之间的对应关系。在这一意义上，可以认为，"法学教育的核心，应在于培养学生对于我国主要的实体法、程序法具备全面的知识，以及进行法律解释与适用的能力"[2]。

我国法律教育实践中，尽管已经设置了较为全面的法学课程体系，但在教学方法上，侧重于关注学生对法学理论知识以及法律规范等应试知识的掌握，而或多或少地忽略了对学生法律思维、法律推理、法律认知及法律经验等能力的培养，从而造成学生法律综合素质结构性失调的教育现状。从教学形式角度观之，理论课程在法律专业课程体系中占据主导地位，而案例研讨课程则往往未能得到充分设置和有效开展。在理论课程内部，教学内容亦在相当程度上侧重于对书面知识和学说理论的阐述，却往往忽视了对具体知识点的案例运用进行解说。"我们的一切知识都是建立在经验之上的，而且归根结底是来源于经验。"[3]这种以理论学说本身而非其实践运用为落脚点的教学方式，导致学生一方面"追求最新的，最'前沿的'知识，而不屑学习基础知识"[4]，另一方

---

[1] 冯玉军：《论国外法学教育改革的经验与借鉴》，载《中国大学教学》2013年第6期。
[2] 葛云松：《法学教育的理想》，载《中外法学》2014年第2期。
[3] ［英］洛克：《人类理解论》，关文运译，商务印书馆1959年版，第68页。
[4] 何美欢：《理想的专业法学教育》，载《清华法学》2006年第3期。

面"难以将知识贯通起来,不懂得运用,更谈不上灵活运用","缺乏对社会、经济、政治的深入理解,更不能把这些角度的思考通过适当的切入点运用到解决法律问题的过程中"。[1]一个典型的案例是,在"彭宇案"的裁判中,裁判者以"陌生人之间不可能无故给予帮助"为由,基于彭宇事后扶起摔倒老太的事实,进而认定彭宇对老太摔倒负有责任。在事实认知上,这一判决把"事后扶起老太"这一并不具有证明性[2]的证据事实作为认定彭宇为肇事者的根据,是对证据能力的严重误判,表现出裁判者对证据法基础原理和案例经验的生疏。可见,法律实践能力的匮乏,制约了司法人员认知力水平。

习近平总书记指出:"司法活动具有特殊的性质和规律,司法权是对案件事实和法律的判断权和裁决权,要求司法人员具有相应的实践经历和社会阅历,具有良好的法律专业素养和司法职业操守。"[3]对裁判者的教育,应该以奠定坚实的理论基础和实践能力为中心,使裁判者形成独立的判断及认知能力,而此能力也是裁判主体所应具备的基本素质,应居于对其教育培养诸多要素中的核心地位。

总体而言,对裁判主体的教育即为一种以培养、提升其认知力为核心的教育,是从法律现象出发,对案件事实及证据进行加工并将其转化为理性判断的一种独立的职业能力教育。

1.4.2 职业培养

对司法职业人员进行职业培训,亦是在执业实践中提升其业务能力和专业素养的重要途径。尽管裁判人员已接受过职前法学教育和遴选培训,但随着立法、学说的不断发展和社会实际情况的不断变动,有必要使裁判人员在履职过程中亦接受职业培训,以有针对性地提升裁判人员的业务能力,使其更好地适应改革发展实践。

我国在裁判者专业培训方面,尚存在以下诸多不足,包括裁判者培训体制缺乏规划与监督、裁判者培训内容缺乏实践指引、裁判者培训效果缺乏考核标准等。这些不足从不同方面影响了裁判者培训制度设计目标的实现,从而制约

---

〔1〕 葛云松:《法学教育的理想》,载《中外法学》2014年第2期。

〔2〕 证明性,是指证据必须使能够决定案件结果事实的存在或不存在具有更有可能或更无可能的趋势。参见易延友:《证据法学:原则 规则 案例》,法律出版社2017年版,第103页。

〔3〕 习近平:《在中央政法工作会议上的讲话》,载中共中央文献研究室编:《习近平关于全面依法治国论述摘编》,中央文献出版社2015年版,第102页。

了裁判主体认知水平的提升。

第一,裁判者培训体制缺乏规划与监督,缺乏认知力的提升保障。我国《法官法》第九章规定了法官培训的相关规范,主要包括培训原则、培训机构、培训结果等内容。对于具体的培训组织、培训内容、培训保障、考核与责任等内容,最高人民法院《法官培训条例》对此作出了细化规定。然而,上述现存的规范仅侧重于从宏观层面进行规则制定,对于实践中存在的关键问题尚缺乏一定的约束力。例如,对法官培训时长的规定,该条例仅规定了不同级别法官所应达到的不同培训时长,却未将其与具体的审判业务学习与工作进度相联系,同时对培训的具体制度设计也缺乏规划,并缺乏相应的培训监督机制,从而影响了培训预期效果的实现。由于基层法院大多面临较为繁重的审判业务压力,因此,此种缺陷易导致培训流于形式,不利于提升裁判者的综合素质。

第二,裁判者培训内容缺乏实践指引,缺乏影响认知力的培养环境。依照我国《法官法》所规定的法官培训的制度设计,其设定意义不仅在于对法官所需理论知识的升华,更在于增强法官的裁判业务等实践能力,实现理论与实践的有效结合。然而,从我国目前的实施现状来看,由于师资力量的不稳定性与不确定性,培训教师多从高校临时选聘,尚未形成专业的教学团队。2000年《法官培训条例》第18条规定:"法官培训的师资实行专兼结合,以兼为主。"如此便缺乏来自基层的、有实操经验的专职教师,极易导致理论与实践的脱离,无法满足一线法官审判的实际需求。此外,培训所适用的教材也缺乏对审判实践的良好指引,由于编纂者大多从事法学理论研究工作,故其中内容大多过于理论化,可操作性并不强。如前文所述,认知判断力大多来自审判实践中经验的积累,认知力的提升对实践方面的内容有较大依赖性,当裁判者培训仅局限于理论的传授时,裁判主体的认知力即失去了培养与提升的环境。

第三,裁判者培训效果缺乏考核标准。裁判者培训制度的确立及实施均以实现裁判者业务素质的提高为目标,使其认知水平能够适应审判工作发展的需要,其培训期间的学习成绩还可作为其任职、晋升的依据。因此,裁判者参加培训不仅是一项权利,更是一项义务,贯穿于裁判者任职、晋职、续职等各个阶段。然而,如果裁判者培训制度缺乏明确的、可操作性的考核标准,裁判者投身培训的意愿和动力不强,培训的成效将面临问题。

2. 裁判者认知力的分析维度

2.1 裁判者认知的概念及其发展

2.1.1 裁判者认知的概念

裁判者认知（司法认知），又称为审判上的知悉，我国台湾地区学者李学灯先生将司法认知定义为："所谓认知，即裁判者对于应适用之法律或某种待认定之事实，无待当事人主张，亦予斟酌；无待当事人举证"，是指对于应当适用的法律或某一待认定的事实，裁判者依申请或依职权初步认定其为真实的一种诉讼证明方式。[1]

2.1.2 裁判者认知的发展

裁判者认知的发展可以分为三个阶段。

第一阶段大约从17世纪到20世纪初，这个阶段的研究主要集中在对裁判者行为的描述和解释上，强调裁判者决策的非理性和主观性，其主要特征是裁判者的判断是基于传统、经验和常识，缺乏系统的逻辑思维和科学的法学知识，研究者主要使用案例分析、观察和采访等方法，探究裁判者的决策如何受到经验、文化、社会价值观和情感等因素的影响。这一时期的代表人物和其观点如下：

约翰·奥斯汀（John Austin）的观点集中体现在他的著作《法律的省察》（*The Province of Jurisprudence Determined*）中。他认为，法律是主权国家颁布并强制执行的命令或规则，其实质在于通过威胁使用暴力手段，强制人们行为的规范。因此，法律并非天然的、道德的或理性的，而是具有实际作用的社会工具。对于裁判者的认知，约翰·奥斯汀提出了"裁判规则"（judicial rule）的

---

[1] 卞建林主编：《证据法学》，中国政法大学出版社2002年版，第232页。

概念，即裁判者在判案时必须遵守的规则。

威廉·布莱克斯通（William Blackstone）是 18 世纪英国法学家，他是普通法的重要倡导者之一，他的著作《英国法释义》（*Commentaries on the Laws of England*）是普通法体系的经典作品之一。关于裁判者认知，布莱克斯通主张裁判者应通过解释法律条文和案例来判断案件，而不应过度依赖自己的主观判断，他认为裁判者应该按照法律的字面意义来解释法律条文，并将过去的判例作为判断案件的重要依据。布莱克斯通还主张，法律条文应该在一定程度上能够被理解和解释，否则它将失去法律效力，因此，裁判者应遵循一定的逻辑推理原则，以确保他们的判断是严谨和合理的。[1] 此外，布莱克斯通还强调了裁判者的中立性和客观性，认为裁判者不应该受到任何政治或经济利益的干扰，而应该全心全意地为公正服务。

第二阶段是指 20 世纪中叶到末期，其特征是裁判者的判断开始注重逻辑思维和科学的法学知识，并逐渐采用更加系统和精确的方法来处理案件。这一阶段的发展得益于现代逻辑学、认知心理学以及其他相关学科的进展，这些学科的发展使得研究者们开始关注裁判者认知过程中的思维方式和决策因素，并尝试提出相应的理论框架和实证研究方法。在这一阶段中，研究者们开始提出各种认知模型来描述裁判者认知过程中的思维方式和决策因素。其中，著名的模型包括道德推理模型、心理模型、案例推理模型、认知地图模型、规则模型等，这些模型旨在揭示裁判者决策的规律性和心理机制，为裁判者的决策提供指导性建议。

欧文·费希尔（Owen M. Fiss）在裁判者认知方面有许多深入的研究。他强调裁判者在决策时应该关注正义和公平等价值观，并批评了基于形式逻辑的决策模式在真实案例中应用存在的缺陷。他认为，裁判者的决策实践是一种基于经验和判断的"实践理性"，而不是简单的逻辑推理，因此裁判者需要发挥自己的判断和审慎能力，以保证决策的公正和合理。

奥利弗·温德尔·霍姆斯（Oliver Wendell Holmes Jr.）是美国法学界的杰出代表之一，他在裁判者职业生涯中对法律与逻辑的关系作出了深刻的思考和阐述。霍姆斯的观点强调法律的现实性和社会性，而不是过分注重抽象的法律原则。他认为，裁判者应该以现实情况为基础，合理地解释和应用法律，以实现社会的稳定和公正，因此，法律不应该被视为一种抽象的逻辑体系，它是一种人类活动的产物，其根源在于实际生活和社会背景。

---

[1] Blackstone W., *Commentaries on the Laws of England: In Four Books; with an Analysis of the Work*, WE Dean, 1847.

简·斯特劳德（Jane Stapleton）是澳大利亚国立大学法学院的教授，她是当代裁判者认知领域的杰出学者之一。斯特劳德认为，法律解释和判断不应该局限于严谨的逻辑推理和规则应用，而应该更注重实证研究和实际效果。

第三阶段的主要特征是信息技术、人工智能等现代科技的应用，给裁判者认知的发展带来了新的机遇和挑战。随着大数据和机器学习等技术的发展，人工智能逐渐成为法律领域的重要工具，也促进了裁判者认知研究的深入，因此这一阶段裁判者认知研究方法具有跨学科、多元化、综合化和实证化的特点，研究者们尝试利用不同的方法和技术，来更加全面和深入地研究裁判者认知。其中，以下几个方面的研究值得关注。

认知心理学的应用：认知心理学为研究人类认知过程提供了新的方法和思路，其应用在裁判者认知研究中也越来越广泛。使用认知心理学来研究裁判者认知的代表人物有卡塔琳娜·瓦茨拉夫斯基（Katarzyna Wegrzyn-Wolska）、朱莉·班内特（Julie H. Greensmith）、加里·马库斯（Gary J. Marcus）等。这些学者主要关注的是裁判者在判断案件时所涉及的认知过程，包括注意力、知觉、记忆、思考、决策等方面，并尝试探究这些过程对裁判者认知的影响。他们运用了认知心理学的实验方法，如行为实验、脑成像等，来验证自己的理论，他们的研究为裁判者认知的实证研究提供了重要的思路和方法。

大数据和机器学习：随着大数据技术和机器学习技术的发展，裁判者认知的研究也开始借助这些技术。Lee Epstein 是一位著名的法律学者和政治学家，他的研究主要集中在裁判者的决策模式和司法政治方面。他采用了大量的数据和机器学习技术，对美国联邦最高法院的判决进行了分析，并研究了不同裁判者之间的相似性和差异性。Epstein 等人的研究表明，裁判者的决策模式是受到多种因素影响的，包括法律原则、个人观点、政治态度、社会背景等。[1]通过分析大量的案例和判决文书，他们发现最高法院的裁判者们往往更加倾向于遵循先前的判例和司法传统。[2]而且，裁判者的意识形态和政治态度也会对他们的决策产生很大的影响，如保守派裁判者更倾向于支持商业和财产权利，而自由派裁判者更倾向于支持人权和民主价值观。[3]此外，Epstein 等人还研究了不

---

〔1〕Epstein L., Landes W. M., Posner R. A., "How business fares in the supreme court", *Minn. L. Rev.*, 2012, 97: 1431.

〔2〕Epstein L., Landes W. M., Posner R. A., *The behavior of federal judges: a theoretical and empirical study of rational choice*, Harvard University Press, 2013.

〔3〕Epstein L., *The Supreme Court and legal change: Abortion and the death penalty*, Univ of North Carolina Press, 1992.

同裁判者之间的相似性和差异性，他们使用机器学习技术对最高法院的判决进行聚类分析，发现裁判者们可以被分为若干个不同的群体，每个群体都有其独特的决策模式和特点。[1]

实证研究的发展：实证研究是指通过数据和实证方法来验证理论和假设。在裁判者认知领域，实证研究也越来越受到重视。一个使用实证研究方法研究裁判者认知的代表人物是冯·廖德（Phuong L. Luu），她的研究主要基于心理学、神经科学和法律学的交叉领域。她和她的研究小组使用功能性磁共振成像技术（fMRI）来研究裁判者和其他专业人员在审判中的决策过程和思维模式，以及这些模式如何影响他们的司法决策。她的研究发现，裁判者和其他专业人员在审判中采用的思维模式可能受到他们的经验、个人偏见和心理因素的影响，这些因素可能导致决策的偏差和不公正。她的研究成果有助于揭示司法决策背后的认知过程，为司法改革提供了理论依据和实践指导。

总体来说，裁判者认知的发展是一个不断探索、积累和创新的过程，它始终与法律实践和时代发展密切相关，不断为裁判者的司法决策提供理论和方法的支持和指导。

2.2 裁判者认知的理论基础

2.2.1 裁判者认知的形成

裁判者作为司法实践的主体，需要通过法律思维和法律逻辑、经验进行推理、论证和判断，以保证司法裁判的准确性和公正性。法律思维和法律逻辑、经验作为裁判者处理案件的基本工具，是通过运用逻辑分析和法律知识来分析案件的过程，可以使裁判者深入思考案件的事实和法律问题，从而作出正确的判断，其中法律思维是指以法律规则和法律原则为基础，对事实和问题进行认识、思考、分析和判断的思维方式。在案件处理中，裁判者需要通过法律思维对案件事实进行分析，确定案件的关键问题，并确定适用的法律规则和原则，然后裁判者需要从各种角度考虑案件事实和法律问题，形成全面、客观、公正的认识，从而达到正确的结论。法律逻辑是指运用逻辑思维方式和法律知识来分析和解决法律问题的方法，在案件处理中，裁判者需要通过法律逻辑、经验

---

[1] Epstein L., Martin A. D., Quinn K. M., et al. ,"Ideological drift among Supreme Court justices: Who, when, and how important?" *Nw. UL Rev.* , 2007, 101: 1483.

来论证案件的合法性和合理性，需要根据案件事实和法律规则进行逻辑推理和经验论证，确定法律适用的合理性，从而得出正确的结论。裁判者通过法律思维和法律逻辑、经验形成法律认知需要进行五个步骤。

第一步，分析案件事实。裁判者需要对案件事实进行全面、客观的分析，了解案件中的具体情况和相关因素，确定案件争议的关键问题，为适用法律规则和原则奠定基础。在法律案件中，事实是最基础、最重要的元素之一，裁判者需要对案件事实进行详尽的分析，以便根据相关法律条款作出正确的判断。首先，裁判者需要搜集、整理、分析案件材料中与案件事实相关的证据。证据可以是各种形式的信息和材料，包括书面文件、证人证言、物证、电子记录等。裁判者需要仔细阅读、审查和评估证据的可信度和可靠性，以便了解案件事实的真相。例如，对于书面文件，裁判者需要检查文件的来源和真实性，以确定它们是否能够被作为证据使用。对于证人证言，裁判者需要考虑证人的身份和可信度，以及证言是否与其他证据相符合。其次，裁判者需要通过对证据的分析和解释来确定案件事实。在这个过程中，裁判者需要通过逻辑推理和判断能力将各种证据与案件事实相关的因果关系联系起来，并且要分析证据之间的相互作用，以确定案件事实的真相。例如，如果一个证人提供的证言与其他证据相矛盾，裁判者需要考虑哪些证据更加可信，从而确定案件事实。最后，裁判者需要将分析后的案件事实与适用法律条款相结合，从而作出正确的判断。裁判者需要确定哪些法律条款适用于这些事实，并将这些法律条款与案件事实联系起来。裁判者需要根据案件事实和适用法律条款来作出判断，这个判断需要符合法律的规定，并且要考虑到公正和公平的原则。在整个分析案件事实的过程中，裁判者需要保持客观和中立的态度，不受任何个人感情和主观因素的影响。裁判者需要尽可能地了解案件的全部情况，避免对某一方的情绪或立场产生偏见，并且要尽量保持自己的思维清晰和明确，以便作出公正的决定。

第二步，适用法律规则和原则。作为一名裁判者，适用法律规则和原则是其工作的重要部分。在处理案件时，裁判者需要确定涉及的法律规则和原则，并确定其如何适用于案件的具体情况，这需要裁判者具备深入理解法律规则和原则的能力，同时也需要掌握各种辅助工具，以便更好地理解和解释这些规则和原则。(1)裁判者需要了解案件所适用的法律规则和原则，这通常需要对相关法律文书进行详细的研究和理解，裁判者需要阅读和分析相关法律文件，包括法律条文、法规和先例等，以便了解案件所适用的法律规则和原则，裁判者需要理解这些规则和原则的具体含义和适用范围，并确定它们是否适用于案件的具体情况。(2) 裁判者需要确定适用的法律规则和原则如何解释，这需要裁判者掌握良好的解释和适用法律规则及原则的技巧和方法。裁判者需要了解如何使用适用法律原则的不同方法，如文义解释、历史解释和体系解释等，以确定适用的规则和原则的具体含义和适用范围。在解释法律规则和原则时，裁判者还需要考虑它们与其他相关法律规则和原则的关系，并确定它们之间的优先级和相互影响。(3) 裁判者需要将适用的法律规则和原则应用于案件的具体情况，这需要裁判者具备推理和分析的能力，以便确定如何将适用的法律规则和原则应用于案件的具体事实。裁判者需要将事实与法律规则和原则进行比较，并确定如何将适用的法律规则和原则应用于具体事实。在确定如何应用法律规则和原则时，裁判者需要考虑各种因素，如案件的具体情况、法律规则和原则的含义和适用范围、其他相关法律规则和原则的关系等。(4) 裁判者需要就案件作出适当的判断和决定，这需要裁判者综合考虑案件事实和适用的法律规则和原则，并确定如何应用它们来作出适当的判断和决定。在作出决定时，裁判者需要考虑如公正性、公平性等因素。

第三步，考虑案件背景和公共利益。考虑案件背景和公共利益是裁判者在形成认知时需要考虑的重要因素之一，在这个过程中，裁判者需要深入了解案件背景以及与该案件相关的公共利益，以便能够作出正确的裁决。一方面，案件背景包括案件的历史、涉及的各方以及他们之间的关系等，在审理案件的过程中，裁判者需要对这些信息进行收集和分析，以便对案件进行全面的评估。例如，如果一起案件涉及两个公司之间的商业纠纷，裁判者需要了解这两个公司的背景，包括它们的历史、经营情况、竞争关系等，以便更好地了解这起案件的背景。另一方面，公共利益也是裁判者在审理案件时需要考虑的一个因素。公共利益是指与该案件相关的社会公共利益，如环境保护、经济发展等。裁判者需要在评估案件的时候，考虑到案件对公共利益的影响。例如，如果一起案件涉及环境污染问题，裁判者需要考虑到该案对环境保护的影响，以便作出维护公共利益的裁决。在考虑案件背景和公共利益时，裁判者需要运用法律思维和法律逻辑，以确保自己的裁决能够符合法律规定和社会公共利益的要求。首先，裁判者需要通过法律分析，明确该案与什么法律规定或原则相关。这需要裁判者对相关法律条款的理解和运用，以确保自己的分析符合法律要求。其次，裁判者需要考虑到案件的具体情况，并基于这些情况进行分析和推理。在这个过程中，裁判者需要充分考虑到案件背景和公共利益等因素，以确保自己的裁决不仅仅是符合法律规定，还能够维护社会公共利益。例如，如果一起案件涉及房屋拆迁，裁判者需要考虑到拆迁对当地居民的影响，同时也需要考虑到城市规划和发展等方面的公共利益。在这个过程中，裁判者需要综合考虑各种因素，并在法律的框架内进行分析和判断。

第四步，制定司法决策。制定司法决策是裁判者运用法律思维和法律逻辑、经验进行推理、论证和判断后的最终阶段。在制定司法决策时，裁判者需要根据对案件事实、适用法律规则、案件背景和公共利益的分析，进行权衡和综合考虑，进而作出最终的裁判。在制定司法决策时，裁判者需要进行判断，判断是否存在犯罪事实或者合同违约等情况，并且需要判断这些情况是否符合相关法律规则的规定。在这个过程中，裁判者需要进行具体的分析，明确案件的关键事实和证据，然后根据相关法律规则和判例进行适用，从而进行具体的权衡和裁判。裁判者需要综合运用法律规则、判例和个人的专业知识和经验，来制定出最终的司法决策。制定司法决策的过程中，裁判者还需要考虑多方面因素，如公共利益、社会效益、法律和政策导向等。在考虑公共利益方面，裁判者需要权衡个案的利益和社会的整体利益，避免因个人利益而导致对社会的负面影响，同时，裁判者需要考虑公正、合理和可操作性等方面的因素，确保司法决策能够被广大公众所接受和遵循。制定司法决策的过程也需要裁判者考虑案件的具体背景，如案件类型、当事人关系、行业特征等。这些背景因素可能会对最终的裁判结果产生重要影响。例如，在民事案件中，当事人的关系可能会对裁判结果产生重要影响，如果当事人是亲戚或朋友关系，裁判者可能需要更加谨慎地权衡利益，避免裁判结果受到个人关系的影响。

第五步，自我反思和评估。裁判者在制定司法决策后，会有意或者无意地评估和反思自己作出的判决。评估和反思有助于裁判者检查自己的思考和决策过程，发现自己的认知偏差和错误，并及时进行修正和调整，以确保其判断是合理、客观和公正的。同时，裁判者还需要接受同行和社会的监督和评估，从中获取反馈和建议，不断提高自己的认知逻辑和决策水平。促使裁判者自我反思和评估的原因主要有两点：第一是法律政策的变化。如果一个法律政策发生了重大变化，裁判者可能需要重新评估其对案件的判断，并根据新的法律政策进行反思。第二是社会环境和舆论影响。法治社会的一大特点在于公众享有知情权和社会舆论的合理监督，因此司法活动在社会中进行，就不能排除各种社会因素的介入。司法裁判需要社会效果和法律效果相结合，裁判者对待社会舆论时必然存在顺从心态，当被害人家属不满意和相当一部分群众不满意时，裁判者如果不改判，就会背负"社会效果"不好的压力，而"社会效果"不好已成为一种负面标志。[1]裁判者评估和反思的内容主要包括四个方面，第一是回顾案件事实和适用法律：裁判者会重新审视案件的相关事实和适用法律规则，以确定自己的决策是否符合法律规定，并且没有偏差或错误。第二是审查自己的决策：裁判者会审查自己的决策是否符合自己的价值观和道德标准，以确保自己的决策符合公正、平等、正义和公共利益的要求。第三是自我反省：裁判者会对自己的决策进行自我反省，以确定自己的决策是否受到了个人偏见、情绪或其他外部因素的影响，并采取措施避免这种情况再次发生。第四是寻求他人的意见和建议：裁判者可以寻求同事、专家或其他相关人士的意见和建议，以获得不同的观点和思路，并更好地完善自己的决策。

2.2.2 裁判者认知的特征

裁判者认知反映了司法裁判主体（裁判者）对认知对象（待决案件）由未知到已知、由感性认识到理性认识的认知过程。但由于认知对象作为一种客观存在，不全是一种客观因素，而是客观因素与主观因素相混合的产物，如各种证据规则的确定和各种规范的一种逻辑假设等，这就决定了司法裁判的认知活动并不完全等同于哲学意义上的认知活动，而是有着独特性。裁判者认知作为一种独特的认知，具有如下特征。

2.2.2.1 认知职能的判断性

诉讼主体的多元化决定了不同诉讼主体在诉讼活动中承担不同的诉讼职能，这种诉讼职能的分化既体现在各诉讼主体在诉讼中的不同地位、权利和义务上，也体现在各诉讼主体对争议案件所负有的不同认知职能上。就刑事诉讼而言，侦查机关承担着查明和揭露案件事实的诉讼职能，控辩双方承担着向审判机关证明的诉讼职能，审判机关承担的则是判断何方应胜诉的职能。[2]在这种控辩双方相对抗的格局中，裁判者的认知判断职能则在于居中判断各方主张之真假，并裁决纠纷之胜负的功能，从而呈现出消极性和中立性的特点：消极性体现在裁判者主要是通过在庭审中听取双方当事人运用证据的证明活动来认知判断案件事实之成立与否，裁判者没有权力，也没有职能去调查取证来证明何方当事人主张属实；中立性则表现为裁判者必须与案件事实的利益不存在任何牵连，

---

[1] 陈爱蓓：《司法的第三维度：社会学维度——从法意与民意的纠结谈起》，载《社会科学研究》2010年第5期。

[2] 樊崇义、刘涛：《司法认识活动的基本特征》，载《人民法院报》2002年7月16日，第3版。

平等地对待、关注各方的陈述和要求，兼听各方的事实证明和法律主张，以保障案件认知结论的客观和公正。

2.2.2.2 认知目的的多样性

认知目的指导和制约着司法裁判活动。司法裁判对案件事实的认知，其目的不在于或者说主要不在于发现案件事实的真相，而是在于判断和确立争议当事人之间的权利义务关系，从而为解决争议各方之间的冲突和纠纷奠定基础；对裁判者而言，案件争议事实即使处于真伪不明的状态，亦即案件事实无法查明，他仍可据法裁判，并不影响其对案件的处理。换言之，对案件事实的认知，只是司法裁判的一种外在的表象目的，或者说是手段性目的；司法裁判的内在、真实的认知目的，在于判断确立双方当事人之间的权利义务关系，以为案件的裁判寻找法律依据。因此，贝勒斯指出："与纯科学不同，法律的目的并不在于发现真相，并不在于发现全部真相，并不纯粹在于发现真相。这不但代价过高，而且往往与解决争执的目的不沾边。"[1]但也不是说，案件事实的认知不具重要性；作为案件裁判的事实基础，是裁判者寻找裁判法律依据的前提和基础。因此，在法律赋予司法裁判职责范围内，裁判者应尽可能地探知案件事实的真相，以增强裁判的正当性和说服性，提高当事人和社会公众对裁决的认可度。

2.2.2.3 认知结论的相对性

从哲学意义上来讲，人的思维是至上的，又是不至上的；人的认识能力是无限的，又是有限的。也就是说，按照人的思维和认识能力的本性、使命、可能和历史的终极目的来说，其是至上的和无限的；但按照人的思维和认识能力的个别实现和实现的阶段来讲，其又是不至上的和有限的。为此，列宁指出："认识是思维对客体的永远的、没有止境的接近。"[2]同样的道理，在司法裁判活动中，由于受制于特定的诉讼规律和案件的具体情况，如诉讼期限、程序规则、当事人搜集证据的能力和客观条件、案件事实的复杂性和认知手段的有限性等因素的制约，司法裁判的认知活动具有比较突出的相对性。这种相对性不仅表现为上述因素的制约，还表现为裁判者作出的法律判断不完全是一种逻辑判断而是包含有一种价值判断，因为裁判者对案件事实形成的内心确信，是一种主观感受的或然性确信，而不是一种客观反映的必须结论。此外，它还表现

---

[1] 樊崇义、刘涛：《司法认识活动的基本特征》，载《人民法院报》2002年7月16日，第3版。
[2] 樊崇义、刘涛：《司法认识活动的基本特征》，载《人民法院报》2002年7月16日，第3版。

在认知对象即案件事实是一种已经消失的事实,是一种无论采取任何方法都不能够百分之百全部重现的事实。另外,裁判者对案件的审理和裁判具有时间的限制性,亦即受审理期限的制约,由此表明裁判者对案件事实的认知是一种阶段性的认知,而不可能是一种终极性的认知。所有这些事实,都说明一个不容争辩的真理,即司法裁判认知的结论具有相对性和主观性。

2.2.2.4 认知路径的追溯性

作为司法裁判认知对象的待决案件事实,都是发生于过去的事实。这就决定了裁判者对案件事实的认知,不可能像事件亲历者那样按照事实的发生、发展和结局的路径来进行。裁判者只能依据当事人事后的陈述和提供的相应证据材料,按照法律规定对事实加以遴选、重组,形成一个有意义的、成体系的事实链条。在这一链条中,过去的某一场景得以在裁判者想象中复活;无声的证据在裁判者的主观认知活动中得以形成有意义的、可以理解的事实片段。虽然裁判者在任何意义上都不可能完全在物理意义上恢复过去,但他可以在文化意义、法律意义和社会意义上,在司法这一特定的场域中构建(而不是恢复)过去,使之可以为大多数人所理解和接受。从这个意义上说,司法裁判是一种追溯性的认知过程,具体表现为裁判者通过证据和案件事实相互作用的过程,也是现在和过去不断对话、碰撞和问答的过程。在这一过程中,案件事实得以被理解和重构,裁判者得以形成对案件事实的内心确信。

2.2.2.5 认知方式的间接性

裁判者在司法裁判活动中对待决案件的实施人,主要是依据证据进行确认的。但证据不等于案件事实,它只是反映案件事实一些信息的载体,或者说是对案件事实的一种间接反映。这也就决定了司法裁判的认知方式具有间接性特征。此外,就裁判者采用推论的方式来认知案件事实而言,推论本身就是依据已知事实推出未知事实的过程,也体现了认知的间接性。虽然裁判者还可以依经验知悉的方式来认知案件事实,但经验知悉的内容同样不同于案件事实,它也是用来证明案件事实成立与否或存在与否的一种根据。比如已决的事实,即已为生效法律文书认定的事实,一方面,法律文书认定该事实之前,同样存在依据证据来认定的过程;另一方面,法律文书确认该事实只能说明或证明该事实存在与否,同样不是等于该事实本身,因而它也体现了一种间接性。

2.2.2.6 认知过程的交涉性

在司法裁判活动中,裁判者认知过程不是单方面的独立过程,而是与当事人不断相互交涉的过程。裁判者认知过程的这种交涉性，主要体现在以下几个方面：一是庭审中争讼当事人之间的相互举证、质证以及裁判者在此基础上的认证过程；二是庭审中争讼各方当事人围绕各自的主张利用证据事实和法律依据来说服裁判者，而后裁判者在此基础上作出裁决，并对其裁决的理由和根据做出充分说明，用以说服各方当事人和社会公众，以证明其裁决的正当性和正确性；三是争讼各方当事人在庭审中通过各种交涉而达成的诉讼合意，尔后得到裁判者的确认，作为案件处理的依据。上述几个方面都体现了裁判者在司法裁判中的认知活动不是单纯个人行为的结果，而是各诉讼主体相互交涉、彼此互动的过程，并经相互作用所形成的一种结果。这种认知过程的互动性、交涉性，不仅影响着裁判者的认知范围，而且也制约着裁判者的认知结论，因而是司法裁判认知活动的一个特性。

2.2.2.7 认知方法的思辨性

在司法裁判活动中，裁判者对待决案件的认知，不是单纯的逻辑推理，也不是单纯的是非对错的法律判断，而是充满着事实真假的模糊、法律是非的相对、价值观念的冲突和处理方案的多元等充满矛盾性的问题。这就决定了裁判者对待决案件的分析、判断和认知，不能是形式逻辑的简单运用，而是要充分发挥其主观思辨能力，根据法律目的、法律价值和法律原则，充分运用法律方法和技术进行综合分析和判断，从而得出一个自认为比较满意，同时也能经得起历史检验的认知结论，使待决案件得以被理性、公正地处理。这就要求裁判者在当事人举证、质证的基础上能够建立起事实之间的等级秩序；在各种法律原则和价值冲突之间，通过价值衡量寻找法律价值的最大化；在多个可选的案件处理方案之中，通过权衡、比较做出一个能够为绝大多数人所接受的处理方案。而要做到这一点，裁判者的认知活动就必须具有思辨性。

2.2.2.8 认知手段的人性化

在司法裁判活动中，当事人既是司法认知活动的对象，又是诉讼认知活动的主体。作为司法认知对象，是指司法认知活动主要或者在相当程度上是通过当事人诉讼行为来进行的，因为作为诉讼中的案件事实，其本身就是当事人的行为过程和结果，亦即当事人本身也是司法认知的对象。作为诉讼认知活动的主体，一方面是指当事人在诉讼中享有作为人的基本权利和人格尊严，有其意志自由和自主性；另一方面是指作为诉讼主体的当事人亦肩负有诉讼认知的职责，如向法庭提供证据并进行证明，以揭示案件事实真相。因此，对裁判者司法认知手段要从程序正义角度予以一定的限制，不能为了寻求和探知案件事实真相而不惜一切手段。近现代以来，在人文主义理念的影响下，各国诉讼活动中呈现出司法认知手段的文明化和人道化倾向，如在刑事诉讼中普遍确立了反对刑讯逼供、反对强迫自证其罪原则和为贯彻上述原则而确立的被告人沉默权制度。

2.2.3 影响裁判者认知的因素

裁判者审理案件时，需要运用逻辑、经验来厘清案件事实、证据和法律条文之间的关系，以推理出最终的判断结果，然而不同的裁判者可能会根据不同的背景、经验和认知方式对同一案件作出不同的判断，因此，研究影响裁判者认知的因素对于理解司法决策的过程和提高司法公正性具有重要意义。影响裁判者认知的因素主要有个人认知水平、文化和背景、压力和情绪、法律制度和规则以及道德。

2.2.3.1 个人认知水平

个人认知水平是指一个人在知觉、思考、推理、记忆等方面的能力水平，在裁判者的工作中，个人的认知水平对其认知逻辑的运用有着重要的影响。首先，较高的个人认知水平可以使裁判者更加敏锐地察觉和分析案件中的细节和矛盾点。这些细节和矛盾点可能会对案件的判决产生至关重要的影响。个人的认知水平决定了其对信息的处理能力和判断能力。较高的个人认知水平可以提高裁判者对信息的处理速度和准确性，使裁判者更加快速地进行逻辑推理和分析，并得出更加准确的判断和结论。

2.2.3.2 文化和背景

文化和背景是一个人成长和生活环境的总和，包括语言、价值观念、信仰、习俗、经验和社会背景等方面。这些方面对人的认知方式和思维方式都会产生深刻的影响，进而影响裁判者的思考和判断方式。首先，文化背景对裁判者的法律观念有着重要的影响。裁判者的法律观念不仅受到法律教育的影响，也受到个人文化背景的影响。例如，某些文化中强调团体利益，而某些文化中则强调个体利益。因此，不同的文化和背景下的个人在分析和理解案件事实时会有不同的重点和偏好，这也会影响其判断和决策。其次，个人的文化和背景也会影响其价值观和道德标准。价值观和道德标准是影响人们思考和行为的重要因素。不同文化和背景下的个人会有不同的价值观和道德标准，这也会在裁判者的判断和决策中产生影响。

2.2.3.3 压力和情绪

压力和情绪是裁判者工作中常常面临的心理因素，这些因素会影响裁判者的认知逻辑。在司法实践中，裁判者面临各种各样的压力和情绪，如时间压力、任务压力、公众舆论压力和案件本身的复杂度、疑难性和重要性等。这些压力和情绪会影响裁判者的思维和决策过程，从而影响他们的认知逻辑。当裁判者面临公众舆论压力时，他们可能会考虑到外部因素，而不是仅仅根据案件事实和适用法律作出决策。压力和情绪还可能会使裁判者在决策过程中产生偏见。当裁判者面临压力和情绪时，他们可能会偏向某些观点或决策，而不是根据案件的证据和适用法律来作出决策。例如，当裁判者面临政治压力时，他们可能会更倾向于支持某个政治团体或者政府机构的观点，而不是根据案件事实和适用法律作出决策。这种偏见可能会导致裁判者作出错误的决策，从而影响司法公平和公正。

2.2.3.4 法律制度和规则

不同的法律制度和规则是裁判者认知逻辑中非常重要的因素，它们不仅反映了社会和文化的差异，而且在很大程度上塑造了裁判者的法律思维和逻辑。如，英美法系中的普通法就是基于先例法，这意味着裁判者可以通过之前的裁判案例来指导他们对当前案件的决策。而在某些大陆法系中，法律规则非常详尽和细致，裁判者需要深入地了解法律条文和规则的内涵，从而进行复杂的逻辑推理。此外，法律制度和规则的精确程度及明确性也会影响裁判者的认知逻辑。如果法律规则具有明确的文本解释和严格的适用标准，裁判者在进行案件审理时会更加容易确定适用规则，从而更加自信地进行逻辑推理。相反，如果法律规则存在歧义或者不充分，裁判者可能需要依赖更多的解释和指导，这可能会导致逻辑推理的不确定性和主观性增加。另外，法律制度和规则的文化背景以及历史渊源也会影响裁判者的认知逻辑。不同的文化背景和历史渊源可能会导致裁判者产生不同的法律价值观，这将直接影响裁判者对案件事实和证据的认知以及对法律规则的理解和应用。

2.2.3.5 道德

道德在法律领域中是一个重要的因素，它不仅反映了社会公正、公平和合理的价值观，同时也是裁判者进行判断和决策的重要依据之一。因此，道德对裁判者认知逻辑产生了深刻的影响。首先，道德对裁判者认知逻辑的影响体现在裁判者的道德观念和法律观念的交织中。裁判者的道德观念和法律观念在很多情况下是相互促进和支持的。例如，裁判者在解决案件时会综合考虑相关的法律条款和道德价值观，遵循道德准则的同时也能够体现法律公正、合理和平衡的原则。同时，道德也能够影响裁判者的价值观，塑造其思想意识和社会责任感，从而对裁判者认知逻辑的发展产生深远影响。其次，道德对裁判者认知逻辑的影响还体现在裁判者的判断和决策过程中。道德作为一种社会规范和价值观念，在某些情况下可能会与法律规则产生矛盾，从而影响裁判者的判断和决策。

2.2.4 法官认知的决策模型

理查德·A.波斯纳在《法官如何思考》开篇就总结了司法行为的九种理论，包括态度理论、战略理论、组织理论、经济学理论、心理学理论、社会学理论、实用主义理论、现象学理论以及法条主义理论，[1]预示着其在法官认知研究过程中提出了多种模型。本文旨在介绍法官认知决策研究的一些具有代表性的模型和理论，主要包括法律模型、态度模型、策略模型和受众理论，现对以上模型分述如下。

2.2.4.1 法律模型

法律模型假定，司法裁判都是由法律确定的。这里的法律通常是指正宗法律材料，诸如，宪法和制定法文本以及同一或某高层级法院先前的判决表达的，或是可以通过逻辑操作从这些材料中衍生出来的一整套已有规则。[2]对于法官而言，法律因素无疑是影响其决策的一类至关重要的因素。有诸多法官和学者都表达了对法律模型的支持，如大法官威廉·伦奎斯特（William Rehnquist）。作为一位法律实证主义者，他相信"在尝试用法律来确定事实的过程中，实证主义的法官只能将他（她）对宪法的解释限定在文字、文义或立宪者目的的范围"。[3]在学者方面，罗纳德·德沃金（Ronald Dworkin）的整全性理论无疑也是一个形式主义的理论。整全性"要求法官尽可能将现有的公共准则体系，看作在表达和尊重一组融贯的原则，并以此为目的，解释这些准则，以找出明示

---

[1] [美]理查德·波斯纳：《法官如何思考》，苏力译，北京大学出版社2009年版，第17—52页。
[2] [美]理查德·波斯纳：《法官如何思考》，苏力译，北京大学出版社2009年版，第38页。
[3] Sue Davis, *Justice Rehnquist and the Constitution*, Princeton University Press, 1989, pp.23-24.

准则之间和背后的隐含准则"。[1]因此,法官并不创造法律,而是在发现法律。

运用法律规则作出的司法决策通常是三段论的产物,也即前述"法律+事实＝裁判"的公式。与法律规则相伴的是一套解释规则,由于法律语言具有不确定性和模糊性,解释规则可以约束法官的自由裁量权。一般而言,在大陆法系国家,法律解释的主要方法包括文义解释、体系解释、历史解释和目的解释。在英美法律理论中,这些解释方法也可转述为"文本论"下的文义解释与体系解释和"意图论"下的(主观)原意解释与(客观)目的解释。[2]

"立法意图"是文义解释方法的主要替代。当适用规则的含义产生明显不正义或荒谬的结果时,法官可能会根据立法者意图来裁判案件。意图论者认为,考察立法者意图有助于对法官的自由裁量权形成约束。但实际上,立法者的目的是难以确定的。因为立法者并不是一个个人,而是一个群体。群体经过讨论所形成的制定法,也是妥协的产物,以至于难以确定哪位立法者的目的是最重要的。因此,"立法者意图"的方法是不可靠的。

2.2.4.2 态度模型

态度模型集合了法律现实主义、政治学、心理学和经济学中的核心概念,[3]这一模型的核心主张是,美国最高法院的大法官们是根据他们自身的价值观和政策立场来裁判案件的。法律现实主义者们认为,法官们在作出裁判时,在考虑"书本上的法律"之外,还要考虑相关背景和其他因素。在认知心理学中,"态度"是由一些"相对持久的,关于对象或情景的描述、评价和主张行为的相关观念组成的"。[4]其中每一个观念都有认知性、情感性和行为性部分,并且每一个观念都是一种倾向,当其被适当激发后,会产生选择性的态度对象、情景,或指向,维持态度本身的偏好性回应。[5]虽然大法官裁判案件也需要遵循法律解释的相关规则,但总体而言,政策因素更占优势。布雷耶(Stephen Breyer)大法官曾在一次电视访谈中这样说道:"我是一个人……因为我是一个

---

[1] Ronald Dworkin, *Law's Empire*, The Belknap Press of Harvard University Press, 1986, p.217.

[2] 陈林林:《裁判的进路与方法——司法论证理论导论》,中国政法大学出版社2007年版,第104-105页。

[3] [美]弗里德里克·肖尔:《像法律人那样思考:法律推理新论》,雷磊译,中国法制出版社2016年版,第33页。

[4] 陈林林、杨桦:《基于"态度"的司法决策》,载《浙江大学学报(人文社会科学版)》2014年第3期。

[5] 陈林林、杨桦:《基于"态度"的司法决策》,载《浙江大学学报(人文社会科学版)》2014年第3期。

人，我的背景……我的个人观点、意志，当然会塑造我。它们会对我产生影响。拥有不同生活经历的人，在某种程度上有着不同观点；这会影响他们看待这些事物的方式。但这与说'哦，我想怎么裁判就怎么裁判'并不相同。我理解我的背景、视野、价值观都影响着我。但我并不认为我有自由选择任何我刚巧认为好的结果。"[1]

态度模型是一个信念网络，即针对某一客体或情形所形成的一个相对持续性的描述、评价和行为倾向的信念体系。态度包含着认知、情感和行为等部分。当其受到适当的激活，就会产生对态度客体或情形的某些优先反应，或者产生维持态度的反应。[2]态度模型认为，在司法决策语境中，法官的决策行为会根据法官对客体和情形的态度而发生变化；而这两种态度间，本身也有着某种相互作用关系。对司法决策而言，态度客体是诉讼当事人，态度情形是案件事实，主要包括诉讼当事人的行为，以及诉讼当事人的行为所处的法律脉络。

虽然态度模型已经到了较为完善的程度，但仍有着不可忽略的局限性。实际情况是，尽管态度模型已经历了多年的发展，但法庭中还是充斥着法律话语，无论是律师还是法官，都还是在老老实实地引用先例、法律文本、立法者目的来论证自己的观点。因此，一个最主要的问题是，态度模型并不完全反映现实。

2.2.4.3 策略模型

1961年，在司法决策的研究重心从对法院作为一个机构的关注转移到了关注法官个人的背景下，罗伯特·达尔（Robert Dahl）就提醒道："个人并不是政治系统，对个人偏好的分析不能完全解释集体决策，因而我们还需要理解个人意见被整合为集体意见的机制。"[3]因此，除态度模型外，以美国最高法院大法官的司法行为为研究对象，政治科学家还提出了另一个司法决策的重要模型——策略模型，其统合了政治学、心理学以及经济学的方法，相比态度模型，其能够更深刻、更全面地揭示美国最高法院大法官的裁判过程，以及他们在这一过程中的考虑因素。策略模型的主张者认为，在美国最高法院裁判案件的过程中，起决定性作用的并非只有法官的态度。策略模型要求行动者对自己的备

---

[1] Lawrence S. Wrightsman, *Judicial Decision Making*: *Is Psychology Relevant*? KluwerAcademic/Plenum Publishers, 1999, p. 42.

[2] See Tracey George, "Developing a Positive Theory of Decision-making on U. S. Courts of Appeals", *Ohio State Law Journal*, 1998, Vol. 58, p. 1649.

[3] Robert Dahl, "The Behavioral Approach in Political Science: Epitaph for a Monument to a Successful Protest", *American Political Science Review*, 1961, Vol, 55, No. 4, p. 770.

选对象进行评级,并要求行动者最大化其收益。利益最大化要求行动者考虑对决策结果造成影响的因素,并且根据相应信息,运用博弈论等方法全面考虑其行为的各种扩展性结果,作出最合理的反应。[1]

实际上,法官都是理性行动者,他们知道,只有通过彼此间的相互帮助,才能最大化他们各自的偏好。[2]在早先阶段,一个以策略理性行事的法官,会首要考虑法院所倾向的最终选择是什么,然后逆向推理,以确定自己在早期阶段上都应作出的选择,这样才能保证法官的最终选择能够尽可能地接近他的偏好。一位具备策略理性的法官,当他期望获得其他法官可能作出的意见时,这位法官可能会因此选择投出与自己倾向的政策相违背的票,这也许看起来是"自我牺牲"(因而是非理性的)的行为,但当法官的最终意见被采纳时,事实上却引导着一个对其而言更好的结果,因而可以认为这种"自我牺牲"实际是一种策略。策略型的法官们承认,当试图形成某一法律政策时,他们并不依靠各自的行动,而是一定程度上会受到其他裁判者的偏好和预期选择的影响。[3]

相比于态度模型,策略模型存在一定优势。在态度模型下,大法官作出选择的主要依据是其个人的政策偏好。而在策略模型下,实现策略偏好可以不是大法官的唯一目标;法官所追求的目标可以是多种多样的。

2.2.4.4 受众理论

劳伦斯·怀特曼(Lawrence Wrightsman)在其所著的《司法决策:心理学相关否?》(1990年)一书中考察了"法官是如何作出裁判的,法官会受到哪些因素的影响"这些问题,也详细分析了法官间的说服、团体动态性等社会心理学因素对法官裁判的影响,为理解法官裁判行为的实质提供了思路。劳伦斯·鲍姆则明确提出了法官裁判的受众理论。这一理论具有现实性的特征。在前述司法决策的三个模型中,法律模型预设了法官追求遵守法律,态度模型和策略模型预设了法官在意制定符合自己偏好的政策。但是,这些模型并未言明,法官为什么如此在意对法律的形式性遵守,以及制定符合其偏好的政策为什么如此重要。比如,当有利于自己的职业或政策目标时,法官们可能就会偏离自己

---

[1] [美]杰弗瑞·A. 西格尔、哈罗德·J. 斯皮斯:《正义背后的意识形态:最高法院与态度模型》,刘哲玮译,北京大学出版社2012年版,第89页。

[2] Lee Epstein, Jack Knight, "Toward a Strategic Revolution in Judicial Politics: ALook Back, A Look Ahead", *Political Research Quarterly*, 2000, Vol. 53, No. 3, p. 627.

[3] Timothy R. Johnson, James F. Spriggs, Paul J. Wahlbeck, "Passing and Strategic Voting on the U.S. Supreme Court", *Law and Society Review*, 2005, Vol. 39, No. 2, p. 349.

最偏爱的政策立场。对于那些受到诸多法律外因素影响的法官而言，受众能够在一定程度上对其裁判形成约束。比如，根据受众理论，当法官们坚持特定政策立场或以法律因素为基础而采取行动时，部分是为了持续赢得那些关心这些目标并且对法官而言重要的人们的尊敬。[1]

受众理论的基本前提假设可以概括为，法官作为一个普通人，通常会关心他人对他的看法，因为法官想要受到他人的喜欢和尊敬，这一点会影响法官作出的裁判。法官的受众实际上是一个较为广泛的群体，其主要包括法官的同事、公众和其他政府部门，也包括专业群体、政策群体和新闻媒体。中国法官无疑也会在意受众的看法。中国法官并不像美国法官那样追求制定符合自己偏好的政策，而是有着自己的特色。凌斌在《法官如何说理：中国经验与普遍原理》一文中指出，中国法官可以在某种程度上被认为是法条主义的，尽管他们或出于真诚的目的，或出于策略的目的。这是由中国特殊的法官与当事人和律师之间的"法民关系"所决定的。法官的说理对象可能不仅包括法律同行，还包括当事人，甚至有时还要扩展到一般公众。当事人与案件有着直接的利害关系，尤其是败诉的一方会对裁判说理的每个字句反复推敲，百般挑剔。[2]因此，中国法官要把当事人作为一个重要的说理对象。在一些社会关注度较高的案件中，法官的裁判还要接受来自社会公众的关注。因此，为了争取当事人和社会公众的普遍接受，法官会努力寻找法律依据，即使有时候只能找到一些效力等级很低的法规规章。[3]

2.3 裁判者认知的适用场域

2.3.1 "法律发现"：裁判者法律认知的场所

裁判者裁判案件的工作有两类：第一类是认定事实，处理事实问题；第二类是法律适用，处理法律问题。[4]在法学方法论中，认定事实与适用法律通常被认为属于司法三段论的运用，即将法律规范作为大前提，将具体案件事实通过涵摄过程，归于法律构成要件，形成小前提，然后通过三段论的逻辑推理以

---

[1] [美]劳伦斯·鲍姆：《法官的裁判之道：以社会心理学视角探析》，李国庆译，北京大学出版社2014年版，第179页。
[2] 凌斌：《法官如何说理：中国经验与普遍原理》，载《中国法学》2015年第5期。
[3] 凌斌：《法官如何说理：中国经验与普遍原理》，载《中国法学》2015年第5期。
[4] 梁慧星：《裁判的方法》，法律出版社2003年版，第9页。

发生的法律效果为结论。因而在裁判过程中，裁判者必须掌握案件事实的识别、法律规范的寻找以及法律论证的三项技术。具体而言，事实识别技术，即通过对相关案件事实的裁剪与识别，启发并规制法律发现的宽度与深度；法律规范的寻找技术，也被称为法的发现技术、"找法"、法律获取等，是裁判者旨在获得裁判理由的逻辑思考、得出结论的过程；法律论证技术，即法律裁判如何以恰当的方式加以证明，以建立大小前提之间的逻辑关联，以此试图说服个案裁判的诸多受众。[1]

理想状态下，面对同一案件事实，不同裁判者应该能够找到相同的法律规范，并作出相同的判决，做到"同案同判"。然而现实情况却是面对同一案件，理论界与实务界针对法律适用往往会产生争议，以"许霆案"为例，有学者认为应当直接适用《刑法》盗窃罪的规定，有学者则认为要结合量刑情节减轻处罚，还有学者认为应当适用《民法》中不当得利的规定。再如，"丰县生育八孩女子"事件一审认定被告人董志民犯虐待罪、非法拘禁罪，但许多学者认为被告人的行为完全构成强奸罪。可见面对相同的案件事实，人们对于"适用于本案的法律是什么"这个问题往往会给出不同的答案。因而"法律发现"是裁判者进行法律认知活动的主要场所，裁判者对于法律的认知直接影响其法律发现的结果，最终影响案件的裁判。

"法律发现"作为欧美法学家常用的术语，其定义在不同的意境中往往有着不同的含义。其中被较为广泛使用的一种表述是"找法"，如梁慧星教授认为，"找法一语非常形象，就是从现行的法律规则当中找到可以用来裁判本案的那一个法律规则，即用来进行逻辑推论的那个大前提，这个工作叫找法"。[2]在以往的研究中有学者总结"法律发现"至少存在四种意义上的定义：一是指法律产生的方式；二是指法律获取，即裁判者寻找适合个案的法律渊源及法律规范的活动；三是指与法律适用有本质区别的一种法律应用活动；四是指与法律适用无本质区别的法律引用活动。[3]目前，我国学者主要是在第二种意义上使用"法律发现"这一概念，如陈金钊教授认为"法律发现"是指"在某一特定的制度内用来发现与解决具体问题或在具体问题上确定与案件相关的法律原则、规则的意义而使用的方法"。[4]

---

[1] 张顺：《法律发现技术研究》，中国政法大学出版社2019年版，第1页。
[2] 梁慧星：《裁判的方法》，法律出版社2003年版，第36页。
[3] 郑永流：《法律判断形成的模式》，载《法学研究》2004年第1期。
[4] 陈金钊：《司法过程中的法律发现》，载《中国法学》2002年第1期。

就"法律发现"的范围而言,"法律发现"既包括狭义的找法过程,也包括随之而来的"法律解释""漏洞填补"等创造性活动。在简单案件的审理过程中,裁判者只是执行法律,而在疑难案件中,裁判者因没有明确的规则加以适用而通过创建新的规范,或在多种可能的解释和可供采用的推理途径中作出抉择。[1]杨仁寿认为:"法律之解释及适用,虽均属司法活动,但二者并非同义。前者重在发现或形成一般法律规范,以为裁判之'大前提',而后者则以所发现或形成之一般法律规范为大前提,以事实认定为小前提,运用'演绎'的逻辑方法,导出结论,亦即一般所谓裁判。"[2]由此观之,广义的"法律发现"同时包含法律解释与漏洞填补的过程。

2.3.2 裁判依据与裁判理由:裁判者法律认知的对象

裁判者法律认知的场所是法律发现的过程,因而裁判者法律认知的对象实质上就是裁判者法律发现的对象。对于"法律发现的对象"所指定的范围,当前学界有多种观点:一是认为法律发现的对象就是具体的法律渊源,或者说法律形式;二是认为法律发现的对象是法律规则,法律渊源只是构建法律规则的材料、砖瓦;三是认为法律发现的过程对象是法律渊源,法律发现的目标对象是法律规则,二者属于内容与形式的关系。[3]

既有关于法律发现对象的学术观点大多将法律发现的对象与法律渊源建立直接或者间接的联系。法律渊源指的是法律适用过程中裁判依据的来源。作为法律适用过程中裁判依据的来源,法律渊源无疑能提供具有法律拘束力的规范材料,但并非在法律适用中可能运用到的所有规范材料都涉及法律渊源。现行《最高人民法院关于适用〈中华人民共和国刑事诉讼法〉的解释》第 300 条第 1 款规定:"裁判文书应当写明裁判依据,阐明裁判理由,反映控辩双方的意见并说明采纳或不予采纳的理由。"因而,裁判理由与裁判依据处于同等重要的地位。有的规范材料在法律适用中只能扮演裁判理由而非裁判依据的角色,它们解决的并非"依法裁判"的问题,而是"公正裁判""合理裁判"的问题。换言之,裁判者运用它们是为了"依法"之外的"说理",是为了增强判决的说服力和社会效果。[4]

---

[1] 陈增宝、李安:《裁判的形成——法官断案的心理机制》,法律出版社 2007 年版,第 74 页。
[2] 杨仁寿:《法学方法论》,中国政法大学出版社 1999 年版,第 17 页。
[3] 张顺:《法律发现技术研究》,中国政法大学出版社 2019 年版,第 57 页。
[4] 雷磊:《法的渊源:一种新的分类法及其在中国语境中的运用》,载《河北法学》2021 年第 11 期。

裁判者对于法律渊源之外的规范材料的认知水平影响其在裁判理由中论证说理的说服力，因而裁判者法律认知的对象不能仅仅限于法律渊源，即不能仅限于裁判文书中裁判依据的规范材料，对于裁判理由的规范材料也要给予同样的重视。

2.3.2.1 裁判依据的认识内容

第一，刑事法律规范。其是指《刑法》《刑事诉讼法》等由全国人大及其常委会通过、修改的法律规范，作为狭义上的法律，这些法律规范是法律适用所必须引用的内容，也是依法裁判原则的必然要求。就刑事案件的审判而言，裁判者在裁判过程中既需要根据刑事实体法对案件事实进行定罪量刑，也需要根据刑事程序法规范整个审判程序，对二者任何一方面的错误适用都会引起冤错案件的产生。因而裁判者在刑事案件中同时面临着对刑事实体法与刑事程序法法条认知水平的双重考验。一方面，正确适用《刑法》规定是罪刑法定主义的必然要求。在刑事审判过程中，裁判者的目光需要不断往返于《刑法》与案件事实之间。裁判者对于刑法知识的掌握，往往决定着案件最终定罪量刑正确与否以及裁判说理的逻辑性与说服力。另一方面，严格遵守程序法的规定也是程序正义的题中之义，"以法律为依据"不仅要求裁判者在审理案件时正确运用《刑法》，同时也要求裁判者严格按照《刑事诉讼法》规定的原则、制度和程序办案。对于违反程序的行为，《刑事诉讼法》规定了相应的程序性制裁后果，这都要求裁判者对程序法有明确的认知。《刑法》与《刑事诉讼法》的规定与人权保障息息相关，这对裁判者的法律认知水平提出了较高的要求。

第二，法律解释。由于法律解释不是针对个案作出，而是具有普遍的拘束力，所以又可被称为"规范性司法解释"，属于我国司法适用中规范性文件的一种。[1] 根据《宪法》《立法法》和全国人大常委会《关于加强法律解释工作的决议》等法律文件的规定，我国法律解释包括立法解释、行政解释和司法解释三种。而具体到刑事审判过程中，立法解释和司法解释可以在刑事裁判文书中直接引用。《最高人民法院关于裁判文书引用法律、法规等规范性法律文件的规定》第3条规定："刑事裁判文书应当引用法律、法律解释或者司法解释。刑事附带民事诉讼裁判文书引用规范性法律文件，同时适用本规定第四条规定。"由于我国立法存在抽象性和简略性的特点，我国存在大量的司法解释，近年来司法解释出台的数量和内容逐渐增多，这都对裁判者法律认知能力提出了更高

---

[1] 雷磊：《法的渊源：一种新的分类法及其在中国语境中的运用》，载《河北法学》2021年第11期。

的要求。司法解释的大量适用尽管在一定程度上化解了法律发现之复杂性,然而这并未从根本上消解法律适用的难度。因此,裁判者既面临适用法律的问题,也面临适用司法解释的问题。[1]

2.3.2.2 裁判理由的认识内容

第一,指导性案例。2010年最高人民法院与最高人民检察院《关于案例指导工作的规定》的相继出台标志着案例指导制度在我国正式建立。指导性案例区别于不具有指导性的普通案例,在某种意义上说,所谓指导性案例其实就是判例。[2]虽然我国并非判例法国家,判例不是我国正式的法律渊源,但《最高人民法院关于案例指导工作的规定》要求"最高人民法院发布的指导性案例,各级人民法院审判类似案例时应当参照",使得指导性案例成为裁判者审判案件的参照,实际上成为裁判者不可规避的认知对象。

案例指导制度可以发挥规则创制的功能,在案例指导制度创立之后我国出现了法律—司法解释—案例指导规则这样一种三元的法律规则体系。[3]截至2023年4月,最高人民法院已经相继发布了37批指导性案例,其中既包括"重申司法解释型"的指导性案例,也存在"拓展司法解释型"的指导性案例。"重申司法解释型"指导性案例对刑法规范的理解和适用并无突破,只是对相关司法解释辅以案例重新发布,[4]对于裁判者的法律认知并没有提出新的要求。而"拓展司法解释型"指导性案例则对既有的司法解释作出了补充或者再解释,以指导案例第13号为例,在未修改以往司法解释的前提下,将危险物质从"禁用剧毒化学品"扩大到了"限用剧毒化学品",对于解决分歧、指导司法实务具有一定意义。[5]案例指导制度在发挥规则创制功能的同时,已经成为裁判者作出裁判的直接依据。裁判者参照适用指导性案例进行裁判的过程对裁判者法律认知提出了新的要求。

第二,法律学说。随着2018年《最高人民法院关于加强和规范裁判文书释法说理的指导意见》的出台,裁判者在裁判文书中援引法律学说进行说理论证变为可能。当前学界对于法律学说的界定并不统一,约翰·亨利·梅利曼

---

[1] 元轶:《裁判者认知力问题研究》,载《理论探索》2021年第3期。

[2] 陈兴良:《案例指导制度的规范考察》,载《法学评论》2012年第3期。

[3] 陈兴良:《我国案例指导制度功能之考察》,载《法商研究》2012年第2期。

[4] 杨楠:《指导性案例与规范性司法解释关系的实证考察——以刑事司法为例》,载《华中科技大学学报(社会科学版)》2019年第2期。

[5] 周光权:《刑事案例指导制度:难题与前景》,载《中外法学》2013年第3期。

（John Henry Merryman）认为，法律学说是法学家们在其发表的论著中所反映的研究成果[1]；王泽鉴认为，法律学说就是学者们对于成文法的解释、习惯法的认知、法理的探究等发表的见解[2]；彭中礼认为，所谓法律学说，是指法学家在特定社会物质生活条件下创造的具有历史规定性和现实规范性的关于法律运行及其相关理论问题的科学思想体系[3]。《最高人民法院关于加强和规范裁判文书释法说理的指导意见》第13条指出："除依据法律法规、司法解释的规定外，法官可以运用下列论据论证裁判理由，以提高裁判结论的正当性和可接受性：……法理及通行学术观点……"这里的"通行学术观点"，实际上构成了对法律学说概念的限缩。胡云腾大法官认为，裁判者不仅不能应用有争议的学理进行裁判，也要尽量注意不引用有争议的学理在裁判文书中说理。[4]无论是否允许裁判者运用非通说观点进行说理论证，裁判者都需要对学界通说观点有一定的认识和掌握。

法律学说在裁判者论证说理的过程中，可以成为裁判者司法论证与规范适用的理论根据。虽然刑法要求罪刑法定原则，但法律学说亦可以在刑事案件中发挥重要的作用。例如，有的裁判者运用张明楷的"包容说"区分此罪与彼罪，亦有裁判者根据"经验规则与逻辑规则判断主观心态说"区分间接故意和过于自信的过失。[5]裁判者援引法律学说进行论证说理愈发成为裁判者必要的技能，法律学说愈发成为裁判者法律认知的必要对象。

2.3.3 法律自身的复杂性：影响裁判者法律认知的客观因素

法律条文语言的复杂性决定了对其理解的困难性，裁判者对法律条文语言所表达含义的理解不一定是全面且精准的，这会导致裁判者将不贴切的法律条文适用到案件当中，从而产生法律认知偏差。[6]在疑难案件中，裁判者往往需要面对案件事实没有对应的法律规定或者尽管有相关法律规定，但法律规定模糊或冲突的情形，这就要求裁判者必须调动其创造性思维作用于疑难案件的裁判。[7]这些法律条文自身的复杂性，都给裁判者的理解与适用带来了挑战，从

---

[1] [美]约翰·亨利·梅利曼：《大陆法系》，顾培东、禄正平译，法律出版社2004年版，第84页。
[2] 王泽鉴：《民法概要》，中国政法大学出版社2003年版，第17页。
[3] 彭中礼：《论法律学说的司法运用》，载《中国社会科学》2020年第4期。
[4] 胡云腾：《论裁判文书的说理》，载《法律适用》2009年第3期。
[5] 彭中礼：《论法律学说的司法运用》，载《中国社会科学》2020年第4期。
[6] 胡锋：《刑事庭审实质化视域下法官认知体系的建构》，载《唐山学院学报》2021年第1期。
[7] 谢晖：《法律规范的事实还原与司法中法律知识的生成》，载《法律科学（西北政法大学学报）》2015年第4期。

而影响裁判者的法律认知。

2.3.3.1 法律意义模糊

以司法三段论为典型的涵摄模式一方面要求法典中每一概念的常规用法都已被明确定义，这就对法律的明确性提出了要求。罪刑法定原则的明确性要求，使得《刑法》相比其他部门法更加强调法律的明确性。然而立法语言的模糊性决定了刑事立法的明确性只是一种相对的要求。任何刑法都必须使用具有概括性、抽象性的用语，任何立法机关都会"在刑法规定中使用范围宽泛的条款和需要充填价值的概念"。所以，任何成文刑法都必然具有不明确性、不确定性。[1]

以量刑情节为例，我国《刑法》使用了大量诸如"情节严重""情节恶劣"等模糊性规范用语，而司法解释的细化规定也只能列举通常情形，通过"其他情节严重""其他情节恶劣"的条款弥补列举上的漏洞。因而法律语言上的模糊性并不能得到充分解决，刑法立法语言的模糊性始终考验着裁判者的法律认知水平，由此带来许多问题，如导致判决的不一致、法律的不确定性、影响社会生活的预见性和稳定性等。[2]

2.3.3.2 法律意义冲突

法律意义冲突指的是两种或两种以上的法律条文对同一种社会事项规定了不同的规范内容。就广义而言，法律意义冲突也是法律意义模糊不明的一种表现。[3] 一方面，处于不同效力位阶的法律文件对同一事项作出了相互冲突的规定，这就需要裁判者通过对不同法律文件的效力识别化解法律意义的冲突。而另一方面，同一法律文件可能对同一事项作出了多个不同的规定，其具体规定的意义都是明确的，但从裁判者选择适用的意义上却是模糊的。

由于犯罪错综复杂，《刑法》中的法律意义冲突情况就较为突出。一方面，部分条文规定的犯罪之间具有相似性，一些条文之间形成了包容关系与交叉关系，另一方面，由于行为人并非按照《刑法》规定的构成要件实施犯罪，一个行为可能具有多重属性，侵犯多个法益，因而触犯多个罪名。[4] "此罪与彼罪"

---

[1] 张明楷：《明确性原则在刑事司法中的贯彻》，载《吉林大学社会科学学报》2015年第4期。

[2] 丁建峰：《立法语言的模糊性问题——来自语言经济分析的视角》，载《政法论坛》2016年第2期。

[3] 谢晖：《论法律方法及其复杂适用的顺位》，载《山东大学学报（哲学社会科学版）》2015年第4期。

[4] 张明楷：《刑法分则的解释原理》，中国人民大学出版社2011年版，第243页。

041

的区分问题是长期困扰刑法理论的重点难点问题，学者观点莫衷一是，无疑增加了刑法的复杂性，也考验着裁判者的法律认知能力。

2.3.3.3 法律意义缺失

面对纷繁复杂、日益更新的社会现实，法的滞后性决定了法律漏洞的必然性。法律漏洞的存在，使得裁判者在穷尽现行法律体系后仍然找不到解决案件的法律规则，就不得不通过补救法律漏洞的法律方法解决案件，这一点更加考验裁判者对法律价值、理念的理解与对现实的掌握。

法律漏洞问题在刑事诉讼法方面显得尤为突出。一方面，由于我国刑事诉讼法立法技术而不完善的原因，导致既有法条及司法解释仍然存在一些的问题。另一方面，当前刑事诉讼法改革处于活跃期，法律更新的速度难以跟上制度改革的速度，立法者在修法过程中针对改革实践中产生的新制度、新问题往往仅能作出框架性规定，因而法律漏洞的产生在所难免。以认罪认罚从宽制度的改革为例，《刑事诉讼法》于2018年的修正没有对认罪认罚案件的证明标准作出规定，立法上缺乏统一的规定，加之理论上的争论，必然导致司法实践在认罪认罚案件证明标准适用上的无所适从。[1]法律漏洞的存在给裁判者审理案件带来了直接的困难，对其法律认知水平提出了较大的考验。

2.3.4 裁判者自身的素质：影响裁判者法律认知的主观因素

裁判者在运用司法三段论推理时，需要准确寻找作为大前提的法律条文。裁判者在法律提取的过程中面对着纷繁复杂的法条，当裁判者所提取的法条与具体案件事实不匹配时，就会出现裁判者法律认知的偏差。这种提取模式往往富含大量的直觉感悟，而非经过裁判者富有理性的逻辑推导而得出，[2]因而裁判者的法律认知与其个人的主观因素息息相关。从裁判者个人角度考察，裁判者法律提取的过程依赖于裁判者自身对于法条的熟悉程度、个人主观偏好以及裁判者的法感直觉。

2.3.4.1 裁判者的法条储备

裁判者法律认知的广度决定了其在裁判中法条提取的范围。刑事审判中的复杂案件往往涉及多个被告人、多个情节、多个罪名，其所适用的法条也散见

---

〔1〕 肖沛权：《刑事司法改革问题研究》，中国政法大学出版社2021年版，第37页。
〔2〕 宋寅悦：《司法裁判中的认知偏差现象研究》，华东政法大学2018年硕士学位论文。

于多个层级的多个法律文件之中。裁判者自身所掌握的法条库越大,其在裁判过程中能够搜索到的适用于本案的法条就越丰富,可能遗漏的法律规定也就相应更少,其法律认知偏差产生的可能也就更小。法条知识储备匮乏的裁判者在法条提取的过程中往往局限于其所熟悉的部分法律规定,而忽略其他的法律规范,因而在定罪量刑的多个环节都会作出错误的判断。

裁判者的法律认知水平一方面取决于其对法条量的掌握,另一方面也取决于其对法条质的把握。裁判者对法条掌握的精确程度与其法条发现的准确程度是决定与被决定的关系。如果裁判者本身对于法条的理解模糊,甚至存在偏差,其法律提取的过程也不可避免出现效率低下甚至适用错误的情况。一方面,在充分进行法条搜索之后,业务熟练的裁判者能够筛选出真正对案件裁判有价值的法条,而剔除与本案无关甚至可能导致错误判断的法律条文,在提高法律认知效率的同时避免错误;另一方面,业务熟练的裁判者面对多个法条竞合的情况,能够作出正确的判断与选择,避免法律条文的错误取舍与运用。

非法律专业知识也是裁判者法律知识体系的重要组成部分,非专业知识的多寡也会对裁判者法律认知水平产生影响。现代法律有一个逐渐向生活化方向发展的过程,在这一过程中,裁判者要正确地适用法律,就必须具备生活知识,如裁判者必须熟悉他生活地区的民族习惯等。[1]现实世界错综复杂,裁判者不可避免地要面对互联网、金融、新兴科技等多个领域的挑战。理查德·波斯纳法官将这些非专业知识对裁判者的挑战称之为"外在复杂性","这些系统的复杂性都外在于法律体系,但作为引发案件的这个环境的主要构成部分,这些系统深刻影响着法律体系的运作"。[2]以经济犯罪领域为例,如果裁判者缺乏对于市场、金融等领域的经验知识,其对于经济犯罪的相关法律条文的理解就如同空中楼阁,注定是虚幻而不现实的,注定走上形式主义,专注于文字本身的解释,而忽略现实的情况,法律认知偏差的产生就变得不可避免。

2.3.4.2 裁判者的主观偏好

裁判者的法律认知水平不仅取决于裁判者法律知识的掌握,也受到其主观偏好和偏见的影响。当出现法律意义模糊、冲突、缺失的情形时,裁判者必须通过法律解释、漏洞填补的方法进行创造性找法活动,这都需要裁判者融入自

---

[1] 左卫民:《中国司法的新思考》,法律出版社2002年版,第154页。

[2] [美]理查德·波斯纳:《波斯纳法官司法反思录》,苏力译,北京大学出版社2014年版,第71页。

己的理解和主观偏好,这一融入裁判者价值判断的过程,必然使裁判者对法律的解释产生任意的可能性。[1]

一方面,裁判者对部分法律条文的偏好或者偏见,最终影响其法律发现的结果。一些裁判者虽然具有丰富的法律知识,但容易形成思维定式,对于类似案件偏好适用某几个法条,在遇到新类型案件、新情况时,受到其思维定式与主观偏好的影响,无法作出正确的分析与判断,最终导致法条的误用和偏离。另一方面,裁判者如果对被告人存在主观上的偏见甚至于不良动机,其发现的法条必然是违背立法本意和公平正义之理性要求的,注定属于法条偏离或误用之列。

2.3.4.3 裁判者的法感直觉

在裁判者的法律认知过程中,裁判者的直觉也扮演着非常重要的角色。当裁判者进行法律发现,裁判者可以依靠个人的直觉径行发现可以适用的法律规则或者法律条文,从而提高法律发现的速度。有学者将这种直觉思维称为法感。所谓法感,是指人们对法律现象的直接感受能力,它包括人们对法律问题的敏锐感受力和正确的理解力。它是人受到法律问题的刺激并综合理解后的一种感受。这种感受是"感之于外,受之于心"的。"感之于外"就是法条信息对人的刺激,"受之于心"就是人对法条信息进行整合。[2]

法感是裁判者在长期的、规范的法律运用和法律训练中养成的一种带有浓重经验色彩的比较直接、迅速地感悟和领会法律的能力,需要长期的司法实践才能获得。因而不同裁判者对同一法律对象的理解与领悟存在差异。法感与其他裁判者的心理性因素一样,潜藏在裁判者的潜意识中,会控制或者干扰裁判者对法律的认知,最终影响裁判者法律发现的结果。良好的法感有助于裁判者快速找到应当适用的法律,而错误的法感则会让裁判者误入歧途。

2.4 裁判者思维

2.4.1 裁判者思维的定义

裁判者思维,是指裁判者在司法裁判活动中,以中立的思维视角和公正的

---

[1] 陈增宝、李安:《裁判的形成——法官断案的心理机制》,法律出版社 2007 年版,第 118 页。
[2] 陈增宝、李安:《裁判的形成——法官断案的心理机制》,法律出版社 2007 年版,第 121 页。

法律追求，针对具体争诉案件，按照司法认知规律，在引导双方当事人进行公平的诉讼对抗（举证、质证、陈述、答辩和辩论）之基础上确认采信证据，认定案件事实，寻找适用法律，运用法律方法和技术，解决法律纠纷的一种思维方式和过程。

首先，法律思维是一种职业思维。裁判者思维是裁判者在履行裁判者职责过程中所采用的一种工作思维方式，是裁判者职业工作方式的重要组成部分，亦是裁判者职业区分其他职业的内在逻辑基础，因而具备裁判者思维能力是裁判者从事司法裁判工作的基本职业要求。

其次，作为一种职业思维，司法裁判工作的性质和任务决定了裁判者思维的对象只能是具体争诉案件。离开具体争诉案件，裁判者思维不具任何实质意义，其思维结果亦不具任何法律拘束力。

最后，裁判者思维的内容涵盖法律纠纷解决的整个过程。对裁判者思维的理解不能仅仅停留在它是一种思维方式上，裁判者思维的内容（或者说外延）十分广泛，包括法律纠纷解决的各个环节和整个过程。从程序问题到实体问题，从事实问题到法律问题，从法律方法到司法技术，从开庭审理到文书制作，从司法理念到具体操作，都涉及裁判者思维问题。因此，裁判者思维是关于司法裁判活动的一系列法律方法和技术体系，而不仅仅是一个思维方式和方法问题。

2.4.2 裁判者思维方式

裁判者的思维方式是裁判者在司法活动中所运用的重要工具。裁判者的思维方式在很大程度上决定了其对案件事实和法律规范的理解和解释，而分析方法则是裁判者在对案件进行分析和判断时所依赖的工具，通过运用分析方法，裁判者可以更加准确地推理和判断，避免主观臆断和不合理判断的发生，从而保证判决的公正性和合法性。此外，裁判者的思维方式和分析方法还有助于提高司法效率和质量，在快速处理大量案件的情况下，裁判者需要具备高效的思维方式和逻辑分析能力，以便迅速地对案件进行分析和判断，缩短办案周期，提高办案效率。在保证办案效率的同时，裁判者的思维方式和逻辑分析方法也有助于提高判决的准确性和合理性，从而保证司法公正和社会稳定。

2.4.2.1 概念思维方式

概念思维方式指的是人们对于各种事物和现象所形成的概念体系，即人们通过对经验和知识的归纳及概括而形成的抽象思维方式。在概念思维方式中，人们不再只看到表面的事物，而是试图寻找其中的本质和规律，并将其进行抽象、分类、归纳和概括，形成一系列的概念。这些概念可以被看作人们认识世界和思考问题的基本工具，是人们进行科学、哲学、法律等学科研究和实践的基础。在法律领域，概念思维方式也是裁判者进行判案的重要思维方式之一，通过对各种法律概念的认识和把握，裁判者能够更好地理解和应用法律，正确判断案件事实和适用法律。法律概念是法律规则的基础，它们用来描述和规定法律中的各种关系和情形。裁判者需要理解和运用这些概念，以便作出正确的判断和决策。在运用概念思维方式时，裁判者需要准确地理解和解释法律概念，并将它们应用到具体案例中。他们需要考虑概念的范围、定义、要素，以及其与其他概念之间的关系等。例如，在合同法中，裁判者需要理解"合同"的定义、要素和效力等，并根据这些要素来具体判断合同是否有效。此外，裁判者在运用概念思维方式时，还需要考虑概念的发展和演变。随着时间的推移，法律概念可能会随着社会和文化的变化而发生变化。因此，裁判者需要了解和适应这些变化，以确保他们的判断和决策是符合当今社会的实际需要和期望的。

2.4.2.2 法律思维方式

法律思维方式指的是在处理法律问题时所采用的思考方式和分析方法，是法律专业人士在处理法律问题时所具有的思维方式，它是一种经过多年的法律学习，经过系统的法律培训，进行统一的司法价值观的熏陶，由多年的审判实务经验提炼而成的一种处理法律案件的方法或规则。它包括了运用法律规则、原则和制度来分析、解决法律问题的能力，以及掌握相关法律知识和理论基础的能力。法律思维方式强调法律条文的解释和适用，强调逻辑思维的严密性和逻辑推理的合理性，其核心在于对法律条文和判例的理解和应用。裁判者需要通过对法律文本和案例的深入分析，建立起对法律体系的全面认知，并在具体案例中准确把握法律适用的精神和原则，在此基础上利用其专业知识和经验，进行逻辑推理、判断评估等思维活动，以确定最终的裁判结果。在法律思维方式中，裁判者需要对案件的事实进行认真分析和评估，考虑到当事人的权益、社会公共利益等方面的因素，确保裁判结果符合实质正义和公正原则。司法实践中，三段论推理模式是裁判者思维的典型范式，[1]即以法律规范为大前提，案件事实为小前提，最后得出判决结果的推理过程。黄茂荣在《法学方法与现代民法》中指出："法律的适用通常被认为是属于逻辑上之三段论法的应用，亦即法律之一般的规定是大前提，将具体的生活事实通过涵摄过程，归属于法

---

[1] 吴春雷、张文婧：《司法三段论的性质与认知结构之再认识》，载《河北法学》2013年第4期。

律构成要件之上,形成小前提,然后通过三段论法的推论导出规范诉争法律事实的法律效果。"[1]但是裁判者作出判决的过程并非如三段论所显示的那样直接。实际上,无论是大前提还是小前提,都远非固定的前在命题,只能是裁判者通过对具体案件事实情形的分析,以及从当事人各方为支持其各自主张所提出的论据当中逐步得出。[2]三段论的大前提和小前提在形式上表现得并不明显,需要裁判者利用其他思维方式去认真寻找、发现,形式上表现为利用司法解释"在事实与法律秩序的相关部分之间来回穿梭"。[3]因此理论上的三段论推理在现实中逐渐具象为事实与规范之间的"来回穿梭",这构成了裁判者关于法律适用的主流认知方式。

2.4.2.3 社会学思维方式

裁判者的社会学思维方式指的是在法律决策中,裁判者所依据的社会学理论和观点,以及对社会现象和问题的认识及分析能力。法律来源于社会生活,产生于交易实践,是对生活经验和社会规律的概括和提炼。社会学思维方式不仅仅是法学知识的应用,还包括对社会学、政治学等学科知识的理解和应用。法学从本质上说是一门社会学问,裁判者既要熟悉司法实务,又要深刻理解社会,更要善于运用社会调查方法。在司法实践中,裁判者需要对案件所涉及的社会背景、文化环境、人类行为和群体关系等进行理性的分析和判断,因此,裁判者的社会学思维方式对于正确处理案件、保证司法公正具有重要意义。在具体实践中,裁判者的社会学思维方式主要表现在以下几个方面:第一,社会问题意识。裁判者需要有敏锐的社会问题意识,对社会现象、社会关系和社会问题进行深刻的思考和分析。第二,社会经验应用。简略抽象的法律条文背后必然对应着鲜活的社会生活故事,执法者和司法者必须要有丰富的社会阅历,能够洞悉人情世故,准确了解社会生活,才能把看似机械的法律知识变成一种鲜活的社会生活知识和智慧,从而把抽象的法律规则还原和应用到社会现实中去。[4]第三,社会效果反思。裁判者在面临快速变迁的复杂社会语境时,需要采用一种相对弹性的法律观去适用法律,并在法律实施过程中逐步总结法律实施的社会效果,进而反过来重新评估和优化,如此才能保证法律及其实施的科

---

[1] 黄茂荣:《法学方法与现代民法》,中国政法大学出版社2001年版,第127页。
[2] 焦宝乾:《三段论推理在法律论证中的作用探讨》,载《法制与社会发展》2007年第1期。
[3] [德]卡尔·拉伦茨:《法学方法论》,陈爱娥译,商务印书馆2003年版,第296页。
[4] 丁国强:《法官办案要有社会学思维》,载《人民法院报》2016年9月12日,第2版。

学性，切实有效地反映和指导社会生活实践。[1]

2.4.2.4 经验性思维方式

裁判者的经验性思维方式是指裁判者在判断案件时，根据自己的经验和观察来作出决策。裁判者在处理案件时需要依据现有法律法规以及相关的案例进行分析和判断，但是这些法律法规和案例往往不能覆盖所有情况，因此，裁判者需要依靠自己的经验和感性判断来作出决策。一方面案件事实的描述，通常以感知为基础，裁判者认定案件事实，首先通过他的感官或以知晓此事的人的感觉为基础进行感知，另一方面法律是对人的行为的规范，因此，对人类行为的理解认知尤为重要，因为感知仅能认识到人类行为的外观部分，所以我们必须借由自己或从他人处获得的经验才能理解人类行为的内在。[2]在裁判者的经验思维中，裁判者通常会借助类比推理的方式，将之前的类似案件中的判例或判决经验应用到当前案件中，通过对类似案件的分析和比较，裁判者能够更好地理解当前案件的法律问题，进而作出更为合理的裁决。这种经验性思维方式有助于裁判者在复杂的案件中进行快速而准确的判断，但也容易受到主观偏见和经验局限的影响。例如，裁判者在运用经验思维时，可能会陷入"经验陷阱"，即过分依赖过去的经验和知识，无法及时适应社会变化和新形势，导致司法决策的偏差和不公正，在面对新的案件时，裁判者需保持客观公正的态度，避免对案件作出错误的判断。因此，裁判者的经验性思维方式需要与其他思维方式相互补充，从而形成更加完整和准确的思维模式。

2.4.3 法官思维的特征[3]

2.4.3.1 思维主体的法定性

法官思维主体的法定性，具有三个方面的含义：其一，法官的资格是法定的。作为法官必须具备《法官法》所规定的任职资格和法定条件，最显著的一点是必须取得国家统一法律职业资格证书。其二，法官的职位是法定的。法官职位的取得，必须经过权力机关依一定的法律程序任命。因此，法官是专业性任职资格和法定性任职程序相结合的产物。其三，法官的职权是法定的。尽管《宪法》将依法独立行使审判权的权力赋予人民法院而不是法官，但《法官法》

---

[1] 丁国强：《法官办案要有社会学思维》，载《人民法院报》2016年9月12日，第2版。

[2] 房伟：《论法官的经验思维》，载《宁波大学学报（人文科学版）》2012年第2期。

[3] 参见王纳新所著《法官的思维——司法认知的基本规律》一书的观点。

明确规定"法官是依法行使国家审判权的审判员",由此表明法官亦是审判权的法定主体。换句话来讲,人民法院作为审判权主体是一种抽象主体,具有象征意义;而法官作为审判权主体是具体主体,具有实质意义,两者之间是辩证统一的,不能以一者作为根据而否定另外一者的存在。强调法官思维主体的法定性,表明法官思维不是一种大众思维而是一种职业思维,不是一种集体思维而是一种个体思维,不是一种行政管理思维而是一种司法裁判思维。

2.4.3.2 思维视角的中立性

在诉讼活动中,法官的思维视角既不同于检察官,也不同于律师,因而反映出不同的思维特点。检察官的思维具有进攻性特点,表现其代表国家提起公诉,以追究犯罪嫌疑人的刑事责任为基本目的;而律师的思维具有防御性特点,表现为在庭审中对控方起诉的反驳,通过无罪和罪轻的辩护,尽量免除或减轻当事人的刑事责任,以维护刑事被告人的合法权益为根本目的;法官的思维则具有中立和保守性的特点。职业特性和中立地位决定了法官对胜诉不感兴趣,只是负责确定谁应胜诉,而不存在应该维护哪一方利益的问题。这正如美国法学家弗兰克所言:"就一个向法院提出案件的律师来说,他的思想中一般已有一个没有选择余地的结论,即为他的当事人赢得这一诉讼。"故,就律师说"结论占支配地位"是众所周知的,但法官的情况就不一样了。[1]法官思维中立性的另一表现,或者说更为理想的表现是法官的独立性。法官在思维的过程中不仅要独立于案件的当事人;还要独立于自己的同僚和社会。这是保证法官思维正确性和公正性的基本前提。虽然法院审理案件实行的是合议制或独任制,但案件的裁判结论最终体现的是合议庭的集体意志,因此,每个法官都必须独立地依照自己对法律的诚挚理解来发表法律意见。与此同时,法官的独立性表明,法官的上司只能是法律。

2.4.3.3 思维切入的怀疑性

怀疑性思维与旨在明确社会关系类型的法律是相通的。与此同时,司法裁判的公正性、独立性和中立性要求决定了法官的思维不能先入为主,而诉讼活动的程式性决定了当事人的诉讼行为有先后次序之分,由此决定了法官对原告或公诉人的起诉往往以一种怀疑的视角对待之,在一定程度上弥补了被告在诉讼开始时所处的被动性地位,由此保证了被告在诉讼中的公平地位。怀疑性作

---

[1] 沈宗灵:《现代西方法理学》,北京大学出版社1992年版,第337-338页。

为法官思维切入的一个基本特性,已作为一个司法原则而得到承认和加强,如无罪推定原则的确定和疑惑事实从无规则的确立等。作为一种思维技巧,法官思维切入的怀疑性已成为一种平衡当事人之间平等地位的有效手段,如举证责任倒置,还有在行政诉讼中由作为被告的行政机关来负责证明其行为合法性等。总之,一份公正的判决多数情况下是在法官不断怀疑乃至最终确定的过程中产生的,也正因如此,法官基于对事实和法律的交叉怀疑构成了不同于其他职业思维的独特品质。总之,怀疑性对于法官思维来说,处于思维的核心地位,为法官正确思维提供了路径指引和方法保障,具有指引性和保证性的作用。只有在怀疑性思维的指引下,法官才能在司法裁判的过程中真正去"发现"法律,才能保证司法裁判的公正性和正确性。

2.4.3.4 思维立场的明确性

法官是否应该持有明确的思维立场?美国法学家德沃金对此问题的看法持肯定态度。他认为法律人士对自己的立场和别人的立场应该有一个明确的态度和明确的评价;法律人士在处理各种法律难题中所表现出来的道德关切是一目了然的,其对一些重大社会问题不可能不具有道德倾向性,不可能不关切法律难题中存在的道德维度;所谓"明确立场",就是要求法律人士在原则问题上绝不含糊,绝不妥协。为此,他认为像波斯纳那样试图在法律事务中"淡化"或"中立化"道德维度的倾向既是不可能的,也是不可取的。[1]美国法官卡多佐也认为:"事实上我们每一个人,即使是我们当中那些没有听说过甚至是痛恨哲学名词和概念的人,都有一种支撑生活的哲学。我们每一个人都有一种如流水潺潺不断的倾向,不论你是否愿意称其为哲学,却正是它才使我们的思想和活动融贯一致并有了方向。法官一点也不比其他人更能挣脱这种倾向。"[2]因此,法官具有明确的思维立场是不可避免的事情。从表面上看,法官思维视角的中立性与思维立场的明确性之间似乎很矛盾,但事实上每一个法官对某一法律问题的看法,在审理具体案件之前就可能已经存在或具有一定的理论学说倾向和基本的价值道德纬度。也就是说,法官所具有的明确思维立场与具体案件是脱钩的,不论案件存在与否它都存在。这些明确的思维立场,表现为法官的基本法律观、基本价值观、基本道德维度和与上述因素相关联的司法理念等法

---

〔1〕 张国清:《在原则与政策之间——罗纳德·德沃金和理想法律人的建构》,载《浙江大学学报(人文社会科学版)》2005年第2期。

〔2〕 [美]本杰明·卡多佐:《司法过程的性质》,苏力译,商务印书馆2003年版,第3页。

律意识方面的内容。

2.4.3.5 思维倾向的保守性

法律具有保守性的特点，这是法律自身的规律性所决定的。法的保守主义与激进主义相对立，这不仅有其深刻的思想和哲学理论根源，而且有法律自身发展的历史根据。法律实践证明，激进主义貌似进步，却可能给法律及社会生活秩序带来灾难性的破坏，最终影响法律的固有稳定性和健康发展；而保守主义貌似倒退，却以审慎的态度面对人类社会生活的既有规则，尊重社会既有的现状，从而有利于促进和维护社会秩序的和谐稳定和健康发展，并能保证法律在稳定的基础上可持续地有序发展，不至于使发展中的法律遭受反复和灾难性的破坏。更为重要的是，这种保守性符合法律的一般发展规律，是法律自身发展规律的必然属性。因为法律作为社会制度的一种，其发展也有一个纵向的历史延续过程，是建立在对既往法律文化、法律制度的基础之上，民族的价值观念、传统习俗和生活习惯在法律领域内也因此而能够薪火相传、延续不断。从这个意义上说，法律更多的是对过去的继承和总结，是对现存制度的认可和维护，是对过去和现状的某种屈服和调剂，而不是将历史与现实生活完全予以割裂和抛弃，更不是凭空对未来社会秩序进行理论设计与理想展望。因此，对法之保守性的正确认识，应从三个方面来理解：[1]（1）法律并不轻易破坏自发形成的秩序，甚至可以认可自发秩序，将其纳入法律之中，构成法律的有机组成部分。（2）重视法律实践中的经验，而不是理论的预先设计，不轻易否定过去，不轻易设计未来，将法律本身看成人类不断积累的生活经验之表达和总结。（3）赞同法律的渐进改革，从现实出发，对不合理的部分要逐步改革，以求实效，要防止激进变革带来的社会动荡和对法制的破坏。法的保守性决定了法官思维具有保守的倾向。

2.4.4 法官认知的有效证成[2]

刑事裁判的形成从思维过程来说，可以分为两个阶段：其一是决意阶段，或者称为意思形成阶段；其二是表意阶段，或者称为意思表示阶段。法官认知的形成主要体现在决意阶段，但是司法裁判不仅是决意的问题，还需要将法官的意思表现于判决文书中，这种"表达"其实与法官的认知也有关联。解兴权

---

[1] 郭忠：《论法的保守性》，载《法制与社会发展》2004年第4期。
[2] 张雪纯：《刑事裁判形成机制研究》，中国法制出版社2013年版，第218-233页。

博士认为："重要的不是法院的判决到底是如何形成的，而是法院判决到底是如何说明和论证的。"[1]无论是事实认定还是法律适用，最终都服务于判决，因此对法官认知的有效证成非常重要。

人们应如何理解某种法律评价或某一案件的裁判的"正确性"呢？当一个裁判对当事人或社会有较好的结果，它就是正确的吗？目前，法律论证理论的研究虽然呈现百花齐放的态势，但是基本的进路却可以归为三类：一是逻辑分析进路；二是修辞学分析进路；三是对话或程序性分析进路。

第一，逻辑分析方法。在法律论证研究中，最为悠久的传统方法就是逻辑方法。在这种方法中，人们提出了许多逻辑系统用以分析和评价法律论证。这种形式有效的逻辑系统主要是指三段论模式，三段论必然能够得出结论的特性，使得其论证本身变得非常有效。因此，这是这种逻辑方法的优势所在，也是它被攻击的原因之一。因为其前提的确定往往不由三段论本身所决定，而人们的疑问又往往集中于前提上。

伊芙琳·T.菲特丽丝认为，逻辑方法主要关注法律论证的形式向度，它适合于分析和评价关于逻辑推理的法律裁决的证立。在形式向度上，论证必须是正确的：裁决必须是从证立所提出的理由中得出。只有在逻辑有效的论述中前提的真值性和可接受性才是结论真值性和可接受性的保证。虽然逻辑有效性是法律论证合理性的一个必要条件，但不是充分条件，为了确立法律论证的可接受性，除了逻辑有效性的标准之外，还需要实质的可接受性规范，即论证必须是可接受的：事实必须是众所周知的或已获证明的，且法律规则必须是有效的或者是对某一有效法律规则所作的可以接受的解释。如果证立所依据的论述是基于一个逻辑有效的论述，那么该裁决即得自于证立的理由。为了能充分理解逻辑的功能，重要的是要知道"有效"的确切含义是什么。在这种形式有效的论述中，前提为真而结论不真这种情形是不可能发生的。所以，逻辑成为了一种评估个人是否成功地证明了某裁决必须被一个理性行动的听众所接受的工具。

第二，修辞学分析方法。刑事裁判的目标不在于得出结论，而在于解决争议，实现正义。佩雷尔曼教授认为：根据逻辑推理规则，正义是一个无法理性证明的价值观念，它为人们内心所左右，因而是独断的。但是，他对这一结论并不满意。倘若价值判断仅仅是人们内心信念的产物，关于价值判断的理论以及法律适用的合理性自何处而来？它又如何能够说服他人？佩雷尔曼意识到，

---

[1] 解兴权：《通向正义之路：法律推理的方法论研究》，中国政法大学出版社2000年版，第9页。

如果我们不接受纯粹的主观主义或基于直觉主义的绝对主义，那么，在逻辑推理失去其有效性之处，或许还存在着另外一种推理方式。经过近十年的研究，他发现了修辞学。[1]

佩雷尔曼教授认为，人类需要处理的并不全是蕴含着必然性判断的问题，恰恰相反，他们所要判断和考虑的事情大多存在另外一种可能，因此，我们应当关注的是"何种选择是更好的"这一问题，而不仅仅是真假对错的判断。这就与本文将刑事裁判的性质定义为一种决策判断相契合，据此，修辞术的任务主要有两个，其一是"尽可能充分地展现选择的理由，从而影响行为人的判断"。[2]

第三，阿列克西的程序性论证理论。罗伯特·阿列克西（Robert Alexy）的程序性论证理论是任何想从事法律论证理论研究的人都无法绕开的高峰。他的理论主要是讨论法律裁决之类的规范性陈述如何以理性的方式证立的问题。阿列克西在哈贝马斯商谈理论（交往理论）的基础上，提出了一个具有高度合理性要求的法律论证的详尽的规范性模式。在他看来，如果裁决是理性言说的结果，那么这一规范性陈述就是真实的或可接受的。而法律裁决证立的合理性取决于证立过程中所遵循的程序的品质，换句话说，通过程序性的技术（论证的规则和形式）来为正确性要求提供某种理性的（可靠的、可普遍化的或可接受的）基础。[3]

阿列克西将与确实性有关的陈述（命题）分为四个纬度：一个是有关命题的真假（真实性、客观性的纬度）；二是有关命题的对错（正确性、正当性的纬度）；另外，在真假与对错之间还存在两个交叉的纬度，分别是有效性纬度和合理性纬度。阿列克西要解决的问题就是：用什么方式找到可靠的理由（前提），来证明命题或主张（包括法律决定）的有效性和真实性，进而达到其合理性和正确性，这就是阿列克西所谓的"可证立性"问题。就法律领域而言，可证立性是指，无论一般规范还是个别规范（司法判决）都必须有合理

---

[1] 朱庆育：《修辞学与法律思维》，载戚渊等：《法律论证与法学方法》，山东人民出版社2005年版，第150页。

[2] 朱庆育：《修辞学与法律思维》，载戚渊等：《法律论证与法学方法》，山东人民出版社2005年版，第150页。

[3] 舒国滢：《走出"明希豪森困境"（代译序）》一文，该文载于戚渊、郑永流、舒国滢、朱庆育著的《法律论证与法学方法》，舒国滢教授以"罗伯特·阿列克西法律论证理论评述"为题发表）；[荷] 伊芙琳·T. 菲特丽丝：《法律论证原理——司法裁决之证立理论概览》，张其山、焦宝乾、夏贞鹏译，商务印书馆2005年版，第93页。

的根据（理由）来加以证立（证成）。可证立性也就是规范性命题及其结论的可接受性。[1]阿列克西把法律判断的证成分为两个层面：其一是内部证立，即法律判断是否从为了证立而引述的前提中逻辑地推导出来；其二是外部证立即内部证立的前提是否正确或可接受。

任何刑事裁判都应当进行内部证立，即从前提到结论的逻辑推导，从大前提（法律规范）到小前提（事实）的涵摄，但是在大前提（法律规范）受到或可能受到质疑的情况下，必须对相应的法律规范进行外部证立。证立的方法可以是解释或类比，也可以是经验或常识论证等。当裁判者找不到与确定的案件事实相匹配的法律规范时，那么依据罪刑法定原则就应当裁判被告人无罪。从论证思路上来看，阿列克西的论证理论，可以看作传统的形式逻辑分析方法与新修辞学分析方法的结合，即在内部证立上采取形式逻辑的方法，在前提证立时，或者说，在外部证立中，采取类似修辞学的立场，使其具有最大的合理性。

2.5 认知经验

"法律的生命不是逻辑，而是经验。"[2]司法实践中，证据判断是司法者依据自身经验对证据诸要素及其价值作出的判断，故而，证据判断亦可称为经验判断。经验法则是裁判者在认知过程中须遵循的基本法则之一，因此，若要探讨裁判者认知经验，就必然绕不开经验法则。而对于经验法则，国外学者有大量研究，我国学者和实际工作者也有不少专论，尤其是在民事诉讼领域。因为民事诉讼取证手段有限以及证明标准低于刑事诉讼，不少民事诉讼证据事实需要且允许运用经验法则进行判断，以解决案件事实真伪不明的问题。刑事诉讼也存在可适用经验法则的大量场景，但长期以来，因受证据客观性为证据最基本特性，以及"证明的目的是追求案件的客观真实"等主导观念的影响，在刑事诉讼中运用经验法则忌讳较多，相关的研究亦不深透。[3]

---

[1] 舒国滢：《罗伯特·阿列克西法律论证理论评述》，载戚渊等：《法律论证与法学方法》，山东人民出版社2005年版，第44-45页。

[2] [美] 小奥利弗·温德尔·霍姆斯：《普通法》，冉昊、姚中秋译，中国政法大学出版社2006年版，第1页。

[3] 潘金贵主编：《刑事司法经验法则运用研究》，中国检察出版社2022年版，第3页。

2.5.1 裁判者认知经验的理论基础

2.5.1.1 经验法则的内涵

经验法则的概念最初由德国学者弗里德里希·斯坦提出，意为"一个来源于一般性、确定性经验基础上所形成的一般性规则"。[1]在英美法系，没有可以直接翻译成经验法则的表述，与之具有相似功能的概念有 law of general experience、common sense、generalization 等，翻译为"知识积累""背景知识""概括"等，一般是指"我们认为周围世界如何运作、关于人类行为及意图、关于环境以及关于人类与其环境互动的概括化陈述"。[2]

经验法则的概念大多由性质、来源、内容、分类、证明力限定等因素构成。

第一，关于经验法则的性质，主要存在三种观点。大多数学者采用"知识说"，认为经验法则是某些特殊的经验认识。少部分学者采用"规则说"，如吴洪淇教授认为，"经验法则是一种对经验的约束机制，通过对经验的约束进而实现对事实认定过程的有效控制"。[3]龙宗智教授采用"混合说"，认为"经验法则在实际运用中有两种含义：其一，是指依靠普遍性经验，即被确认的某种一般性知识，判定案件事实的法规则；其二，是指总结这些具有普遍性的社会经验所形成的，据以判断证据事实的实际经验内容，即社会普遍确认的各种知识定则"。[4]笔者倾向于"混合说"。

第二，关于经验法则的来源，学界普遍认为经验法则在人类长期生产和生活实践中形成，是从过往经验事实中归纳、抽象所得。归纳是经验法则形成的推理方法，抽象是经验法则形成的思维方法。[5]

第三，关于经验法则的内容，学界存在四个层次的认识。其一，经验法则是"反映事物之间内在联系的事理"；其二，经验法则是"有关事物属性以及事物之间联系的知识或法则"；其三，经验法则是"关于事物因果关系或属性状态的法则或知识"；其四，经验法则是"一般知识或常识"。[6]由于证据法意

---

[1] [意] 米歇尔·塔鲁否：《关于经验法则的思考》，孙维萍译，载《证据科学》2009 年第 2 期。
[2] [荷] 弗洛里斯·贝克斯：《论证、故事与刑事证据——一种形式混合理论》，杜文静、兰磊、周兀译，中国政法大学出版社 2020 年版，第 14—20 页。
[3] 吴洪淇：《从经验到法则：经验在事实认定过程中的引入与规制》，载《证据科学》2011 年第 2 期。
[4] 龙宗智：《刑事证明中经验法则运用的若干问题》，载《中国刑事法杂志》2021 年第 5 期。
[5] 潘金贵主编：《刑事司法经验法则运用研究》，中国检察出版社 2022 年版，第 36 页。
[6] 潘金贵主编：《刑事司法经验法则运用研究》，中国检察出版社 2022 年版，第 36 页。

义上的经验法则反映的不仅仅是事物之间的因果关系，还包括事物之间的常态联系，[1]笔者倾向于第二种观点。

第四，关于经验法则的分类，有二分法、三分法、四分法和五分法的界定：

（1）根据经验法则所属知识领域，二分法将经验法则分为一般经验法则和特殊经验法则。一般经验法则是人们从日常社会生活中所体验、感知的一类事实，代表着一般事物发展的通常趋势或规律。特殊经验法则是基于特别知识或经验所取得的事实。一般认为，裁判者依此一般经验所形成的规则，可直接用以认定事实或适用法律；但对于裁判者依据特别知识或经验所形成的规则，必须适用较为严格的证明程序，以使认识的内容更加客观。[2]

（2）根据法治观，陈忠林教授认为可以将经验法则分为常识、常情、常理（以下简称"三常"）。"三常"即指为一个社会的普通民众长期认同，并且至今没有被证明是错误的基本的经验、基本的道理以及为该社会民众所共同享有的基本感情。"常识"指自然科学知识和社会科学知识，这种科学知识包括大众普遍知道的知识，以及专家共同认同的专业知识，具有普遍性。"常情"指人们共同拥有或认同的情感体验、伦理道德、价值取向、风俗习惯等，具有范围性。"常理"指大众所认同的事物之间一般的因果关系，主要描述因果关系。[3]

（3）根据经验的盖然性程度，普维庭教授将经验法则分为生活规律、经验基本原则、简单的经验规则、纯粹的偏见。"生活规律"是可以证明的，或者符合逻辑的，或者不可能有例外的经验。"经验基本原则"，不能排除例外，但它必须具备高度的盖然性。这样的规则必须具有共同的基础和可验证性。"简单的经验法则"，以较低的盖然性为标志，它不能独立地帮助裁判者形成完全的心证，因此简单的经验规则只是裁判者证明评价的一部分。"纯粹的偏见"不具备盖然性规则。[4]

（4）张卫平教授将经验法则分为自然法则（自然规律），逻辑（推理）法则，道德法则、商业交易习惯，日常生活经验法则，专门科学领域中的法则。[5]而张亚东教授认为，由于经验法则与逻辑法则存在一定区别，不应将逻辑法则纳入经验法则的外延；同时道德法则和商业交易习惯可以区分开，因此

---

[1] 刘春梅：《浅论经验法则在事实认定中的作用及局限性之克服》，载《现代法学》2003年第3期。

[2] 毕玉谦：《试论民事诉讼中的经验法则》，载《中国法学》2000年第6期。

[3] 陈忠林：《刑法散得集》，法律出版社2003年版，第37页。

[4] [德]汉斯·普维庭：《现代证明责任问题》，吴越译，法律出版社2000年版，第155-160页。

[5] 张卫平：《认识经验法则》，载《清华法学》2008年第6期。

将经验法则分为自然规律、风俗习惯、道德法则、商业交易习惯、日常生活经验法则、专门科学领域中的法则。[1]

第五，关于经验法则概念中对证明力的限定，主要有三种观点。其一，有的学者在概念界定时未对经验法则进行证明力限定，他们认为所有从经验中归纳所得的关于事物因果关系或属性状态的法则或知识都可称为经验法则，至于经验法则的证明力差异，则可以通过类型化区分加以解决。[2]其二，有的学者在经验法则概念中即有证明力限定，只有"常态稳定联系""常态联系""盖然性命题"才可以作为经验法则使用，经验进入司法证明评价过程之前必须经过一道盖然性检验。[3]其三，有的学者要求经验法则是反映事物之间内在必然联系的事理。[4]

笔者倾向于第一种观点。一方面，经验法则的来源广泛且数量无限，裁判者不可避免会积累各方面的经验，也许盖然性相对较小的经验也能对裁判者认知起到一定的辅助或引导作用，不宜事先对裁判者的心证进行限定。另一方面，经验法则的证明力也很难建立事先筛选机制，经验法则的证明力大小受具体时间、空间等差异的影响，难以找到一个标准进行事先检验。

综上，经验法则可以被界定为"人们从过往经验事实中归纳、抽象所得的知识或法则，这些知识法则能够反映事物常态属性以及事物间的盖然性联系"。

2.5.1.2 经验法则的特征

对于经验法则的基本特征，有学者作了不同的概括，如地域性、时效性和内在性。[5]结合上述对经验法则内涵的剖析，笔者认为经验法则主要具有以下特征。

2.5.1.2.1 普遍性

经验法则的普遍性也被称为"公共性"或"可及性"，是经验或常识在适

---

[1] 张亚东：《经验法则：自由心证的尺度》，北京大学出版社2012年版，第175-176页。

[2] 张卫平：《认识经验法则》，载《清华法学》2008年第6期。

[3] 如李树真博士认为，"经验法则是人们从经验归纳抽象中所获得的关于事物属性以及事物之间常态稳定联系的一般性知识或法则"。李树真：《精细化司法证明中逻辑与经验基本问题研究》，中国社会科学出版社2012年版，第182页。

[4] 如毕玉谦教授认为，"在证据法意义上，经验法则是法官依照日常生活中所形成的反映事物之间内在必然联系的事理作为认定待证事实的根据的有关法则"。毕玉谦：《试论民事诉讼中的经验法则》，载《中国法学》2000年第6期。

[5] 吴洪淇：《从经验到法则：经验在事实认定过程中的引入与规制》，载《证据科学》2011年第2期。

用范围方面的特征,普遍性指经验法则的内容应为特定地域的公众所熟知并被普遍接受。[1]因此,经验法则的普遍性具有以下两点内涵。其一,内容为相当范围的公众所熟知。个人经验的来源以及涉及范围十分广泛。刘春梅教授认为,"经验法则是人类在长期生产、生活实践中积累的一般经验,其范围包括自然定律、逻辑或伦理法则、数学原理、生活惯例、交易习惯以及其他有关学术、艺术、技术、工商业、语言等生活活动之一切定则"。[2]上述范围对个人经验也同样适用。同理,美国学者特文宁也认为,"经验法则是一个容纳了具有良好理由的信息,深思熟虑的模式,逸闻趣事的记忆、影响、故事、神话、愿望、陈词滥调、思考和偏见等诸多内容的复杂的大杂烩"。[3]因此,如果要将来源如此广泛的个人经验上升为适用于司法审判的经验法则,那么需要为相当范围的公众熟知。例如,"汽车可以停靠在八楼的路边",相当范围的重庆地区民众熟知这一内容,但平原地区的公众难以知悉。其二,内容被普遍接受。例如,南方人普遍认为"豆腐脑是甜的",如果南方的裁判者适用这一经验法则,其内容为相当范围的公众熟知。但是如果针对北方的裁判者,其内容不被北方人普遍接受,该经验法则不具有普遍性。因此,有学者认为经验法则的首要使命就在于"确保裁判者的心证具有公共可接受性"。[4]著名的"彭宇案"适用的经验难以被公众和社会舆论所接受,不能获得普遍认同,并不具有普遍性,仅属于裁判者的个人判断。因此,该内容不能上升为经验法则。

2.5.1.2.2 盖然性

如前所述,经验法则在人类长期生产和生活实践中形成,是从过往经验事实中归纳、抽象所得。休谟对归纳方法曾深刻指出,归纳不能得出必然结论,因为我们从个别推导出一般时,实际作了两个大的跳跃:从观察到的事例跳到了未观察的事例;从过去、现在跳到了未来。[5]因此,从个别到一般的归纳不能保证有限能够适用于无限,或者过去能够适用于现在以及未来,经验法则不可避免具有盖然性的特征。在17世纪之前,英美哲学传统将知识、科学和盖然性区分开来。知识、科学是一种确定的认知状态,而盖然性意味着认知未获得

---

[1] 纪格非:《经验法则适用之正当性研究》,载《证据科学》2012年第1期。

[2] 刘春梅:《浅论经验法则在事实认定中的作用及局限性之克服》,载《现代法学》2003年第3期。

[3] 羊震:《经验法则适用规则之探讨》,载《法商研究》2012年第2期。

[4] [美]米尔吉安·R.达马斯卡:《比较法视野中的证据制度》,吴宏耀、魏晓娜等译,中国人民公安大学出版社2006年版,第214页。

[5] 张亚东:《经验法则:自由心证的尺度》,北京大学出版社2012年版,第42页。

2. 裁判者认知力的分析维度

确定性知识之前的中间状态。直到 17 世纪法国数理学家帕斯卡尔和费马尔发明概率论以及美国法学家芭芭拉教授提出"道德确定"理论之后，盖然性才像确定性知识一样受到重视。[1]芭芭拉教授注意到，盖然性在表现认知不确定性的同时也具有确定性，并提出确定"道德确定"的方法将盖然性改造为确定性知识，即"在刑事审判中，案件事实清楚达到如下程度，尽管没有纯粹的必要认为案件事实一定如此，但是它们不可能是另外一种状态，每一个不带有偏见的裁判者都会认同这个结论。这样道德确定就成为毋庸置疑的标志"。[2]由此，经验法则被证实具有相对确定的特质。

经验法则盖然性的内涵有以下两点：其一，经验法则是相对确定的，只能通过模糊的、不能量化的概率分布来确定其状态，但这种不能完全确定的状态恰恰符合客观世界。由于人类主观认知能力有限以及事实认定的"证据之镜"之本质，人们只有无奈接受司法证明的模糊性结果，退守至"在没有更好选择的情况下，此刻看上去最好的就是足够好"的似真推理阵地。[3]相对于不断发展的认识论，诉讼不能也不要求达到绝对的真实，经验法则有其适用的意义。即便如此，为保证事实认定的正确性，经验法则的确定性应当普遍大于其不确定性。当然，盖然性较低的经验法则，例如"简单的经验法则"也有其适用的价值，但不能独立帮助裁判者完成心证。实践说明，经验知识在很多情况下能够反映客观规律，并能有效帮助我们达成各种目标。从证据到案件事实是一种回溯性认识，必不可少的是假设，而假设必须依靠经验法则，别无他法，因此事实认定也只能容忍这种盖然性。[4]由于经验法则相对确定的特性，其不能排除例外情况的可能性。例如，甲从乙处以 200 元的价格购买了 0.4 克海洛因，后将该毒品如数交给丙，丙支付给甲 210 元。在一般案件中，有毒品、毒资的交换行为且有价格溢出即会认定被告人有贩卖毒品的故意。后经查实，本案中甲系遵照丙的指示到乙处购回海洛因，先垫付 200 元，丙多给甲的 10 元属交通费。甲的行为没有超出购买行为的通常范围，只能评价为买，不能评价为卖，不能认定为贩卖毒品。[5]

其二，经验法则的盖然性是由抽象、客观盖然性到具体、主观盖然性。哲

---

[1] 潘金贵主编：《刑事司法经验法则运用研究》，中国检察出版社 2022 年版，第 39 页。
[2] 张斌：《英美刑事证明标准的理性基础——以"盖然性"思想解读为中心》，载《清华法学》2010 年第 3 期。
[3] 栗峥：《证据链与结构主义》，载《中国法学（文摘）》2017 年第 2 期。
[4] 樊传明：《司法证明中的经验推论与错误风险》，载《甘肃行政学院学报》2013 年第 6 期。
[5] 张明楷：《代购毒品行为的刑法学分析》，载《华东政法大学学报》2020 年第 1 期。

059

学领域将盖然性分为三类：主观盖然性、客观盖然性和逻辑盖然性。所谓主观盖然性，是指一个人对某一关于客观事实的假设之主观评价，反映的是评价主体的内在心理，如事实认定者根据相关信息判断事实存在的真伪情况。所谓客观盖然性，亦即概率论，与个人因素无关，它主要反映同一环境下事件结果的分布情况，并用来反映事件发生的概率。所谓逻辑盖然性，是指假定与已有经验规则的关系。它不是经验性质的，而是对一定的逻辑推理的评判。[1]裁判者适用经验法则的过程是从已经存在的抽象、隐形、客观的"经验库"中进行筛选，找出与特定、具体的案件相匹配的经验加以运用，从而形成具体、主观的具有盖然性的经验法则。因此，最终适用的经验法则是经过裁判者主观加工的经验法则，具有主观盖然性。这种盖然性的程度不能量化，会因适用情形、裁判者个人认知的不同而存在差异。例如，在公共场所高空抛物，客观上具有危害该公共场所安全的危险性，但若是在无行人出现，且视野开阔的场所高空抛物，则其危险性就不具有危害公共安全的风险，因此危险性因适用环境不同而有差异。

2.5.1.2.3 规则性

经验法则本质上不仅是知识，也具有规则的性质。因此，只有符合相应程序规则和证据规则等法规则的经验法则才可以作为认定案件事实的依据。陈朴生先生称："在诉讼制度，因采自由心证主义，无论其诉讼构造之为当事人主义，抑属职权主义，对于证据之评价，事实之判断，莫不赋予裁判官自由裁量之权，法律虽不就证据之评价，加以直接形式的拘束，但为使合理的判断，亦应基于经验法则。"[2]经验法则是对自由心证的内在约束，[3]具有规则的性质。在我国司法实践中，如果证据判断或事实认定不符合经验法则，其可以作为上诉、抗诉或申请再审的理由。例如，"梁某某盗窃案"中，人民检察院认为该案被盗财物均为个人财物，不存在保险理赔或借机侵占他人财物等情况，原审法院判决认定被害人报案时极力夸大被盗数额，违反常情常理，不符合经验法则，属于盗窃数额认定错误，遂据此提起抗诉。[4]再如，在一起盗窃案中，被告人杨某通过提出"幽灵抗辩"获得一审法院无罪判决。检察院认为一审法院对杨某的犯罪行为认定明显错误，杨某的抗辩明显不合常情、常理、常识，遂

---

[1] [德]汉斯·普维庭：《现代证明责任问题》，吴越译，法律出版社2000年版，第91—92页。
[2] 陈朴生：《刑事证据法》，三民书局1979年版，第563页。
[3] 林钰雄：《自由心证：真的很"自由"吗?》，载《台湾本土法学杂志》2001年第27期。
[4] 山东省聊城市中级人民法院（2017）鲁15刑终187号刑事二审判决书。

依法提起抗诉，后经二审法院改判有罪。[1]

2.5.1.3 运用经验法则的正当性

如前所述，经验法则具有普遍性、盖然性两大特征。这两大特征也决定了经验法则一定范围内适用、相对确定、主观的特点。上述特点与司法审判工作所要求的客观、确定、普适相冲突，这也是鲜有裁判者在诉讼活动中运用经验法则的原因。因此，笔者认为有必要对经验法则的正当性进行论证，以体现运用经验法则的意义与价值，理由如下：

第一，经验法则在具体诉讼活动中的运用具有不可避免性。正如英国哲学家休谟所言，"我们如果没有经验和观察的帮助，要想决定任何个别的事情或推出任何原因或结果，那是办不到的"。[2]因此，司法活动离不开经验。同时，现代法理学认为，法律论证的基本推理方法包括归纳推理、演绎推理、溯因推理三种。而这三种推理方法都与经验法则有着密切的联系。首先，经验法则是人们经验观察和归纳推理的结果。其次，法律论证中的演绎推理以一般性认识为推理大前提，这些大前提正是经验法则。最后，溯因推理又称推定推理或合情推理，其基本的推理方法是：根据已知事实结果和有关规律性知识，推断出产生这一结果的原因，或者说是"为现象寻找最佳解释方案的推理过程"。[3]

因此，从诉讼法学角度来看，在自由心证制度取代法定证据制度的那一刻起，事实认定者的个人经验就已挤入司法证明的大门，且不可能再被抛弃。[4]如前所述，裁判者适用经验法则的过程是从已经存在的"经验库"中进行筛选，与具体的案件相匹配，从而形成主观的经验法则。可以说，裁判者认定事实的过程离不开经验法则。除去事实认定，法律适用的过程也离不开经验法则。雷磊教授认为，整个法律适用的过程并不是直接推理的，而是在规则、事实（典型案例）与结论（待决案件）之间同时进行的一种"推理循环"。这种循环不是简单的周而复始，而是一种螺旋演进。[5]而这种螺旋演进避免不了受经验法则的影响。同时，事实推定的过程需要以经验法则作为大前提。

第二，经验法则的普遍性要求其能够被公众所知悉，并被普遍接受，这使

---

[1] 张琛：《拒不认罪判无罪 广元检方抗诉获改判》，载《四川法治报》2020年10月20日，第A12版。

[2] [英]休谟：《人类理智研究》，吕大吉译，商务印书馆1999年版，第24页。

[3] 李滨：《情理推断及其在我国刑事诉讼中的运用检讨》，载《中国刑事法杂志》2015年第1期。

[4] 潘金贵主编：《刑事司法经验法则运用研究》，中国检察出版社2022年版，第47页。

[5] 雷磊：《法律推理基本形式的结构分析》，载《法学研究》2009年第4期。

得经验法则应当具有公众可接受性。在这一层面上,"可接受性"表现为一种关系,即前提对于听众而言,是可以理解的,是"合理的"。[1]由于合理性要求经验法则以合法为基础,以相当范围的社会、文化、价值评判为考量,与具体事实(如时间、空间、当事人的个人经历等因素)相匹配,其为经验法则的正当化提供了保障。

第三,经验法则的盖然性要求其有一定的确定性。作为事实命题,经验法则反映的是客观世界各种事物的性状及事物间的关系,其认识对象的客观性决定了经验法则内容的客观性,只是当其为人们所认识和反应时,才具有主观的外在形式。[2]因此,当经验法则的确定性越高,客观性越高,就更具有正当性。

第四,经验法则的规则性要求经验法则的运用需要符合程序和证据规则。普遍性与盖然性所对应的合理性与客观性,是运用经验法则正当性的重要考量因素。如果经验不符合合理性与客观性,未达到经验法则的要求,可以此作为事实不清、证据不足的依据,成为上诉或抗诉的理由。经验法则的规则性可以作为最后一道检验防线,保证经验法则的正当性。

2.5.1.4 经验法则的功能

有国外学者将经验法则发挥的功能概括为三种类型:一是启发性功能,即帮助主体从显著情节推演和形成非显著情节的假设;二是认识性功能,在确立案件事实的过程中,裁判者以这种认知方式可以从显著事实中得出判断结论,可以基于经验进行推论的传导,进而最终获得赖以建立案件事实的那些间接认识;三是证明性功能,即充当裁判者就案件事实据理作出最终裁决的综合证明和评判标准。[3]也有学者结合司法证明实践将经验法则的功能概括为两个方面:一是验证性功能,即检验证据和事实认定的作用,这种检验主要指经验法则作为判断标准,对证据事实的事实可靠性的检验;二是佐证性功能,在证明过程中,使用经验法则对间接证据和间接事实进行判断,从而证明待证事实。[4]

同时,对于经验法则的功能是否包括法律适用,学界尚有分歧。目前经验法则多用于事实认定,主要包括推定事实和评价证据。[5]

---

[1] 武宏志、周建武主编:《批判性思维——论证逻辑视角》,中国人民大学出版社 2010 年版,第 140 页。

[2] 张亚东:《经验法则:自由心证的尺度》,北京大学出版社 2012 年版,第 36 页。

[3] [意] 米歇尔·塔鲁否:《关于经验法则的思考》,孙维萍译,载《证据科学》2009 年第 2 期。

[4] 龙宗智:《刑事证明中经验法则运用的若干问题》,载《中国刑事法杂志》2021 年第 5 期。

[5] 何雪锋:《我国经验法则案件的实证研究》,载《西部法学评论》2020 年第 6 期。

综上所述，因我国着重强调客观性以及追求案件的客观真实，无论理论还是实践，经验法则在刑事司法领域都不能得到充分重视，笔者认为需要先从事实认定层面明晰经验法则的功能，再结合刑事诉讼相较于民事诉讼更高的证明标准与要求探讨经验法则在法律适用层面能否以及如何运用的问题。从裁判者认知视角而言，经验法则往往与逻辑法则交互作用，经验法则在三段论逻辑框架下具有三大功能：一是作为大前提推定事实；二是作为小前提认定事实，包括可以评价证据、帮助认定事实；三是作为结论验证判断。

2.5.1.5 裁判者认知经验的具体分析方法

2.5.1.5.1 模糊推理

概念是思维的基本形式之一，它反映了客观事物的本质特征，人类在认识过程中，把感觉到的事物的共同特点抽象出来加以概括，这就形成了概念：一个概念有它的内涵和外延，内涵是指该概念所反映的事物本质属性的总和，也就是概念的内容，外延是指一个概念所确指的对象的范围。所谓模糊理论是指这个概念的外延具有不确定性，或者说它的外延是不清晰的，是模糊的。模糊理论是在由美国加州大学伯克利分校电气工程系的 L. A. zadeh 教授于 1965 年创立的模糊集合理论的数学基础上发展起来的，主要包括模糊集合理论、模糊逻辑、模糊推理和模糊控制等方面的内容。他认为所有的自然语言均是模糊的，如"红的"和"老的"等概念没有明确的内涵和外延，因而是不明确的和模糊的，可是在特定的环境中，人们用这些概念来描述某个具体对象时却又能心领神会，很少引起误解和歧义。在司法证明领域，它宣称司法证明本质上是模糊的，具有不确定的属性，传统的、简单而求精的模式只能描述部分情况，达不到证明的普遍性，只有采用科学的模糊方法去描述司法证明各环节中具有普遍意义的模糊对象，还原复杂事物以复杂处理，才能达到问题的全面化解。[1]从司法证明角度来看：第一，司法证明对象即案件事实具有模糊性，因为证明事实的内在机理存在局限性，"真实"这个概念也存在多元解释，事实认定的正确性存在多元解释；第二，司法证明的标准存在模糊性，法律真实并不是客观真实，其是裁判者个性思维后的结果，存在主观性；第三，司法证明的思维具有模糊性，自由心证的本质就是模糊心证。[2]从法自身的特征角度来看：第一，法律语言存在模糊性，一方面法所调整的社会关系不同于有形的物体，只

---

[1] 栗峥：《司法证明的逻辑》，中国人民公安大学出版社 2012 年版，第 57-69 页。

[2] 栗峥：《司法证明的逻辑》，中国人民公安大学出版社 2012 年版，第 77 页。

可意会不可言传,另一方面语言本身具有模糊性,无法准确地表达所要反映的事物;第二,法律裁判结果具有模糊性。既是因为裁判所引用的法律本身就是模糊的,即法律推理的大前提模糊;也是因为裁判所依据的案件事实是模糊的,即法律推理的小前提模糊;第三,法律与道德的界限具有模糊性,二者之间从来没有一条明确的边界。[1]

在具体应用时,栗峥教授认为可以将复杂多变的情况逐步区分为各个单变量因素,通过对每一因素打分形成诸多数据,以此进行模糊化计算,得出科学的综合结论,重点在于将"内心确信"这一内在评判标准外化出来,减少裁判者的随意性和盲目性。[2]模糊推理使得裁判者宽松地行使自由裁量权,在法理允许的范围内考虑社会因素,使得裁判结论更加科学合理,满足社会大众的期盼。

2.5.1.5.2 似真推理

为了破除形式逻辑的局限性,学者们不断寻找符合司法证明规律的逻辑推理方法,其中有不少学者看到了似真推理的作用,进而开始深入研究似真推理的理论,具有代表性的人物是卡尔尼德斯,他在似真思想的基础之上提出了似真推理的概念并构建起似真推理的基础理论。但是进入中世纪之后,亚里士多德的三段论在逻辑中占据了统治地位,似真推理被排除在逻辑之外,因其不能得到一个确定性的结论,而被人们认为是发现真理的过程中价值很小或者根本不具有真正价值的方法。沃尔顿在《法律论证与证据》一书中又提出似真证据理论,他提出:从对一个(可信的)人的初始印象(从表面上看似乎是诚实的),推出某事物,且它被理性地接受,那么它就是证据。[3]

沃尔顿主张:"似真推理的结论被作为一种假设而暂时接受,故其结论是非决定性的。"[4]似真推理并不是强调盖然性或似真性的推理或论证,而是从不确定的假设中得出暂时可接受的结论,相比于其他结论,这个结论可能性更高,是一个最佳解释方案,即"在可获得的选择中肯定假定总是支持最似真的论点"。[5]其逻辑表达式为:

---

[1] 陈云良:《法的模糊性之探析》,载《法学评论》2002年第1期。
[2] 栗峥:《司法证明的逻辑》,中国人民公安大学出版社2012年版,第78页。
[3] [加]道格拉斯·沃尔顿:《法律论证与证据》,梁庆寅、熊明辉等译,中国政法大学出版社2010年版,第204页。
[4] [加]道格拉斯·沃尔顿:《法律论证与证据》,梁庆寅、熊明辉等译,中国政法大学出版社2010年版,第205页。
[5] [加]道格拉斯·沃尔顿:《法律论证与证据》,梁庆寅、熊明辉等译,中国政法大学出版社2010年版,第113页。

如果 X 是 F，那么我们几乎可以认为，X 是 G，
A 是 F，
所以 A 似乎是 G。[1]

在侦查领域，侦查员可以基于最优方案不断创建侦查假设，在试错中发现案件真相，但是在司法判断领域，似真推理对于符合合理性思维的法律标准而言不够精准，难以达到真理级别的推理，而且对于最优方案的判断完全依赖个人的经验、价值、知识和感受，难以外化表现或者证明，个体主观性太强，与法律裁判客观、公开等价值取向相左。因此，似真推理只是看上去很美，在大多数时候该理论被忽略轻视，实践中也难以有所作为。

2.5.1.6 经验法则相关范畴的明晰

2.5.1.6.1 一般的经验判断与根据经验法则进行的判断

经验判断与运用经验法则进行的判断，其作用机制类同，划分标准也比较模糊。不论是普通经验还是经验法则，都是经不完全归纳产生的知识，只是存在规律性强弱的差别。对于哪些经验已因具有普遍性特征而符合"法则"的标准，并没有广泛的共识，更缺乏普遍的规范确认（只是有的法则可能被某些裁判所表达和确认）。[2] 因此，对两者的区分很有必要。

根据经验法则的前述特征，两者之间的主要区分在于是否同时满足普遍性、盖然性和规则性三种特征。一是普遍性。经验法则为特定地域的公众所熟知并被普遍接受，而普通的经验判断不具有此种特性。二是盖然性。经验法则虽然是相对确定，但普遍确定性大于不确定性，而普通经验判断对确定性缺少限制。三是规则性。违背经验法则可以作为事实不清、证据不足的认定依据，因此其成为提起上诉或撤销原判的理由。而普通经验判断难以成为裁判和上诉依据，不具有规则意义上的拘束力。综上所述，由于普通经验判断缺乏上述特征所提供的正当化保证，在刑事司法审判中应当慎重运用，尽量使其达到经验法则的标准。

2.5.1.6.2 推定与推论

根据推定是否由法律明确规定，推定可分为法律推定和事实推定。法律推定是指立法者在制定成文法时就有关事实认定事项，为裁判者设置了适用规

---

[1] 栗峥：《司法证明的逻辑》，中国人民公安大学出版社2012年版，第52页。
[2] 《第一届"证据法学论坛"研讨会综述》，载微信公众号"尚权刑辩"2021年6月7日。

范，以便裁判者基于某事实的存在而推定另一事实的存在。[1]事实推定是指裁判者基于职务上的需要，根据一定的经验法则，就已知的事实作为基础事实，进而推论未知事实的证明手段。[2]事实推定和法律推定实际上都属于推定，客观上都以经验法则的应用为基础，并且事实推定可构成推翻法律推定的重要来源。[3]法律推定和事实推定都是运用经验法则从已知的前提事实推断出未知的结论事实，由于前提事实较结论事实容易证明，因此在一定程度上减轻了主张推定事实当事人的举证责任，使他能够通过对前事实的证明较为容易地完成对结论事实的证明，对方当事人也可以就前提事实不存在进行证明。[4]

在刑事诉讼活动中，鉴于刑事诉讼相较于民事诉讼具有更高的证明标准，以及无罪推定原则，应由控诉方承担证明责任，因此，推定的适用应当更加严格，只有在证明难度太大，且有认定事实必要时，才能考虑以推定代替证明，所以推定被认为是"对司法证明方法的替代，也是对逻辑推理方法的规避"。[5]推论是指运用经验法则和间接证据进行推理从而得出事实结论，作出合乎逻辑的事实判断。因此，推论是经验法则与逻辑法则交互作用的产物，而推定是一种假定，转移证明责任，规避逻辑推理。例如，巨额财产来源不明罪，依据国家工作人员持有巨额来源不明的财产这一基础事实，可以推定其以违法犯罪手段获得，不需要查明违法犯罪何时何地，何因何果。

再如，《办理毒品犯罪案件适用法律若干问题的意见》（公通字〔2007〕84号）第 2 条规定了如何认定走私、贩卖、运输、非法持有毒品主观故意中的"明知"，行为人具有不按要求如实申报，用伪报、藏匿、伪装等蒙蔽手段逃避检查，采用高度隐蔽的方式携带、交接毒品等情形之一，并且犯罪嫌疑人、被告人不能作出合理解释的，可以认定其"应当知道"，但有证据证明确属被蒙骗的除外。龙宗智教授认为，此情况下对主观故意"明知"的证明并非假定，而是运用经验法则合乎逻辑地推断。[6]依靠间接证据判断"明知"应属推论而非推定。但笔者认为，刑事诉讼中对主观故意的推定并没有降低证明标准，其仍然是基于行为人采用高度隐蔽的方式携带毒品、用蒙蔽手段逃避检查的行为，

---

[1] 张煌辉：《实践中的私法：法律方法、裁判技术与正义追求》，法律出版社 2020 年版，第 141 页。

[2] 毕玉谦主编：《民事诉讼判例实务问题研究——程序公正的理性思考》，中国法制出版社 1999 年版，第 209 页。

[3] 杨宗辉：《刑事案件的事实推定：诱惑、困惑与解惑》，载《中国刑事法杂志》2019 年第 4 期。

[4] 张亚东：《经验法则：自由心证的尺度》，北京大学出版社 2012 年版，第 142 页。

[5] 陈瑞华：《论刑事法中的推定》，载《法学》2015 年第 5 期。

[6] 龙宗智：《刑事证明中经验法则运用的若干问题》，载《中国刑事法杂志》2021 年第 5 期。

假定行为人"明知",只是因证明难度太大将证明责任转移给行为人,因此对主观故意的推定是更为严格的推定,而非推论。

2.5.1.6.3 经验法则与科学法则

在现代科学技术高速发展及司法应用日益普遍的情势下,证据法的科学化成为当今证据法发展的主要趋势。在这一背景下,对经验法则的研究,不能囿于传统证据应用,还应当面对体现科学法则的科学证据,尤其是与网络有关的电子数据等新型科技证据的使用问题。

科学法则是一种运用科学技术、科学原理、科学仪器等手段的证明方法。其运用科学原理和科学技术形成证据、搜集证据和检验证据。证据学中的科学法则,具有四大基本特性。一是以科学技术原理为基础,主要来源于实验科学。科学法则无法简单依靠人的直观认识而形成,需要借助技术原理、实验对象、实验操作以及实验仪器等。二是以数字化、数据化为表现。与经验认知或主观判断不同,科学法则以实验数据为基础,可以将某事件或事实的发生概率精确化,从而为事实认定者提供量化参考。如 DNA 鉴定可以将累积非父排除概率精确到小数点后数位。三是可重复性、可检验性。自然条件下的现象往往一去不返,如证人作证时的神情表现通常无法再现。但在科学实验中,主体可以通过科技手段使被观察对象重复出现,进行反复研究,也可以再次创造实验环境检验已得出的科学结论。四是客观性。因前述特点,科学法则相较于隐约、虚幻的主观认知活动,更具"实体感"和客观性。[1]科学法则与经验法则都具有判断证据和证明事实的功能,两者具有相通性。

关于经验法则与科学法则的关系,学界存在种属关系说、并列关系说、模糊关系说三种学说。种属关系说认为科学法则是经验法则的下属概念。如普维庭教授认为程度最高的经验法则类型是生活规律,包括自然规律、思维规律和检验法则。检验法则包括血型与人的联系的规则,如血型均为 O 型的父母不会有 A 型血的子女。[2]并列关系说认为经验法则与科学法则为并列关系,两者相互影响。如果一个经验法则与科学认识相冲突,则该法则是不可使用的。[3]模糊关系说认为,科学法则与经验法则在性质和功能上是相同的,前者以后者为基础,科学法则本质上是对经验法则的科学化,两者没有绝对化的界限。[4]笔

---

[1] 龙宗智:《刑事证明中经验法则运用的若干问题》,载《中国刑事法杂志》2021 年第 5 期。
[2] [德] 汉斯·普维庭:《现代证明责任问题》,吴越译,法律出版社 2000 年版,第 155-156 页。
[3] [意] 米歇尔·塔鲁否:《关于经验法则的思考》,孙维萍译,载《证据科学》2009 年第 2 期。
[4] 封利强:《理据:一个不可或缺的证据法学概念》,载《浙江社会科学》2019 年第 8 期。

者认为，科学法则与经验法则采并列关系说更为恰当。

例如，大数据集中的海量数据，是大数据报告的信息源，计算机对该信息源进行数据清洗、筛选、加工、比对、碰撞等数据分析过程后，生成分析结果。[1]因此，大数据分析是通过特定算法对大数据集进行逻辑归纳而形成大数据报告的过程。大数据分析过程中用到的算法具有固定性和可复用性，报告的生成过程是纯粹的归纳推理，在这一过程中没有任何"意见"容身之余地。[2]因此，作为科学法则的典型运用，大数据集与大数据报告之间的联系——算法，具有较高的客观性和确定性，与经验法则的盖然性不同，两者相互并列。而对大数据证据的运用，需要运用经验法则进行判断，所得出的结论也需要接受经验法则的检验，两者相互影响。

2.5.1.6.4 经验法则与印证证明

我国刑事诉讼的证明模式可称为印证模式，即特别强调利用不同证据信息内容的同一和指向的同一来证明待证事实，从而强调证明的客观性和"外部性"。[3]经验法则内容及其运用所具有的主观性，与印证证明之间有某种紧张关系，同时也有互补的关系。一方面，经验法则判断应受印证的检验；另一方面，运用经验法则，可以改善印证模式，抑制其过分依赖证据间的相互印证、不注重心证的弊端。

运用经验法则证明案件事实与印证证明均为有效且普遍运用的证明方式，因此均为实现证据裁判原则的具体路径。不过两种证明的逻辑不同。运用经验法则证明是以演绎逻辑证明案件事实，即以经验法则为大前提，以案件具体事实为小前提，进行演绎推理后得出事实结论。印证证明则是运用两个以上的证据，归纳其共同性而得出结论，因此，其逻辑方法是一种以知识的融贯性为基础，使用溯因推理的非典型归纳逻辑。[4]

证明资源有限是证明的基本规律，在资源有限的情况下，需要发挥两种证明的双向互补作用，一方面以经验法则判断加强印证证明，另一方面通过印证的证据支持经验法则判断，从而达到证明标准。

---

[1] 元轶：《大数据证据二元实物证据属性及客观校验标准》，载《山西大学学报（哲学社会科学版）》2021年第5期。

[2] 元轶：《大数据证据二元实物证据属性及客观校验标准》，载《山西大学学报（哲学社会科学版）》2021年第5期。

[3] 龙宗智：《印证与自由心证——我国刑事诉讼证明模式》，载《法学研究》2004年第2期。

[4] 龙宗智：《刑事印证证明新探》，载《法学研究》2017年第2期。

2.5.1.6.5 经验法则与逻辑规则

经验法则和逻辑规则，都是自由心证制度下规范裁判者自由评价证据的约束机制，都是进行思维的规则，但是两者有所不同，具体如下所述：

（1）逻辑规则是思维的抽象形式，是任何思维活动都必须遵循的原则，而经验法则是思维活动的具体内容，是关于事物特点或性质的一般性认识。逻辑规则在诉讼证明中是不可或缺的，但毕竟不能替代内容丰富的生活本身。任何判断无不来自生活经验，没有具体内容的思维只是一个毫无意义的空壳。

（2）基于对人类固有弱点的认识，逻辑规则使人们更相信制度的力量，人们更容易相信根据逻辑规则推导出来的结论，而经验法则更加注重人类活动的一般规律，在判断中注重裁判者的能动性作用，相信裁判者的经验、理性和良知。

（3）逻辑规则是客观的，运用逻辑规则进行推理的结果是唯一确定的，而经验法则往往以盖然性的命题出现，运用经验法则推理的结论具有或然性。

（4）逻辑规则的外延是确定的，具体来说包括同一律、矛盾律和排中律等，而经验法则的外延是无限的，因为经验法则来自人类知识的总体，但在证据评价时对未知的具体探求又有无穷的变化，必须根据具体情况来决定采取什么样的经验法则，所以在判断事实时能够作为前提的经验法则在数量上是无限的。

（5）运用逻辑规则进行推理，只能保证推理过程的有效性，却不能保证推理的结果——推定的事实是真实的，而运用经验法则推定的事实应该是能够为多数人所接受的事实。

2.5.2 裁判者认知经验的适用问题研究

2.5.2.1 刑事裁判中裁判者认知经验的适用情况

2.5.2.1.1 判断证据能力和证明力

证据能力是指某一项材料能够用于严格证明的能力或资格，亦即能够被允许作为证据加以调查并得以采纳的资格，[1]其构成要求具有合法性、客观性（真实性）及相关性。经验法则能够判断证据的"三性"。首先，合法性是指证据必须按照法定程序收集和提供，必须符合法律规定。有些证据虽然具备法律规定的形式要件，但其产生的过程却违反法律规定。例如，根据司法解释，使

---

［1］ 张亚东：《经验法则：自由心证的尺度》，北京大学出版社2012年版，第135页。

用"在肉体上或者精神上遭受剧烈疼痛或者痛苦的方法,迫使被告人违背意愿供述的",适用口供排除规则。那么,某一案件中长时间不让被告睡觉,以及"冻饿晒烤"的逼供持续较长时间,根据经验法则,已经突破多数人的忍耐力,可以作出已达到"剧烈疼痛或者痛苦"以及"迫使被告人违背意愿供述"的判断。这是基于生活知识作出的一个事实判断,同时也是一个规范判断,间接导致排除规则的适用。其次,客观性(真实性)指诉讼证据本身必须是客观真实的,而不能是想象的、虚构的或是捏造的。例如判断证人证言,证人作出了对被告不利的证言,但有证据表明该证人与被告有过节,根据经验法则,此种证言客观性存疑。最后,相关性是指当事人向法庭提供的证据与这些证据所要证明的事实结论之间具有证明价值的关系。例如,盗窃案被告人在二十年前曾有一次实施盗窃的一般违法行为,根据经验法则,过于久远的同类行为事实缺乏证明作用,[1]因此,我们不认为这一品格证据与本案有相关性,即使我国诉讼中并未严格实行"品格证据排除规则"。

证明力是指证据对于案件事实有无证明作用及证明作用的程度。证据是否有证明力,由事实认定裁判者基于自己的生活经验、一般认知,以及对人类行为与动机的了解,合于理性地评估事实可能存在或可能不存在。[2]例如,最高人民法院于2019年发布的《关于民事诉讼证据的若干规定》第85条第2款规定,审判人员应依照法定程序,全面、客观地审核证据,依据法律的规定,遵循裁判者职业道德,运用逻辑推理和日常生活经验,对证据有无证明力和证明力大小独立进行判断,并公开判断的理由和结果。上述运用日常生活经验进行判断即是运用经验法则。再如,现行《最高人民法院关于适用〈中华人民共和国刑事诉讼法〉的解释》第88条第2款规定,证人的猜测性、评论性、推断性的证言,不得作为证据使用,但根据一般生活经验判断符合事实的除外。如证人称"我看到犯罪嫌疑人满脸通红、酒气冲天、走路不稳,好像是喝了不少酒",虽属推断却可以通过经验法则认定其证言的证明力。

2.5.2.1.2 作为事实推定的大前提

如前所述,根据推定是否由法律明确规定,推定可分为法律推定和事实推定。事实推定是立法机关赋予司法人员在一定情形下行使自由裁量权、调节举

---

〔1〕 例如,2003年《英国刑事审判法》(Criminal Justice Act 2003)第101条第4款规定,排除被告人的不良品格证据时,需要尤其考虑到该证据与被控事实所距时间的长短。

〔2〕 曾华松:《经验法则在经界诉讼上之运用》,载《民事诉讼法之研讨》(六),三民书局1997年版,第183页。

证责任的具体运作状态,从而决定是否认定争议事实的司法原则。2019年《最高人民法院关于民事诉讼证据的若干规定》第10条第1款第4项规定,根据已知的事实和日常生活经验法则推定出的另一事实,当事人无须举证证明。2002年《最高人民法院关于行政诉讼证据若干问题的规定》第68条规定,根据日常生活经验法则推定的事实,法庭可以直接认定。2018年公布的《最高人民法院关于适用〈中华人民共和国行政诉讼法〉的解释》第47条第3款规定,当事人的损失因客观原因无法鉴定的,人民法院应当结合当事人的主张和在案证据,遵循法官职业道德,运用逻辑推理和生活经验、生活常识等,酌情确定赔偿数额。

由此可见,民事、行政诉讼中的事实认定过程,允许裁判者根据经验法则进行事实推定,即使经验法则具有高度盖然性,但与民事诉讼中的优势证据证明标准匹配,法律还是赋予了经验法则极大的运用空间。法院利用一般生活经验,就一再重复的典型事项,由一定的客观事实,即可推断出某一待证事实的证据,在大陆法系国家即为表见证明。[1]

但对于刑事裁判中是否允许进行事实推定,法律没有明确作出规定。然而,刑事司法实践中,一方面,限于证据资源的有限性,裁判者运用已查明的基础事实进行事实推定确有必要。例如,被告人对已受伤倒地的受害人腹部猛刺一刀致其死亡,可将其主观方面推定为"故意杀人"而非"故意伤害",因为按照日常生活经验,一个受伤倒地的人已失去了攻击力,对其身体重要部位捅刺的目的是"夺命"。再如,2015年5月18日最高人民法院在其所印发的《全国法院毒品犯罪审判工作座谈会纪要》中总结了近年来各地法院审理毒品犯罪的经验与做法,并以会议纪要的形式明确了在毒品犯罪中行为人因涉嫌贩卖毒品被抓获的情形"一般应当认定被查获的毒品系用于贩卖的毒品,但有确切证据证明该部分毒品并非用于贩卖或者并非其所有的除外"。

2.5.2.1.3 检验印证事实真实性

在司法实践中,囿于事实调查权的有限性,辩护人对相互印证的证据体系本身缺乏质疑的能力,但却能从印证证据最终所指向的结论中找到破绽,发现与社会一般经验不符的事实结论之荒谬性。相互印证的证据体系为何最终经不起日常生活经验的检验?究其原因,是因为相互的每一个证据真实性不足,形成虚假印证。而虚假印证现象,又源于侦查机关的"确证偏见",侦查人员对

---

[1] 陈界融:《证据法学概论》,中国人民大学出版社2007年版,第319页。

于自己的侦查结论存在轻信或偏执的信任，对自己的观点只满足于确认，而忽略了可能存在的错误，以自我为中心取舍证据，漠视、掩盖不利的证据。

以"缪新华故意杀人案"为例。福建省高级人民法院（2017）闽刑再4号刑事附带民事判决书认定，"本案分尸地点、分尸工具不符合常情常理。原判认定的分尸地点在浴室地板，据现场勘查笔录记载：浴室地板南北向约158厘米，东西向约74厘米，靠北的墙边有40×50厘米的洗脸台；尸体勘验笔录显示，被害人身高推断为155—160厘米。按照各原审被告人供述，被害人头朝里，脚朝外平放，浴室刚好容纳被害人尸体，且头部需置于洗脸台下，在如此狭窄的空间内多人实施分尸，且未提取到任何与被害人相关联的生物痕迹，不符合常理；原判认定的分尸工具菜刀和砧板，系侦查机关2003年4月24日从缪家厨房提取，距案发时间2003年4月6日已有18天，而缪家人仍将菜刀和砧板置于厨房使用，与日常生活忌俗相悖"。本案中多名原审被告人在侦查阶段均供述，3名成年被告人在涉案浴室内对被害人进行分尸，且分尸的过程及细节均能相互印证，但原审法院所认定的分尸事实显然有违经验法则，最终福建省高级人民法院对本案所有被告人再审改判无罪。

经验法则不仅要对相互印证的证据本身包含的信息加以审查，还要对印证证据所反映的事实进行检验。[1]运用经验法则还可以对待证事实从整体上加以检验，防止虚假印证对事实认定产生的错误确证。例如，"两高三部"《关于办理死刑案件审查判断证据若干问题的规定》第5条第2款第5项规定，证据确实、充分是指根据证据认定案件事实的过程符合逻辑和经验法则，由证据得出的结论为唯一结论。

2.5.2.2 裁判者认知经验的适用误区

2.5.2.2.1 忽视运用经验法则

在中国裁判文书网上以"经验法则"作为关键词搜索，对广东省2018—2019年作出的近1020份裁判文书进行分类研究，发现共有420份裁判文书直接出现"经验法则"的内容，其中民事裁判文书占405份，刑事裁判文书占15份，将经验法则作为间接证据审查辅助工具的占6份，将经验法则当成"排除合理怀疑"证明标准审查的占3份，而另有6份裁判文书则认为被告人的辩解不符合经验法则。

基于审判实践中我国裁判者或许不清楚经验法则的适用技术这一可能，因

---

〔1〕 龙宗智：《刑事印证证明新探》，载《法学研究》2017年第2期。

而其在涉及经验法则运用时表现出对自由裁量缺乏自信的特点。[1]部分案件中,辩护方提出了公诉机关的事实认定与经验法则不符的观点,裁判者不予回应。例如,深圳市福田区人民法院(2020)粤0304刑初22号一审判决书显示,在一起抢劫案中,被害人报案称犯罪嫌疑人身高约1.73米,同案犯的口供也印证了这一点,但被告人林某某实际身高为1.95米。辩护人当庭提出,公诉机关认定被告人林某某涉案不符合经验法则。但一审法院在评判中对此辩解意见只字未提,以抢劫罪判处其有期徒刑12年。

而另一案件中,审判机关判定被告人郑某某寻衅滋事罪名成立,实际运用了经验法则,但并未在判决文书中援引相关法条。在这一实质上适用经验法则而形式上未援引法条的案件证据显示:(1)被告人郑某某案发当晚与另一驾驶员张某在一起吃饭,其间郑某某与邻桌李某发生口角后起身离开;(2)郑某某离开后约10分钟,来了一帮手持棍棒的社会闲散人员对被害人李某实施群殴致其轻伤;(3)打人者中有两人供认受驾驶员张某邀请前来滋事。此案中认定郑某某罪名成立,是对间接证据推理的结果,经验法则起到了修补证据链之功能。"被告人郑某某与被害人发生过纠纷,而发生纠纷后指使心腹之人实施报复的可能性极大"作为事实认定的条件在裁判文书中没有提及,也没有"常情常理"的字眼出现。

再如,广西壮族自治区百色市中级人民法院刑事判决书(2016)桂10刑终409号显示,首先黄某要求汤某某转钱过程中从未提及款项性质,其次黄某与汤某某的关系非亲非故,最后通过行为明显有违经验法则得出黄某具有主观受贿目的。本案中运用了经验法则,但裁判者并未公开经验法则的适用过程。

2.5.2.2.2 过度运用经验法则

过度适用是指刑事裁判对经验法则的运用突破了无罪推定、证据裁判原则,随意运用常情、常理等经验法则代替证据证明。例如,根据孤证不能定案之证明力规则,裁判者不能根据一个证据、多个同源证据或多个彼此孤立存在的证据对案件事实加以认定并作出裁判,因为这些证据会使待证事实处于真伪难辨、虚实不明的状态。[2]司法实践中,裁判者有时为达到降低论证成本之功效,用孤证进行证据推理。此类案件体现出证据充分性不足、证据链薄弱、裁判逻辑牵强的问题。裁判者之所以过度适用,原因之一是"有审判人员认为经验法则

---

[1] 何雪锋:《我国经验法则案件的实证研究》,载《西部法学评论》2020年第6期。
[2] 杜文静:《"孤证不能定案"的逻辑证成》,载《学术研究》2017年第11期。

难分对错"。[1]另外，刑事裁判说理论证过程中，裁判者对经验法则的运用一般倾向于以"是否符合常理"代替。刑事裁判中运用以常情常理为依据的证据审查判断，绝大部分是为了回应辩方的辩解，认定被告方的诉讼主张不能成立，均都产生了对被告人不利的后果。

例如，福建省福州市中级人民法院刑事附带民事判决书（2007）榕刑初字第 84 号一审判决书显示："经审理查明，2006 年 7 月 26 日晚，被告人念斌看见快走到他的食杂店门口的顾客，转向进了丁云虾的食杂店，故对丁云虾怀恨在心。次日凌晨 1 时许，被告人念斌从家中拿出一包老鼠药，将其中的一半用矿泉水瓶加水溶解后，倒入丁云虾放在与他人共用厨房的铝壶中。"此案裁判者将"一般人们对抢走自己商机的人会起杀机"作为大前提，结合被告人看到被害人抢走其顾客的事实，推断出被告杀人动机。此案中认定被告人杀人动机的证据只有念斌的有罪供述，属孤证。此处的经验法则运用显然不合常识，未能排除合理怀疑。

2.5.2.2.3　错误运用经验法则

在司法三段论的大前提存在明显缺陷的情况下，法律推理的结论是错误的。基于经验规则内容的不确定性、裁判者对经验规则的认识差异以及适用经验法则的偏差等，裁判者的自由心证绝不意味着裁判者享有肆意专断的特权，因而有必要限制裁判者在适用经验法则时的自由裁量权。[2]

例如，南京"彭宇案"的判决书认定，"本院认定原告系与被告相撞后受伤，理由如下：根据日常生活经验分析，原告倒地的原因除了被他人的外力撞倒之外，还有绊倒或滑倒等事实，被告也未对此提供反证证明，故根据本案现有证据，应着重分析原告被撞倒之外力情形。人被外力撞倒后，一般首先会确定外力来源、辨认相撞之人。如果相撞之人逃逸，作为被撞倒之人的第一反应是呼救并请人帮忙拉扯。本案事发地点在人员较多的公交车站，是公共场所，事发时间在视线较好的上午，事故发生的过程非常短促，故撞倒原告的人不可能轻易逃脱。根据被告自认，其是第一个下车之人，从常理分析，其与原告相撞的可能性较大。如果被告是见义勇为做好事，更符合实际的做法应是抓住撞倒原告的人，而不仅仅是好心相扶"。[3]此案运用经验法则得出三个结论：其一，被撞倒之人的第一反应是呼救并请人帮忙拉扯；其二，撞倒原告的人不可

---

[1] 何雪锋：《法官如何论证经验法则》，载《北方法学》2021 年第 1 期。
[2] 季卫东：《彭宇案的公平悖论》，载《经济管理文摘》2007 年第 19 期。
[3] 南京市鼓楼区人民法院（2007）鼓民一初字第 212 号民事判决书。

能轻易逃脱；其三，见义勇为的做法应是抓住撞倒原告的人，而不仅仅是好心相扶。其结论不具有普遍性，裁判者特有的经验与社会主流经验不一致，其认为的"日常生活经验"难以上升为"经验法则"。

2.5.2.3 裁判者认知经验适用的路径选择

2.5.2.3.1 经验法则的适用限制

第一，证明对象的主要构成要件必须有证据予以证明。民事诉讼中的证明对象之多数内容可以通过经验法则加以直接推定，无须用证据证明，这些事实拟制规则的出现，削弱了证据裁判对事实认定的决定作用。刑事诉讼与民事诉讼不同，证据裁判的例外情形相对较少，除非存在法律推定、司法认知等免证事实，对于定罪量刑所需的要件事实，必须有证据证明。因此，对于主要犯罪事实的认定，需用证据直接或间接证明。对于与定量刑相关的其他问题，则可以允许运用经验法则进行判断。

同理，刑事诉讼中，推定不能取代对犯罪要件事实的证明，推定的范围不能涉及犯罪要件事实，因为在刑事案件中证明责任已为刑事诉讼法预先分配。[1]有学者认为，刑事推定适用范围可包括"人类的心理内容，被告人独知的事实，封闭环境或场所发生的事件，一些特定种类的事件"。[2]只要这些内容涉及犯罪要件事实，均不能推定，否则让被告人加以辩驳，就是证明责任的转移。因此，在刑事诉讼中，不可将推定作为认定主要案件事实的证据加以使用，更不能直接用来推定被告人有罪，仅可用于认定案件某一方面的事实。[3]

例如，广东省佛山市南海区人民法院（2014）佛南法知刑初字第 12 号刑事判决书认为，"根据被告人周某的稳定供述及日常经验法则，被告人所生产的假冒手袋实际销售价格与正品手袋的市场价相差超过二百倍，非常悬殊，进入市场后不可能以正品价格销售。因此，公诉机关以价格鉴定意见上正品手袋的价值来计算本案的非法经营数额，并据此认定本案被告的假冒注册商标情节特别严重，其认定并不妥当，有违罪刑相适应原则。因此，本院采信被告人当庭供述的涉案价格"。

第二，证否的效能大于证成。证成主要是指经验法则在事实推定与证据弥

---

[1] 张保生主编：《证据法学》，中国政法大学出版社 2014 年版，第 409-410 页。
[2] 李富成：《刑事推定研究》，中国人民公安大学出版社 2008 年版，第 19-21 页。
[3] 中华人民共和国最高人民法院刑事审判第一庭、第二庭编：《刑事审判参考》，法律出版社 2004 年版，第 50 页。

合中起到了强化作用，促进了定罪量刑；而证否则是指通过经验法则对单项证据及事实结论的可靠性进行检验，最终否定犯罪的认定。经验法则用于指控犯罪需要排除合理怀疑，而辩方提出的辩解只要让裁判者产生合理怀疑，即可否定指控。因此，经验法则用于证否的效能更高。以常情常理作为经验法则去审查判断证据的方法，证否的意义明显大于证成。刑事裁判不能偏重以常情常理去反驳被告人的辩解，而更应去检验控方证据与事实。

例如，广西壮族自治区柳州市中级人民法院（2015）柳市刑一终字第208号刑事裁定书认为，刘某关于为同案被告人保管毒品的辩解虽有不符常理之处，但例外情况在客观世界中亦属常有，常理的违背不足以成就定论。

第三，限制裁判者自由裁量权。证据证明力及可靠性的评价过程中，裁判主体具有注意并适用经验法则的权力，对在案证据的证明力有无与大小作出判断。如果法律对证据的证明力不预先作出规定，完全由裁判者独立判断，则属于自由心证。然而，经验法则本身也带有相当程度的盖然性与主观性，所以裁判者适用经验法则也难免存在滥用之忧。制约裁判者权力滥用的重要路径是，为裁判者运用经验法则设定客观标准，实质上就是将作为判断事实依据的经验法则法定化，在某些经验法则的运用上，尽量排斥裁判者主观任意的作用。[1]

2.5.2.3.2 裁判者公开论证过程

运用经验法则进行证据评价或事实推定的过程，是一个自由心证的主观判断过程，必须说理论证，这是我国现行刑事证据制度的必然要求。我国的证据制度既不是法定证据制度，也不是自由心证制度，而是属于客观真实的证据制度。[2]因此，刑事裁判者对自由心证的结果与过程均需加以公开。刑事诉讼中"事实清楚，证据确实充分"的证明标准，对刑事裁判者公开心证、公布心证的过程提出了更高层面的要求。因此，裁判者对经验法则的运用，应将其与证据结合后的演绎推理过程在裁判文书中明确论述，以增强裁判文书的说理论证效果。

例如，"聂树斌案"在最高人民法院2016最高法刑再3号再审刑事判决书中，将常理恰当地运用到了说理裁判中："聂树斌供述偷取一件破旧短小的女式花上衣自穿不合常理。根据聂树斌供述及相关证人证言，聂家当时经济条件较好，聂树斌骑的是价值四百余元的山地车，月工资有几百元，并不缺吃少穿，

---

[1] 杨晓玲：《经度与纬度之争：法官运用"经验法则"推定事实——以"彭宇案"为逻辑分析起点》，载《中外法学》2009年第6期。

[2] 樊崇义主编：《证据法学》，法律出版社2012年版，第30页。

仅衬衣就有多件。平时除了上班有些散漫外，无任何证据证明聂树斌此前有过偷盗等劣迹，也无任何证据表明其对女士衣物感兴趣，而涉案上衣是一件长仅61.5厘米且破口缝补的女式花上衣，显然不适合聂树斌穿着，故聂树斌所供偷拿该花上衣自穿，不合常理。"

2.5.2.3.3 允许当事人参与

经验法则并不是事物之间内在联系的必然反映，只是一种具有盖然性的常态联系，基于经验法则的推论不绝对为真。因此，法律允许利害关系主体对经验法则的推定或推论提出例外情形。而允许当事人参与是推翻推论的最有效手段。在认定事实的过程中，裁判者是否适用经验法则、如何运用经验法则的权力专属裁判者一方，而经验法则的运用又没有现成的规则可遵循，难以防止裁判者的随意适用或拒绝适用。同时，裁判者对于经验法则的运用一般都是单方进行，控辩双方大多只能在判决形成后才知悉。鉴于刑事裁判者运用经验法则进行事实推定或证据推理可能引发错误定罪之风险，立法上应增加当事人的程序参与权，对于有事实认定存在争议的经验法则，法庭应允许控辩双方通过辩论充分发表意见，对其适用的科学性、合理性进行判断。当事人的有效参加，可以防止经验法则适用的突袭性。[1]

当事人参与的另一层含义是，在刑事审判过程中，当事人及其辩护人也可以提请裁判者适用经验法则，以支持其诉讼主张。当事人既可以提请裁判者适用经验法则证明辩方观点，也可以提出反证反驳控方运用经验法则达成的于己不利的指控。

2.5.2.3.4 作出有利于被告人的推定

当被告人的辩解与经验法则的运用发生冲突，形成案件疑点时，理应对被告人作出有利推定。对于承担证明责任的公诉机关，立法应允许法庭根据经验法则，对其违法行为作出否定性推理，以体现程序制裁之诉讼原理。如2021年《最高人民法院关于适用〈中华人民共和国刑事诉讼法〉的解释》第85条规定，对与案件事实可能有关联的血迹、体液、毛发、人体组织、指纹、足迹、字迹等生物样本、痕迹和物品，应当提取而没有提取，应当鉴定而没有鉴定，应当移送鉴定意见而没有移送，导致案件事实存疑的，人民法院应当通知人民检察院依法补充收集、调取、移送证据。如果检察机关没有按要求补证，法院则应依据"违法者不应获利"这一常理，作出对控方不利的事实推定，判定案

---

[1] 张卫平：《认识经验法则》，载《清华法学》2008年第6期。

件事实存疑。

另外，若辩方能证明检察官隐匿了对被告人有利的辩护型证据，则应当判定该证据对被告方有利。在域外法治国家，此种情况下甚至可对被告人直接作出无罪宣告。这一事实推定，所遵循的经验是，"冒险违法者的动机一般是为了获取利益"。[1]只有对被告人作出有利的事实推定，才能解决经验法则导致的证明责任转移与疑罪从无原则之间的冲突。

2.6 认知逻辑

2.6.1 裁判者认知逻辑的理论基础

2.6.1.1 认知逻辑的定义

根据全国科学技术名词审定委员会公布的解释，认知逻辑泛指刻画"知道""相信"等认知概念的逻辑系统。杨鲲等人认为认知逻辑亦称认识论逻辑，主要包括知识逻辑和信念逻辑，是对"知识"和"信念"的含义进行形式化研究的逻辑系统。[2]蔡曙山认为认知逻辑是以认知语言学为基础的，是关于认知过程及其规律的逻辑系统[3]。虽然定义不尽相同，但从中可以看出认知逻辑以分析人类的心智与认知的发展和变化规律为研究对象，主要关注人类思维中的推理、判断、决策和思考过程，并试图以清晰的方式描述人类思维的规则和原则，探索人类思维如何处理信息和解决问题，以及在这个过程中如何运用逻辑思维。因此与传统逻辑不同的是，认知逻辑更加关注实际思维的运作和限制，更加关注人类思维的复杂性和多样性。认知逻辑研究的重点包括思维的语言化和非语言化过程、知觉、记忆、决策和判断等方面，从而为人们理解人类思维的机制和方法提供了一个新的视角。

在法学领域，认知逻辑作为对传统法律逻辑的拓展，认知科学对法学的影响体现在理论和工具两个方面，在理论方面，认知研究解释了公平、正义等基本概念的心理机制和神经基础，展示出认知偏见对涉法思维的影响、冤假错案的产

---

[1] 薛潮平：《毁灭证据论》，中国法制出版社2015年版，第229页。

[2] 杨鲲等：《认知逻辑中逻辑全知问题及其解决方法》，载《吉林大学自然科学学报》1999年第3期。

[3] 蔡曙山：《认知科学背景下的逻辑学——认知逻辑的对象、方法、体系和意义》，载《江海学刊》2004年第6期。

生在认知层面的原因；在工具方面，认知科学控制实验等研究方法为理解涉法行为的心理——神经过程、司法判断，以及长程制度效果评估带来新的可能。[1]裁判者的认知逻辑是指裁判者在处理案件时所采用的思维方式和逻辑分析方法，旨在帮助裁判者理解案件、判断案件、作出决策。裁判者认知逻辑基于法律思维和法律逻辑，但同时也包括其他思维方式和逻辑分析方法的运用。裁判者认知逻辑的目的是帮助裁判者运用逻辑思维和推理，对案件进行分析和判断，这种思维方式和逻辑分析方法包括归纳、演绎、比较、类比、概括、辩证等方法。裁判者认知逻辑要求裁判者通过理性思考和逻辑分析，对事实和法律条款进行合理、准确的判断和评价，从而作出正确的判决。在实践中，裁判者认知逻辑的运用是一个复杂的过程，需要综合考虑多种因素，包括法律文本、案例法、事实证据、社会背景、道德价值观等，法律解释作为裁判者理解和运用法律的主观活动，必须立足本土化语境才能切实实现解释的确定性和妥当性目标。因此，传统的形式逻辑之外，为保证道德、政策、社会效果等"法律外因素"以合理的方式融入裁判，认知逻辑研究就成为一条必要进路。裁判者具备扎实的法律知识和深厚的法律素养，以及良好的逻辑思维和判断能力，才能保证法律判决的公正、合理和有效。本书将逻辑形式、逻辑规则及逻辑方法统称为逻辑法则。

2.6.1.2 裁判者认知逻辑的具体形式、规则和方法

逻辑形式、逻辑规则及逻辑方法是思维活动自身应当遵循的基本形式、规则和方法，存在理性认识活动的地方就有逻辑形式、逻辑规则和逻辑方法作用的空间。运用证据认定案件争议事实的活动具有理性认识活动的基本特征，自然也要受逻辑形式、规则和方法的制约。

2.6.1.2.1 形式逻辑的基本规律

形式逻辑主要是研究思维的逻辑形式、逻辑规则及思维规律的科学。形式逻辑的基本规律有：[2]

第一，同一律。在同一个思维过程中，概念和判断都要保持自身的确定性。亦即在同一个思维过程中，同一个概念或同一个判断必须保持自身确定的内容，不能任意改变。其公式是：A 是 A（A=A）。同一律的基本要求是保持思维的

---

[1] 秦裕林、葛岩、林喜芬：《认知科学在法学研究中的应用述评》，载《法律和社会科学》2017年第2期。

[2] 张绵厘编著：《实用逻辑教程》，中国人民大学出版社1993年版，第258页。

确定性，即保持概念、判断和论题自身的同一。违反同一律的表现很多，表现在概念方面主要是混淆概念和偷换概念；表现在论题方面主要是转移论题和偷换论题。

第二，矛盾律。在同一个思维过程中，两个互相反对的或互相矛盾的思想（包括概念判断等），不能同时都是真的。简言之，一个思想及其否定不能都是真的。其公式是：A 不是非 A。矛盾律不仅对思维活动具有指导意义，而且对语言交流亦具有重要的指导作用。在实践中出现的逻辑矛盾现象主要有：在表达时间概念上发生逻辑矛盾；在表达数量概念上发生逻辑矛盾；在表达事物发生的范围上存在逻辑矛盾；在描写事物发展的程度上存在逻辑矛盾；在描写事物存在的状态上存在逻辑矛盾；在描写人的行为动作方面存在逻辑矛盾等。

第三，排中律。在同一个思维过程中，对两个互相矛盾的判断不能同时加以否定，必须肯定其中有一个是真的。其公式是：要么 A，要么非 A。排中律是进行逻辑判断的重要基础和根据，具有推理、证明和保持思维明确性三种主要作用。实践中，违反排中律的逻辑错误大致有两大类：一是"两不可"错误，即对两个互相矛盾的判断全都加以否定，而排中律的基本要求是在两个互相矛盾的判断中必须肯定其中一个为真；二是"未置可否"错误，即对两个互相矛盾的判断既不肯定，也不否定，含糊其词，不明确表态，亦违反了排中律在两个互相矛盾的判断中必须肯定其中一个为真的基本要求。该类错误主要表现为回避表态和用语含糊两种情况。

第四，充足理由律。充足理由律是关于思维论证的基本规律。其基本内容是指要确定一个判断为真，必须有充足的理由。其公式是：A 真，是因为 B 真，并且由 B 能推出 A（其中 A 代表一个判断，B 代表一个或一组判断。这个公式的含义是指，A 真，还应该有另外一个或一组判断 B 为真，而且由这一个或一组判断 B 能够必然地推出 A）。充足理由律的基本要求是，任何一个立论或判断都必须要有充足的理由和根据。实践中，违反充足理由律的逻辑错误，大体有"有论无据""理由虚假"和"推不出"等错误情形。

2.6.1.2.2　辩证逻辑的基本规律

形式逻辑是以固定范畴建立起来的逻辑学说，而法律规范的多样性和社会生活的多变性，使形式逻辑无法解决一些法律问题。更为重要的是，法律实践活动涉及大量的价值判断问题，无法就某一问题作出绝对的真与假、对与错的判断，从而使形式逻辑的适用有些捉襟见肘。在此情形下，辩证逻辑应运而生，并为法律思维提供了更为科学和实用的工具。辩论逻辑是以流动范畴建立起来的逻辑学说，适应于法律对社会生活多变性的需要。辩证逻辑同时具有世界观和方法论的含义，从而也应了法律思维中关于价值判断的需要。

辩证逻辑并不否定形式逻辑对于思维对象的确定性及思维形态的同一性的关注，它也将思维的辩证运动局限在一个特定的范围内，但它注意到了思维对象在思维语义辩证运动中的多种状态，并以不同的规律去表现它们的一元、二元和三元等状态：

第一，内在差异律。对于单独概念A，思维只有在A是A的基础上通过A不是A的语义辩证运动才能把握住A的内在差异性。

第二，辩证矛盾律。对于二极性的对立概念A与反A思维，只有在A不是反A的基础上，通过A是反A的语义辩证运动才能把握住A与反A的辩证矛盾性。

第三，具体兼容率。对于同一关系的三个概念，若以"R（）"表示，那么思维只有在确认R内部的否定关系（A或反A）的基础上，通过R内部的肯定关系（A且反A，即A与反A兼容并存）的语义辩证运动才能把握住思维对象的辩证本性。

辩证逻辑的规律无论是在内容的表述上，还是在彼此的逻辑关系上，都恰恰与形式逻辑的表现方式相反。它是从否定开始，随后进行肯定。不难看出，它们都是以思维形式的同一律为自己的基本前提，但辩证逻辑所突破或补充的，是充分考虑到了思维的具体内容；形式逻辑的局限性在于，当它将注意力由思维形式转移到思维内容时，便无法避免地遇到差异、对立和矛盾。而辩证逻辑将对同一律中矛盾的承认作为思维语义的辩证运动以及正确认知思维对象的辩证本性的必要条件。这样一来，辩证逻辑为法律思维较为系统地和全面地认知对象提供了某种可能性，从而帮助人们解决法律认知活动中所遇到的种种难题。在法律实践中，多数简单案件中的法律确定性较强，尽管也有因法律不确定性而带来的小麻烦，但机械司法也能立竿见影，与其相对应的裁判说理容易把握，然而疑难案件的裁判说理则难以驾驭，其主要原因在于，疑难案件的裁判不仅有诸多法外因素渗透，还面临着价值判断的挑战，进而导致追求"唯一正解"的目标通常成为一种神话。

2.6.1.2.3 演绎推理

演绎推理是指从一般性的前提出发，通过推导得出具体陈述或者结论，即从普遍原则推导到具体案例，其推论前提与结论之间的联系是必然的，因此是一种确实性推理。其特点包括：（1）它是前提蕴含着结论的推理；（2）前提和结论之间具有必然联系；（3）它是从一般到特殊的推理；（4）演绎推理就是前提与结论之间具有充分条件或充分必要条件联系的必然性推理。演绎推理是严格的逻辑推理，最常见的表现形式为"大前提、小前提、结论"的三段论模式。演绎推理将关注点集中在法律文本和案件事实上，它是"根据法律"进行推理，采取法律教义学方式指引推理过程的展开，维护形式正义和法治。[1]经典的司法推理就是在法律规范所确定的事实要件的大前提下，寻找具体的事实要件这个小前提，最后依三段论得出判决结论的过程。[2]司法三段论的大小前提并不是预先确知的而是运用各种法律方法构建出来的，因此裁判者认知形成的过程并非简单直接，大前提和小前提都不是固定的命题，而且不表现为既定的因素，需要裁判者根据具体案情事实来分析判断，以及通过总结当事人各方为支持其主张而提出的证据而逐步得出。

  裁判者在运用演绎法分析案件时，需要先根据法律规则和事实找出相关的前提条件，因此第一步就是寻找已经先于案件存在的法律规则，这种识别需要裁判者在初步了解案情后在头脑中"搜寻"到与之有关的法律规定，对于简单的案情这种"搜寻"可能瞬间就完成了，对于疑难复杂的案件还需在讨论后才能形成，因此这一步取决于案件的复杂程度和裁判者的熟练程度等因素。第二步是在第一步所提供的相关法律规定的指引下进行事实的认定工作，裁判者需要依据法律规定对案件事实进行梳理，抛弃对案件认定无意义的事实，保留与法律构成要件相关的事实，其最终目的是使案件事实与法律规定相符，从而适用寻找到的大前提。这两步工作在实际操作的过程中并不是泾渭分明，总是密切地交织在一起，能看到的只是裁判者的目光在事实和规范之间来回穿梭，不断裁减自我认知。

  从逻辑的角度讲，三段论具有"必然得出"的性质，因而是非常有效的论证手段。但司法推理不同于纯逻辑的演绎，它不仅关注从前提到结论的保真性问题，而且更关注结果本身是否确定为真，虽然这不是刑事裁判的唯一和终极目标，但至少在理论的构想上是如此，这也正是人们选用司法三段论来进行司法推理的首要原因。因而，司法三段论不仅应当关注从前提到结论的保真性问题，而且应当关注前提本身是真实的、确定的，只有这样我们才能判断结论本

---

[1] 张志朋：《法律推理的规范性要求》，载《太原理工大学学报（社会科学版）》2022年第1期。

[2] 焦宝乾：《三段论推理在法律论证中的作用探讨》，载《法制与社会发展》2007年第1期。

身的真实性。[1]因此,第三步是将已经准备好的法律规定作用于第二步认定的法律事实,得出法律结论,虽然前两步已经作了充分的准备,但第三步的结论并不像逻辑三段论那样水到渠成地展现,而是需要裁判者通过说理工作说服当事人和社会大众,以增强裁判结果的可接受性。

2.6.1.2.4 归纳推理

归纳推理是一种由个别到一般的推理方法,它通过从具体案例中总结出共性规律,来推广到一般情况下的结论。相对于演绎推理,归纳推理达成的结论并非必然与最初的假定有相同的确定程度。例如,所有天鹅都是白色的结论明显是错的,但欧洲在殖民于澳大利亚之前一直认为该结论是正确的。归纳论证从来就不是有约束力的,但它们可以是有说服力的,总是有很多结论可以合理地关联于特定前提。归纳法运用的基础是通过收集大量的经验材料,通过描述因果联系的途径对这些材料进行整理和排列,从大量的个案中获得一般性、普遍性结论。在司法裁判中,判例主义国家没有成文法的逻辑前提,其法院审理案件时,必须将先前法院的判例作为审理和裁决的法律依据,对于本院和上级法院已经生效的判决所处理过的问题,如果再遇到与其相同或相似的案件,在没有新情况和提不出更充分的理由时,就不得作出与过去的判决相反或不一致的判决。这种从先例中发现适用规则,然后再将其运用于当前案件的认知方法就是典型的归纳。归纳推理在法律中的应用,一方面可以增殖知识、拓展价值评价的空间,新时代社会主要矛盾的变化、全球一体化以及新科技对经济社会的有力介入,要求裁判者必须转变思考方式、更新知识结构和提升实践能力,归纳推理的"增殖性"特点有利于裁判者从容适应时代发展的需求。另一方面归纳推理是一种不断积累经验、修正错误的过程,归纳推理的基本功能是有助于同类案件同样处理,这既是一种公正的处理方法,又符合人类心理中以相同方法处理相同情况的自然趋向,反过来同类案件同样处理又给法律推理的自我检验提供了一个机会。[2]

任何案件的发生都与相应的行为有所联系,并具有一定的因果关系。裁判者归纳的目的在于全面地、客观地、具体地挖掘案件的因果关联。在进行归纳法分析案件时,裁判者会通过案件中的具体事实和证据,搜集并归纳相关的规律和情况,从而形成对该案的理解和判断。裁判者在运用归纳法进行分析时主

---

[1] 张雪纯:《刑事裁判形成机制的研究》,中国法制出版社2013年版,第56页。
[2] 李安:《归纳法在判例主义法律推理中的有效性与论证》,载《法律科学(西北政法学院学报)》2007年第2期。

要采取以下步骤：第一，搜集案件相关事实和证据。裁判者需要全面了解案件的事实和证据，包括涉案人员的身份、行为、时间、地点、相关文书等，这些信息可以帮助裁判者建立起对案件的基本认识。第二，分析案件中的共性。裁判者会根据案件中的具体情况，寻找其中的共性，如涉案人员的行为特点、作案手段、犯罪动机等。通过对这些共性的归纳和总结，裁判者可以建立起对案件的初步认识和理解。第三，形成案件的推理结论。通过对案件事实的搜集和对共性的归纳，裁判者可以形成案件的推理结论，即根据已知事实和规律，推断出未知的事实或规律，从而形成对案件的判断和结论。值得注意的是，归纳法是一种推理方式，其结果并不一定具有绝对的准确性和普遍性，在使用归纳法进行分析时，裁判者需要考虑到具体案件的特殊性，并注意避免过度推广原则或规则，同时，裁判者还应将相关判例作为参考，以避免产生过于主观和片面的判断。

2.6.1.2.5 类比推理

类比推理是指根据两个思维对象的某些属性相似或相同，得出他们在另一属性上也相似或相同的推理。在裁判者裁判中，类比推理可以帮助裁判者在处理新的案件时，运用已有的类似案例的法律原则和规则，从而得出更合理的裁决。类比推理在裁判者的认识中具有重要意义，是在原有知识的基础上扩展新知识的方法，启迪思维、开拓视野，有着举一反三的作用，其在裁判者裁判中的应用有两个方面：一是弥补法律漏洞。在成文法国家法律具有滞后性，因此，国家的法律无论规定得多么详细都不可能把形形色色的社会生活纳入法律调整的轨道，当遇到法无明文规定的案件时，裁判者可以通过相似案例弥补法律上的不足，虽然根据罪刑法定原则禁止类推解释，但在实质意义的罪刑法定原则之下有利于被告人的类推应当被允许，这是克服刑法形式侧面的缺陷、实现刑法正义的需要。[1] 二是发现个案背后的异常。裁判者在裁判的过程中容易陷入个案主义，专注于具体案件进行评判，类比推理可以让裁判者跳出个案思维，根据同类性质案件在某些特征上的相似来更加深刻地认识个案。例如，当事人利用虚假诉讼、虚假异议逃避债务履行的规避执行案件，个案的证据完全能证明债务存在，只有对类案的总结才能发现当事人和第三方存在恶意串通、虚构债权债务关系的行为。

---

[1] 周少华：《"类推"与刑法之"禁止类推"原则——一个方法论上的阐释》，载《法学研究》，2004年第5期。

2.6.1.2.6 数理逻辑

通过数理来表明司法证明具有科学性的努力从来没有停止过。人们一直存有这样的理想：通过赋值运算，借助已经证明过的完美数学公式来建立事实认定过程的人工智能化。为了实现数理法则在司法证明领域的植入，最重要的基础是建立元素的对应关系，使每一个基本证明元素可以赋值。由于证明的各元素与各环节都普遍存在盖然性，因此，可以此为切口，移植数学概率理论。这是概率理论在司法证明领域得以长久立足的主要原因。但问题是，单纯的数学运算并不符合意欲获得的结论。最典型的例子即是前文提到的"乘积难题"。当两个要素的概率分别为60%与80%时，无论是加减还是乘除都不能准确表达结论的应然概率。应该有一个更为复杂准确的演算法来描述司法证明的逻辑，这个公式就是被新证据法学派所推崇的贝叶斯定理。

贝叶斯定理是以它的发现者——英国伟大的数学家托马斯·贝叶斯命名，他认为上帝的存在可以通过方程式加以证明，因此，他从随机状态中发展出一套完整的概率理论，包括应用在各个领域的贝叶斯分类算法、贝叶斯风险、贝叶斯估计、贝叶斯统计、贝叶斯决策、贝叶斯网络、贝叶斯学习等。在贝叶斯主义者看来，人们根据不确定性信息作推理决策需要对各种结论的概率作出估计，这类推理称为概率推理。概率推理综合了概率学、逻辑学和心理学的知识，其中运用概率学和逻辑学以确定客观概率推算的公式或规则，运用心理学以揭示人们主观概率估计的认知加工过程与规律。贝叶斯定理是概率推理中的条件概率推理，它是建立在主观判断的基础上的，也就是说，允许根据客观证据甚至不需要客观证据，先估计一个概率值，然后根据推理结果不断修正。在司法证明过程中，裁判者需要根据已有的证据来推断某一事实是否存在，而贝叶斯定理就是为此提供了一种合理的推断方法。

贝叶斯定理的公式为 $P(A|B) = P(B|A) * P(A) / P(B)$，其中 A 表示待推断的事件，B 表示已知的证据，$P(A)$ 表示事件 A 发生的先验概率，$P(B|A)$ 表示事件 A 发生时 B 出现的条件概率，$P(B)$ 表示证据 B 的先验概率，$P(A|B)$ 表示在已知证据 B 的情况下，事件 A 发生的后验概率。

在司法证明中，贝叶斯定理可用于计算某一证据对证明某一事实的力量，或者计算某一事实存在的后验概率。例如，在一个刑事案件中，检察官提出了一些证据，包括目击证人的证言、现场勘查报告、DNA 检测结果等。这些证据都可以被看作已知的证据 B，而某一事实（比如被告是否犯罪）就是待推断的事件 A。使用贝叶斯定理，裁判者可以计算出在已知证据 B 的情况下，被告犯罪的后验概率，从而对案件作出正确的裁决。

从上述贝叶斯定理在司法证明中的应用，我们可以概括数理逻辑建构证明框架的方法：一是对每一个进入法庭质证环节的证据以及由证据推导出的推论，都依日常经验给出其发生可能性的主观概率的赋值判断，即从完全否定（0）到完全肯定（100%）之间选取裁判者认为的恰当值。二是推动证明逻辑前行的动力来源是贝叶斯公式，由于该公式已被数学原理所证明，因此，它的理性是毋庸置疑的。于是，当我们在众多复杂证据面前很难判断事实真相究竟是什么的时候，我们可以不必担心判断最终认定的事实结论的盖然性是否过于主观，而是把主观判断"微分化"：分配到每一个细小的证据或证明环节的某一具体推论之上，因为在具体的细小问题上，人们对可能性的主观判断相对比较准确，也容易对单一命题达成共识，这使主观问题客观化。而通过理性的贝叶斯定理，我们可以将一个被赋值的证据或推论计算入对结论可能性的增减之中，从而实现证据"累积"以共同证明事实的目的，这就使得司法证明逻辑依赖于数学定理而得以科学化了。

贝叶斯定理需要基于先验概率和条件概率的合理估计。但是，最令人忧虑的是在赋值环节，怎样给每一个证据赋一个主观值且令其有说服力。而这些概率的估计往往需要依靠专业知识和经验，因此，贝叶斯定理只是在理论上存在，司法实践中难以应用。

2.6.1.2.7 语言逻辑

语言世界几乎可以实现与现实世界的对应。通过语言的编织，人们可以还原过去的事实。我们描述一个事件可以如此完整细致，以至于如眼前发生过的一般，语言的魅力成就了事实再现的可能，也使司法证明的逻辑在话语间的语法规则与语义推导中得以呈现。司法证明的逻辑终点必然是语言性的事实，即需要依赖语言表达出的事实，而每一句话语背后都隐含着一个故事。

在一个"杀人"故事中，我们依经验所能想到的面向均可以单列出来成为若干个叙事要素，并以语言（一句话语）的方式表达。这样，人类对叙事的天然认知能力所生成的认知习惯可以把待证事实拆分为若干个相互独立的要素。虽然这些要素之间或多或少可能存在联系，但在大多数情况下，它们分别代表了一个故事完整性的不同角度。所以，这些要素之间是很难以某种逻辑推理（无论是形式逻辑还是非形式逻辑）组合成一条推理链直至待证事实的。对于这些分离的要素，我们无论采用推导、似真推理抑或其他推理形式，都不可能建立推导关系。而这些要素却是求证事实必须面对的关键要素。这就是单纯任

2. 裁判者认知力的分析维度

何一种推理逻辑都不可能成为司法证明的逻辑支柱的原因所在,因为一种推理逻辑形式是无法使事实求证中诸多关键的、但却互不关涉的要素一以贯之地整合在一起的。即使几种逻辑形式结合也难以胜任,因为没有办法将本质上相斥的元素(如时间与空间)通过推理而建立起内在的逻辑。

对于这一困境,叙事理论作出了较令人满意的回答。叙事理论认为,人们可以对诸多互斥的要素通盘考虑,整合出事实,其理性的依据并非形式逻辑、非形式逻辑抑或数理逻辑,而是叙事的语用规则。由于证明事实借助的符号是语言,任何一种语言都依赖语法与语用规则建立起表达的逻辑,司法证明一旦依托语言,就必须遵从"话语编织"的既定法则,并表达一个复杂而完整的故事。

按照叙事理论,每一个司法过程中的待证事实作为一个故事都包含着若干叙事要素。叙事要素,是指可以拆解故事的某一元素或面向,分为共同叙事要素与特有叙事要素。共同叙事要素,是指完整的故事必然包含的要素,如时间、地点、人物、动机、对象、内容、方式等。特有叙事要素,是指某一具体故事中所包含的必要的,但不同于常规的元素,如投毒案件中的毒药、涉军犯罪案件中的军人身份等。对司法案件而言,讲清犯罪故事使人信服是有标准要求的,即以叙事要素全面而准确地表达为标准。所谓全面,就是我们所能考虑到的属于这一故事的要素,无论是共同叙事要素还是特有叙事要素,均得以无遗漏地描绘。所谓准确,就是对叙事要素的表达均有根据且能令人信服。

通过对陪审员的研究分析,叙事理论认为,裁判者作出裁决的故事模型包括三个部分:"其一,通过故事构造评估证据;其二,通过学习裁决范畴属性表述集中裁决选项;其三,通过把故事分类到最适合的裁决范畴达成裁决。"[1] 通过学习裁决范畴属性表述集中裁决选项,这便是通过积极的故事构造,同时发挥叙事思维优势和想象力作用之后,陪审员心中形成了多个相对完整独立的故事版本。最后,通过把故事分类到最适合的裁决范畴达成裁决,也即在多个故事版本中选取一个最优的故事版本作为案件事实结论的过程。对于最优的故事版本的选取,彭宁顿和黑斯蒂提出了"确信原则",即"确定故事接受度以及因此而产生的故事可信等级的原则",他们认为,有三个标准决定了接受度的高低:一致性、唯一性与全面性。第一,故事模型理论认为一致性存在三个度量标准,即连贯性、可行性和完整性:故事的连贯性体现在被认为真实的证据

---

[1] [美]里德·黑斯蒂主编:《陪审员的内心世界》,刘威、李恒译,北京大学出版社2006年版,第233页。

解释间，或解释的其他部分间没有内在矛盾；故事的可行性体现在符合裁决者对此类典型事件的认知且与其认知不相矛盾；故事的完整性体现在所预期的故事构造具有"所有部分"。第二，所谓唯一性，是指如果现有证据有多个首尾一致的解释，则对其中任何一个的信任度都会降低。如果只有一个首尾一致的解释，那么这个故事将被认定为对证据的解释，而且将在裁决的达成中起到作用。第三，所谓全面性，是指故事对所有证据的涵盖程度。故事模型理论认为故事对于证据的涵盖面越广，那么它对证据的解释就越容易被接受。彭宁顿写道："故事对证据的涵盖会影响审判中所陈述证据的解释程度。我们原则上认为，故事越全面，它作为对证据的解释就越容易被接受。如果被接受，陪审员就会更相信这个作为解释的故事。一个不能对许多证据作出解释的解释，被当作正确解释来接受的程度可能会较低，不全面可能会降低故事总体的可信度，因此带来的后果是裁决的可信度降低。"

2.6.1.2.8 图式逻辑

可以说，除了我们所熟悉的数字与语言，我们很难找到更为适合表达证明逻辑的符号与以此符号为基础的递推法则，除非自创一整套全新的标志体系与运用定律。数字与语言的局限性使我们不满足对司法证明科学化的探知脚步，建立一套自成体系的证明逻辑系统的梦想也从未停止过，但证明的复杂性却很容易摧毁这一理想，因为脱离数字与语言寻找日臻完善的表意系统，必须满足如下条件：其一，它必须能够应用于所有适于当庭陈述的证据类型，并且这些证据类型应建立在特定的逻辑体系基础之上，是一个能够囊括所有逻辑推理过程的逻辑体系。其二，它必须与能够囊括某一特定案件的所有证据信息的证据类型相协调。其三，它必须能够展示证据之间及单个证据与其他证据之间的相互关系。事实信念的产生过程是将一系列证据划分成信息组，并将这些信息组加工后简化为证据的不断重复的过程，所以我们必须掌握信息之间的相互关系，而不仅仅是掌握信息本身。其四，它必须能够表明"主张事实"与"已证成或证伪的事实"之间的区别，即为证明而提供的证据信息与大脑对此信息进行处理后所产生的作用之间的区别。其五，它必须能够表征所有进入大脑思维中的潜在信息。在一个有效的证明图式下，大脑思维中所有的潜在信息都应当能够予以表征。其六，它必须简明扼要，不能因有太多的表示符号而显得异常复杂。其七，从反面来说，该证明图式无须告诫我们应当作出怎样的司法判断，它只要能够真实地反映我们的信念是什么及如何达到这种信念就足以完成它的使命。

威格莫尔在他的一系列司法证明科学重要著作中，建立起了完善的图示化证明逻辑体系。总而言之，威格莫尔证明图式包含如下几个方面。

第一，目的。威格莫尔认为，"逻辑图式的目的在于能够理性地断定繁杂的证据的证明力。大的形色各异的信息摆在我们面前，意欲证实或证伪一些事实，假定每项信息都在一定程度上为真，那么在没有对所有的信息和这些信息的相对证明价值进行考察之前，我们不得妄下任何结论。从反面来说，我们的目标之一就是要避免只通过几个支离破碎的片段便妄下结论这种现象，我们必须在脑海中谨记这样做的后果是将使我们得出不具备可信性的结论，我们负有在法庭上得出与事实相符的结论的义务。所以，如果发现我们对证据形成的信念不是最为可靠的，确实是一件令人沮丧的事情"。威格莫尔的本意在于在裁判者在面临一堆杂乱无章的证据时理出思维的过程。他的目的在于探索一种理性判断证据证明力的方法，因为，人类的思维无法同时对多个观点赋予相同的注意力，因此那些具有不同内容的思想必须被整合为一个和谐统一的观点，以使人类思维得以合理地分配注意力，得出对案件的最终结论。

第二，步骤。在威格莫尔证明图式的基础上，推宁（William Twining）和安德逊（Terence Anderson）总结出将证明图式应用于证明过程的七大步骤：第一步，在使用证明图式前确立关于诉讼角色定位、诉讼阶段以及目标三个问题的立场。第二步，明确"最终待证事实"，即最终要证明的主张或假说。第三步，明确"中间待证事实"，即"最终待证事实"或"案件主要主张"的构成要素。第四步，明确论辩的原理，即使这种原理的确定仅仅是临时性的。所谓原理，是指支持"最终待证事实"的逻辑理论的简明概述。第五步，提出一份列明己方论证和他方论证的主张要点的明细表。第六步，建构出用来描述上述明细表中列明的各种主张间相互关系的证明图式。第七步，对证明图式加以完善、修正，以此来达到论证目的。

第三，符号。威格莫尔采用了25种表征各种不同意义的符号。简要地说，这些符号可以分为两大类：一是表示肯定证明或否定证明的符号；二是表示证明力大小的符号。通过这些符号人们可以推断出各种证据间的相互关系，辨别出对案情进展有着重大意义的要素。威格莫尔采用方框代表主张，采用箭头代表这些主张间的相互关系。每一主张都有与之相联系的证据，既有肯定也有否定，箭头在表示各个主张间的相互关系的同时，也代表证据对它所支撑的事实所起的说服力度的大小，并根据程度的不同分别用不同形式的箭头来表示。

第四，分类。威格莫尔将图式中出现的证据划分为如下几大类别：按照证据的提供主体划分，证据分为控方证据、辩方证据；按照证据的表现形式划分，证据分为证人证言、情况证据、解释性证据、补强性证据。情况证据是指需要经由推论才能明确它所欲表达意义的证据，如警察作证说，他在案发现场发现了刀子，并且已知案发时被告正在现场，所以被告正是使用该刀子实施了犯罪。情况证据既可以是肯定性的，也可以是否定性的。解释性证据是指为加强或减弱某个证人证言或情况证据的证明效果而提出的证据，如证人说，"我当时过于紧张没有看清到底是谁拿着刀子"。同时，威格莫尔将表示证据间相互关系的箭头也根据其表示的意义差异进行了分类。威格莫尔对所有箭头的划分是从它们代表的肯定或否定的关系出发的，根据肯定或否定的力度对箭头加以修饰。置于每个证据下方的是证人证言和情况证据，左方的是解释性证据，右方的是补强性证据。这样每个证据形成了以自己为中心、以其他证据为辅助的网络单元，这个网络单元作为一个整体对证明过程的最终结论产生证明作用。

第五，表述威格莫尔将整个案件切制为不同的主张表述，每个表述都有要点。这些表述是由证人证言、对事件的不同版本的解释、对案件事实的概括组成的。第一步，用文字精确地表述已有的证据是什么，它的待证事实是什么。第二步，用文字清晰地表述在一连贯的推论过程中可被反驳方用于攻击的地方，并找出反驳方有可能作出比立论方的推论更为准确的解释。第三步，用文字清晰地表述反驳方在处理上述推论时可能提出的策略。第四步，对证据证明力的分析。

第六，推理。威格莫尔花费了大量笔墨来探讨根据证据找出建构推理脉络的科学方法：通过证据与待证事实的关联性、可信性、证明力进行判断，找出证据与待证事实之间的逻辑链条。威格莫尔反复强调，由证据通向"最终待证事实"的思维路径因人而异，即使是面对同一个证据，不同的人将选取不同的证明路径，而推理的强弱有时恰恰取决于填补证据和结论之间的想象力。

第七，适用。威格莫尔图式不仅适用于法庭上对证据的判断，也适用于事实发现过程。威格莫尔图式能够帮助人们找出证据与待证事实之间的不确定之处和证明中的疑点，既可以使立论方完善自己的防守，又能使反驳方找出对方的破绽。这种图式分析在诉讼程序的各个阶段都发挥着重要作用。

第八，解释。在威格莫尔的图式中，每个证据都被视为是对某一事实假定的支持或削弱，但单个证据本身并不能支持或削弱假定，它只能作为辅助我们从诸多看似为真的假设中选取最佳解释方案的工具。根据威格莫尔的观点，我们可以在足以解释现有全部事实的诸多故事版本中挑出一个经过反复细化的，能够最充分、最有效地反驳有可能出现的例外情况的故事版本。

第九，缺陷。威格莫尔图式体系存在两个缺陷：一是不同的诉讼主体所勾勒的图式并不相同。因此，"我们必须认识到并不能期望证明框架能够指出从逻辑的角度我们应当产生怎样的信念，无论对于信息处理还是争点问题而言，都是如此。"二是符号过于复杂。威格莫尔发明了很多符号及这些符号的变体，以此来代表控辩双方提出的事实主张和相应的各种各样的证据，然而能真正反映控辩两种观点差异性的符号却很少。

2.6.1.2.9 证明方法

第一，直接证明和间接证明。直接证明法指的是直接用证据的真实性来证明案件事实的真实性，这是司法实践中常用的证明方法，包括演绎证明法和归纳证明法。间接证明法是通过证明与案件事实相反或相斥之事实为假来证明案件事实为真的方法。它不是用证据来直接证明案件事实本身，而是去否定与之相反或相斥的假设事实，然后再间接地证明案件事实的真实性。间接证明法包括反证法和排除法。

第二，演绎证明法与非演绎证明法。演绎证明法就是运用演绎的形式来从证据的真实性直接推导出案件事实的真实性。非演绎证明法是运用非演绎逻辑论证方式从证据的真实性推导出案件事实的真实性的证明方法。

第三，要素证明法和系统证明法。要素证明法即是通过运用证据证明构成案件事实的每一项要素，进而证明全案事实的方法。由于其证明过程是遵循从部分到整体的逻辑顺序，所以，有人称之为"自下而上"的证明方法。系统证明法与之相反，它是先从整体上证明案件事实的基本结构，然后再证明具体的构成要素。由于其证明过程是遵循从整体到部分的逻辑顺序，所以又被称为"自上而下"的证明方法。美国证据法学者达马斯卡在《比较法视野中的证据制度》中谈到的证据评价的两种模式，即原子模式和整体模式，大致与要素证明法和系统证明法相匹配。

2.6.1.3 裁判者逻辑的场域

第一，阅卷是逻辑推理的主渠道。在我国，逻辑推理离不开卷宗，阅卷在审理过程中是非常重要的一步。根据裁判者在发表的访谈和撰写的审判经验文章中可以看出庭前阅卷的重要性，详细的阅卷是庭前做好充分庭审准备的必备功课，更是裁判者形成法律认知的基本依赖和主要来源。这种裁判者对卷宗的依赖现象被称为"卷宗中心主义"。我国刑事诉讼对刑事案卷有着特殊的依赖性，侦查、控诉、审判三机关之间的工作衔接以及各机关内部上下级之间的工作监督审查，都依赖刑事案卷，刑事案卷成为各机关之间以及机关内部储存信息和传递信息的主要载体。阅卷的主渠道地位体现在以下三点：一是侦查案卷是刑事诉讼程序的节点与核心，未经控辩双方质证和辩论的笔录类证据在开庭之前即可为裁判者所接触。二是法庭调查之举证与质证经常通过宣读案卷笔录而非证人出庭作证的方式进行，公诉方提交的案卷笔录被视为具有绝对可采性及高度证明力的证据材料。三是刑事裁判者在查阅、研读案卷材料的基础上作出裁判，公诉方提交的案卷笔录成为定罪的主要依据。裁判者无论是选择开庭审理还是选择书面审查，都主要是通过查阅、研读公诉方提交的案卷笔录来制作裁判结论的，这使得侦查人员所制作的各种笔录类证据材料被作为天然具有证据能力的证据得到法庭的普遍采纳，也使得那些针对案卷笔录的可采性所提出的程序质疑难以得到法庭的接受。[1]因此，阅卷过程是裁判者进行逻辑推理的主要渠道。

第二，庭审是逻辑推理的应然渠道。庭审作为控辩对抗的场域，裁判者居中听审，控辩双方充分展示和说明案件证据、事实以及法理，裁判者得以当庭确认案件事实，形成判案心证，因此法庭审判是整个审判程序的中心。但是，"卷宗中心主义"直接导致犯罪嫌疑人、被告人的刑事责任在审判前已经形成定论，法庭审判只是走个过场；控方审前阶段形成的案卷材料充斥庭审，甚至成为法院裁判的决定性依据；法庭审判以定罪为中心，量刑程序被虚置等问题，[2]极易导致冤假错案。为了发挥庭审在裁判者认知形成方面的决定性作用，我国开展了以审判为中心的刑事诉讼制度改革。庭审实质化是相对庭审虚化或形式化而言，所谓"庭审虚化"，是指案件事实和被告人刑事责任不是通过庭审方式认定，甚至不在审判阶段决定，庭审只是一种形式。[3]庭审实质化强调裁判者在庭审过程中对案件事实、证据的主观认识和理解，发挥庭审在心证形成中的关键性作用。裁判者的角色不再仅仅是程序的执行者，而是需要更加积极地参与案件实体的审查和解决，这就意味着裁判者需要在审理案件的过程中，不断地从案件事实和证据中获取信息、形成认知，以便作出准确、合理的判断和决策。但是根据实证研究表明，我国庭审改革实践尚未实现充分言词化、对抗化和详细化景象，[4]庭审只是完成证据举证目的，对裁判者的说服目的还尚付阙

---

[1] 陈瑞华：《案卷笔录中心主义——对中国刑事审判方式的重新考察》，载《法学研究》2006年第4期。

[2] 汪海燕：《论刑事庭审实质化》，载《中国社会科学》2015年第2期。

[3] 汪海燕：《论刑事庭审实质化》，载《中国社会科学》2015年第2期。

[4] 左卫民：《地方法院庭审实质化改革实证研究》，载《中国社会科学》2018年第6期。

如，因此对裁判者逻辑推理的影响力仍然有限。

第三，庭外会见是逻辑推理的补充渠道。庭外会见是指当事人在庭审之外与裁判者进行的非正式交流，包括律师的辩护意见、证人证言和当事人陈述等，通常是为了提供证据或解释案情，这些内容很可能会影响裁判者对案件的认知和判断。一方面，它可以为裁判者提供更全面和具体的信息，帮助裁判者更好地理解案情和掌握证据，从而对案件作出更准确的判断。在庭外非正式的场合中，当事人能够以放松的心情向裁判者详细地解释案情或提供额外的证据，这些信息有助于裁判者更加全面地了解案件全貌，相比于庭审过程中的辩论和证据交换，庭外会见可以更加深入和细致地探讨案情，为裁判者提供更多的信息和思路。同时，当事人的表情、肢体语言等非语言信息可以对裁判者的逻辑推理产生影响，因为这些信息可以传达情绪、态度、意图等重要信息，从而影响裁判者对案件事实、证据的解读和认知。另一方面，庭外会见也可能带来一些负面影响，例如：庭外会见可能导致裁判者对某些事实或证据形成偏见，或者在庭审中出现重复证言的情况；还可能会使裁判者感受到压力，特别是当事人可能会向裁判者施加压力或威胁，从而干扰裁判者作出专业的判断和决策。

2.6.2 逻辑的功能

2.6.2.1 选择和过滤证明对象、证明材料

逻辑法则在裁判者认知形成之前对证明对象、证据材料进行选择和过滤。司法证明与自然证明有较大区别，司法证明的结果与具体冲突的解决紧密相关，司法证明的对象和司法证明的手段受到事实认知和法律规范双重视角的审视与调整。在司法证明中，证明对象受到实体法规范的制约。以刑事诉讼证明为例，控方要证明被告人犯有某种罪行，必须将该行为在法律上构成犯罪所需的法定构成要件事实证明至符合法定的证明标准。不同类型的犯罪有不同的证明对象，而同一种类犯罪所需的证明对象是通过逻辑类型化的方法由刑事实体法予以确认的。没有逻辑的抽象概括就没有同类犯罪的法定构成要件，也就不存在个罪整体意义上的证明对象。同样地，司法证明所依赖的材料范围必须予以明确化、确定化，这是逻辑同一律的要求，也是司法证明内在的法律要求。概括地说，这些关于司法证明对象、司法证明手段、对象和手段之间的理性关联等概括性的法律规范，无一不是在实践基础上通过逻辑概括抽象而形成的，它们既是逻辑过程的结果，也是法律调整司法证明活动的结果。

2.6.2.2 保障思维自身合理性

只要承认认知过程是一个理性地选择、论证、确认过程，那么逻辑法则对裁判者认知的保障和约束就是不言而喻的。裁判者认知的过程是一个思维过程，思维的对象、手段以及对象和手段之间的关联是在系统认知形成之前预先给定的，裁判者只能在此基础上进行判断并予以论证。为了保障裁判者认知的客观性，法律提供了有助于案件事实探明的具体程序和法律技术，如法庭调查中的举证、质证、认证程序、对证人进行询问的交叉询问技术等。有了这些具体程序和技术，有关案件事实信息中蕴含的基本问题就会最大限度地显露出来：主张可能是不明确的，证据可能与证明的问题无关，证据自身或证据之间可能存在不一致，对立双方的证据指向总是相反的，双方证据总体上是冲突、矛盾的。裁判者必须在这样一种复杂的格局中进行审慎的判断，使不明确的主张明确化，确认、放弃不相关或无证明力的证据，在相互矛盾的证据之间进行甄别，在此基础上形成自己的确信。裁判者在形成自己确信的过程中必须受制于自身思维过程的逻辑法则，自己的判断必须是明确的、可清晰陈述的，判断的内容是一致的，不存在逻辑矛盾，判断还应该有充足的理由支持，具有可论证性，这些都是一个理性论证应当具备的基本条件。

2.6.2.3 帮助事后检测

逻辑法则提供了对裁判者认知结果进行事后检测的工具和手段。一个判断或决定是理性的，它应该满足最基本的条件，而事后的可检测性就是这些基本条件中的一个。我们相信人的血液是红色的，不相信人的血液是蓝色的，因为有知识和经验的支持，而这些知识和经验都是可检测的。可检测性也有不同的标准，有事实的标准，有逻辑的标准。逻辑的可检测标准是最低的标准，正因如此，它也是检验具体判断、决定是否具有合理性的第一个标准。如果在裁判者的判断中包含了这样一对相互矛盾的断定"被告人案发时既在作案现场又不在作案现场"，我们不必具体判断到底案发时被告人是否在作案现场，就可以直接断定上述判断不成立，因为不合逻辑的判断不可能是理性的判断。在对裁判结论的回溯性检测中，逻辑法则是一种形式的标准，违反逻辑法则的错误相对容易识别，正因如此，裁判者认知形成的过程和结果不违反逻辑法则是自由心证结论具有理性的最低标准和保障。裁判者认知形成的过程和所得结论不一定是最佳的，但不应该是最差的，特别是，它不应该是违反逻辑法则的。因此，裁判者认知是否具备理性基础有不同的评判标准，逻辑的标准是最低的标准，也是最基本的标准。裁判者认知结论不违反逻辑法则不一定就是充分满足理性的结论，但反过来，违反逻辑法则，特别是严重违反逻辑法则的结论一定是非理性的。

2.7 法官认知的价值衡量

随着社会转型的不断深入，司法在规范行为和调整关系方面的功能愈发凸显，法官的角色也愈加重要，因此，分析和研究法官裁判案件的认知过程、方法和价值衡量方式就成为了解和把握司法活动的重要切入点。对此，许多学者的研究尽管能够从技术或思维上揭示法官裁判案件的一般原理，且也大都注意到了法律的实践理性特性，但结果更多是诉诸一套概念和逻辑，并止步于理论推演，由此导致的一个重要缺陷就是法官的主体缺位或者法官的去社会化与去个性化。对此，苏力教授认为，法官也具有同普通人一样的一些特征，不能把法官神秘化，社会上一些相关因素也会对法官的判断产生一定影响。我们不能简单地讲这种影响是积极的还是消极的，因为它们本身构成了法官认知和裁决案件的一部分——尽管在很多情况下是较为隐蔽地存在着的。[1] 事实上，"任何完整的法律规范都是以实现特定的价值观为目的，并评价特定的法益和行为方式，在规范的事实构成与法律效果的联系中总是存在着立法者的价值判断"。[2] 对于法官而言，其在司法过程中不仅需要遵循立法者赋予的价值判断，还要结合自身的价值观、世界观等认知进行价值衡量，因为法律规范与具体的案件事实之间总是存在着抽象与具体、普遍与特殊的差异与矛盾。虽然其中有些差异与矛盾可以通过运用诸如法律发现、法律解释、漏洞补充、法律推理等法律方法进行解决，但是当在法律规范与案件事实之间呈现出更为复杂的形态时（如法律规则或法律原则之间存在冲突，合法性与合理性之间存在冲突等情形），上述传统的法律方法就难以促使法官形成较为清晰的认知并作出裁判，此时就需要法官借助价值衡量的法律方法。

2.7.1 法官价值衡量的概念及其来源

法官裁判案件的过程可以被分解为不同环节，从收到案卷材料到宣判的过

---

[1] 沈志先主编：《法律方法论》，法律出版社2012年版，第271页。
[2] [德] 魏德士：《法理学》，丁晓春、吴越译，法律出版社2005年版，第52页。

程中，其就案件事实和法律适用的认知，通过对各种影响因素的价值衡量得到不断地深化，而裁判结论则代表法官对案件认知的最终结果。因此，法官裁判的过程也是法官运用价值衡量得到最终确定性认知的过程。

2.7.1.1 法官价值衡量认知的定义

价值衡量（value judgement）是兴起于17世纪的价值法学的重要方法论工具，其基本思想是认为实证法背后存在一个应然的价值体系，而实证法的运行要受到该价值体系的制约。价值衡量本身是指根据不同的"规范"背后价值的权重，分析客观事物满足人类需要的程度，其从根本上受到主体的价值观和世界观的影响。[1]具体到司法当中，价值衡量是法官在解决案件过程中，遵循特定的价值判断标准，对个案中的权利主张与利益要求进行法律价值上的比对与权衡，形成价值判断，并以价值判断为目标指南发现、创设或选择可适用于个案的裁判规范，使法律的形式正义与个案的实质正义得到共同实现的一种创造性法律思维方法。[2]

就单纯的法官认知而言，因其本质上是法官内心对案件事实、所涉法律以及二者间相互映照过程的一种了解和确信，故法官在对客体进行认知的过程中，需要运用社会经验、法律推理以及论证等认知方法，以最大程度地还原案件事实，正确适用法律，作出公正裁判。此外，法官认知的核心是其逻辑思维运行方式，[3]包括法律推理以及社会经验推理过程，该过程也是对证据进行选择的过程，因为在案的证据材料不一定都能作为定案依据，这就需要法官凭借自身职业素养进行取舍。另外，法官认知需要借助外在行为的辅助，如通过对在案证据进行举证、质证、辩论等活动，先由外向内影响法官对案件的认知，再由内向外输出最终的裁判，而裁判文书质量的优劣也很大程度上反映了法官认知能力的强弱。

由此可见，法官价值衡量认知的意涵即指法官在裁判案件的过程中，根据其因各种经历、知识等而形成于内心的价值体系，对案件事实、所涉法律以及两者之间的相互关系进行评估并形成确信和判断。在这个过程中，法官会对案件进行具有感情色彩的内心倾向之表达，因此其会受到各种因素的影响。

---

[1] 李可：《法学方法与现代司法》，知识产权出版社2014年版，第92页。
[2] 沈仲衡：《论司法过程中的价值衡量》，载《河北法学》2010年第10期。
[3] 王成礼：《法治的均衡分析》，山东人民出版社2008年版，第110页。

2.7.1.2 法官价值衡量的来源

根据司法实践可知,司法过程的核心内容即是通过各种证据认定案件事实,然后对事实进行法律评价并最终得出裁判结论。在法定证据制度时期,因法律不仅已经事先规定了不同种类证据所具有的证明价值、收集和运用某些证据的规则以及最终案件事实的认定需要满足的法定要件,还规定了特定类型的案件如何运用证据定案,并排除法官在审查判断证据上的能动性。[1]虽然"法定证据原则作为对无形式无原则、充满法官恣意裁量的早期纠问程序的反省,标志着纠问程序在强化法的形式性以制约个人主观随意性上的一个较成熟的发展阶段。……是欧洲中世纪历史条件下的诉讼中发现真实和抑制法官恣意这两种理念相结合的产物"。[2]即该制度有力地限制了法官的司法专横,但与此同时,其也意味着该时期法官在裁判中基本不存在价值衡量的空间。

18世纪法国率先掀起了影响深远的启蒙运动,并对先前法律制度作了深刻批判,如孟德斯鸠即提出"法律是偶在的,它们并不适用同一普适性的标准,而是倾向于反映各民族的生活条件"。[3]而在此之前英国著名哲学家洛克的观点也可对此注脚,其认为良知并不是与生俱来的,无知会导致没有良知,且任何需要思辨的公理都不是天赋的。[4]启蒙运动最终导致法国大革命的发生,并引发了1808年《重罪法典》的颁布,该法典以明确的方式提出:"……法庭并不考虑法官通过何种途径达成内心确信;……法律只要求他们心平气和、精神集中、凭自己的诚实和良心,依靠自己的理智,根据有罪证据和辩护理由,形成印象,作出判断。……法律只向他们提出一个问题:你们是否形成内心确信?"至此自由心证制度取代了法定证据制度而得以确立。[5]通过上述内容可知,在自由心证制度下,法官根据证据对案件进行裁量时,其经验、理性和良心对案件走向以及最终裁判结果起着至关重要的作用。此外,由于自由心证制度的确立,法官在案件裁判过程中可以不再完全受制于法律规定而具有了较大的主观能动性,因此价值衡量认知得以有了最初的起点,而由此其也必须遵守自由心证制度所遵循的基本原则。

事实上,真正的法律是悲天悯人的,真正的法官更是悲天悯人的。笔者在

---

[1] 郑未媚:《自由心证原则研究——以刑事诉讼为视角》,中国政法大学2005年博士学位论文。
[2] 王亚新:《社会变革中的民事诉讼》,中国法制出版社2001年版,第303页。
[3] 〔爱尔兰〕J. M. 凯利:《西方法律思想简史》,王笑红译,法律出版社2002年版,第242页。
[4] 〔英〕洛克:《人类理解论(上册)》,关文运译,商务印书馆2008年版,第27页。
[5] 王晨辰:《论法国刑事证据自由原则及其限制》,西南政法大学2016年博士学位论文。

俄罗斯圣彼得堡曾遇到过一位女法官,她谈到,她把法庭上的每个人都当作自己的家人。她说,当被告人最终说认罪的时候,她和她的法庭会出现一片宁静,这是对每个人生而为人的尊重,又一个人,一个同类,要被剥夺诸多权利,要失去自由,这是一件值得作为同类的人们悲悯的事情。女法官还说,她时常在群星闪耀的夜空下,夜不能寐,仿佛又和被告人对视一般,不由得心生怜悯。女法官还特意告诉我们,在法庭上宣判时,她会让自己平静下来,然后让自己用不比之前快也不比之前慢的声音继续宣判。后来她还告诉我们,在她心里,时常会问自己,如果我是被告人会怎样?当然,笔者也曾在莫斯科市法院遇到过只是担心裁判文书格式、错别字等判决外观问题的法官,这位法官有一次刚宣判完被告人有罪,被告人突然抬起头含着泪问道:"法官,您真的相信我做了?"这时,法官说,他其实也不知道该怎么回答,只好说,我们只看证据,就逃也似的出了法庭。而这个被告人的审前羁押期已经完全折抵所宣判的刑期,也就是说,被告人其实担心的不是自己被剥夺自由,而是其人格和荣誉,而这也是对一名法官是否能形成内心确信的考验。

2.7.1.3 价值衡量认知的产生

在法学中,"价值"一词被广泛使用,诸如"法的价值""法律的价值"等。对此,以唯物主义的实践观为根据,有学者提出,价值是一种关系现象,它根植于由人们的实践而产生的主客体关系。在这种关系中,人是价值的主体,而价值则是在人依照自己的尺度去认识、改造世界的活动中产生的一种"关系态",因此,价值的本质应是人的主体尺度与客体的属性之间的一种统一,即世界对人所具有的意义。[1]对于现实的价值而言,其一般应由三个方面的因素构成:一是价值的客体,即"承载价值的介质";二是价值的主体,即"人",具体到本文则是指法官;三是价值的内容,即满足主体哪一方面需要或何种目的的价值。从这三个方面出发,可将价值划分为两种基本类型:一种是从客体方面进行的划分,即依据价值关系中客体的类型来划分价值,如物的价值、人的价值、精神文化现象的价值等;另一种是从主体方面进行划分,即根据主体和主体需要的性质及其被满足的情况来划分价值,如根据主体在社会中具有的不同需要,可将价值分为"物质价值""精神价值"和"制度价值"等。

在司法情境中,司法活动的本质是用抽象的法律规则涵摄具体的案件事实,司法的目的指向纠纷的公正解决,而"公正"落实到具体个案并非抽象的宏大

---

[1] 李德顺:《价值论》,中国人民大学出版社2007年版,第39页。

叙事，它需要法官针对案件的具体情况，进行利益平衡和价值选择。[1]而法官价值衡量认知首先需要建立在价值判断的基础上。至于价值判断，其是评价主体根据价值主体的需要，在价值客体能否满足这种需要以及满足的程度等方面进行衡量和判断的一种活动。法官价值衡量认知中的价值判断属于司法上的价值判断，其包括两种情况：一是直接取向于法律规范的价值判断，主要存在于简单案件的裁判中，此时由于法律规范比较明确，对法律的解释与适用不存在争议，所以只需直接基于法律规范进行逻辑涵摄就可以完成；二是取向于法律价值的价值判断，其一般存在于较为疑难复杂的案件中，且主要是由法律的局限性所造成，如立法者对社会问题认识的有限性、法律的滞后性以及法律语言表达的模糊性等局限。正是这些原因的存在，使得法官的裁判认知无法直接由对法律规范进行价值判断而获得，此时为了避免拒绝司法裁判的情况出现，法官的判断就需要上升到法律的价值层面。但是，法官在取向于法律价值进行价值判断时，所面临的并不是一个单一的法律的价值，而是处于对立或竞争状态的两个或多个法律的价值，这样，法官就需要对这些价值进行衡量，即通过价值衡量去选择较为优势的价值，以此为指导获得认知并最终作出裁判。虽然在这一过程中法官会对法律和事实进行选择性的陈述，但这是任何一份裁判文书都无法避免的，法官必然会基于自己的法律知识作出专业的判断，只要社会赋予法官足够的信任，那就足够了。[2]而这种选择，正是基于法官的价值衡量，基于良心所作出的。

由此可见，价值衡量系法官在案件审判过程中，对相互竞争、矛盾的各种价值进行评价、权衡和选择的一种重要裁判方法或工具，这是与法官审判的具体任务直接勾连的。因为法官不能照本宣科，法律文本也并不能满足社会对于法律多样性的要求，这使法官有必要超越机械的法律规则的限制，根据具体情势进行价值衡量。[3]以此为基础，价值衡量在司法层面对法官认知的意义在于：一是可以弥合抽象的法律规范与具体的案件事实之间的缝隙，为法官对复杂案件的裁判提供指引，从而避免司法对于民众诉求的无故拒绝，以更好地维护法律的形式价值；二是可以使法律规范的原有之义与不断变化的社会形势相适应，从而避免"合法"与"合理"的冲突，在维护法律形式价值的同时，又可以维护法律的目的价值。正因如此，有学者将该方法誉为"各种法律方法中

---

〔1〕 吴英姿：《司法的限度：在司法能动与司法克制之间》，载《法学研究》2009年第5期。
〔2〕 孙智超：《中德两国判决书制作风格初探》，载《刑事法评论》2013年第2期。
〔3〕 宋远升：《司法论》，法律出版社2016年版，第41页。

的最高境界"。[1]

2.7.2 法官价值衡量认知的影响因素

通常人们认为,在法律上,法官认知的价值衡量之"价值"应当局限于"法律上的价值",但事实上,法律上的价值往往与"社会上的价值"是相通的。法官具有社会属性,其在司法过程中的认知实质上是一种综合的心理分析过程,因此在裁判案件时价值衡量的认知除了会受法律上价值的影响,还会受到诸多法官个体性的内部因素(如法官的知识储备情况、情绪、动机等)和外部因素(如认知环境、社会利益等)的影响,因此,有必要对影响法官价值衡量认知的不同因素进行梳理。

首先是内部影响法官价值衡量的因素。为保证司法公正,排除法官认知过程中的不当干扰,世界各地都立法进行了规制,因司法唯有最大限度地排除非法律因素的非正当干扰,才能最大程度实现司法的制度功能和价值追求。[2]而且,先进的法律制度往往倾向于限制价值论推理在司法过程中的适用范围,因为以主观的司法价值偏爱为基础的判决,通常要比以正式或非正式的社会规范为基础的判决表现出更大程度的不确定性和不可预见性。[3]但是,法官毕竟不是流水线生产的机器,其有着不同的兴趣、偏好和利益需求,尽管基于相似的职业规则、专业方法和道德要求,法官的认知在一定程度上会显现相似的一面,但这些并不能从根本上消除个体性因素对法官认知的影响,而个体性因素也是影响法官认知的内部因素,这些因素大致包括:其一,法官先前的经历,主要包括学习、工作和成长经历,这些经历会使其在大脑中形成一种特殊的映射,并为其行为提供基本的指引。其二,法官的性格因素。性格决定了一个人的行为方式,法官也不例外,这些独特的性格特点或多或少都会对法官的认知产生一定的影响,虽然法律要求法官在审理案件时要保持客观和公正,但不同性格的法官对客观公正的理解也不同,进而可能会导致在价值衡量上得出不同的结论。其三,法官的刻板印象、偏见与歧视,这些心理现象都是人在逐渐社会化的过程中必然会形成的,而作为社会人的法官亦会在司法实践中产生这些心理,并进而会对其价值衡量认知产生一定的影响。

其次是外部影响法官价值衡量的因素。从价值层面上看,一个社会的价值

---

[1] 陈金钊:《法治与法律方法》,山东人民出版社2003年版,第225页。
[2] 焦宝乾:《法律论证:思维与方法》,北京大学出版社2010年版,第17页。
[3] 黄茂荣:《法学方法与现代民法》,中国政法大学出版社2001年版,第247页。

就像一张无形的网，自始至终影响甚至是决定个体的认知。在社会中，占主流地位的价值观念、价值准则和价值取向总是在挤压着非主流的价值，迫使个体按照其价值偏好作出判断。反映在法律上，法的正义观念、宪法上的人权标准、法的合理性标准、法的可接受性要求也一直潜移默化法官的思想和行为，并在关键时刻影响其价值抉择。这样，法官的认知和裁判就应该以这一事实形态中的一定法律价值体系为前提并服务于该特定的法律价值体系。[1]因而从表面上看，法官的价值衡量认知似乎是自主的，但实际上它始终受到司法惯例、民间习惯、道德准则等规范性因素以及法律传统、法律目的、法律精神和法律政策等因素的影响，也即法官的认知和其所作的价值判断中只有极少数是完全自主的。所谓自主，在这里是从他们独立于当地的习俗、基本前提和社会理想的意义上来讲的。[2]从事实层面上看，法官价值衡量认知还受到案件事实的制约，因案件事实并不是一个单纯的经验现象，其是一个包含复杂背景、结构、关系甚至是价值和规范的现象综合体。例如，有些事实可能体现了当事人之间长期以来比较稳固的社会关系，有些事实可能体现了当事人和社会公众对某种价值和规范的内心认同，还有些事实则可能是在某一区域或行业长期流行的习惯、惯例等制度性事实的个别化，法官必须仔细考虑并尊重甚至是依据这些关系、价值、规范和惯例。

当然，能够对法官价值衡量认知产生影响的外部因素有很多，除上述内容外，司法体制、社会舆论以及各种外来因素都可能会产生不同程度的影响。尽管法律或者其他社会规范是法官裁判案件的基本依据，能够对法官的认知产生硬性约束，但在法官进行选择和适用时，并不是完全照搬的，而是要经过法官的主观加工及综合考量。[3]例如，目前我国司法机关一直在努力推行类案同判制度，但实践中关于何为类案以及如何才算同判的问题，一直未有普遍适用的衡量标准，而这在很大程度上便是因为法官对案件进行价值衡量时，无法避免地会包含很多个人的因素，而这些因素有时甚至会导致不同法官对同一案件产生完全不同的看法。从这个方面来看，法律和其他社会规范并非是法官裁判案件的绝对决定性因素。

---

[1] 解兴权：《通向正义之路——法律推理的方法论研究》，中国政法大学出版社2000年版，第205页。

[2] [美] E. 博登海默：《法理学：法律哲学与法律方法》，邓正来译，中国政法大学出版社1999年版，第504页。

[3] 韩立收：《法律的曲解、误解与理解》，法律出版社2007年版，第197页。

2.7.3 法官价值衡量认知的适用问题研究

2.7.3.1 法官认知中价值衡量存在的场域

尽管法官在价值衡量过程中具有较大的空间或余地，但这种空间或余地也应受到一定限制，即其仅能存在于一定的场域之中，以防止法官因价值衡量权力过大而造成滥权。

2.7.3.1.1 简单案件处理中的价值衡量

应当明确的是，此处所指的简单案件，并非和被告人最终可能判处的刑罚轻重有关，而是指那些案件事实较清晰，所可能适用的法律也较容易确定的案件。例如：因盗窃、抢劫、故意伤害、故意杀人等被当场抓获的案件；设卡路口被检测出属于醉酒驾车的案件；资金流向明晰的诈骗案件；等等。在这些案件中，不仅案情均较为简单，证据也较为充分和明晰，法官仅需通过简单查阅案件材料和询问被告人便能对案件事实和案件所可能适用的法律有确切的把握。通常情况下，在这类案件中似乎并无太多价值衡量工具存在的空间，但事实上，简单案件中的价值衡量方法常常是以一种隐性的方式进行的，甚至法官本人也忽略了曾经有过实质判断的过程。[1]在该类案件中，法官进行价值衡量的动因，多是案件背后存在一些酌定量刑情节，如被告人系家庭唯一的收入来源，被告人年迈的父母或年幼的子女十分依赖其赡养或抚养，被告人的犯罪行为介于罪与非罪之间等。

以笔者了解的一起非国家工作人员受贿案件为例，[2]在该案中，被告人的犯罪事实十分清楚，且在审查起诉阶段犯罪嫌疑人、辩护律师便和承办检察官签订了认罪认罚具结书，但到了审判阶段，法官以根据该院传统犯罪数额较大的不可能判处缓刑为由，提出检察官变更量刑建议，此时辩护律师采取了两个措施：一是及时通过辩护意见向法官详细说明了被告人及其妻子均系独生子女，父母年事已高均有需长期治疗的疾病，且当时他们的两个孩子大的刚3岁，小的仅仅3个多月；二是安排被告人的妻子带着两个孩子找法官当面问询可能的罚款数额和递交社区开具的情况说明，这些举动成功地让法官意识到被告人对于其家庭的重要性，如果其被判实刑将导致整个家庭陷入极大的困境之中，因此，其内心在遵循先例严惩犯罪和维护被告人家庭稳定等价值上反复进行衡量，最终在

---

[1] 梁慧星：《裁判的方法》，法律出版社2003年版，第187页。
[2] 安徽省芜湖市弋江区人民法院（2021）皖0203刑初171号刑事判决书。

法律规定的范围内，未遵行其所在法院的惯例而判处被告人缓刑。通过此案可知，简单案件中也存在不同价值之间发生冲突的场域，此时就需要法官对法律、正义、情理等因素有较为准确合理的直觉把握，并凭借着内心的经验、理性和良心获取价值衡量认知，而这之于法官来说，"本身就代表了法权感的高级形态"。[1]

2.7.3.1.2 疑难案件解决中的价值衡量

关于疑难案件中价值衡量的问题，佩雷尔曼认为，价值判断的逻辑是法官解决疑难案件的智力手段与工具。[2]阿列克西也表示，疑难案件的解决脱离不开法官的价值评价。[3]因为由于法律语词的内在局限、立法者自身的不足、法的稳定性与现实生活流变性之间的矛盾，以及法律抽象性和个案的具体性之落差，现实中的案件免不了会呈现出法律层面的疑难。[4]虽然不同疑难案件的"疑难"之处存在着差别，但通常来讲，当法律出现模糊、冲突、超过时效或空缺时，也即在没有"有效的法"时，法官均需通过价值衡量的方法构建一个适合当下案件的规范并作出裁判。

首先，对由于规则模糊、概念抽象而造成的语言解释的疑难案件，通常可以通过法律解释的方法使规则变得明确具体。但对规则进行解释时往往存在多种解释方法，且即便是在同一种解释方法下，也可能有多种意见。其中每一种解释方法或解释意见都承载着一种或多种价值。当不同的解释方法或解释意见给案件带来不同的结果时，由于最后的判决只能有一种结果，所以就需要对结果背后的解释方法或解释意见进行选择，实质也就是对它们所承载的价值进行选择，这样价值衡量将不可避免。

其次，对于严格适用规则会导致司法不公的疑难案件，在这类案件中法律规则往往是明确的，但是如果机械适用法律规则可能会导致个案中极端不公正的法律后果。由此可见，该类疑难案件的存在本身就是法官在立法者原有的价值判断之外进行了新的价值判断的结果。在对该类案件进行裁决时，法官需超越法律规则本身，探寻法律的实质价值，在法律的实质价值与形式价值间进行衡量，以追求个案的实质正义。例如，对于"许某盗窃案"和"王某非法出售珍贵、濒危野生动物案"来说，如果直接适用法律规范将导致个案不公且明显

---

[1] 陈林林：《裁判的进路与方法——司法论证理论导论》，中国政法大学出版社2007年版，第199页。

[2] 沈宗灵：《现代西方法理学》，北京大学出版社1992年版，第445页。

[3] [德]罗伯特·阿列克西：《法律论证理论》，舒国滢译，中国法制出版社2002年版，第8页。

[4] 武良军：《利益衡量在刑事司法裁判中的运用与风险控制》，载《浙江社会科学》2019年第4期。

违背司法正义,因此就需要借助法官的价值衡量对法律规范进行矫正。另外,对于法律未作明确规定或规定有漏洞的疑难案件,由于没有明确的法律规则作为逻辑推理的大前提以应用于具体的案件事实,法官可能面临超越实在法律规则进行法律续造的境况。当然并不是对所有法律漏洞的填补都会采用到法律续造的方法,但是一旦法官在司法中进行法律续造,就会将自己置于与立法者同样的境地。而立法活动实际上就是一个价值衡量的过程,所以法官为补充法律漏洞而进行法律续造的活动必然会存在价值的衡量。

最后,对于法律规则之间相互冲突的疑难案件,在这类案件中通常需面对同一案件事实既可以适用这个规则,又可以适用另一个规则的情况。实际上,不同的规则之间是一种竞合关系。根据拉伦茨的总结,规范间的竞合有三种情况:两个规范的法效果相同;两个规范的法效果不同,但彼此并不排斥;两个规范的法效果不同且相互排斥。[1]作为法律规则间相互冲突的疑难案件应该属于第三种类型的规范竞合关系的范畴。在此类疑难案件中,规则的冲突实际上是不同的价值之间的冲突,规则不能直接通过衡量而被适用,但规则所承载的价值是能被衡量的。例如,对于虚开增值税专用发票案件,因我国《刑法》第205条第3款规定有"为他人虚开、为自己虚开、让他人为自己虚开、介绍他人虚开"增值税专用发票行为的构成犯罪,仅从该法条看,行为人只要具有上述行为之一且达到一定数额便可构成犯罪,且1996年《最高人民法院关于适用〈全国人民代表大会常务委员会关于惩治虚开、伪造和非法出售增值税专用发票犯罪的决定〉的若干问题的解释》仍未被废止,该解释也规定"进行了实际经营活动,但让他人为自己代开增值税专用发票"属于虚开。但最高人民法院在《关于湖北汽车商场虚开增值税专用发票一案的批复》([2001]刑他字第36号)中却又表示,如行为人进行了实际的经营活动,主观上并无骗取抵扣税款的故意,客观上也未造成国家增值税款损失的,不构成犯罪。[2]由此可以看出,此时不同的司法解释之间出现了冲突,法官在进行价值衡量时,既可以为了严厉打击犯罪,而不论行为人的虚开行为在主观上是否具有偷骗税款的目的,客观上是否实际造成国家税收损失都认定为构成犯罪;也可以认为,在认定犯罪时,不能仅仅考虑行为人是否存在虚开行为,还要考虑行为人的主观目的和犯罪结果。此时对于相同的案件,不同法官根据自身遵循之价值体系次序的不

---

〔1〕[德]卡尔·拉伦茨:《法学方法论》,陈爱娥译,商务印书馆2003年版,第146页。
〔2〕持类似观点的判决还有(2016)最高法刑核51732773号。

2. 裁判者认知力的分析维度

同，也会形成截然不同的衡量结果。

2.7.3.1.3 法律原则适用中的价值衡量

法律原则的内容抽象，具有高度概括性，其对于具体案件往往不能直接提供解决模式，所以法官在案件裁判中一般不会直接适用法律原则。根据舒国滢教授的观点，法律原则的适用一般需要满足"穷尽规则""实现个案正义"和"更强理由"三个条件，而这也正是法律原则适用的场域。其中第一个条件与价值衡量在解决疑难案件中的"法律未作明确规定"的情形相对应，第二个条件与价值衡量在解决疑难案件中的"严格适用规则会导致司法不公"的情形相对应，而第三个条件是第二个条件使用最主要的原因。由此可见，法律原则的适用与价值的衡量具有共同的场域。当法律原则作为裁判规范被适用于具体案件中时，就需要裁判者运用价值衡量方法，通过对法律条文背后蕴含的价值取向、案件事实牵涉冲突价值关系的准确认识，作出应当保护谁的价值判断，维护合法的关系格局，实现社会的公平正义。事实上，由于法律原则与法律规则或有或无的适用方式不同，其系以或多或少的程度被实现，故一个法律原则在适用的过程中，总会与其他法律原则处于竞争或平衡关系，而这都需要法官在认知时对各原则内含的价值进行比对与衡量。

2.7.3.2 法官认知中价值衡量的遵循

价值衡量的基本理论前提预设在于认为法律既是一个规则体系，也是一个价值体系。法律的价值体系是一种蕴含或体现于制定法之中的法治理念、法律原则等构成的法律价值位阶安排。价值衡量的核心在于法官要遵循特定的价值判断标准，在对立的权利主张与利益要求之间进行法律价值上的比对与权衡，以形成个案中有关的行为、利益或权利何者是正当的、何者具有优先性、何者是值得法律保护的价值判断。区别于严格形式主义法律思维"规则导向"的形式逻辑思考方式，价值衡量在本质上是一种"价值导向"的理性思考方式，其要求法官既知法律规则上之"其然"，更要探知法律规则背后法律价值之"其所以然"。[1]此外，法官在认知中的价值衡量，无论是"价值"还是"衡量"，都具有明显的主体性特征。因此，为了防止恣意性的产生，保证价值衡量的客观化，进而避免人们对价值衡量结果合法性与正当性的指责，有必要明确其应有的遵循。[2]

---

〔1〕 沈仲衡：《论司法过程中的价值衡量》，载《河北法学》2010 年第 10 期。
〔2〕 李可：《法学方法与现代司法》，知识产权出版社 2014 年版，第 153-158 页。

2.7.3.2.1 价值衡量遵循的步骤

法官在进行价值衡量之前，首先要确定是否有必要进行该活动。对此博登海默认为，当法官在未规定案件中创制新的规范或废弃过时的规则以采纳某种适时的规则时，价值判断在司法过程中会发挥最大限度的作用。[1]因此，只有当法律出现空缺、法律过时、规则之间存在缝隙时，以及诸如疑难案件当中，才存在使用价值衡量进行裁判的问题。由此可知，价值衡量的主要程序应为：其一，尽可能从法律文本或体系中找寻适于对案件进行裁判的衡量基准，即要先选择一个价值评价标准，如果无法从实定法中发现用于衡量的评价标准，也可从占社会或案发地民众主流地位的价值观念中构造出一个评价标准，之后才能对冲突的法律价值进行衡量、判断和选择。其二，从冲突的诉讼请求背后发现同样冲突的法律价值，并运用前述评价标准进行衡量和排序，争取实现冲突法律价值的位序化，从而根据各种价值之间质与量上的权重运用辩证推理对其进行比较、衡量和取舍。其三，对前述价值选择进行规范、逻辑和事实上的论证，并由此运用辩证推理或归纳推理构造出一个解决纠纷的个案规范。这也是给予法官对自己依先前理解、是非感得出价值判断之合理性以干净利落地论证之过程。[2]其四，结合案件事实、司法经验和类似先例，根据前述个案规范进行演绎推理以得到认知并作出裁判，并对该裁判予以合法性、正当性和社会可接受性论证。

2.7.3.2.2 价值衡量遵循的方法

其一，法律解释方法。法官应运用目的解释、文本解释、历史解释、扩张解释和反对解释等解释方法，找寻适当的评价标准，并运用该标准从法律文本、法律体系、法律原则等实定法要素中构建适于当下案件的标准，如难以构建，则可考虑从司法惯例、法理、自然法等非实定法要素中发现可以适用的规范。在这之中，法官也要注意从事实中提炼案件内含的诉讼各方之间的客观关系、价值倾向以及最终诉求，因为这其中往往隐含着解纷的方案。其二，法律推理方法。在面对数个可供选择的评价标准时，法官可以采用辩证推理等实质推理方法找寻适当的评价标准，也可运用演绎推理等形式的推理方法以该标准为前提，结合案件事实逻辑地推论出裁判结论。其三，法律论证方法。根据既有评

---

[1] [美] E. 博登海默：《法理学：法律哲学与法律方法》，邓正来译，中国政法大学出版社1999年版，第503页。

[2] [德] 阿图尔·考夫曼、温弗里德·哈斯默尔主编：《当代法哲学和法律理论导论》，郑永流译，法律出版社2002年版，第179页。

价标准、规范性要素和客观关系,从规范、逻辑、事实、经验和价值等多个维度入手,对个案规范进行正当性论证,以便诉讼各方和社会公众认同该个案规范,接受法官由认知推得的裁判。其四,类型化方法。为使价值衡量更经济、更客观且具有一致性和可预见性,法官在认知活动中可以借助一些分类标准对需要衡量的个案予以类型化,以提炼出一些日后可资利用的衡量标准。此种类型化方法既可概括同类型案件所需要的衡量标准,也可区分不同类型案件所要求的不同评价基准。[1]

2.7.3.2.3 价值衡量遵循的情理[2]

从社会的角度看,司法不过是从社会日益发展的进程中分化出来的一个功能,其目的在于定分止争。定分止争的前提是公众对司法判决的认可和接受,公众接受的前提则是判决要符合他们心中正义的标准,这种正义的标准就是情理。所谓情理,即人的常情常理,它是人们日常判断的标准和基本的行为规范,可谓"通情达理""合情合理",才能被人们接受,因此法官在价值衡量中必须遵循人的常情常理。而日本学者星野英一亦认为,利益的选择需要由价值判断作出决定,法律家对此并没有特别的权威,妥当的做法是从常识出发进行积极解释,不作出让外行感到勉强的解释。[3]

情理法则主要在疑难案件中发挥作用,因为在这类案件中法官无法仅通过法律条文来实现对"听众"的说服,必须求助于法律之外的规范性资源,而情理作为一种具有说服力的非正式法律渊源,就在其中发挥着不可替代的作用。例如在"于欢案"中,一方面是社会大众对于于欢保护母亲这一行为的理解与同情;另一方面则是法官在裁判时对于"孝"这一重要情理的忽视,在裁判文书说理部分仅用"侮辱谩骂他人的不当方式讨债,可从轻处罚"寥寥数语带过。司法有自身的运行逻辑,辱母情节在该案中的性质、定位需要依据法律规则来衡量,法治语境中情理的运用自然不能违背法律的规定,但这与法官在裁判说理时对于情理的重视与回应并不相悖,反之,只有充分回应社会大众对于孝行、孝道的关注,才能增强裁判的可接受性。一些受到公众认可的裁判说理,很多也是因为在阐释法律时融入或回应了情理。例如在"江苏宜兴冷冻胚胎案"中,二审法官在进行价值衡量时就充分考虑了该案所涉及的伦理与情感因

---

[1] 李可:《法学方法与现代司法》,知识产权出版社2014年版,第153-158页。

[2] 李拥军、郭晓燕:《情理法则在裁判说理中的功能与应用》,载《河南大学学报(社会科学版)》2022年第3期。

[3] [日]星野英一:《现代民法基本问题》,段匡、杨永庄译,上海三联书店2012年版,第226页。

107

素，并在裁判文书中写道："子女意外死亡，其父母承欢膝下、纵享天伦之乐不再，失独之痛，非常人所能体味。胚胎成为双方家族血脉的唯一载体，承载着哀思寄托、精神慰藉、情感抚慰等人格利益。"[1]

此外，常理是生活在特定区域的人们经过实践的反复检验总结出的生活经验与行为规律，具有相对的稳定性，法官的价值衡量也必须建立在遵循常理的基础之上。从法的起源上看，法律源于一种哈耶克意义上的"自生自发的生活秩序"，是"通过渐进的试错过程，慢慢发展出来的"。[2]在这个意义上，法律的逻辑与生活的逻辑相一致，依此逻辑，法律适用的过程应当是一个常理适用的过程，因为法律所要解决的是日常生活中人们的纠纷与矛盾，所要恢复的是正常的生活状态。因而，当法官在裁判时，面对需要解释的法律条文、需要衡量的利益价值以及需要填补的法律漏洞，应寻求常理的支持。例如在"许霆案"中，许霆因取款机故障而连续取走银行十几万元人民币，一审判决许霆无期徒刑，引发社会大众的批评。也许在罪与非罪上公众并不具备专业的法律知识进行辨识，但社会大众却本能地感觉到法院在量刑上的失误。人性之中有善有恶，有利己也有利他，当面对"ATM机出现故障"这一外在重大诱惑时，人性中的恶或者自利的一面被诱发出来，许霆的做法是绝大多数人在面临同样场景时都可能会做的选择，这正是该案一审判决被质疑的根本原因。相比之下，被称为惠阳许霆案的"于德水案"在价值衡量时便注意到对人性的尊重、对常理的认同，其裁判文书中写道："人有感知就会有欲望，所以欲望是人的本性，它来自于基因和遗传，改变不了，因而是正常的。欲望本身也是有益于人类的，没有欲望人类可能早已灭绝。"[3]从人性的角度阐述犯罪人"情有可原"的一面，在此价值衡量与选择的基础上作出的轻判自然让人乐于接受。

当然，强调价值衡量对情理的遵循，并不意味着对民意的一味逢迎或者对社会认同的盲从，因常情常理是"社会中强有力的、占优势地位的观念"，具有相对客观性，但亦具有流变性，因此，裁判者要能够区分和鉴别出其中理性的、善意的部分，把握好社会的公平正义导向。[4]

---

〔1〕 江苏省无锡市中级人民法院（2014）锡民终字第01235号民事判决书。
〔2〕［英］弗里德利希·冯·哈耶克：《自由秩序原理（上）》，邓正来译，生活·读书·新知三联书店1997年版，第196页。
〔3〕 广东省惠州市惠阳区人民法院（2014）惠阳法刑二初字第83号刑事判决书。
〔4〕 王虹霞：《司法裁判中法官利益衡量的展开》，载《环球法律评论》2016年第3期。

2.7.3.3 价值衡量遵循的原则

价值衡量应以现行法律制度框架内客观权威的价值准则为根本遵循，这样才能克服法官在价值判断上的情感恣意与主观擅断，保证价值衡量的客观性与正当性。因此，在理论上总结和概括价值衡量的判断原则，为法官在司法实践中通过价值衡量处理案件提供必要的思维基准与评价原则十分必要。正如拉伦茨所强调的：发展一些既能取向于一般评价观点及原则，又能兼顾事件及类型的关联性之标准，借此以促成有弹性的判断，此仍是法学的任务。[1]这些价值准则包含的衡量原则如下。[2]

首先是价值优位原则。该原则要求按照法律价值的位阶安排，对居于上位的权利主张与利益要求给予保护。从司法实践中疑难案件的不同案型出发，价值优位可具体化为以下几条原则：其一，效益优先原则。效益优先原则要求对涉及财产权利的保护与限制作量的评估与比对，进行成本与收益的考量，进行利弊得失的权衡和比较，权衡和比较保护某一方的利益与由此而给另一方带来的损害之间是否合乎比例，选择成本最低和代价最小的解决方案。其二，基本权利优先保障原则。在司法实践中，对于关涉基本权利与非基本权利相冲突的案件，必须充分考虑个案具体情况，遵循基本权利优于非基本权利、人身权利优于财产权利的原则进行处理。其三，社会公共利益优先原则。原则上，当事人各方的权利主张和利益要求应以不损害社会公共利益为必要。当关涉非基本权利的正当合法利益与社会公共利益相冲突时，如果社会公共利益为"重大"社会公共利益，应考虑限制个人利益，保护重大社会公共利益。其四，利益保护的价值倾斜原则。伴随着法律的社会化潮流，世界各国的劳工法、消费者权益保护法、侵权行为法都体现了对社会弱势群体利益的倾斜保护，因此对于关涉社会弱势群体法律保护的案件应遵循利益保护的价值倾斜原则。

其次是价值衡平原则，这包括两个基本的维度：其一，法律实质价值之间的衡平。价值衡平原则要求法官从个案实际情况出发，对处于相同价值位阶而又相互冲突的权利与利益明确划定权利的界限与范围，确定具有可操作性的判断标准，以实现利益关系最大限度的价值衡平。司法实践中比较突出的就是基本权利与基本权利、基本权利与社会公共利益之间的衡平问题，对于此类问题的处理，可从个案具体情况出发，综合考虑以下原则：（1）目的的正当性原

---

[1] [德] 卡尔·拉伦茨：《法学方法论》，陈爱娥译，商务印书馆2003年版，第105-124页。
[2] 沈仲衡：《论司法过程中的价值衡量》，载《河北法学》2010年第10期。

则。只有当事人为追求合法目的或为了实现重大的社会公共利益而损害他人的基本权利才是正当的。但当关涉人的生命安全、人身自由、人格尊严等利益时,即使出于社会公共利益目的,非经正当程序和合法理由也不得任意限制和剥夺。(2) 手段与方式的正当性原则。当事人为追求合法目的或为了实现重大社会公共利益而损害他人的基本权利,法官应考察在多种可供选择的手段与方式中,当事人所采用手段的必要性和方式的合理性。换言之,法官应考察面对多种可能选择的处置方式,当事人是否选择了对个人基本权利损害最轻或最少的方法。(3) 范围的正当性原则。即使目的与手段方式具有正当性,法官仍应明确基本权利的界限和范围,考察对基本权利的侵害是否超越了合理的界限和范围,避免对基本权利作过分的侵害。(4) 利益平衡原则。当事人之间的利益、当事人的利益与社会公共利益应维持适当的关系,即使个案当事人采取了正当的手段来追求其合法目的,但如果该手段所侵害的利益明显大于其所保护的个人利益或社会公共利益,则通过该手段对个人基本权利的限制或侵害不应得到支持。其二,法律的实质价值与形式价值之间的衡平。价值衡平原则要求对实体权利的保护必须有法律上的根据和理由,在保护实体权利和促进法律实质价值实现的同时,必须致力于维护法律形式价值的实现。疑难案件的客观存在表明制定法不是完美无缺的,会存在形式价值的缺损。这就需要法官进行创造性的法律解释和适用活动,发现、创设或选择可适用于个案的裁判规范,使最终的法律结论能够从裁判规范中逻辑地推导出来,使法律结论获得形式合法性评价,从而能够弥补制定法的形式价值缺损,实现法律的实质价值与形式价值之间的衡平,实现法理与人情事理的契合,实现法律效果与社会效果的统一。

　　此外,为确保法的安定性和裁判的可预期性,法官认知的价值衡量还必须遵守以下实质意义上的原则:第一,合法性原则。虽然法官一般在法律出现模糊、冲突或漏洞等"有效规则缺失"的情形下才进行价值衡量,但此时其依然要从法律目的、原则、精神等法律实质性要素和先例、概括性条款、不确定性概念等法律形式性要素中取得衡量的合法性依据,要"以整个法律秩序和社会秩序,以及源于传统、社会习俗和时代的一般精神为基础"。[1]即便是需利用社会性要素对裁判进行论证,也要努力为其从法律要素中找到依循,以避开绝非法律性要素对价值衡量的过多影响。第二,协调性原则。司法情境是由多种

---

〔1〕 [美] E. 博登海默:《法理学:法律哲学与法律方法》,邓正来译,中国政法大学出版社1999年版,第501页。

因素所组成,法官必须对这些可能冲突着的价值因素予以综合考量、协调和平衡。在显在的关涉法官衡量合法性的层面,其须主要关注规范性、事实性和程序性因素,在潜在的关涉法官衡量正当性和可接受性的层面,则要着重考虑价值性、经验性和社会性因素。第三,可接受性原则。法官的价值衡量虽是出自内心对法的确信和对事实的审慎决断,但其结果一般应得到诉讼各方和社会公众的认同,同时可能还要得到同行和上级法院的认可。此种可接受性的要求迫使法官在进行价值衡量时不得不尽可能地参照社会上占主流地位的价值观念和案发地的文化、习惯作出裁判。这也正如哈特所说,在价值衡量的场合,法官必须注意列出一些具有可接受性的一般原则作为其判决的基础,尽管这些原则可能一直是变化多端的。[1]

2.7.3.4 法官认知中价值衡量的制约

尽管价值衡量有效避免了裁判者对法条机械适用带来的诸多弊端,使裁判者"不再觉得自己是一台机器,而是作为立法者的助手,担负着更高的责任,同时也享受着解决疑难问题所带来的自豪",[2]但不得不承认,价值衡量对裁判者的主观性具有天然依赖,也即在使用价值衡量进行案件裁判的过程中,法官个人的主观心理、知识水平和素质修养等因素均会对最终结果产生较大影响,这就在很大程度上给案件的裁判附上了不确定性的因素,客观表现就是法官自由裁量权可能会被滥用。而从某种角度来看,价值衡量的运用甚至会给法官滥用自由裁量权提供一个合理的借口,使其打着价值衡量的旗号谋取一己私利,造成司法腐败,破坏法律权威,打击民众对法律信仰的坚定。[3]法治国家的基础是需要法律具有安定性,但鉴于价值衡量法律方法在弥补传统机械法律主义的不足上所发挥的巨大作用,我们又不能对其加以弃置,但这也不意味着可以忽视上述风险的存在,而是应积极为价值衡量提供一个约束性框架以控制其存在的风险。事实上,前述"价值"的解析和"衡量"的展开,既是对价值衡量过程的描述,也是对价值衡量的规范制约,但仅仅如此是不够的,司法裁判中价值衡量的风险控制还应从以下几个方面展开。

2.7.3.4.1 法官自身内部的制约

这具体包括两个方面:一方面是法官认知上要坚守合法底线。首先,作为

---

[1] [英]哈特:《法律的概念》,张文显等译,中国大百科全书出版社1996年版,第200页。
[2] [德]菲利普·黑克:《利益法学》,傅广宇译,载《比较法研究》2006年第6期。
[3] 陈金钊主编:《法律方法论》,中国政法大学出版社2007年版,第243页。

一种创造性的法律思维方法,价值衡量使法官的价值判断得以从形式逻辑的桎梏中解放出来,但其在使用价值衡量的方法时必须保证自身认知不会落于现行法律的整体制度框架之外,也即要在不违反法律规定的前提下寻找实现利益最优化的裁判结果。坚持价值衡量的非违法性是协调价值衡量与法律规定两者关系的最根本要求。当然,因司法实践中价值衡量所处的场域有时甚至会超出现行法律,这就要求法官始终以维护法治目的为前提,妥善处理保守的法律和不断变化发展的社会之间的纠纷和冲突。其次,法官在进行价值衡量时要定位好自身法律解释和适用者而非立法者的身份,不能以自身的价值取向代替法律规则,即使在存在法律漏洞的情况下,也要确保衡量的幅度落在合乎法理、情理的范围之内,保证认知的结果符合现行法律所追求的价值取向,并能代表社会上居于主导地位的价值观念,这样才能适应社会经济发展及道德观念的变迁。[1]

举例来说,由于民法、商法等私法具有自治性,其价值标准是一个开放的体系,故价值衡量在这类法的适用过程中存在的场域较为广阔,如法官在缺乏有效的法时,虽然可以相对自由地使用价值衡量的方法,但仍要遵循意思自治、公序良俗和诚实信用等最低标准。此外,刑法的价值标准是一个相对封闭的体系,如其明确规定了罪刑法定与罪刑相适应的基本原则,其所具有的具体内容对刑法中的价值衡量构成了十分严格的限制,故法官在对有效的法难以产生有效认知时,不能轻易采取价值衡量,尤其是不能采用降低底线对罪刑作扩大解释的方法进行裁判。另外,法官在行政诉讼当中,也必须秉持行政合法性这一行政法的基本和首要性原则,审视行政权力的行使是否具有法律依据。同样,行政合理性原则也是行政法的基本原则,即行政主体应当使行政行为符合理性,该原则在行政领域可用以控制行政自由裁量权,而当其进入司法领域则成为法官对行政行为进行合理性审查的标准,对于这一标准法官在行使自由裁量权或进行价值衡量时也不得变动而要予以遵循。

另一方面是法官自我素养上不断增强。由于价值衡量是一种主观性很强的法律方法,故对法官使用价值衡量进行制约最直接、最有效的方法就是从法官自身出发,提升其自我约束的主动性,提高其自身素养和专业技能水平。其中,就提升法官的个人素养而言,其是促进法官在司法活动中将追求公平正义视为司法活动的终极目标,并为之提升认知能力和水平的根本思想保证,而法官专

---

[1] 王利明:《法学方法论》,中国人民大学出版社 2012 年版,第 583 页。

业技能水平的提高也有利于提升价值衡量的准确性，因法官只有具备较高的专业技能水平，才能更好地理解立法者的初衷，准确把握法律的内涵，增加内心对法律规则的认可，进而提升其自我约束的主动性并作出合法公正的裁判。此外，法官还需要具备相应的正义感、道德良知和社会责任感，且能够负责任地对待每一次裁判，即其在案件裁判过程中要坚守司法者的职业操守、人的良知，保持审慎的职业态度，运用专业的司法技能，寻求法律公平正义的实现。[1]要想达到上述目标，既需要加大对法官审判业务的培训力度，又要加强对法官思想价值取向的引导，还要优化相应的制度激励和保障，给法官正确行使价值衡量提供动力支持，增加其合法裁判的主观动因，达到滥用自由裁量的警戒作用，使其在滥用自由裁量时有所三思，考虑下如此行为带来的法律上的不利后果，因为"一定程度上来讲，法官面对的激励决定了其自身的行为选择，假若司法制度能让其有所警戒，法官才能更好地凭借自己的良心做出合理、合法的裁判，追求良好的法律效果"。[2]

2.7.3.4.2 外部程序和制度限制

这具体需要从两个方面着手：一是要明示价值衡量的理由和依据。为深入推进法治中国建设和法治文化认同，裁判文书不仅应是明确诉辩双方的博弈结果以定分止争的载体，更重要的是要引导诉讼当事人乃至社会公众对法律基本原则和具体法律规定准确理解，因此，裁判文书不仅要透视案件事实脉络，明晰是非曲直，还要浸润权利保障、司法公正和普世价值观。[3]这就需要法官将法蕴于情、涵于理，对所适用的规则和所作的价值判断在生活的层面进行证成，让当事人和公众了解法官思考、推理、论证、判决的过程，进而认同司法裁判，接受裁判结论。事实上，很多案件社会大众之所以不满，原因之一就在于裁判的法理阐释简单粗暴，重复着"填充式""格式化"的说理模式。争议案件之所以会引起社会大众的关注，很多情况下是因为适用的法律条文并非一目了然，存在需阐释的空间，如裁判者在列出事实、表明证据之后，直接援引法律条文并得出结论，此中或惜字如金，或避重就轻，或主观臆断，让大众无法信服其所作出的结论。而有些案件受到称赞，原因之一就在于法官将其中的法理阐释得比较清晰。例如在"于德水案"中，法官分别针对罪与非罪、此罪与彼

---

[1] 陈金钊等：《法律方法论研究》，山东人民出版社2010年版，第537页。

[2] 张伟强：《审判的法律效果与社会效果》，山东人民出版社2009年版，第234页。

[3] 张萌：《新时代海派文化融入裁判文书说理的司法图景构建》，载《上海法学研究》2022年第14卷。

罪、量刑幅度等进行充分说理,对其所蕴含的法理也进行了比较充分的阐释,正是这个原因,才使得该判决为公众所广泛接受。[1]

故而,法官如果在司法过程中使用了价值衡量的方法,应当将其公开化,即在裁判文书中将价值衡量的过程予以展现。价值衡量实质上是法官的自由裁量,不同法官对同一案件的冲突价值有可能作出截然不同的选择,因此该过程应当接受相关法院的监督和社会的审视、批判。但由于价值衡量是一种极为主观的内心活动,无法示之于外,如何衡量的过程很难为外部所知。这也导致了对法官使用该方法监督的难度极大。加之价值、利益这类概念的模糊性,对其定义判断很难。因此,需要促使法官将价值衡量这一思维过程、内部心理活动明示于外,使其变为大家能够看得到的判断衡量过程,具体要求就是让法官对内心的价值衡量过程进行充分的说明和阐述,如应当清楚完整地展示其对各种冲突利益、价值的具体判断、取舍和衡平的内心活动及评价标准,明示出价值衡量的实质理由,并在裁判文书中将其以文字的形式内示于外,让其由以前隐蔽的、无法得知的过程变得尽量透明,也即在得出案件的实质裁判时,还要有理由附随,对裁判的结论附上实质的价值衡量的理由和形式的法律构成理由,只有这样,法官的价值衡量过程才能够被外界所知晓,才能更好地实现对法官使用价值衡量的限制,克服法官价值权衡中的随意性和防止腐败行为的发生。

二是要加强价值衡量的程序性制约。司法实践当中,价值主体互相之间的价值判断很可能会存在分歧,要想消弭这种分歧往往较为困难。如董玉庭教授指出,要在实体意义上实现说服价值判断之间的差异是非常艰难的,有时甚至根本不可能,妥当的做法是,应从实体意义上的解决进路转移到程序意义上的解决进路上来,程序不仅可以促成案件讨论中共识的形成,也有利于增强人们对判决的可接受性。[2]是故,对价值衡量的风险控制,还应当加强程序性的制约,尤其是建立内部的程序性论辩规则,此即通过设定一系列"理性论辩条件规则"和"论辩证明责任规则",来保障裁判者在刑事司法裁判中能以公开、可论辩的方式,在不同主体之间就争议案件所涉冲突价值的辨别、判断和选择上展开充分的沟通与论辩,以此促进共识的形成,进而增强裁判者获得价值衡量结论的可接受性。其中,"理性论辩条件规则"可以检验论辩是否以理性的方式

---

[1] 李拥军、郭晓燕:《情理法则在裁判说理中的功能与应用》,载《河南大学学报(社会科学版)》2022年第3期。

[2] 董玉庭:《疑罪论》,法律出版社2010年版,第173页。

进行，虽不能立刻保证理性共识的达成，但可以保证双方的争执不会越走越远，从而增强了理性共识的可能性；"论辩证明责任规则"则可以较为及时地论辩在何处可以不用再进行下去，其对于解决最低限度的价值判断问题有着重要意义。

3. 司法认知与庭审实质化相互关系论

3.1 司法认知在庭审实质化中的作用和地位

3.1.1 庭审实质化制度建设的正当性

庭审实质化改革的本质是重视庭审的实质性调查，追求实质的真实观，贯彻证据裁判中心主义，切实发挥刑事庭审的功能，保证程序的正当性，使裁判者心证形成于法庭。目前，我国关于庭审实质化的核心意涵的表述来源于司法实践过程，即在第六次全国刑事审判工作会议上提出的"事实证据调查在法庭，定罪量刑辩论在法庭，裁判结果形成于法庭，全面落实直接言词原则，严格执行非法证据排除制度"。庭审实质化要求庭审过程保证庭审程序的正当性，推进证据裁判的实质性，并注重审判主体的亲历性，充分发挥庭审对定罪量刑的决定性作用。

庭审实质化要求以保障庭审程序的正当性为首要目标，这也是保证庭审结果正当的基本前提。一方面，庭审程序应以等腰三角形的诉讼构造为基础，实现控审分离、控辩平衡、裁判者居中裁判；另一方面，刑事审判过程应当充分保障犯罪嫌疑人、被告人拥有辩护的权利，这也是实现控辩平等对抗的有效方式，而我国在辩护权的保障问题上还存在较大的提升空间。

保证庭审程序的正当性源自刑事诉讼自身价值的本质要求。依据现代刑事诉讼理念，刑事程序价值已不再依附于刑事实体法的存在而存在，其对程序正当的价值追求已具有与刑事实体法相当的地位，成为法治社会人类所普遍追求的方向与目标。

在我国大力推进庭审实质化制度改革的今天，保证庭审程序的正当性成为尊重刑事诉讼程序正当原则的应有之义，其不仅要求各诉讼主体在规范的制度内参与诉讼活动，还要求诉讼双方具有平等对抗的能力，即以一种等腰三角形的诉讼构造开展刑事审判工作，裁判者应时刻保持客观性及中立性，居中裁判，维持公正的审判秩序,加强对程序的控制,用积极的方式引导控辩双方参与诉讼,保证庭审过程不是走过场式的表演,而是控辩双方为寻求法律真实而展开的一场真正的势均力敌的较量。

为保障裁判者的中立性与控辩双方的平衡性,犯罪嫌疑人、被告人的基本诉权就必须得到应有的保障,其中对辩护权的保障尤为重要,而我国目前也正在加大力度保证辩护权的有效行使,保证被告人可以得到律师的有效帮助,提升律师的辩护率。保障辩护权之于被告人的核心意义不仅在于这是法律所明确赋予其所拥有的一项权利,而更在于这背后所给予被告人被尊重、被聆听、被回应与被解释的基本人权。在实践中,辩护权的核心是律师帮助权,现行《刑事诉讼法》已使律师在辩护过程中所面临的会见难、阅卷难等基本问题得到较大程度上的解决,但在律师知情权、调查取证权等方面的改革仍有待加强,特别是与认罪认罚从宽制度相适应的值班律师制度,亟待在实践中进一步完善。

3.1.2 庭审实质化改革与分流程序改革的辩证统一

为促进庭审实质化改革与分流程序改革的稳步推进,有必要厘清二者之间的关系。一方面,庭审实质化改革与分流程序改革直接服务于不同的政策目的和价值目标。庭审实质化改革意在通过强化庭审中司法资源的投入,"确保诉讼证据出示在法庭、案件事实查明在法庭、诉辩意见发表在法庭、裁判结果形成在法庭",[1]在被告人不认罪案件和重大、疑难案件中以最为充分和完备的形式发现客观真实、实现公平审判;而分流程序改革意在通过优化司法资源配置,对案件事实清楚、证据充分的轻微刑事案件,或者犯罪嫌疑人、被告人自愿认罪认罚的案件,以相对简化和快速的程序认定事实并确定刑事法律后果。前者追求司法公正,后者强调诉讼效率。另一方面,应当看到,庭审实质化改革与分流程序改革共同统摄于"以审判为中心"的诉讼制度改革框架下。无论是通过普通程序还是简化程序,无论是办理不认罪案件还是认罪认罚案件,都要"确保侦查、审查起诉的案件事实证据经得起法律的检验","保证庭审在查明事实、认定证据、保护诉权、公正裁判中发挥决定性作用"。[2]两种改革意在

---

[1] 《最高人民法院关于全面推进以审判为中心的刑事诉讼制度改革的实施意见》(法发〔2017〕5号)。

[2] 参见《中共中央关于全面推进依法治国若干重大问题的决定》,载《人民日报海外版》2014年10月29日,第1版。

各自针对不同类型的案件,通过不同类型的改革手段破除现有刑事诉讼实践中"侦查中心主义"的固有弊病,实现"以审判为中心"这一共同改革目标。而这,则要求我们科学把握两者的区别与联系,站在推进"以审判为中心"改革的法治高度,要正确认识和妥善协调庭审实质化改革与分流程序改革之间的辩证统一关系。

3.1.2.1 正确把握庭审实质化改革与分流程序改革的区别

要正确把握庭审实质化改革与分流程序改革的区别,就要领悟两种改革直接目的的差异,避免在制度设计和政策推进过程中发生价值目标混同,阻碍两种改革各自的独立价值的形成。

如前所述,庭审实质化改革要求确保庭审程序的正当性、证据调查的实质性和审判主体的亲历性。发现客观真实和实现公平审判是实质化庭审程序的两大价值支柱。庭审程序的正当性要求加强诉讼权利保障,既要按对席审判原则标准实现诉讼权利配给,又要按平等武装原则为被追诉人充分行使其诉讼权利创造物质和制度条件。证据调查的实质性要求加强证据调查方面的司法资源投入,既要按实质真实原则加强和完善证据收集、保管、鉴真工作,充分采集并正确固定对定罪量刑有意义的各种证据材料,又要按直接和言词原则标准改进证据当庭呈示方式,提高必要证人出庭率。审判主体的亲历性要求改造裁判者信息来源结构,既要求裁判者依据庭审内容形成的内心确信(而非仅依据案卷中不同来源证据信息基于概率叠加而形成的相互印证)在作出事实认定结论上发挥决定性作用,又要求裁判者提高认知力,掌握在控辩双方平等抗辩的法庭上通过具有不确定性的实质证据调查去伪存真、形成心证的能力。实现这些改革目标意味着对当前庭审方式的系统性革新,需要相当数量的制度资源、物质资源、人才资源的长期稳定投入。在实行实质化庭审的案件中,诉讼经济本身并不是独立价值,因此要坚决避免以司法效率为由"克扣"诉讼参与方特别是被追诉人的诉讼权利,坚决避免以节省经费为由削弱证据调查,坚决避免以案多人少为由架空庭审程序。

分流程序改革要求对不同类型案件,基于认罪认罚或案件情节轻微等不同正当性基础,在确认事实基础和确保被追诉人充分自愿的前提下,实行不同程度的程序简化。在发现客观真实和实现公平审判的框架下,简化程序的设计和运行是一条贯穿着诉讼经济的红线。因此,要根据程序简化之正当性基础的不同,以诉讼经济为价值指引差异化解释和运用分流程序制度规范,而无须运用实质化庭审之技术规范规制简化程序案件。这意味着,在认罪认罚等协商性司法程序中，案件调查的重点要从确认事实转向认定认罪认罚自愿性、明智性和合法性；对2018年《刑事诉讼法》第55条规定的法定证明标准实行差异化实现方式，在积极量刑协商所达至的量刑减让范围内可不另行要求量刑证据，对被追诉人有罪供述所涵摄的事实范围内，在足以满足口供补强规则之基本要求并使裁判者形成内心确信的前提下，可不再另行要求证据收集；要强化"排除合理怀疑"作为证明程度之实践运用，减少对重复性证据信息的外在依赖，削减刑事诉讼纵向流程中重复性的证据固定和核查工作；可在轻微刑事案件审理中先行贯彻"由审理者裁判"观念，废除冗余繁杂的内部行政报批手续。

3.1.2.2 正确把握以审判为中心的改革对庭审实质化改革和分流程序改革的统领作用

庭审实质化改革与分流程序改革尽管价值目标体系存在差异，不能把两者的价值目标混同起来，但也不能因此把两者绝对割裂开来。如前所述，在庭审实质化压力下，公诉机关会更倾向于运用认罪认罚从宽制度，通过量刑减让换取被追诉人之有罪供述；会倾向于运用速裁程序，以减轻出庭工作负担、提高案件办结效率，由此，刑事案件分流制度之效用得以彰显。与此同时，在认罪案件、轻微案件得到简化处理的同时，司法资源可以更好地集中于实质化庭审之案件，由此，庭审实质化进程亦得到促进。在认识到两种改革相辅相成、形成良性互动的同时，还应认识到"以审判为中心"是统摄两种改革的共同上位目标，可避免两种改革之互动异化对审判中心地位的架空。

具体而言，在庭审实质化改革中，强化庭审程序正当性不应异化为庭审控辩双方形式上的简单平等，而是要求辩方之事实主张、法律观点和程序性请求在庭审中真正有提出并影响裁判者心证之余地；强化证据调查实质性不应异化为对公诉质量的"精密司法"式苛求，而是要求证据信息在裁判者面前直接呈现并接受充分质证；强化审判主体的亲历性不应异化为对案卷信息的简单隔绝，而是要求"审判程序之缩影"真正成为裁判的知识基础。与此同时，在分流程序改革中，"检察机关在认罪认罚从宽案件办理中发挥主导作用"不应异化为对审判权的削弱或侵夺，而是要求检察机关在认罪认罚从宽案件办理中充分履行客观义务，为被追诉人作出真实、理性和明智的认罪认罚决定提供良好的外部条件；强调速裁程序"一般不进行法庭调查、法庭辩论"不应异化为审判机关对速裁案件之事实基础完全放弃审查，而是要求其将程序简化建立在对案件事实基础和被追诉人认罪认罚自愿性之司法确信基础上。

总而言之，庭审实质化改革与分流程序改革应在服务于不同政策目标的同时相互促进，于"以审判为中心"诉讼制度改革而言，两者犹如"鸟之两翼、车之两轮"，不可偏废。

3.1.3 庭审实质化对司法认知的实然效果

3.1.3.1 庭审证据调查对司法认知的基础补强

裁判者裁判要求以案件事实为依据，正如日本著名刑事诉讼法学者小野清一郎所言，"关于刑事诉讼，实际上的中心问题，仍在于事实认定"，[1]而证据则是发现案件事实真相的关键。即裁判者所依据的是一种三段论的逻辑推理方式，裁判者借由作为小前提的"事实"进行回溯，寻找作为大前提的法律条文，同时借助各种解释方法进行三段论推理，这意味着，在大、小前提这一逻辑关系中，先有小前提，后有大前提，小前提是因，大前提是果，小前提重构，大前提改变，也就是说，三段论是一种从"事实"到大前提，再通过推理得出结论的裁判过程。[2]因此，正是"案件事实"对司法决策有着决定性的影响，这也意味着与事实认定所密切相关的证据问题成为影响司法裁判的重要内容，在我国大力推进庭审实质化改革的今天，坚持证据调查的实质性无疑是保证改革成效的根基。

从目前庭审实质化改革所提出的一些重要举措来看，其对证据调查实质性的追求体现在改革证人出庭制度、推行重新鉴定制度、完善庭审质证程序等方面。当然，上述举措并不是互不影响的独立个体，其相互之间是存在联系的统一整体，并且共同为实现证据调查的实质化发挥来自不同方向的影响作用。首先，证人证言在刑事诉讼中的使用非常广泛，其对于裁判者事实认定也具有较大的影响力，而在传统的庭审过程中，证人的出庭率并不高，这也极大程度上制约了庭审功能的发挥。为此，司法改革将证人出庭作证制度的保障作为其关键环节，2018年《刑事诉讼法》从证人出庭的范围、不出庭的后果以及加强对证人的保护等方面对证人出庭制度进行了法律规制，明确了证人的作证义务，规定了只有经过当庭质证的证人证言才能够作为定案的依据，从而改变了过去裁判者对书面证言的过分信赖，更体现了对直接言词原则的贯彻。其次，重新

---

〔1〕 转引自陈增宝：《司法裁判中的事实问题——以法律心理学为视角的考察》，载《法律适用》2009年第6期。

〔2〕 元轶：《庭审实质化压力下的制度异化及裁判者认知偏差》，载《政法论坛》2019年第4期。

鉴定制度在我国刑事诉讼法中有着明确的规定，1996 年《刑事诉讼法》第 159 条与 2012 年《刑事诉讼法》第 192 条都规定了当事人、辩护人及诉讼代理人申请重新鉴定的权利，然而，这一制度在实践中的推进却与立法者对制度设计的预期目标相去甚远，裁判者启动重新鉴定的案件少之又少，其原因主要在于裁判者对科学证据的分析判断能力不足。尽管如此，重新鉴定制度的科学性却是不容否认的，我国应借由庭审实质化改革而继续大力推行重新鉴定制度，以保证证据调查的实质性。最后，我国应在改革过程中切实关注庭审质证程序的完善，因为质证作为法庭调查的关键环节对裁判者的事实认定影响重大，裁判者对证据的审查也应建立在控辩双方充分质证的基础之上，否则其将无法成为定案的依据，在此过程中，对于那些非法的证据，裁判者应当严格排除。当然，质证程序的完善需要以证人、鉴定人出庭作证制度等方面的完善为前提，否则，以裁判者实质性审查证据为目的的质证程序将难以在实践中有效开展，进而影响裁判者对于事实的认定。由此可见，以改革证人出庭制度、推行重新鉴定制度、完善庭审质证程序等方面为中心的证据调查实质性改革是我国当前庭审实质化改革的目标之一。

3.1.3.2　庭审亲历性对司法认知的纠偏效用

庭审实质化制度建设还要求以改革审判主体的亲历性为目标，即回归"让审理者裁判，由裁判者负责"的基本司法规律，扭转改革前审者不判、判者不审、审判分离、先定后审等现象，保证审判主体的一致性。与之相配套的措施是改革庭前案卷移送制度与当庭宣判制度，即通过庭前案卷移送制度的改革为裁判者预留较多的接受辩方不同证据信息的心理空间；同时通过改革当庭宣判制度来为裁判者决策保留更多由实质化的庭审活动而获取的信息，从而尽量减少由于时间因素导致庭审信息遗忘所造成的认知偏差，使判决结论的形成更加科学与理性。

我国的案卷移送制度经历了从 1979 年的"全案移送"到 1996 年"主要证据复印件移送"，再到 1998 年"庭后案卷移送"，并最终回归 2012 年《刑事诉讼法》所确立的"全案移送"的几个发展阶段。从法典的不断修改中不难发现，我国学界对案卷移送制度的认识尚较难形成统一且确定的意见，存在认识的反复性，这与司法实践中对案卷移送制度的不断异化存在较大的关联。从历史的角度分析，我国的裁判者十分依赖于通过阅读材料的形式来发现案件"真相"，因此，其由于阅卷所形成的"先见"的观念，必然会通过潜意识或显意识的方式，影响其对案件事实的认定。这会导致裁判者"普遍通过宣读案卷笔录的方式进行法庭调查,法院在裁判文书中甚至普遍援引侦查人员所制作的案卷笔录,并将其作为裁判的基础"。[1]此制度模式无疑制约了庭审实质化的实现,亟待于采取进一步的规范化改革。

保证审判主体的亲历性还具有一定的延伸意义,即强化心证形成的庭审影响,要求裁判者的自由心证应是其亲历庭审过程之后所形成的,以此来保证司法决策的及时性和实践性。正如陈瑞华教授所言:"裁判者就案件的实体问题所作的裁判结论必须从法庭审判过程之中产生,从而使刑事审判程序对裁判结论的形成具有唯一的决定作用。"[2]我国当前的司法实践已对此问题有了一定程度的重视,并采取了如当庭宣判、加强裁判者认证说理等方面的措施,对裁判者的自由心证进行积极的监督与约束,促使裁判者不断审视其对证据的采信是否合理、其认定事实的依据是否充分等影响司法决策的重要因素,要求裁判者尽其所能地保证心证的合理性,并以此来促进刑事庭审功能的有效发挥,推动庭审实质化改革的稳步前进。

3.1.4 检控质量提升倒逼司法认知水平

3.1.4.1 胜诉率压力下检控方的程序分流选择

然而,鉴于检控质量提升的阶段性困难,以及庭审实质化下对案件证明的更高要求,检控方将不再容易获取较高的胜诉率。也就是说,在检控方可投入之司法资源无大幅变化的情况下,随着庭审实质化改革的推进,尤其是证据裁判中心主义、证明标准的实质化以及疑罪从无等原则的贯彻,将必然会消耗检控方更多的精力进行指控,并导致无罪判决比例的升高,这就意味着,这些制度改革措施会让检控方的胜诉率显著降低。因此,面对这些来自新诉讼环境的各项压力,检控方在努力提升其控诉质量的同时,将会去寻找有利于最终定罪的其他程序模式,以使其胜诉率得到保障。例如,对于那些被告人自愿认罪的案件,适用分流程序下的协商程序,即双方达成合意,被告人认可案件的基本事实,但就量刑的幅度、成立的罪名或罪数会和检控方进行协商,抑或被告人直接承认自身的行为符合检控方指控之罪行的构成要件,甚至直接认可检控方指控的量刑幅度。而在程序保障上,对于此类案件,则需要向被告人充分、明确地释明协商司法条件下的各项被追诉人权利,并确保其适用分流程序完全是

---

[1] 陈瑞华:《刑事诉讼的中国模式》,法律出版社2010年版,第161页。
[2] 陈瑞华:《论程序正义价值的独立性》,载《法商研究(中南政法学院学报)》1998年第2期。

自愿和明智之后的选择，才可以对其业已承认的犯罪事实不再适用复杂的庭审程序与严格的证明标准而直接定罪，并以此实现案件的繁简分流、优化司法资源配置、提升诉讼效率，并在一定程度上缩短其审前羁押时间，避免诉讼拖延而导致的押判倒挂等问题。

而这，就为司法改革语境下与庭审实质化改革并行的分流程序改革提供了契机。在程序分流条件下，诉讼主体通过对话与相互磋商达成互惠的协议，以此来解决刑事争端的协商性司法模式[1]，因其不受严格规则的刚性约束，也不对诉讼价值目标进行机械适用，而是在维持基本法制底线的框架内，尽可能让不同利益诉求的控辩双方减少不必要的对抗并增加更多的对话与合作机会，把多元化的价值目标吸纳到程序之中，通过控辩双方的对话协商，在合意的基础上谋求了控辩审三方都愿意接受的司法结果，得以通过简单案件高效办理而节约大量的司法资源。更为关键的问题是，使得检控方在庭审实质化的改革进程中，一方面得以通过选择分流程序，保障较为稳定的定罪率，维持较高的胜诉比例；另一方面，得以通过分流程序节约检控资源，对那些被告人不认罪的案件，集中精力提起公诉。

而从更深层的诉讼原因分析，从长期不平衡的诉讼关系和诉讼法律文化来看，控辩协商的根本动力从不在于犯罪嫌疑人、被告人一方，而是掌握在处于优势地位的控诉方，只有给予控诉方足够的动力，分流程序改革才能真正具有实现的空间。因此，由前所述，在实质化的庭审过程中，检察机关的优势地位被明显削弱，在胜诉率及有限司法资源的压力下，检察官会忌惮普通程序下定罪的不确定性与程序的复杂性，转而主动寻找辩护方进行协商，力求通过协商性司法与辩护方达成合意，并由此主动推进分流程序的适用。也就是说，并不是在分流程序改革的推动下，得以保障和促进庭审实质化改革的实现，恰恰相反，庭审实质化改革的初步实现，才是促进分流程序改革的第一推动力，继而，在分流程序改革得到不断发展的基础上，又会不断为庭审实质化的进一步完善提供必要的司法资源保障。因此我们认为，只有庭审实质化的真正推进，才可以激发程序分流改革的自有生命力。

3.1.4.2 庭审实质化压力下检控质量的提升

如前所述，庭审实质化制度改革的提出旨在解决我国长期存在的庭审虚化现象，改革的方向与目标在于保证庭审程序的正当性，推进证据裁判的实质性，

---

[1] 马明亮：《协商性司法：一种新程序主义理念》，法律出版社2007年版，第26页、第29页。

并注重审判主体的亲历性。这些积极的制度探索无疑会对规范司法机关权力行使、切实保障犯罪嫌疑人或被告人的诉讼权利，并最终减少冤假错案的发生、维护司法公平与正义产生积极的影响。然而，从检察机关的角度来看，实质化的庭审给其控诉职能的履行无疑带来了比之前更大的挑战，因为不论是在庭审程序的设定还是在证据收集的合法性、充分性方面，庭审实质化制度改革都对检察机关提出了更高的要求。

具体而言，从庭审程序的设定上来看，其一，目前我国证人等人证的出庭率明显较低，而庭审实质化要求关键性或控辩双方存在异议的证人、鉴定人以及侦查人员等要尽可能地出庭作证，此时，在法庭上对人证调查的内容将较大比例地取代与之对应的、检察机关出示的案卷笔录或情况说明，并成为裁判者裁判的重要依据，这无疑会增加庭前卷宗材料不被采信的可能性，增强控辩双方的对抗性，并使得直接言词原则得到贯彻，出庭公诉不再是机械地走流程、趟过场，案件结果的可预测性将大大降低，检察官因此要承担较大的败诉风险。如"杨某某故意伤害案"[1]，对经通知明确表示不出庭的鉴定机构所出具的鉴定意见，以及无正当理由拒不出庭的必要性证人陆某的证言，法庭最终均未将其作为定案的依据。其二，我国一定程度上还存在着庭审流于形式的现象，如诸多案件经合议庭审理之后，具体的裁判结果却由未亲历庭审的审判委员会通过听取合议庭汇报来决定，导致出现审者不判，判者不审的审、判分离现象，使得案件再次落入有利于检控方的领域，但实质化庭审却注重审判主体的亲历性及心证形成于法庭，这将在一定程度上消弭检控方的优势地位。其三，从证据的收集、审查、评价等方面看，因庭审实质化要求更为严格的证明标准，要求对证据规则进行更为严格的适用，尤其是非法证据排除规则的适用，使得取证主体资格问题、取证程序合法性问题、证据链条保存问题以及证据能力等问题全方位展现在法庭并接受来自辩方的质证，而裁判者亦以庭审查明的情况判决案件，这将一改过去主要关注证据真实性，忽略对证据资格即证据合法性问题进行审查的现象，让非法证据排除不再流于形式，从而将有效促进检察机关控诉质量的提升。

---

[1] 详见安徽省当涂县人民法院（2017），皖0521刑初193号刑事附带民事判决书。

3.2 庭审实质化压力下的制度异化

3.2.1 庭审实质化抬升裁判者认知压力

3.2.1.1 从裁判行为的内在过程分析案件事实对裁判的决定作用

随着庭审实质化改革推进，越来越呈现出这样一种现象，即一边是庭审实质化制度构建的热潮，一边是相关制度的不断异化。要解释这一现象，必须分析庭审实质化各项具体制度改革对裁判主体有何新的要求，这种"新要求"与裁判者认知力现状之间是否存在矛盾？若要回答这些问题，则需先行阐明庭审实质化各项改革制度的共同目的或者说根本价值取向？而探求这一"价值取向"的基础则在于首先归纳出什么是案件裁判内在过程中的决定因素。

对裁判行为内在过程所依循的认知结构问题，存在几种不同的观点，包括认为裁判者裁判遵循的是三段论这种理性逻辑推理的观点，或者认为裁判过程所依循的是类比推理方法，抑或直觉分析的方法，以及所谓理性三段论推理加直觉认知的双重加工理论等观点。[1]但无论是所谓的三段论推演方式，还是类比方法，抑或经验直觉这种认知模式，所有裁判的策源地，其实都是"案件事实"，即"事实决定裁判"。例如，在三段论推理中，裁判者借由作为小前提的"事实"进行回溯，寻找作为大前提的法律条文，同时借助各种解释方法，在认为解释恰当的时候开始三段论推理。这其实意味着，在大、小前提这一逻辑关系中，先有小前提，后有大前提，小前提是因，大前提是果，小前提重构，大前提改变，也就是说，三段论是一种从"事实"到大前提，再通过推理得出结论的裁判过程；在类比推理方式下，同样是从该"案件事实"到"类比事实"再到"案件结论"的裁判过程；如果认为裁判者是通过对"案件事实"的反复审视，继而潜意识不断积淀，最终突然生成"案件结论"，那么这种经验直觉的认知方式，则更是一种直接"由案件事实出发"的裁判过程。

可见，无论是从"事实"到"规则"再到"结论"的三段论推理方法，还是类比推理方法，抑或直觉分析方式，都表明"案件事实"对判决结果有着决定性影响——正如日本著名刑事诉讼法学者小野清一郎指出的那样："关于刑事

---

[1] 参见李安：《司法过程的直觉及其偏差控制》，载《中国社会科学》2013年第5期。

诉讼，实际上的中心问题，仍在于事实认定。"[1]

3.2.1.2 证据信息增量（重塑）是庭审实质化改革的根本价值取向

综上，随着拼入不同层次、不同色彩的证据信息，"案件事实"将成为一幅悄然决定最终意象的构图，引导着整个案件的定性。因此，当前庭审实质化各项改革制度的共同目的，或者说庭审实质化改革的首要目的，无疑应当是力图避免单方面站在己方立场上搜集、选择、剪裁证据信息，避免单纯的笔录式证词，避免科学鉴定程序的单方垄断；无疑应当强调增加新的证据，强调增加事实信息量。因为只有多元的事实信息，才有可能为裁判者得出最为接近客观事实的裁判结果提供物质基础。

对此，我们还可以反过来从具体的庭审改革举措上予以验证。例如：庭审实质化所推行的证人出庭制度，以口头陈述方式进行言词审理，正是要在"更多维度"上获取更为丰富的信息量；推行重新鉴定制度，正是要通过不同鉴定人来增加更多不同的专业意见；强调自由心证，在于力图避免裁判主体事先因"印证规则"等"法定证据规则"[2]而在其心理层面忽视某些证据；改革庭前案卷移送制度，为的则是能在一定程度上为裁判者预留较多的接受辩方不同证据信息的心理空间；而改革当庭宣判制度，则是期望在时间层面通过紧密衔接最终判决而在裁判者的大脑中保存更多的信息记忆，让更多的证据信息能够有效纳入其主观考量。[3]因此，庭审实质化改革的根本价值取向正是指向"案件事实问题"，其诸项举措的共同目的正是指向以证据信息增量为主导的案件事实重塑。

但是，"增加新的证据、增加事实信息量"，也就意味着案件事实不确定性的必然增加。例如，推行证人出庭制度，以口头陈述方式进行言词审理，首先就意味着可能会出现不同的证人。而只要存在不同的证人，即便他们都是现场目击者，即便只是针对案件事实中少数的几个关键点，这些证言也会大相径庭——犯罪学家沃·里斯特在其课堂上进行过一场以记忆力较好的年轻学生为目击证人的枪击实验，结果目击学生的证词对枪击事件中关键事项的证词平均

---

〔1〕 转引自陈增宝：《司法裁判中的事实问题——以法律心理学为视角的考察》，载《法律适用》2009年第6期。

〔2〕 关于"印证规则"与"法定证据规则"之间的归属关系问题，详见后文。

〔3〕 当然也包括非法证据排除制度的构建，这也是对案件事实的重塑，只是从表面上看趋向于事实的缩减，而这样的制度也会因裁判者由此缺乏印证的心证导致制度的异化，最终又进一步导致心理学上的认知偏差。

错误率为80%；[1]只要存在不同证人，即便只是针对一个案件事实中最简单的一些事项，不同的现场目击证人也会提供完全不同、甚至截然相反的证言，有时还会存在众多证言相互印证，例如加西亚·马尔克斯为调查1951年其朋友在全镇人面前惨遭杀害的一桩刑事案件，在案件发生的小镇——寻访这桩真实凶杀案的参与者和目击者，结果发现对于案发当天的"天气情况"这样一个简单事项——"一些人不约而同地回忆说，那是一个阳光明媚的早晨……但在大多数人的记忆中，那天早晨阴郁凄凉，还下了一阵小雨"[2]。由此可见，证据信息多元化作为试图还原案件事实的必然途径，必然意味着各种不同细节的浮现，而大量的细节，就可能会组成不同的事实版本，从而导致整个事实状态呈现出不确定性。并且，越是矛盾、复杂的刑事案件，越是需要实质化的庭审程序，而其"事实"也就越是具有一种严重的、无法克服的不确定性。

其次，推行证人出庭制度，以口头陈述方式作为提供信息的证据来源手段，本身还会由于口头语言这种形式而产生各种"不稳定性"，这是由语言的天然属性所决定的。正如郑也夫教授所指出的那样："在信息传递过程中，必然会遗漏、衰减、歪曲某些信息，从而造成信息接受者们认识上的歧异。"[3]另外，除了上述语言方面的问题，这里还存在诸如证人心理、法庭环境等诸多影响因素。例如，从证人心理角度看，任何事物在进入证人大脑后，都会被解构，继而被重新定义和存储，并不断地进行自我修正，所以即便是现场目击证人所提供的证言，也只不过是"一个角度的事实信息"而已。而且，庭审这一特殊环境对证人的影响也不可忽视——"法庭上，证人作为陌生人站在不熟悉的环境中，会产生只有他们自己才知道的窘迫。"[4]"陌生的环境及其伴随的焦虑和匆

---

[1] 沃·里斯特在讲授《远期遗忘》书中的一章时，一位高年级的学生A突然从听众席上站起提出了反对意见，班上的一位同学B试图阻止此一行为，两位同学开始发生争吵。突然，那位高年级学生A从他的长外套内取出手枪。在面临死亡的危险时，这位年轻的学生B迅速前冲，奋力去夺那位高年级学生手中的手枪，沃·里斯特教授也冲上前去夺武器。就在这一刻，大家听到枪走火的声音。所幸没有人中弹，两位争夺者也因此停止打斗。几分钟后，沃·里斯特重新控制了秩序，他告诉受惊的学生们，他们有义务提供他们所目击的整个事件的所有细节信息。参见黄维智：《目击证人辨认的可信性及其程序保障》，载《社会科学研究》2004年第6期。

[2] 1951年马尔克斯的朋友卡耶塔诺被奇卡兄弟杀死。为了讲述这桩案件，马尔克斯调查了被刺杀的朋友的母亲、因不洁之身被退回娘家的曾经的新娘、直接导致凶案的两兄弟和所有事先知晓即将发生凶杀案的小镇居民等人。参见［哥伦比亚］加西亚·马尔克斯：《一桩事先张扬的凶杀案》，魏然译，南海出版公司2013年版，第2页。

[3] 参见郑也夫：《代价论》，中信出版集团2015年版，第119页。

[4] 参见［美］博西格诺等：《法律之门》，邓子滨译，华夏出版社2007年版，第530页。

忙，证人可能受到的哄骗或威吓，缺乏足以唤起可以澄清每一难题的那些回忆的提问，以及交叉询问所造成的混淆……都可能引发重要的错误和忽略。"[1]

可见，上述这些因素都将导致案件事实不确定性的陡增。因此，考夫曼曾断言："精确的法律认识，法律的可计算性，根本不曾有过并且将来也不会有。它永远只是一种乌托邦。或然性，是我们人类实际活动的广大范围。"[2]而波斯纳更是明确指出："不确定性是我们法律体制的一个显著特点，而在不确定性条件下决策是一个值得研究的重要课题。"[3]那么，我们的庭审实质化改革宁肯接受这些天然具有不稳定性、歧义性的证据方式，也要坚持增加案件事实的信息量，实现证据信息的多元化。这一改革导向也就再次证明，"证据信息增量"是庭审实质化改革的根本价值取向，并且，该价值取向在这次改革中具有目的优先性。

3.2.1.3 以不确定性为必然特征的庭审改革压力下的裁判者认知力现状

随着以证据信息增量为根本价值取向的庭审实质化改革的推进，案件事实认知面临的不确定性压力将大幅增加，这就要求裁判者具备相应的心证能力。但是，当前裁判者的心证水平并不满足这种压力要求。由于包括文化、政治、司法传统、教育选拔等多方面原因，无论是对于普通证据的认知判断，还是对于科学证据的认知判断，我们的裁判者心证能力一直处于较低水平——整体徘徊在法定证明水平范畴。

在科学证据的认知判断上，裁判者则呈现出"绝对的法定证明认知力"——其表现形态多种多样：当只有一份由专业鉴定人提供的科学证据时，对这份鉴定意见，裁判者会表现出完全采信的态度，也就是说，将审查判断权拱手让渡给司法鉴定人员——调查表明，司法精神病学鉴定结论的采信率几乎为100%。[4]一旦出现第二份鉴定意见——这时往往出现的是两份不同的鉴定意见，因为正如张军总结的那样："只要有两次鉴定，最后的结论肯定是不一样的。"[5]则裁判者就需要借助那些规定了诸如"鉴定机构的级别、资质、距离

---

[1] 参见[美]博西格诺等：《法律之门》，邓子滨译，华夏出版社2007年版，第451页。

[2] 参见[德]亚图·考夫曼：《类推与"事物本质"——兼论类型理论》，吴从周译，学林文化事业出版社1999年版，第131页。

[3] 参见[美]理查德·波斯纳：《法官如何思考》，苏力译，北京大学出版社2009年版，第5页。

[4] 参见高北陵等：《司法精神鉴定中评定辨认和控制能力与责任能力差异的调查分析》，载《中华医学会精神病学分会第九次全国学术会议论文集》2011年版，第89页。

[5] 参见张军主编：《刑事证据规则理解与适用》，法律出版社2010年版，绪论第17页。

案发时间"等"绝对证据证明力规则"的司法解释、部门规章等来进行鉴定意见的取舍，例如："对同一案件事实的鉴定结论不一致时，依据下列原则确认其证明力：上级鉴定机构的鉴定优于下级鉴定机构的鉴定；本省区域内，省司法鉴定委员会的鉴定优于其他鉴定；国家级鉴定机构的鉴定优于省内的鉴定。"[1]又如："法定鉴定部门的鉴定结论优于其他鉴定部门的鉴定结论。"[2]而当裁判者面对的是多份鉴定意见，且缺乏可直接适用的有关"绝对证据证明力规则"的相应规范时，裁判者会不得不依赖其他替代性的"绝对规则"来填补，例如采用"加减法则"对不同鉴定意见进行"机械计算"。例如，在2001年广东省珠海市"张林发公司杀人案"中，其第一份司法精神病鉴定意见由广东省精神疾病司法鉴定委员会作出，结论是被告人具有完全刑事责任能力；第二份由深圳市司法精神疾病鉴定组作出，结论是被告人无刑事责任能力；佛山市精神疾病司法鉴定组给出的第三份鉴定意见则是被告人为限制刑事责任能力人。最终，法院简单折中，认定被告人属限制刑事责任能力人。在2001年河北省保定市"摔死亲子案"中，也进行了三次司法鉴定，被告人第一次被天津市司法精神病鉴定委员会鉴定为无刑事责任能力，第二次被河北省司法精神病鉴定委员会鉴定为具有完全刑事责任能力，第三次由北京市安康医院给出结论为限制刑事责任能力的鉴定意见，法院于是盲目折中，最终认定被告人为限制刑事责任能力人。在2002年广西壮族自治区玉林市"蒋伟强杀害同学案"中，广西壮族自治区精神疾病司法技术鉴定组和广州市精神病医院两次得出被告人无刑事责任能力的鉴定结果，但第三次北京市精神病司法鉴定委员会作出了限定刑事责任能力的鉴定意见，后者因符合"机械折中"的计算结果而直接被裁判者选择。之所以在科学证据的认知判断上，裁判者会呈现出绝对的法定证明认知力水平，是因为科学证据具有间接认知的特点——鉴定意见对裁判者的认知力有着特殊要求，它要求裁判者有能力从科学证据"所依据的设备仪器、检材、科学原理"，[3]从鉴定方法、鉴定过程、鉴定论证、逻辑结构、推演方式等"侧面"对科学证据进行外围"形式审查"，要求裁判者有能力在并不"理解"其内容本身的基础上对其真实性等证明力问题进行外围间接判断。也就是说，面对鉴定意见这样的科学证据，作为裁判者是无法进行直接认知理解的，需要具备更高的认知水平才能应对。而这，是我们裁判者目前的认知水平所无法企及的。

---

[1] 参见黑龙江省人大常委会于1998年12月12日发布的《黑龙江省司法鉴定管理条例》第74条。
[2] 参见2002年《最高人民法院关于行政诉讼证据若干问题的规定》第63条。
[3] 参见卞建林、郭志媛：《论司法鉴定的诉讼程序立法》，载《中国司法鉴定》2006年第4期。

因此，就会呈现出以上各类完全依赖"法定规则"的情形。

因此，无论是在普通证据认知层面，还是透过观察结果更为明显的"科学证据认知"这一透镜，我们都会发现，目前裁判者的认知力仍处于依赖法定证据规则的较低水平。

综上所述，我们发现在推进庭审实质化的进程中裁判者面临着多重压力，尤其是裁判者的认知力面临严重挑战，

3.2.2 认知力矛盾导致的制度系统性异化

如前所述，我们看到，一方面是庭审实质化制度改革对裁判者认知力提出的更高要求，另一方面是裁判者的心证能力仍然停留在法定证明水平。于是，随着对裁判起决定性作用的案件事实问题的不确定性的陡然增加，必然出现由上述认知力矛盾加剧而反向导致的庭审制度系统性异化。这一制度系统性异化涉及从庭前阶段到庭审阶段、再到判决阶段的整个刑事诉讼程序。下面，将以上述各阶段的主要改革制度，包括庭前阶段的证据移送制度、庭审阶段的证人出庭制度和重新鉴定制度，以及裁判阶段的当庭宣判制度为对象，就这些制度的异化原因、结果、类型及发生规律等问题展开分析（参见表3-1）。

表3-1 庭审实质化压力下的制度系统性异化

庭审改革制度	矛盾	异化结果	异化类型	异化规律
A1 庭前阶段移送制度改革	B 裁判者认知力	C1 卷宗移送	D1 立法规避	E1 回归循环
A2 庭审阶段证人出庭制度		C2 笔录宣读		E2 此消彼长
A3 庭审阶段重新鉴定制度		C3 一次鉴定	D2 司法虚置	E3 有加无已
A4 裁判阶段当庭宣判制度		C4 定期宣判		

3.2.2.1 证据审查：重新鉴定制度异化为一次鉴定制度

庭审阶段，重新鉴定制度异化为一次鉴定制度。虽然1996年《刑事诉讼法》第159条、2012年《刑事诉讼法》第192条都规定，法庭审理过程中，当事人和辩护人、诉讼代理人有权申请重新鉴定程序。但是，这一制度在司法实践中早已虚置，对于科学证据的质证，即便辩护方对鉴定结果反复提出异议，裁判者依然拒绝启动重新鉴定，也就是说，在司法实践中，已异化形成"一次鉴定"制度。

表面上，裁判者会以科学证据的"科学性"为由，解释为何会对鉴定意见

采取完全采信的态度，并以此为由驳回重新鉴定的申请。例如在"马加爵案"中，被告人马加爵的指定辩护人申请对马加爵重新启动司法精神病学鉴定程序，法院对此指出："辩护人在接受指定提出申请后，已由法院依法委托鉴定机构，组织了具有专门知识的人员，在严格按照鉴定程序的前提下作出鉴定结论……（证明）被鉴定人马加爵无精神病；被鉴定人马加爵在作案过程中精神状态正常，有完全责任能力……（因此）就该鉴定的合法性、真实性，辩护人并未提出事实和法律依据予以否定，对无充分理由和证据支持而对鉴定结论存疑的臆断，法院不能支持。"[1]但事实上，这种坚持"一次鉴定"的背后，其实是裁判者无力对不同鉴定意见进行取舍的认知力问题（表3-1中B项），正如郭志媛教授在其实证调研报告中总结的那样："当一个案件进行两次或者两次以上的精神病鉴定时，法院在采信哪份鉴定意见的问题上一筹莫展。"[2]而且，由裁判者认知力所导致的"一次鉴定"制度及由此引发的客观上的鉴定垄断性，使得在司法实践中鉴定人恣意鉴定的情形不断滋生。例如在北京"天价葡萄案"中，李某尚等4名人员用编织袋偷走北京农林科学院林业果树研究所（以下简称林果所）葡萄研究园投资40万元、历经10年培育研制、在国际上尚无同级产品的科研新品种P-6-2葡萄47斤。之后，北京市物价局接受海淀警方委托前往林果所实际勘验，并结合警方提供的林果所损失情况说明、人员工资、农林化肥价格、水电费价格等信息材料，作出该案直接经济损失11 220元的鉴定结果，李某尚等3人由此被逮捕。三个月后，海淀检察院将该案退回公安机关补充侦查，几天后新的鉴定意见出炉，该案所涉盗窃金额骤降为376元，于是李某尚等人又收到了海淀区检察院的不起诉决定书。纵观本案，之所以鉴定价格会从万余元骤降为300余元，正是由于各方长期以来都已明知重新鉴定制度的司法虚置状况，明知即便进入审判程序，裁判者也不会进行重新鉴定，而会完全采信该证据，因此，才敢于对葡萄价格出具相差如此悬殊的鉴定意见，并且不对这一悬殊变化作任何解释，不对所依据的鉴定方法为何为"成本法"抑或"市场法"作任何论证。而长此以往，可能导致出现更为严重的鉴定行为异化——故意进行虚假鉴定。例如，在俄罗斯，由于其裁判者审查证据能力的不

---

[1] "马加爵故意杀人被判死刑案"，载北大法宝网，http://www.pkulaw.cn/case/pfnl_a25051f3312b07f3c6c4bfabb30a99e5c1a7a1883038654abdfb.html?keywords=%EF%BC%882004%EF%BC%89%E4%BA%91%E9%AB%98%E5%88%91%E5%A4%8D%E5%AD%97%E7%AC%AC492%E5%8F%B7&match=Exact&tiao=1，最后访问日期：2018年5月27日。

[2] 郭志媛：《刑事诉讼中精神病鉴定的程序保障实证调研报告》，载《证据科学》2012年第6期。

足,致使其司法鉴定人在各种利益的驱使下越来越敢于故意出具虚假的鉴定意见,根据俄罗斯学者的统计,刑事案件中故意作出虚假鉴定结论的比例已高达26.2%。[1]

3.2.2.2 庭前阶段:主要证据移送制度回归全案卷宗移送制度

在庭前阶段,1979年《刑事诉讼法》第108条规定:"人民法院对提起公诉的案件进行审查后,对于犯罪事实清楚、证据充分的,应当决定开庭审判;对于主要事实不清、证据不足的,可以退回人民检察院补充侦查;对于不需要判刑的,可以要求人民检察院撤回起诉。"这意味着检察院在提起公诉时要向法院移送全案卷宗材料,法院借此对案件进行实质性审查。针对这一问题,1996年《刑事诉讼法》遂推行了"主要证据复印件移送"的制度改革,取消了全案卷宗移送,以防止裁判者庭前预断——1996年《刑事诉讼法》第150条规定:"人民法院对提起公诉的案件进行审查后,对于起诉书中有明确的指控犯罪事实并且附有证据目录、证人名单和主要证据复印件或照片的,应当决定开庭审判。"(见表3-1中A1项)

但是,由于裁判者认知力无法适应这一庭前改革制度,1996年立法推进的"主要证据复印件移送"制度遂出现异化。首先,早在2012年《刑事诉讼法》修改之前,于施行"主要证据复印件移送"制度仅一年,上述矛盾就已经导致在司法解释及司法实践层面异化出更为严重的"庭后案卷移送",如《最高人民法院、最高人民检察院、公安部、国家安全部、司法部、全国人大常委会法制工作委员会关于刑事诉讼法实施中若干问题的规定》第42条规定:"人民检察院对于在法庭上出示、宣读、播放的证据材料应当当庭移交人民法院,确实无法当庭移交的,应当在休庭后三日内移交。对于在法庭上出示、宣读、播放未到庭证人的证言的,如果该证人提供过不同的证言,人民检察院应当将该证人的全部证言在休庭后三日内移交。"对于这一庭审后移送全案卷宗材料的做法,有学者指出:"庭后移送全案卷宗,再一次导致庭审流于形式。"[2]接着,2012年《刑事诉讼法》第172条终于明确规定:"人民检察院……向人民法院提起公诉,并将案卷材料、证据移送人民法院。"——立法彻底回归全案卷宗移送制度。

---

[1] Уголовно-процессуальноезаконодательствовсовременныхусловиях, Wolters Kluwer, 2010, C.494. АбрамочкинВ. В. и др.

[2] 汪海燕:《论刑事庭审实质化》,载《中国社会科学》2015年第2期。

3.2.2.3 庭审阶段：证人出庭制度异化为笔录宣读制度

在庭审阶段，改革所期待的证人出庭制度被异化为笔录宣读制度（参见表3-1中C2项）。这既表现在司法实践层面，也表现在立法层面。在司法实践中，无论是根据官方的统计数据——"在修改后的《刑事诉讼法》实施后的4个月中，全国范围内证人出庭比例为0.12%，鉴定人出庭比例为0.04%",[1]"部分官网上的调研资料则反映，不少基层法院刑事案件的证人出庭率低于1%，中级法院的证人出庭率也很低";[2]还是参考学者的调研论证——"从实践看，证人出庭率并无明显变化，加强证人出庭以推动庭审实质化的立法目的显然未能实现……即使证人有出庭的条件，也常常不被允许出庭作证，尤其是在以人证为主导的职务犯罪案件中……例如，成都市中级人民法院等庭审实质化试点法院，也绝不以有争议的职务犯罪案件作为强化证人出庭、实现庭审实质化的试点案件。"[3]通过上述内容我们不难发现，证人出庭制度被严重虚置（参见表3-1中D2项）。而在立法层面，则一直存在着各种有关证人出庭的"规范冲突"和"规范制约"，导致证人长期被排斥在法庭之外。例如，虽然2012年《刑事诉讼法》一方面对证人出庭进行了强制性规定："证人证言必须在法庭上经过公诉人、被害人和被告人、辩护人双方质证并且查实以后，才能作为定案的根据。"[4]但另一方面，在两次立法修改中，《刑事诉讼法》又始终规定未到庭证人的证言笔录可以通过"当庭宣读，听取各方意见"[5]的方式进行质证——这种直接的"规范冲突"正是笔录宣读制度的生存土壤。而更为严重的是，2012年《刑事诉讼法》第187条第1款规定："公诉人、当事人或者辩护人、诉讼代理人对证人证言有异议，且该证人证言对案件定罪量刑有重大影响，人民法院认为证人有必要出庭作证的，证人应当出庭作证"。这种"制约"意味着，即便是辩护方的关键证人，仍会以"裁判者认为没有必要"这一法定理由为由被隔离在法庭之外，这样的"法院决定权"，其实是"法院不决定权"。由此可见，所谓的"证人强制性到庭规范"在立法层面被彻底规避。

上述证人出庭制度被司法虚置和立法规避的原因，正是由于裁判者的心证

---

[1] 参见最高人民检察院《关于2013年1月至4月全国检察机关侦查监督、公诉部门执行修改后刑诉法情况通报》。

[2] 龙宗智：《庭审实质化的路径和方法》，载《法学研究》2015年第5期。

[3] 参见龙宗智：《庭审实质化的路径和方法》，载《法学研究》2015年第5期。

[4] 参见2012年《刑事诉讼法》第59条。

[5] 参见2012年《刑事诉讼法》第190条。

能力无法应对。因为如果只是宣读笔录，那么在控方单方组织证据链以追求案件证明一致性的过程中，会省略不一致的证据信息或证明情节，这在客观上会极大地减轻裁判者的心证压力。例如，在"聂树斌案"中，聂树斌的供述笔录中直接将被害人康某花"携带一串钥匙"这一本应在聂树斌供述中体现出来的重要信息彻底抹去，使得裁判者无须对此问题承担任何心证负担。相反，在证人出庭制度下，证人一旦出庭，其所带来的"新的不确定信息"就可能暴露案卷笔录中的漏洞与破绽，由此带来的心证压力是裁判者的认知力难以应对的。因此，裁判者为主动避免此类心证压力，就会当然地"选择"单方提供的证言笔录。由此可见，证人出庭制度对于我们当前的裁判者来说，绝非利好，而是一种沉重的压力。因此在司法实践中，裁判者也就不会真正成为该项制度改革的推进者，于是在庭审实践中，不仅目击证人不被传唤，甚至连被害人、其他同案被告人也很少被传唤，最终导致"案卷笔录中心主义"[1]的长久盛行。

3.2.2.4 裁判阶段：当庭宣判制度异化为定期宣判制度

1998年年底，肖扬同志在全国高级法院院长会议上就提出"要逐步提高当庭宣判的比例"。1999年《人民法院五年改革纲要》第12条再次强调"提高当庭宣判率"。2007年最高人民法院在《关于加强人民法院审判公开工作的若干意见》中又提出"要逐步提高当庭宣判比率"。2016年中央全面深化改革领导小组第二十五次会议审议通过了《最高人民法院、最高人民检察院、公安部、国家安全部、司法部关于推进以审判为中心的刑事诉讼制度改革的意见》，其第14条再次要求"完善当庭宣判制度，确保裁判结果形成在法庭。适用普通程序审理的案件逐步提高当庭宣判率"。但司法实践中，裁判阶段的当庭宣判制度与裁判者认知力存在冲突，导致当前不仅有争议的案件异化为定期宣判，[2]就连没有争议的案件也同样异化。甚至，裁判者的心证能力不仅无力对整个案件进行当庭裁判，连对单个证据的判断也勉为其难，于是便出现龙宗智教授所描述的情形："目前法庭认证的普遍情况是……对双方有争议的证据通常不作当庭认证。即使对于证据的可采性与真实性，只要双方存在争议，法庭就趋于不明确表示支持或反对。"[3]就此，左卫民教授曾发现并指出，我国裁判者审理"刑事

---

[1] 陈瑞华：《案卷笔录中心主义——对中国刑事审判方式的重新考察》，载《法学研究》2006年第4期。

[2] 事实上，"有争议"案件更应强调庭审与裁判间的衔接。

[3] 龙宗智：《庭审实质化的路径和方法》，载《法学研究》2015年第15期。

案件往往庭审时间很短,审后阅卷、制作法律文书的时间较长。"[1]这其实是由于我们"裁判的作出主要依赖承办裁判者对案卷笔录的研读"。[2]"案卷",其主要内容就是一方"指控有罪"的材料和证据;这里的"研读",往往就是裁判者认可该方结论的过程。[3]根据学者的统计:"没有归纳或表述辩护结论的所占比例达到42%,没有阐述辩护理由的占到58%。"[4]而这里更深层的原因,则是裁判者的心证能力问题——正是因为心证能力,导致裁判者当庭无力作出判断,导致"裁判者对案件的裁决根本不是通过当庭审判作出,而是靠庭后阅卷加上调查核实活动作出的";[5]正是因为心证能力,导致裁判者必须依赖于一方,必须"普遍援引侦查人员所制作的案卷笔录,并将其作为判决基础"[6]——这与某一方是否占据强势主导地位无关,"强势"是司法体制的问题,"必须依赖"是心证能力的问题(目前的司法制度决定应明确依赖控方,而心证能力决定了裁判者必定只能依赖某一方,即便没有任何一方强势,目前裁判者的心证能力也必然产生依赖)。这也就是当庭宣判制度在司法实践中被虚置的根本原因(参见表3-1中B项)。

而比上述当庭宣判虚置更值得我们警惕的情形是,在个别法院试点强力推行当庭宣判的情况下,司法实践中会迅速"实现"高比例的"当庭宣判率"。但是,对此,作为先进典型之一的河北省秦皇岛市山海关区人民法院的院长在总结经验时曾坦承:"为了提高当庭宣判率,在审判实践中,主要采取'加压法''帮促法''监督法'。"[7]而研究者们则直接指出,目前"实现当庭宣判的唯一途径就是,承办人先行阅卷形成判决意见,报审判长审批,再开庭审理并当庭宣判"。[8]"甚至写好裁判文书的底稿,再按照事先想好的'剧本'开庭"。[9]由此可见,在当庭宣判的压力下,心证能力不足的裁判者,会变本加厉地陷入更为严重的先判后审。

---

[1] 左卫民等:《中国刑事诉讼运行机制实证研究(五)》,法律出版社2012年版,第208页。
[2] 王彪:《法院内部控制刑事裁判权的方法与反思》,载《中国刑事法杂志》2013年第2期。
[3] 元轶:《法官心证与精神病鉴定及强制医疗关系论》,载《政法论坛》2016年第6期。
[4] 孙万怀:《公开固然重要,说理更显公正》,载《现代法学》2014年第2期。
[5] 陈瑞华:《近年来刑事司法改革的回顾与反思》,载《国家检察官学院学报》2008年第1期。
[6] 陈瑞华:《案卷笔录中心主义—对中国刑事审判方式的重新考察》,载《法学》2006年第4期。
[7] 蒋利玮:《质疑当庭宣判》,载《法学》2005年第2期。
[8] 兰荣杰:《制度设计与制度实践之间——刑事当庭宣判制度实证研究》,载《中国刑事法杂志》2008年第3期。
[9] 蒋利玮:《质疑当庭宣判》,载《法学》2005年第2期。

3.2.3 异化规律与类型归纳

综上可见,"证据移送制度"从1996年《刑事诉讼法》规定的"主要证据复印件移送"异化为"庭后案卷移送",后来又彻底回归"庭前全案移送";而"证人出庭制度"这一正当程序下的基本理念则在2012年《刑事诉讼法》第187条、第190条的规定下,异化为笔录宣读制度——这些都是在立法层面被规避的制度,我们将其归纳为一种异化类型,即立法规避型(参见表3-1中D1项)。同时,我们将前述在司法实践层面被虚置的出庭制度、重新鉴定制度和当庭宣判制度归纳为另一种异化类型,即司法虚置类型(参见表3-1中D2项)。

除此之外,我们总结出如下三项异化规律:第一,回归循环律(参见表3-1中E1项)。例如,庭前移送制度在立法层面呈现出的周而复始的循环回归。第二,有加无已律(参见表3-1中E2项)。例如,强行改革定期宣判制度,最终不仅当庭宣判未能实现,还变本加厉地引发全案卷宗移送和先定后审的复辟——正如相关研究者所指出的那样:"当庭审判热带来的最大问题在于引起先定后审这一传统审理方式的回潮。"[1]第三,此消彼长律(参见表3-1中E3项)。部分制度被强力推进的背后,却可能造成更为严重的其他制度的异化——一些制度松绑,则其他制度收紧;一些制度推进,另一些制度则会消解。例如,证人出庭制度和重新鉴定制度,在试点改革的口号下,在庭审实质化的压力下,或者在上级单位为业绩的锐意进取下,在学者实证调研的聚焦下,很容易得以有所推进,却很快呈现出相互牵制、此消彼长的异化规律,导致裁判者愈加排斥当庭宣判和更为依赖庭前移送的案卷材料。

由此可见,受限于现有认知力,一旦裁判者原有认知力与原有制度间的平衡被打破,那么为重新寻求新的平衡就会导致出现各类异化情形,最终导致制度或者在立法层面被规避,或者在司法层面被虚置。

3.2.4 庭审制度异化主因:能力或动机?

前文的分析中,我们初步认为重新鉴定制度的异化原因主要是裁判者的证据审查力不足,在以审判为中心的诉讼制度改革中,最高人民法院提出"诉讼以审判为中心、审判以庭审为中心、庭审以证据为中心"。[2]在以证据为中心

---

[1] 蒋利玮:《质疑当庭宣判》,载《法学》2005年第2期。

[2] 孟伟、马渊杰:《新时代新征程奋力推动刑事审判高质量发展——全国法院刑事审判工作座谈会综述》,载《人民法院报》2021年7月15日,第1版。

的导向下，证据审查力是裁判者能力的核心体现。于此，我们认为司法鉴定制度的异化主因可能是裁判者的证据审查力不足，也就是说裁判者在面对新型或者特殊证据时的司法能力不足。

而庭前阶段、庭审阶段和裁判阶段的制度异化则是司法实践中裁判者的动机导致的司法行为选择。主要证据移送制度中，裁判者在未掌握全部证据材料情况下，也不敢贸然对控方举示的证据予以采纳。通常只要被告人或辩护人对证据有异议，裁判者就不会当庭对证据予以采信，而要"留待庭后评议再做决定"。[1]庭审阶段中，在证人出庭对诉讼效率及事实认定均存在"负面"影响的情况下，裁判者对于促使证人出庭抱有十分消极的态度。[2]在裁判阶段中，当庭宣判长期以来被认为其积极属性更强，但其制度设计之初就并未设置具有约束力的规定，司法实践中裁判者出于各种考量一般也不会当庭宣判。至此，可以初步判断：庭前、庭审和裁判阶段的"制度性异化"规避行为中，裁判者的动机对其有相当程度的影响。

斯坦福大学心理学教授福格提出的福格行为模型中，动机和能力是影响个体行为的两个重要因素。福格教授认为，个体在作出决策和行动时，需要同时考虑到自己的动机和能力。动机指的是个体在行动前所具有的目标和驱动力，涵盖内在的和外在的因素。在福格行为模型中，动机主要与情感阶段相关。当个体感到兴奋、快乐、愤怒、恐惧、焦虑等情感时，其动机就会被激活。例如，在一场考试中，一个学生可能因为想要取得好成绩而产生动机。

能力指的是个体在行动时所具有的技能、知识和经验等因素。在福格行为模型中，能力主要与认知阶段相关。当个体具有足够的技能、知识和经验时，他们就能更好地理解和分析外部信息，并作出更明智的决策。例如，在一场考试中，一个学生可能因为具有足够的知识和技能而能够解答出题目。当个体同时具备足够的动机和能力时，他们就能更有效地完成任务和达到目标。如果一个人缺乏动机或能力，他们可能会无法完成任务或作出不理智的决策。因此，了解个体的动机和能力对于预测和理解他们的行为具有重要意义。

上述庭审制度异化中，我们发现司法鉴定制度的异化和其他三种制度异化略有不同，司法鉴定更加考验裁判者的能力。随着科技的发展和社会的变化，涉及各种科学、专门技术的案件在司法实践中越来越多，这也使得裁判者在判

---

[1] 张丽、关倚琴：《浅析"卷宗移送制度"》，载《中国检察官》2012年第11期。
[2] 尹泠然：《刑事证人出庭作证与庭审实质化》，载《华东政法大学学报》2018年第1期。

断案件时面临更多的挑战和困难。在这种情况下，裁判者的专业认知和技能水平显得更为重要，提升司法认知能力显得更加必要。

而精神病鉴定制度在司法鉴定中尤为特殊，精神科医生或心理学家的角色与庭审中裁判者的角色类似。精神病鉴定是指通过专业的方法和技术，对被鉴定人的精神状态和精神障碍进行诊断、评估和判断的过程。通常由专业的精神科医生或心理学家进行，他们会对被鉴定人的精神状态进行详细的观察和询问，并进行相关的心理、认知和神经功能测试。通过这些方法，精神科专业人员可以对被鉴定人的精神状态和心理状况进行科学的评估和判断。在庭审中，裁判者就将面对这样一种窘境，即裁判者需要判断别人的判断。这种类似套娃的关系产生了比用直接证据进行心证更长的逻辑链条，因此，我们有必要针对司法认知与精神病鉴定模式的因果关系进行论证。

在研究中我们发现在庭前、庭审和裁判阶段的制度异化中除有认知力矛盾这样主要因素影响之外，还有一些其他的心理因素影响着裁判者的司法行为，比如当庭宣判制度异化为定期宣判制度，可能是由于裁判者出于卸责的心理，将案件在庭后提交审委会研究决定。这样的裁判者心理动机我们应考虑并加以研究。

于此，我们将以裁判者的能力和动机为框架对制度异化而导致的庭审虚化进行分析。从裁判者能力层面着重分析司法鉴定制度的异化，从裁判者动机的层面考虑主要证据移送制度、证人出庭制度和当庭宣判制度的异化。

3.3 制度异化下司法认知的系统性偏差

至此，我们分析了制度构建热潮背后的异化现象的原因，即裁判者心证能力这一主观问题。然而，对裁判主体的认知力研究不应止步于此，我们必须深化研究，进一步分析这些制度异化下的认知偏差问题。也就是说，有必要分析制度异化究竟是否会对裁判主体的认知造成进一步的影响，如果有影响，那么它们又是怎样影响裁判主体在疑难、复杂案件中的判断的，以及这些影响是如何造成案件最终裁判偏移的？

下面，就将进一步研究前述各项制度异化对裁判者认知心理所产生的偏差效应，具体而言，我们将分析审前、审判、判决等程序阶段中对裁判结果具有典型性影响的认知偏差问题，并且，由于每种异化制度都会产生几重认知偏差——这是由心理效应的复杂性所决定的——所以我们将展开多维系统性分析

(参见表3-2)。

表3-2 制度异化对裁判者认知偏差的系统性影响

异化制度 认知偏差	1. 卷宗移送	2. 笔录宣读	3. 一次鉴定	4. 定期宣判
A 锚定效应	[A1] 偏差			
B 频率冗余	[B1] 偏差	偏差		[B4] 偏差
C 具身抑制	[C1] 偏差	[C2] 偏差		[C4] 偏差
D 权威暗示	[D1] 偏差	[D2] 偏差	偏差	[D4] 偏差
E 曲解效应			[E3] 偏差	

3.3.1 卷宗移送制度的锚定效应及频率冗余

裁判者在异化后的庭前阅卷制度,即表3-2"1.卷宗移送"的影响下,其心理会产生所谓的"A锚定效应",这是指控方所提交的案卷材料犹如一个转盘的初始数字,会使裁判者后续的判断必然在这一数字附近估值,从而导致心理层面无法避免的认知偏差(表3-2中的[A1]项)。[1]这里需要指出的是,在审判中心主义研究的热潮下,很多研究者都对庭前卷宗移送制度以"先入为主"为由对其进行批判,而另一些论文则以该制度属大陆法系的惯常做法为由,对上述批判予以反批判。对于这一争执,我们在对诉讼认知心理的多维系统性分析视角下,就可以发现,上述结论都失之片面。事实上,卷宗移送引起的认知偏差确实存在,不能以大陆法系的惯常做法为由予以粉饰,但是,卷宗移送所具有的锚定效应与最后陈述制度所具有的倒摄效应本来是可以相互抵消的——所谓"最后陈述"的倒摄效应,反映的是这样的心理学原理,即对一个人影响最深的一般是最后进行陈述的人,也正因这一原理,最后陈述制度被我们当作包括简易程序在内的所有庭审程序中都不可或缺的一环。因此,也就是说,如果能够平衡庭前移送和最后陈述的关系,本无须担忧"先入为主"的问题。但是,我们因本土原因而在庭前移送制度中所产生的严重的频率冗余等效应,以及最后陈述制度的实践运行状况,打破了锚定效应与倒摄效应本可相互抵消的

---

[1] 也就是我们通常所说的"先入为主"。

平衡状态。

所谓频率冗余（表3-2中B项），即高频重复的信息会影响认知，只要持续不断地单向给予信息，即便它们是冗余的、是单薄的、是小样本的，决策者的判断力也会受到严重影响。正如因研究不确定条件下的判断推理行为而获诺贝尔经济学奖的丹尼尔·卡尼曼教授所指出的那样："变量间的冗余性，只是提高了预测信心，实际却降低了预测精准性，而人们的预测信心，常常超出人的能力。"[1]因此，控方提交的卷宗中存在有大量刻意的重复性信息，会导致裁判者认知心理会产生相应的偏差（表3-2中［B1］项）。除此之外，认知心理的序列结构也会影响判断，如果序列的开头集中了诸多具有倾向性影响的因子，那么就会造成决策者对最终数值的显著高估，例如，1×2×3×4×5×6×7×8这样一组序列，其平均测试估值为512，而如果改为8×7×6×5×4×3×2×1，那么判断者脑中的平均估值则为2250。[2]因此，卷宗移送制度造成的包括锚定效应、频率冗余、具身抑制、权威暗示等在内的多重认知偏差，还会共同引起序列结构的改变，也就是说，锚定偏移、频率冗余、具身抑制、权威暗示等效应，[3]不仅作为独立因子误导认知，而且还造成序列结构的激变，从而进一步加大了裁判者的认知偏差（表3-2中［A1］~［D1］项）。

3.3.2 笔录宣读制度的具身抑制（反向具身）、权威暗示

具身抑制是指裁判者本身作为庭审参与者与庭审的相互关系效应，是指裁判者不可能独立于环境完成推理，其中必然存在个体与环境的相互作用。心理学研究表明：身体和外部环境的互动构成了认知系统的有机组成部分，它限制着行为的可能性，且对认知过程造成直接影响。在由耶鲁大学组织的研究实验中，随机分派两组学生，A组学生双手捧一杯热咖啡，B组学生双手捧一杯冰咖啡，到实验室以后，两组学生分别对同一个想象中的中性人物的人格特征进行评估。结果显示，A组学生比B组学生更多地把这位想象中的人物评估为热情、友好。而所谓裁判者的理性推理其实也建立在这种被动感知的基础之上，因为"认知是情境的……必须相应于环境的状况和变化，环境对于机体不是外

---

[1]［美］丹尼尔·卡尼曼等：《不确定状况下的判断：启发式和偏差》，方文等译，中国人民大学出版社2013年版，第10页。

[2] 实际结果：1×2×3×4×5×6×7×8＝40320。实验详见［美］丹尼尔·卡尼曼等：《不确定状况下的判断：启发式和偏差》，方文等译，中国人民大学出版社2013年版，第15页。

[3] 有关"具身抑制""权威暗示"的论述，详见后文。

在的、偶然的，而是内在的、本质的"。[1]因此，在庭审中，裁判者坐在"传承了三司会审风格"[2]的法庭里，面对"置于审判席、公诉席、辩护席的夹击之下，处于'伞'型结构的伞把处，成为众矢之的"[3]的被告席，其中是身着各色马甲、剃着冰冷光头、戴着手铐、被困在木质或铁质栅栏内、如履薄冰的被告人，而在"高度与审判台相同"[4]的公诉台上则是如履平地、正在用谴责教化的姿态宣读笔录的公诉人——这样的外部环境影响，就会给予裁判者一种"有罪推定"的具身认知，裁判者就会因此而产生背离无罪推定的具身认知偏差（参见表3-2中[C2]项）。

除此之外，还存在更为广义上的一种具身认知。龙宗智教授曾指出："裁判文书还应阐述和分析当事人和证人对证据调查的反应，包括当事人和证人可供进行真实性判断的非言词性法庭表现和表情，即所谓情态证据。"[5]美国的认罪答辩程序，虽然平均只有15分钟到30分钟的时间，[6]但裁判者们都非常重视和被告人的眼神交流，如通过"直视"来考量被告人是否处于自由意志，借此帮助其判断证据的可采性问题。[7]但是，异化后的笔录宣读制度意味着由检察官代替证人、被告人进行陈述，裁判者由此既"听不到"对证人、被告人的交叉询问，又"看不到"证人、被告人的神态仪容、举手投足。这就意味着，裁判者无法通过诸如"五声听讼"等方法，有效地对证人、被告人所表现出的情态证据进行分析；无法运用作为人的裁判者自身的情绪经验进行认知判断；无法进行模拟代入，感知被认知对象当时或紧张、或激动、或恐惧、或羞涩、或懊恼、或冷漠、或无奈、或愤慨的状态。而这，也就阻断了情态证据的作用机理，因为"心智和认知在本质上并非使用抽象符号的表征和加工，而是一种模拟……大脑通过特殊的感觉和运动通道形成具体的心理状态……情绪知识的加工也涉及到那种情绪的再体验"。[8]因此我们认为，笔录宣读制度所带来的

---

[1] 李恒威、黄华新：《"第二代认知科学"的认知观》，载《哲学研究》2006年第6期。
[2] 邹宇婷、丘志新：《司法改革框架下的"硬件升级"：我国法院刑事法庭空间布局的再探索——以平衡"权"与"利"为切入点》，载《法律适用》2016年第1期。
[3] 邹宇婷、丘志新：《司法改革框架下的"硬件升级"：我国法院刑事法庭空间布局的再探索——以平衡"权"与"利"为切入点》，载《法律适用》2016年第1期。
[4] 《最高人民法院、最高人民检察院关于人民法院审判法庭审判台、公诉台、辩护台位置的规定》。
[5] 龙宗智：《庭审实质化的路径和方法》，载《法学研究》2015年第15期。第151页。
[6] 一般来说，在州法院平均为15分钟，在联邦法院为30分钟。
[7] 2016年11月26日中国政法大学举办的《美国辩诉交易中的裁判者、检察官和律师辩护作用》研讨会纪要。
[8] 叶浩生：《有关具身认知思潮的理论心理学思考》，载《心理学报》2011年第5期。

"听不到""看不到",也是广义上的一种具身认知的抑制。

表3-2中[D2]项所谓"权威暗示"反映的是,作为笔录宣读者的检察官,其宣读证人所提供的不利于被告人的证言时,会产生权威暗示的心理偏差效应。心理学实验证明,无论是手托不同重量的物体,还是握紧拳头的状态,都会影响认知。美国心理学家谢里夫进行过这样的实验:让大学生评价两段作品,告诉他们说,第一段作品是英国大文豪狄更斯写的,第二段作品是一个普通作家写的。其实这两段都是狄更斯的作品。结果大学生对两段作品作了十分悬殊的评价:第一段作品获得了慷慨的赞扬,第二段作品却得到了苛刻的挑剔。[1]而庭审程序中的检察官"权威暗示",则不仅来源于检察官威严的制服和自负的语调——普通证人有的只是对出庭作证的陌生和惶恐;还来源于我们特有的司法体制所赋予检察官的强势主导地位——导致同样的陈述内容,前者会带来一种后者所不具有的权威暗示效应;而更需引起我们注意的是我们一贯强调的检察官的客观中立性,我们历来将检察官的立场赋予一种强烈的中立性质,那么既然检察官被强调为客观中立的,就意味着他比辩护方更加权威,而裁判者也就因此减弱了判断两造双方所提供的不同证言的原始动力,而会天然地依赖"客观中立"的一方——这种认知心理层面的所谓"依赖",同其他认知偏差一样,也是在下意识中对裁判者产生相应的认知偏差影响的。另外,需要指出的是,权威暗示的影响途径也是多样化的,包括导致记忆的加强——实验表明,权威暗示会明显增加记忆率。例如,同一首诗分由两组朗读,第一组在朗读前主试告诉他们这是著名诗人的诗,第二组主试不告诉他们这是谁写的,结果第一组的记忆率为56.6%,第二组的记忆率为30.1%。可见,"威严且中立"的检察官可能会导致裁判者的记忆加强,进而通过强烈的记忆而影响其判断认知。

3.3.3 一次鉴定制度的曲解效应

在认知偏差层面强调"重新鉴定",并不是因为"第二次鉴定"就是正确的,或者说就比"第一次鉴定"更有可信度,而是因为重新鉴定制度可以避免裁判者逃避自我纠错,强迫他们面对矛盾证据并进行甄别。正如卡尼曼教授告诫的那样:"有很多的证据显示,一旦某个不确定情景以某种特定方式被理解或者解释之后,就很难以另一种方式再来看它。"[2]也就是说,"一次鉴定"这一

---

[1] 时蓉华编著:《社会心理学》,上海人民出版社2005年版,第244页。

[2] [美]丹尼尔·卡尼曼等:《不确定状况下的判断:启发式和偏差》,方文等译,中国人民大学出版社2013年版,第194页。

异化制度其实会在裁判者心理上形成一种固化模式，这种"固化模式"会导致裁判者忽视那些"相互关联"的因素，排斥其他辩护证据的信息介入，从而产生抑制裁判者思考、阻碍其自我诊断性修正的认知偏差，这就是"一次鉴定制度"的曲解效应（参见表3-2中［E3］项）。例如，在"马加爵案"中，虽然辩护人提出诸多疑点，如被告人马加爵的作案动机仅因打牌纠纷而产生有悖常理的行为，若只是一时气愤，怎么会从10日一直持续到15日；马加爵在行使最后陈述权时要求对自己处以极刑，其态度好像是在说别人的事那样冷漠，并屡次态度冷漠地表达了这一诉求，不符合常理。但在"一次鉴定制度"的曲解效应下，裁判者并没有考量上述具有复杂相关性的质证意见，而是依据"简单机械"的理由——"法院已委托鉴定机构，组织了具有专门知识的人员，鉴定是在严格按照鉴定程序的前提下进行的"［1］——直接驳回了辩护人提出的申请法庭对被告人的精神状态重新进行司法精神病鉴定的申请。这正像卡尼曼教授所指出的那样："建立于相互关联因素上的事情的可能性的估量，对人的智力而言，要弄清楚这些相互关联的因素变化的次序，是相当困难的。在估计复杂事件的概率时，人们只能想到最简单也是最便于想象的情节。具体来讲，人们倾向于虚构其中许多因素根本就不会有改变，即使有发生也只是最显而易见的变化，而且因素之间相互影响的变化极少。"［2］

事实上，在上述案例中，裁判者完全采信唯一一份云法鉴精字（2004）第595号司法精神病学鉴定书——"认定被鉴定人马加爵无精神病，被鉴定人马加爵在作案过程中精神状态正常，有完全责任能力"。反映出裁判者像所有人一样——"更易于对他们难以预测的结果构建原因性说明，而不容易对不确定模型进行修正以调试新的信息，将一个新的事实同化到已有的原因模型中，似乎比依照此事件修改原模型，要容易得多……他们非常舒适地用这样的一个模型去解释新事实，而不管该事实是多么的出乎意料"［3］也就是说，当裁判者无法对被告人是否罹患精神病这样的复杂问题作出判断时，会越发依赖"一次鉴定"这一"固化模式"——将被告人马加爵的作案动机归结为"有其自身基于生活、环境所形成的现实基础和个体特性"，并且"非常舒适地"接受被告人

---

［1］《马加爵家人提9点异议要求对精神状态做鉴定》，载央广网，http://www.cnr.cn/news/200404/t20040425_220210.shtml，最后访问日期：2018年6月1日。

［2］［美］丹尼尔·卡尼曼等：《不确定状况下的判断：启发式和偏差》，方方等译，中国人民大学出版社2013年版，第194页。第194页。

［3］［美］丹尼尔·卡尼曼等：《不确定状况下的判断：启发式和偏差》，方方等译，中国人民大学出版社2013年版，第136-138页。

马加爵"把带有血迹的作案工具、衣服等与尸体一起留在现场；竟然不记得自己在现场受过伤，甚至连下铺室友的名字都不记得；杀人后还准备到广州去打工"等诸多疑点事实，而不管该事实是多么出乎意料！

3.3.4 定期宣判的具身抑制

当庭宣判制度异化为定期宣判，意味着在被告人最后陈述之后所作出的判决是通过阅卷来完成的，也就意味着后者淹没了最后陈述制度对裁判者本来具有的倒摄效应。并且，案卷笔录中的"重复性信息"和"控方倾向"还会导致心理学意义上的频率冗余和权威暗示效应的出现（参见表3-2中［B4］、［D4］项）。

更为重要的是，定期宣判制度还会导致裁判者的具身认知抑制（参见表3-2中［C4］项），这一心理效应主要体现于以下两个维度：其一，在空间维度上，定期宣判制度意味着裁判者远离法庭，远离控辩双方的当庭质证和辩论，这种与法庭环境的空间隔离会导致实质化的庭审程序对裁判者有效的具身影响趋于归零；导致裁判者只能转而投入卷宗笔录这一非庭审具身的主导影响之中，只能在这一隔离空间内进行相关判断并作出相应判决。也就是说，定期宣判制度会导致裁判者当庭认知判断空间被遮蔽，从而引发认知偏差。其二，在时间维度上，定期宣判制度也会导致裁判者的具身认知抑制，因为"认知是有时间压力的，认知只有也必须在特定的那个时间借由身体与环境的互动才能被理解，时间变了，面临的压力变了，认知也会随之改变"。[1]也就是说，时间也是一种情景，它可以通过影响裁判者的具身认知而影响最终判决。所以，在定期宣判制度下，庭审程序对裁判者施加的具身影响会随着时间的流逝而趋于淡化——时隔多日，那些坐在办公室里撰写裁判文书的裁判者们，对辩护方在庭审程序中曾经给予其的"无罪影响"已然疏离，而其认知也必然随之发生偏差。综上可见，案件的最终判决在空间和时间两个维度上都应与庭审效应紧密衔接，所有在法庭形成的认知都必须及时向判决转化。

张军曾指出，我国司法鉴定的启动"与大陆法系国家的裁判者启动制和英美法系国家的当事人启动制均有不同，而是基本照搬苏联的国家职权主义诉讼模式下的司法鉴定启动模式"。[2]但是，当前我国立法者已经迫切认识到这种

---

［1］薛灿灿：《具身认知理论的思考》，南京师范大学2012年硕士学位论文。
［2］张军：《我国司法鉴定制度的改革与完善》，载《中国司法鉴定》2008年第2期。

证据种类不应具有预定效力,以及对其进行审查判断的重要性。2012年,为摆脱这种路径依赖,2012年《刑事诉讼法》删除了证据种类中沿用多年的"鉴定结论",代之以"鉴定意见"。

本文开篇谈到有学者提出在强制医疗程序上俄罗斯对我国"具有较强的参考借鉴价值",但在强制医疗程序中最为关键的鉴定制度上,再没有学者建议效仿俄罗斯,相反,都对俄罗斯所采用的模式嗤之以鼻。即便有学者认为"现行的鉴定制度,无论在司法机关、当事人或是社会公众之中,都早已形成了无形的制度依赖,完全移植与之迥然不同的英美法系专家证人模式,无异于人为地阻断法律制度的传承,重新建立在中国毫无根基的新制度体系",[1]但却仍然建议选择大陆法的"司法鉴定模式"。[2]因为大家看到《俄罗斯联邦刑事诉讼法典》作为21世纪一部全新的大国刑事诉讼法典,仍在沿袭"鉴定结论"这一证据种类;在鉴定制度上的所谓改革,只是细化了"指定司法鉴定"时辩方向侦查员请求的一些内容,如"申请在另一鉴定机构进行司法鉴定,申请在某一具体的鉴定机构进行司法鉴定";[3]《俄罗斯联邦国家司法鉴定法》《俄罗斯联邦刑事诉讼法典》[4]至今仍排除辩方的启动权,而主要由控方决定鉴定,实践中以所谓侦查员"指定司法鉴定"的情形为最多,虽然也一直力图增强其"鉴定结论"这一证据种类的客观性、准确性,希望通过辩方聘请鉴定人的方式避免和纠正鉴定结论中可能出现的错误,但由于裁判者心证能力受限,该初衷只能被异化为"由辩方向控方申请其提出的其他鉴定人加入控方既有鉴定团队"的形式,[5]以保证最终向裁判者提交的仍然是唯一一份鉴定结论。

然而,在本文所归纳的因果关系律中,可以清楚地看到,中俄仍"极为相似"地都属于第三类型,且我们目前鉴定制度改革的内容,如"嫌疑人提出申请,经检察长批准,可以补充鉴定或重新鉴定"[6]等,也和俄罗斯一样,都是

---

[1] 汪建成:《司法鉴定模式与专家证人模式的融合——中国刑事司法鉴定制度改革的方向》,载《国家检察官学院学报》2011年第4期。

[2] 汪建成:《司法鉴定模式与专家证人模式的融合——中国刑事司法鉴定制度改革的方向》,载《国家检察官学院学报》2011年第4期。

[3] Статья 198 УПК РФ 2001.

[4] Статья 19 Федеральный закон от 31 мая 2001 г. N 73-ФЗ "О государственной судебно-экспертной деятельности в Российской Федерации"; п. 1 статья 195 УПК РФ.

[5] Статья 198 УПК РФ 2001, Статья 185 УПК РСФСР 1960.

[6] 参见2012年《人民检察院刑事诉讼规则(试行)》第253条。

在"控方垄断鉴定"这一基础之上的一些"细化"。所以,我们相信立法的必然进步,但很多重要制度的所谓进步,往往只能是某种规律下的亦步亦趋。

所谓最终的"客观"判决结果,实质上乃是裁判者"主观"判断之反应。因此,我们将研究庭审实质化的视角越过客观制度的藩篱,转而将目光投射到"裁判者认知判断"这一主观问题上来。由此发现,裁判者主观心证能力的滞后与客观上庭审改革的突进间的矛盾不仅导致制度异化这样的结果,还会给裁判者带来各类认知偏差,如锚定效应、频率冗余、具身抑制、权威暗示、曲解效应等——这些心理认知误区很难被克服,会造成案件最终裁判的进一步偏移(参见表3-2)。由此可见,如果要避免这种制度异化及相应的裁判者认知偏差,无疑必须加强裁判主体的心证能力,并且,由于裁判者认知判断能力的提高绝非一朝一夕之功,因而这一问题的解决还具有时效紧迫性。

3.3.5 认知偏差外的噪声

在司法决策中,系统性的制度异化导致了认知中的系统性偏差。然而,除了这种偏差以外,还存在着另一种影响法官司法决策的"噪声"。卡尼曼的噪声理论强调了决策过程中噪声(随机性或不确定性)的重要性。根据该理论,决策受到来自多个因素的干扰,而非仅仅基于信息的理性思考。这些噪声源可以包括个体情绪、注意力分散、疲劳程度以及与决策相关的环境因素等。这些噪声因素可能导致在相同情境下作出不一致的决策,从而产生不确定性和误差。在所有专业性决策中都存在错误。我们认为这些错误都具有一个共同点,即偏差和噪声的组合。

司法决策是法官在处理案件时作出的决策,其结果会对当事人和社会产生重大影响。噪声理论为理解司法决策偏差提供了一个框架,强调了决策过程中噪声的重要性。司法决策受到噪声的影响,会导致决策结果的不一致性和不确定性。司法裁判的确定性与不确定性问题是一个古老而常新的法理学难题,通常体现为既要赋予法官独立思考的权力,又要对其自由裁量权进行限制的紧张关系,其中,把分界线划在哪里的问题令历代法学家们伤透了脑筋。[1]

减少噪声对司法决策的影响,可以通过规范化决策规则、提供反馈和学习机会,以及加强决策的监督和审查来实现。进一步研究噪声理论与司法决策的关系有助于推动司法系统的改革,提高决策质量。

---

[1] 宾凯:《从决策的观点看司法裁判活动》,载《清华法学》2011年第6期。

水平噪声指的是决策者在处理同一类型的决策时，产生的决策结果存在一定的随机性和不一致性。这种噪声并非由决策者的错误或个人偏见引起，而是由决策过程中的随机因素造成的。水平噪声是决策结果在同一决策背景下的变动性。举例来说，考虑一个法官在审理相似刑事案件时作出的量刑决策，尽管这些案件的事实和法律依据相似，但由于水平噪声的存在，同一位法官可能在不同时间或相同时间的不同日子里对相同类型的案件作出稍有不同的刑期判决。

模式噪声指的是决策者在面对不同类型的决策时，存在一种固定的、可重复的错误或偏见模式。这种噪声是决策者个体特定的、系统性的错误倾向，导致其在各种决策中产生一致的偏差。举例来说，考虑一个法官在处理不同类型的民事案件时，倾向于给予原告更高的赔偿金额。无论具体的案件细节如何，这个法官总是倾向于支持原告，并对被告不利。这种固定的偏见模式就是模式噪声的一种体现。

情景噪声指的是决策者在不同的决策情境下，由于环境或其他外部因素的变化，产生决策结果的差异。这种噪声是决策环境的变动或不确定性引起的，与决策者自身的特征无关。举例来说，考虑一个审理民事案件的法官。在同一类型的案件中，法官可能在不同的法庭、不同的法律制度或不同的法官组合下作出不同的决策。这些外部因素的变化导致了决策结果的差异，即情景噪声的存在。

这些不同类型的噪声在决策过程中会对结果产生不同程度的影响。了解和识别这些噪声的存在有助于更好地理解决策的随机性和不确定性，并采取相应的措施来减少噪声对决策结果的负面影响。

在以上讨论的司法决策"噪声"中，有一种常被忽视的类型，即情感和情绪。情感和情绪可以对司法决策产生重要影响，它们可以在决策过程中引入偏见和扭曲，从而影响法官的判断和决策结果。

情感和情绪状态可以影响法官的注意力和记忆，进而导致信息处理的偏差。负面情绪可能使法官更加关注案件中的负面细节，而忽视积极方面的证据。此外，情绪还可能干扰对案件相关信息的记忆和回忆，进而影响判断和决策的准确性。因此，情感和情绪在司法决策中扮演着重要的角色。情感和情绪还可以导致法官产生偏见，影响其对案件事实和证据的解释和评估。法官的情感状态可能影响其对被告的态度和对案件的感受。愤怒和恐惧情绪可能增加对被告的严厉程度，而同情和亲近情感可能导致对被告更宽容的判断。这是因为一方面，当人们亲历或者耳闻目睹不义之事发生时，会感到愤怒或义愤；另一方面，当人们亲历或者耳闻目睹正义得到伸张时，内心会涌出感激、愉悦、满足或快慰的情感。[1]这种情感偏见可能干扰客观公正的决策过程，导致不公正的结果。情感和情绪状态还可以影响法官对决策风险的态度和处理方式。焦虑和恐惧情绪可能使法官更加保守和趋于规避风险，导致对被告采取更严厉的决策。相反，积极情绪和乐观情绪可能导致决策偏向于更宽容和温和的方向。

此外，不仅个体情感和情绪会对司法决策产生影响，社会情感和公众压力也会对法官的决策产生影响。法官可能受到公众情感和舆论压力的影响，试图作出符合社会期望的决策，而不仅仅基于法律和证据作出决策，这种情感影响可能会削弱司法的独立性和公正性。

具体到情感和情绪是如何具体地影响法官判决，有学者提出这种情感和情绪遍及司法裁判全过程。首先是当法官接触到案件事实时，这些事实会刺激或启发法官的思维过程。这种刺激或启发会激活法官大脑中的法律记忆库，帮助法官提取出相应的法律条文。在这一过程中，法官的情感也会自然而生，大脑会自动对事实进行评价，并产生正义情感，可能是愉悦、义愤或不满等。这些正义情感随后成为信息，通过情感启发式的方式，直接参与大脑的认知加工过程，影响法官的法律发现。

情感和情绪不仅在法律发现过程中具有导向作用，也在法律解释过程中发挥重要作用。感情本身是一种基于认知和评价的倾向，感情所向就是法律解释或法律理解的方向。当法官进行法律解释时，他们的情感会影响他们对法律条文的理解和解释方式。法感情可以引导法官在法律解释过程中偏向于某种解释，从而对案件的结果产生影响。

其次，情感和情绪还会在事实认定过程中发挥导向作用。事实认定是司法判决过程中的重要环节，法官需要根据案件中的证据和事实进行判断。在这一过程中，法感情会影响法官对事实的评估和判断。如果法官对事件认定为不义，他们可能会产生义愤或不满的情绪，进而影响他们对事实的解释和判定。相反，如果法官认定事件为正义，他们可能会产生愉悦或满足的情感，进而影响他们对事实的理解和认定。

最后，在司法判决过程中，情感和情绪具有导向作用。许多法律现实主义学者意识到法感情对司法判决的影响。他们使用不同的术语如直觉、预感、正义感等来描述这种现象。法感情基于对事件的评估和判断，如果法官认定事件为不

---

[1] 唐丰鹤：《司法过程中的法感情——基于心理学情绪理论的分析》，载《四川大学学报（哲学社会科学版）》2021年第5期。

义,他们可能会产生义愤或不满的情感;如果认定事件为正义,他们可能会产生愉悦或满足的情感。显而易见的是,如果法官提前判定事件为不义并产生义愤或不满,那么这种情感会影响他们作出的判决,可能导致特定的决策结果。

因此,了解情感和情绪对司法决策的影响对于提高决策的客观性、公正性和准确性至关重要。在司法系统中,应该采取措施来识别、管理和减少情感、情绪对司法决策的不良影响。这可以包括提供专业培训和教育,建立决策规则和流程,提供反馈机制,以及加强决策的监督和审查。这些措施可以促进法官作出更客观、更公正和更准确的司法决策。

刑事审判是保障社会秩序和公正的重要手段之一。然而,决策噪声似乎天然在刑事审判中存在,并对法官的审判行为产生影响。人工智能审判作为一种新兴的技术手段,部分学者对其抱有过高期待,似乎一个完美的机器可以解决审判难题,也可以在一定程度上规避决策噪声。刑事法作为规制人的犯罪行为的法律,决策噪声或许本身就是刑事审判的一部分,摒弃决策噪声可能导致法律僵化和"恶法"的滋生。

由于内部和外部因素的干扰,司法决策中存在噪声,导致决策结果的不一致性和随机性。在法官的审判行为中,决策噪声可能来自个体心理因素、注意力分散、疲劳程度以及与案件相关的环境因素等。这种决策噪声可能导致在相同情境下法官作出不一致的决策,影响审判结果的准确性和公正性。

人工智能审判是一种自动化决策系统,通过利用大数据和机器学习算法,人工智能可以基于客观的规则和指标进行判断和决策,减少人为主观因素的干扰。人工智能审判在决策过程中具有较高的一致性和准确性,可以提供更加公正和稳定的判决结果。然而,人工智能审判也存在局限性,例如对于复杂情境的处理能力有限、伦理道德判断的局限等,不能完全取代人类法官的决策。而这些恰恰是法律所要解决的难题。

在刑事审判中存在的决策噪声,我们需要在权衡中寻求合理的限制。一方面,决策噪声可能导致司法判决的不确定性和错误,损害公众对司法系统的信任。另一方面,完全摒弃决策噪声可能导致僵化教条和对特定情境的不公正判决。因此,我们应该寻求合理的平衡,通过规范化的决策规则、提供反馈和学习机会,以及加强决策的监督和审查来限制决策噪声的影响。

法官作为决策者,其专业素养和决策能力对应对决策噪声至关重要。法官需要具备深厚的法律知识和丰富的实践经验,以更好地应对复杂的案件情境和证据。此外,法官还应具备良好的判断力和决策风格,注重客观、公正和合理的决策过程。通过加强法官的专业培训和提高司法人员的素质,增进其应对决策噪声的能力,以求更好地实现刑事审判的公正性和合法性。

在决策噪声与刑事审判之间的关系中,我们需要充分认识到决策噪声的存在和影响。尽管人工智能审判在规避决策噪声方面具有潜在优势,但决策噪声在刑事法中似乎是不可避免的。完全摒弃决策噪声可能导致法律僵化和"恶法"的滋生。因此,我们需要在权衡中寻求决策噪声的合理限制,并注重法律的适应性和公正性。通过加强法官的专业素养和提高司法人员的决策能力,可以更好地应对决策噪声,确保刑事审判的公正性和合法性。

3.4 司法鉴定制度异化的裁判者能力解释

3.4.1 司法精神病鉴定模式及强制医疗程序类型因果关系论

3.4.1.1 研究对象的确定:强制医疗程序的整体构造

"依法不负刑事责任的精神病人的强制医疗程序"(以下简称强制医疗程序)在1979年《刑事诉讼法》和1996年《刑事诉讼法》中都从未出现过,2012年,它作为第四章,和另外三个程序一起构成我国2012年《刑事诉讼法》第五编"特别程序",成为"执行"一编之后的一个新的独立体系,被认为是2012年《刑事诉讼法》的一个创设。

新的强制医疗程序一章从2012年《刑事诉讼法》第284条开始,该条强调进入本章调整范畴的先决条件是"经法定程序鉴定"。事实上,分析强制医疗制度改革,必须把刑事诉讼法中有关鉴定的程序也一并纳入,[1]整体上的强制医疗程序应当包括"前置的司法精神病鉴定阶段"和"强制医疗决定阶段"两个阶段(作为2012年《刑事诉讼法》中最后一次出现"鉴定"一词的第284条,其实承担的是从"前阶段"转入"后阶段"这一承前启后之功能),因此下文的研究内容将在强制医疗程序整体纵向构造的基础上全面展开。

对于整体构造中的"前阶段",即"司法精神病鉴定阶段"而言,精神病鉴定启动难一直被认为是其核心问题所在。[2]无论是在2012年《刑事诉讼法》

---

〔1〕 如2012年《刑事诉讼法》第二编第二章"侦查"第七节"鉴定"第144条至第147条,第三编第二章"第一审程序"第一节"公诉案件"第191条、第192条等。

〔2〕 《中外法学》编辑部:《中国刑事诉讼法学发展评价(2010—2011)——基于期刊论文的分析》,载《中外法学》2013年第3期。

修正以前，还是在修正之后，学者们都不断要求改造鉴定的启动权配置，如2000年樊崇义教授提出，应当"规定法院是唯一有权决定启动鉴定程序的主体"；[1]2002年、2012年陈光中教授连续建议，"只要当事人、侦查机关或检察机关提出鉴定申请，符合程序性要件，就应当接受鉴定申请"；"在一定情况下，当事人有直接启动司法鉴定的权利"；[2]2014年田圣斌教授提出，"抗辩任何一方提出，只要有能够证明当事人患有精神疾病的必要材料就应该启动"。[3]但是，我们看到，鉴定程序在启动权这一关键问题上始终没有发生变革。

我们还注意到，虽然1996年《刑事诉讼法》第159条、2012年《刑事诉讼法》第192条都规定了法庭审理过程中，当事人和辩护人、诉讼代理人有权申请重新鉴定，但这一制度在司法实践中一直无法有效运行。同样的，无论是在2012年《刑事诉讼法》修正以前，还是在修正之后，诸多案例都突显司法精神病重新鉴定难问题，[4]甚至有学者指出，由于"过于严格地限制重新鉴定，当事人申请重新鉴定的法定权利已沦为摆设"。[5]

由此可见，作为"前阶段"中核心问题的司法精神病鉴定"启动难"及"重新鉴定难"问题，尽管有许多学者对其反复提出改革要求，但相关立法和司法却并未发生变化。

与上述情形形成深刻反差的是，整体构造中的"后阶段"，即"强制医疗决定阶段"却在几乎没有学界相关改革呼声的背景下——以期刊网收录的论文为例，根据笔者检索，从1996年到2011年8月30日，[6]论文篇名中包含"精神病人强制医疗"这一关键词的论文只有27篇，每年不到1.8篇，其中核心期刊论文又只占三分之一，平均每年不到0.6篇，而同期仅"诉讼法与司法制度"学科分类下就有118 196篇论文，也就是说，在2012年《刑事诉讼法》290个条文中占条文比重超过百分之二的强制医疗决定程序，其相关学术研究在此之前仅占万分之二，相差逾百倍，得以打破原先法典一直秉承的传统线性结构，创设了新的特别程序。

---

［1］樊崇义、陈永生：《论我国刑事鉴定制度的改革与完善》，载《中国刑事法杂志》2000年第4期。

［2］陈光中：《鉴定机构的中立性与制度改革》，载《中国司法鉴定》2002年第1期。陈光中、吕泽华：《我国刑事司法鉴定制度的新发展与新展望》，载《中国司法鉴定》2012年第2期。

［3］田圣斌：《强制医疗程序初论》，载《政法论坛（中国政法大学学报）》2014年第1期。

［4］如2004年"马加爵案"、2008年"杨佳案"及2013年"温岭连恩青杀医案"。

［5］郭志媛：《刑事诉讼中精神病鉴定的程序保障实证调研报告》，载《证据科学》2012年第6期。

［6］以2011年8月30日全国人大常委会在中国人大网全文公布《刑事诉讼法修正案（草案）》为节点。

那么,既缺乏研究基础,又没有多少改革呼声的强制医疗决定程序为何悄然确立,引发了自 1979 年以来我国刑事诉讼法典最大的结构变革?而司法精神病鉴定启动权重置的改革为何始终没有发生?重新鉴定的机制为何一直举步维艰?这些问题,将引导我们去清晰地认识这次"强制医疗制度改革"的本质,并明确当前的完善进路和未来的改革方向。因此,我们将从结构视角出发,对整体意义上的强制医疗程序进行研究,不仅解释强制医疗决定程序的全新创设,还会从反面分析鉴定程序的改革停滞。

3.4.1.2 研究对象的性质定位:控方启动和医疗确认

要解释前述疑问,要分析这次"强制医疗制度改革",就必须首先对我国鉴定启动模式和强制医疗决定程序的性质进行定位。对于前者而言,我国的鉴定启动模式由于突破了传统两造诉讼追求的双方平等之理念,而主要由侦控机关单方自行提起鉴定,从而"与大陆法系国家的裁判者启动制和英美法系国家的当事人启动制均有不同",[1]形成一种特殊性质的启动模式类型——控方鉴定启动模式,由于我们对鉴定启动模式的这一定位较为准确,笔者将仅就几种不同鉴定启动模式及其形成原因在本文第四部分予以具体论述。

但是,作为 2012 年《刑事诉讼法》新创设的强制医疗程序,关于其性质定位的研究则较少,而目前仅有的观点也普遍倾向于简单将其归为类似德国、意大利等国的保安处分性质,如有刑法学者提出,以这一法律(2012 年《刑事诉讼法》)变更为背景,将刑法中规定的精神病人强制医疗视为一种保安处分,即具有充分的法律根据。[2]有刑事诉讼法学者也指出:"强制医疗属于保安处分的一种"。[3]鉴于此,笔者有必要对新创立的强制医疗程序展开本体论探讨,下文就将通过与相关国家的实证比较,从四个维度对上述误判进行具体分析并探讨我国强制医疗程序的本质属性。

3.4.1.2.1 制度之维

从最浅表的具体制度层面上看,德国、意大利等大陆法系国家刑事法律中的精神病人收容制度,在其上位类属概念"保安处分"之下,除了有对精神病人的收容,还规定有对各种瘾癖犯罪人的收容、对惯犯的收容等——如德国;[4]除了

---

[1] 张军:《我国司法鉴定制度的改革与完善》,载《中国司法鉴定》2008 年第 2 期。

[2] 时延安:《隐性双轨制:刑法中保安处分的教义学阐释》,载《法学研究》2013 年第 3 期。

[3] 陈卫东:《构建中国特色刑事特别程序》,载《中国法学》2011 年第 6 期。

[4] Dritter Abschnitt, sechster Titel des StGB, Massregeln der Besserung und Sicherung.

包括收容于司法精神病医院,还包括把因惯常性醉酒或使用上瘾的麻醉品的犯罪人送往农垦或劳动场,包括把惯犯、职业犯等收容于司法教养院等——如意大利。[1]

反观我国,在精神病人强制医疗程序的上位类属概念"特别程序"之下,并不存在德国、意大利等国保安处分内部"监禁性措施"和"非监禁性措施"的分类;在整个刑事法律中,也不存在德国、意大利等国刑法体系中对"传统刑罚手段"与"保安处分措施"并列规范的双轨制;更为重要的是,和强制医疗程序并列的未成年人刑事程序等其他几个"特别程序"也都不具有保安处分的性质,这就与德国、意大利等国并列于"精神病人收容措施"规定的其他保安处分的立法通例表现出明显差异。

事实上,与我国目前特别程序制度相类似的是2001年《俄罗斯联邦刑事诉讼法典》第四部分,该"刑事特别程序"体系同样并列包括有"未成年人刑事案件诉讼程序"和"医疗性强制措施诉讼程序"等制度。[2]而且,在该国刑法中也不存在保安处分的专章规定,其现行1996年《俄罗斯联邦刑法典》只是对应其刑事诉讼法专门设置了一编,并将该编先后命名为"医疗性强制措施"和"其他刑法性质的措施",[3]始终秉承了其刑法单轨制的传统。也正因此,陈卫东教授指出:"俄罗斯的模式"与我们这次改革创建的强制医疗制度"极为相似"。[4]

3.4.1.2.2 理论演进之维

我们知道,我国一贯采取"从重处罚"这一刑罚手段来对待累犯,同样,俄国也仍然局限于这一传统刑罚理念,如现行《俄罗斯联邦刑法典》第18条【累犯】规定:对累犯应该在刑法典规定的限度内从重处罚;第68条【对累犯的处刑】规定:在对累犯、危险的累犯和特别危险的累犯处刑时,应考虑以前所实施犯罪的数量、社会危害性的性质和程度,考虑致使以前的刑罚不足以对罪犯进行改造的情节,以及考虑所犯新罪的社会危害性的性质和程度。反观德国、意大利等国家,它们针对累犯、惯犯等,则会适用保安处分,换言之,它们认为"对惯犯的收容"和"对精神病人的收容"在性质上是一样的,都属于

---

[1] 《最新意大利刑法典》,黄风译注,法律出版社2007年版,第81页。
[2] 1960年《苏俄刑事诉讼法典》中同样在法典的末篇并列规定了《未成年人案件诉讼程序》和《适用医疗性强制措施的诉讼程序》。
[3] 该编标题由俄罗斯联邦法律《俄罗斯联邦刑法典》2006年7月27日第153号(修正案)修订。
[4] 陈卫东:《构建中国特色刑事特别程序》,载《中国法学》2011年第6期。

保安处分的范畴。

　　这是因为保安处分理论与传统的刑罚理论完全不同。传统的刑罚理论以过去的行为罪责为刑罚的前提和上限，而在保安处分理论面前，无论是不承担刑事责任的精神病人，还是多次故意犯罪的惯犯，无论是有酗酒、吸毒等引发犯罪之瘾癖的人，还是限制刑事责任能力的精神病人，都具有相同的适用保安处分的基础，而不会因先前行为承担罪责，不会因所谓的犯罪行为遭受惩罚。相应的，也不存在"从重"这一"处罚上限"，无论是精神病人，还是惯犯，都可能被处以无限期的收容处分。

　　可见，保安处分理论颠覆了传统刑罚观，它否认自由意志和个人责任，认为自由意志与犯罪结果之间不具有因果联系，不再强调"一般预防"；认为犯罪是"犯罪人"——这里的"犯罪人"不再是刑法意义上的犯罪人，而是犯罪学意义上的"犯罪人"，受其生理结构、自然机制、社会影响等诸多因素综合作用而必然发生之结果，并非其本人自由意志所能控制，因此应抛弃罪责和惩罚，对"犯罪人"采用隔离、治疗、矫正等"特殊预防"手段，从而在根本上实现对犯罪的"控制"。

　　而要实现保安处分意义上的"犯罪控制"，就必须在"犯罪人"实施犯罪或者重新犯罪之前对其进行准确"标定"，也就是说，如果要控制和改造"犯罪人"，那么对他们的"标定"就成为关键问题之所在，成为保安处分实现其特殊预防所必须要解决的问题。因此我们看到，龙勃罗梭、加罗法洛、菲利、李斯特等一大批刑事实证主义学派学者，分别从生理角度、道德角度、人格角度、危险性角度，从大脑构造、面相特征、社会环境、精神心理、人格态度出发，提出如天生犯罪人、人格责任、社会责任等各种理论，其实都是在致力于用不同方法去"标定"出那些将要犯罪或将要重新犯罪的"犯罪人"，这也是保安处分理论发展的重心所在。

　　另外，之所以出现上述多元的标定方法，本身就表明其各个方法的不确定性，而由这些"不确定的方法"所标定出的犯罪人，却可能以社会防卫之名，被予以长期甚至终身监禁，因为这里并不受"责任原则"之限制，"对于无责任的，也允许命令处分"，[1]从而导致保安处分在实践中可能沦为"践踏人权，破坏法制的帮凶"。[2]因此，在上述理论经历深厚学术积淀的同时，始终遭遇

---

〔1〕　［德］约翰内斯·韦塞尔斯：《德国刑法总论》，李昌珂译，法律出版社2008年版，第7页。
〔2〕　陈啸平：《保安处分的诱惑与风险》，载《法学评论》1989年第5期。

广泛的争议和批判,而最终的妥协结果就是目前德国、意大利等国的法典中,出现的所谓刑事法律后果的"双轨制"。

俄罗斯强制医疗的发展演进则可以简单总结为"从强制监禁向强制医疗的逐步转换"。例如,从1801年对精神病人的"无限期监禁"到1827年的"五年期监禁";从1832年《俄罗斯帝国法律汇编》第15卷中第一次出现"强制医疗"概念,到1922年《俄罗斯苏维埃联邦社会主义共和国刑事诉讼法》用专门条文规定:"在确认受审人无刑事责任能力后,由法院终止刑事案件,然后进入精神病人强制医疗的讨论决定阶段。"[1]——不过其司法实践中相关权利保障却存在严重问题,如侦查人员常常不经法院决定直接适用强制医疗,法院不经司法鉴定直接适用强制医疗,精神科医生不经法院决定直接解除强制医疗,导致在强制医疗的前六个月中有一半的精神病人出院,其中三分之一是自行逃脱的;[2]再从1960年《苏俄刑事诉讼法典》首次专章规定强制医疗程序[3]——但该制度仍不完善,被俄国学者认为其整个司法程序"本质上只是个形式",嘲笑其庭审笔录"只有两行字",[4]到2001年《俄罗斯联邦刑事诉讼法典》全面加强法定代理人、辩护人及精神病人本人的诉讼参与权和完善程序在执行措施的终止、变更、延长等方面的合理性。

由此可见,俄罗斯强制医疗沿着"从罚到治"的脉络发展至今,不断规范程序措施,提高精神病人诉讼待遇,但并没有能够对如何进行准确"标定"进行关注,而只是在进一步弱化强制医疗的强制色彩,强调治疗为主、强制为辅的发展目标,如俄罗斯著名刑诉学者彼得鲁辛(Петрухин Игорь Леонидович)教授在其《俄罗斯刑事诉讼改革的理论基础》一书中就强调:"'强制医疗'这个词组的重心要放在后一个词上,这个措施的基本价值就在于'医治病人'。"[5]正是以这种"病人治疗"为价值取向,俄罗斯现行刑法增设了不同管束强度的医疗措施,细化了强制医疗机构的种类,如在之前"普通类型的精神

---

[1] Ст 322 УПК РСФСР 1922г.

[2] Морозов Г. В. Основные этапы развития отечественной судебной психиатрии -М.: Медицина, 1967. -С. 182-183.

[3] Глава тридцать третья УПК РСФСР 1960 г. (《苏俄刑事诉讼法典》第33章《适用医疗性强制措施的诉讼程序》)。

[4] Хомовский А. А. Руководство по применению принудительных мер медицинского характера в советском уголовном процессе: автореф. дис. М., 1967. -С. 13.

[5] "Теоретические основы реформы уголовного процесса в России" Часть 2 М. 2005. С. 181, И. Л. Петрухин.

155

病住院机构"和"特别类型的精神病住院机构"的基础上扩充了"强制性门诊监管并接受精神科医生治疗"这种更为轻缓的强制医疗方式,增加了"加强监管的专门精神病院机构",而医疗性强制措施在其刑事诉讼法和刑法上的"适用根据和目的"中,被置于第一位的就是"防止精神病人对其自身的危险"和"治愈精神病人或改善其心理状态"。这些都与德国保安处分中"收容于精神病院措施"所追求的立法目的形成鲜明对比,后者并不以治疗病人为根本目的,而是以保护社会免受危险、防卫侵害为目的,并在此目的下,通过不断完善"标定"方法来改进保安处分制度。

3.4.1.2.3 司法判断之维

我们知道,德国现行的六种保安处分——"行为监视措施、吊销驾驶证措施、职业禁止措施、收容于精神病院措施、收容于戒除瘾癖机构措施、保安监管措施",都是统一于人身危险性这一标准之下的;现行意大利的保安处分体系——"送往农垦区或劳动场、收容于治疗看守所、收容于司法精神病医院、收容于司法教养院、监视自由、禁止在一个或数个市镇或者一省或数省逗留、禁止去酒店和出售含酒精饮料的公共店铺、将外国人驱逐出境",其构建所依据的标准同样是人身危险性标准。在这里,"'危险性'是一个非常核心的概念,其重要性可与传统刑法中犯罪构成的概念相比"。[1]因此,审判中对应的核心问题也就成为在适用各种具体措施时对人身危险性的司法判断问题,换言之,对于人身危险性的有效判断,决定着一个国家的保安处分是否能够真正成为一种"刑事司法程序"。

而对于人身危险性标准的判断,是有别于传统刑事审判中对犯罪的判断的。在此,如果我们把人身危险性这一概念拆解为两部分,就可以清楚地发现它对"判断"所提出的特殊要求:人身危险性概念中的所谓"人身",是指犯罪人的人身,如果说之前"判断"的主要对象是"犯罪行为",那么现在要面对的则是处于不断变化中的、复杂的"犯罪人"的反社会人格和意志,换言之,需从对"过去时态的犯罪"的判断转向对"未来时态的犯罪人"的判断;而其中所谓的"危险性",指的是严重违反刑法的盖然性,即所谓"有利事件数目与所有可能事件数目之比",[2]是一种概率判断。由此可见,保安处分中人身危险性的判断相比传统的犯罪判断已发生了质的变化。因此,保安处分中的司法判

---

[1] 陈啸平:《保安处分的诱惑与风险》,载《法学评论》1989年第5期。
[2] 柳延延:《概率与决定论》,上海社会科学院出版社1996年版,第11页。

断，就必须相应地具备一套有别于传统犯罪判断的特殊机制及相应的、专门的证明制度和辅助手段。如根据德国法律，选择保安处分必须与行为人将要实施的行为以及由行为人所引起的危险程度相适应，裁判者在选择各种保安处分时必须进行"比例性判断"，如在适用"收容于精神病院措施"这一具体的保安处分时，要求裁判者必须判断出行为人在将来实施的违反刑法的行为不是"轻微的"，而是"重大的"；必须是"极有可能发生的"，即"最大程度的概率可能性"，而非"一般的可能性"。换言之，只有"极可能"对社会利益造成"重大损害"的犯罪人，裁判者才可以对其适用"收容于精神病院措施"。在适用"收容于戒除瘾癖机构的措施"时，则需裁判者判断行为人未来对瘾癖性物品的精神依赖性，进而判断这种依赖所造成的瘾癖结果与严重犯罪行为之间特定的联系性，还需判断行为人的"治疗对抗性"，即通过治疗使得行为人获得治愈或至少在相当时间内不再出现此类瘾癖的可能性等一系列问题。

同时，这里也需要专业人员提供能够协助裁判者进行"危险性判断"的技术支撑。如在加拿大，法院认定惯犯的"危险性"时，首先需要对适用对象进行60天的精神评估。[1]在德国，当被指控人无法出庭而需裁判者在审理前对其进行询问时，检察官、辩护人、法定代理人都无须出席，但裁判者须请鉴定人在场，而且要求鉴定人在保安处分的审判程序前对被指控人进行检查，在随后的正式庭审中，鉴定人仍然必须到庭，并且接受有关被指控人状态的询问。[2]

相反，如果不具备上述"判断机制、证明标准、专业方法"等程序性保障手段，就很难根据人身危险性标准适用保安处分。因此，我们看到俄罗斯的刑事裁判者并不习惯于对控方提出的强制医疗申请进行有关行为人人身危险性的判断，相应的，其相关法律也不要求裁判者做出此类判断，如1960年《苏俄刑法典》第6章"医疗和教育性质的强制措施"中，没有任何有关人身危险性判断的要求，其第59条规定：法院适用强制医疗的根据是精神病人过去所实施的行为的社会危害性及其当时的精神状态；第62条规定：只要酗酒和吸毒人员实施了犯罪行为，法院就可以对他们采取强制措施。2001年《俄罗斯联邦刑事诉讼法典》第51章"适用医疗性强制措施的诉讼程序"也明确了以"实施行为的轻重"为标准来适用强制医疗，其第443条规定：如果该人所实施的行为不

---

〔1〕 翟中东：《危险评估与控制——新刑罚学的主张》，载《法律科学（西北政法大学学报）》2010年第4期。

〔2〕 Siehe §415 StPO.

严重,则法院应作出裁决终止刑事案件并驳回适用医疗性强制措施的决定。[1]由此可见,俄国事实上还整体处于刑事古典学派所谓罪刑法定主义的"行为刑法"阶段。

同样,在我国的精神病人强制医疗程序中,也不存在具体的关于人身危险性的证明标准体系,没有有关人身危险性的明确的证明对象,甚至连证明责任的分配也存在问题——如根据2012年《最高人民法院关于适用〈中华人民共和国刑事诉讼法〉的解释》第532条的规定,法院可以因在审理案件过程中发现被告人可能符合强制医疗条件而主动适用强制医疗程序对案件进行审理,并在开庭审理中由合议庭组成人员宣读对被告人的法医精神病鉴定意见,说明被告人可能符合强制医疗的条件。因此,正如有刑法学者指出的那样:"我国司法界对保安处分还相当陌生,仅仅习惯于对犯罪人科处刑罚。"[2]换言之,我国裁判者目前根本无法在强制医疗程序中对行为人的人身危险性问题进行判断。

除此之外,在人身危险性判断的专业辅助方面,中俄两国的强制医疗程序都只是强调"指派律师提供法律帮助"之类的属于诉讼权利保障性质的措施,[3]而普遍缺乏鉴定人、精神病学专家、心理学专家、治疗机构的参与,缺乏临床诊断、量化统计等各类专业报告。如在我国,"诊断评估报告"是唯一在强制医疗中出现的专业辅助意见,但它并不适用于强制医疗的审判阶段,而只是出现在强制医疗的执行过程中。更重要的是,这些"诊断评估报告通常仅涉及病理、症状等,不会对被治疗人是否还具备人身危险性作出结论"。[4]而且,"我国全面开展司法精神病医学鉴定有近30年,但始终无危险性评估这一鉴定目"。[5]

3.4.1.2.4 程序法之维

通过上述几个维度的实证比较,可以清楚地看到我国,包括俄罗斯,与德国、意大利等国之间一系列的根本区别,尤其是在上述"证明体系""辅助手段"都缺位的情况下,中俄两国的强制医疗措施根本无法实现其应有的程序价值,陈瑞华教授就曾批评现行强制医疗制度"仅原则性地规定精神病人有继续危害社会可能",却没有具体地界定"在何种情况下可以认定精神病人具有继

---

[1] 该规定后来被确认违宪。
[2] 屈学武:《保安处分与中国刑法改革》,载《法学研究》1996年第5期。
[3] 如《俄罗斯联邦刑事诉讼法典》专门用一个独立条文规定辩护人须参加强制医疗诉讼程序。
[4] 刘庆华等:《强制医疗程序司法实践中遇到的几个问题》,载http://www.jcrb.com/procuratorate/theories/practice/201303/t20130324_1072971.html,最后访问日期:2015年7月30日。
[5] 张伟东、王迎龙:《刑事强制医疗程序适用条件解析》,载《中国司法》2014年第12期。

续危害社会的可能",没有解释"在强制医疗程序中如何证明精神病人的人身危险性"。[1]

我们知道,世界范围的比较法上都要求法律明确规定保安处分的决定者为裁判者,之所以为裁判者,就是要实现取舍和筛选,使得相当部分实施了危害行为的精神病人得以因不具有人身危险性而不被强制医疗,具备这种"裁判"的过滤功能的保安处分,才是程序法意义上的保安处分。因此,不是所有具有矫正、医疗性质的措施都可以被大而化之地纳入保安处分,也不是只要在强制医疗程序的法条里写上"裁判者""继续危害社会可能"这些字眼,就代表确立了保安处分性质的强制医疗程序。俄罗斯目前所适用的强制医疗程序,其本质只是裁判者从各种不同管束程度的治疗机构中根据精神病人现实的精神状况而选择治疗方案的一种程序。而我国过去对不负刑事责任的精神病人适用强制医疗所根据的现行《刑法》第18条——"在必要的时候,由政府强制医疗"中所谓的"必要时"这一适用标准,并没有随着法院对强制医疗程序的主导而发生实质改变。我们把实施危害行为的精神病人的强制医疗决定权交给法院,其实只是把这一原本归属于公安机关的权力"平移"给了法院,由后者代替前者仍旧依据"必要时"这一具有"任意性"的标准来对精神病人的强制医疗进行一种"确认",而非对于人身危险性的判断。在我国强制医疗程序司法实践中,即便个别案例出现不适用强制医疗的情形,也往往是出于经费不足、资源有限等其他一些与人身危险性问题完全无关的原因,如实践中出现的强制医疗机构排斥精神病人的收容,甚至检察院主动要求对精神病人不予强制医疗等现象。

事实上,上述两国中作为刑事特别程序的强制医疗只是在精神病人诉讼权利方面相较之前的行政性强制医疗措施有所加强,如在庭审程序中,保障其各项诉讼权利;在判决执行层面,保障其医疗措施手段的人性化。也就是说,虽然都宣称对精神病人的人身危险性抑或再次犯罪可能性、继续危害社会可能性等进行了判断,但其"结果"实质上只是一种"确认",至多在"确认"的前提下,对精神病人权益予以了保障。当然,这种保障也具有其价值,关于这一问题将在本文第五部分予以论述。

综上我们认为,目前我国的强制医疗程序不具备程序法意义上保安处分的功能和价值,不属于真正意义上的保安处分,而是一个专门针对精神病人、以安置和保障为目的的医疗确认程序。

---

[1] 陈瑞华、黄永、储福民:《法律程序改革的突破与限度——2012年刑事诉讼法修改述评》,中国法制出版社2012年版,第290页。

3.4.1.3 心证与鉴定启动模式因果关系律

许多学者认为对抗制的美国刑事诉讼程序自然会产生多元化的鉴定启动模式，允许辩护方自行聘请鉴定人，但沿着本文上述研究思路会发现，美国这一鉴定模式的出现，多份鉴定意见得以呈现法庭，正是因为有着能够对证据进行有效质证和审查判断的庭审机制。

而随着审查判断力的下降，法庭上鉴定意见的数量也会相应减少。事实上，裁判者心证、其最终实际所面对的鉴定意见数量（包括其上所附带的质证意见）和鉴定启动模式之间，有着以下三种类型的因果关系律：第一类型是裁判者具备判断、取舍一份以上鉴定意见、接受双方质证的证据审查力——当事人启动鉴定；第二类型是只能应对控辩双方针对一份鉴定意见提出的质证——裁判者启动模式；第三类型是无法应对一份鉴定意见上来自双方的质证——控方启动鉴定。这就是裁判者心证水平与鉴定启动模式的因果关系律。

大陆法系在这个因果关系律中属第二类型，一般由双方质证、中立第三方提供"一份鉴定意见"，下面就来验证考察其裁判者心证受限的原因。我们知道，"庭审是最合理、最有效的事实发现空间"，[1]但真正意义上的庭审程序在职权主义诉讼体制的事实认定模式中实际上是找不到的。在职权主义事实认定模式下，由于当事人被排除在查明案件事实活动的范围之外，他们在庭审程序中不能进行实质性交锋，从而导致庭审的空洞化甚至整个司法程序的虚无化。以德国为例，其交叉询问制度其实只存在于刑事诉讼法典之中。也许正如勒内·达维德所说："立法者大笔一挥，条文就可以修改或废止，但法律条文背后的一些根本因素却不是他能左右的。"[2]因此，德国的庭审中"双方当事人对专家的鉴定报告没有充分的质证机会"，[3]有效的法庭调查方式一直没有真正建立起来。另外，历史的"一些根本因素"使德国的裁判者养成了在案卷中形成内心确信的习惯，对于鉴定意见，也就往往会像他们的前辈一样，自己"抱着一部《杨氏词典》，连蒙带猜，查阅一半以上似懂非懂的航海术语，审理'南希号'撞沉'萨拉简号'的公案"。[4]而且大陆法系的裁判者一旦调查到能够证

---

[1] 龙宗智：《论建立以一审庭审为中心的事实认定机制》，载《中国法学》2010年第2期。

[2] [法] 勒内·达维德：《当代主要法律体系》，漆竹生译，上海译文出版社1984年版，第1页。

[3] 张斌：《两大法系科学证据采信结构评析——从事实认知的角度》，载《环球法律评论》2011年第2期。

[4] [英] 威廉·S. 霍尔兹沃思：《作为法律史学家的狄更斯》，何帆译，上海三联书店2009年版，第33页。

明案件事实的证据后,就立即停止对证据的收集,以避免面对大量证据取舍的问题。这些,都导致其证据审查能力处于较低的水平。

而这样的心证水平必然使裁判者需要相应地减轻自身的审查负担,于是控辩双方就被限定在"唯一一份鉴定意见"下进行质证,而"一份意见"往往也就意味着裁判者其实是拱手把审判权交给了一个精神科医生。这也是为何德国会反复强调"裁判者采用鉴定人之判断,在判决理由中必须令人能识别到其独立完成了该案之证明评价",[1]而实践中"上诉法院会多次推翻下级法院的判决,理由是审判法院不是根据相关事实形成自己的意见,而是不加批判地接受了鉴定结论"[2]的原因。

事实上,第二类型中"双方质证"的价值要远远大于"裁判者中立"的价值。如前文所析,包括司法精神病鉴定在内的所谓科学证据,并不会因其启动的"中立"而变得"正确","中立启动"至多可以避免故意教唆这种人为造假,但对于诸如技术的错误、数据提供的错误、拙劣的实验方式、鉴定人的愚蠢和狂妄等,则无能为力。正如前文对"鉴定机构中立化"问题的分析,本质上,"中立"启动模式有着和"控方"启动模式一样的弊端,如"鉴定人之间不存在庭审的竞争机制,缺乏应有的责任心;裁判者与部分鉴定人之间委任关系的固定化容易使鉴定人产生迎合裁判者的预断来制作鉴定结论的心理倾向,也容易导致裁判者为这些熟人的鉴定结论开绿灯而产生误判"[3]等。而且,由于鉴定意见被标榜为"由中立的第三方作出",控辩双方很难从根本上否定这份意见,也很难有机会让另一份"全新的意见"出现。所以,第二类型中所谓的"裁判者中立启动",其实是较低心证水平下不得已的选择,其价值并不大。

3.4.1.4 司法精神病鉴定与强制医疗程序关系论

2012年《刑事诉讼法》作为特别程序引入的精神病人强制医疗程序,从第284条到第289条,共6条,较之《刑法》《人民警察法》的相关规定[4],无

---

[1] [德]克劳思·罗科信:《刑事诉讼法》,吴丽琪译,法律出版社2003年版,第261页。

[2] 白冰:《司法鉴定改革的德国启示——从一份德国法院刑事判决书出发》,载《刑事法评论》2013年第2期。

[3] 郭金霞:《司法鉴定启动之正当程序控制研究》,载《中国司法》2008年第9期。

[4] 2011年《刑法》第18条第1款:"精神病人在不能辨认或者不能控制自己行为的时候造成危害结果,经法定程序鉴定确认的,不负刑事责任,但是应当责令他的家属或监护人严加看管和医疗;在必要的时候,由政府强制医疗。"2012年《人民警察法》第14条:"公安机关的人民警察对严重危害公共安全或他人人身安全的精神病人,可以采取保护性约束措施。需要送往指定的单位、场所加以监护的,应当报请县级以上人民政府公安机关批准,并及时通知其监护人。"

疑是一次立法进步。从法典总体结构上观察这一特别程序，它与美、法、日等国采用单行立法的形式不同，也与在刑事诉讼法典中进行专章规定的德国不同，后者采用不同的纵向构造思维，把所谓的保安处分程序置于执行程序之前，[1]而以《适用医疗性强制措施的诉讼程序》为名，与未成年人程序并列，并置于执行程序之后的，是2001年《俄罗斯联邦刑事诉讼法典》，其第51章，从第433条到第446条，共14条。事实上，1960年的《苏俄刑事诉讼法典》即采用该结构，其最后一章《适用医疗性强制措施的诉讼程序》从第403条到第413条，比前者少3个条文。[2]

从该程序内部结构看，中俄都依照以下流程进行规范：适用根据、审前安置、律师协助、审理程序、救济程序、变更程序。有学者据此指出，俄罗斯模式与我们"极为相似……这些条款对目前我国刑事诉讼法修改中强制医疗程序的增设具有较强的参考借鉴价值"。[3]当然，这种立法的"极为相似"其实不是巧合，乃是移植。下面对具体条文进行分析。

1960年《苏俄刑事诉讼法典》第412条规定，法庭应当根据医务委员会证明，依照收容该人的医疗机关行政的申请，审理关于解除或变更医疗强制措施的问题；被认为无责任能力的人的近亲属和其他利害关系人，也可以提出解除或变更医疗强制措施的申请。根据苏俄最高苏维埃主席团1988年1月5日法令修改后的1960年《苏俄刑事诉讼法典》的规定，法庭应当根据医务委员会的证明，依照收容该人的医疗机关卫生保健机构精神科主任医师的申请，审理关于解除或变更医疗强制措施的问题；被认为无责任能力的人的近亲属和其他利害关系人，也可以提出解除或变更医疗强制措施的申请。[4]2001年《俄罗斯联邦刑事诉讼法典》第445条规定，根据有医生证明的提供精神病学帮助的医疗住院机构行政的申请，以及根据被适用医疗性强制措施的人、他的辩护人或法定代理人的申请，法院可以对该人终止、变更医疗性强制措施或将医疗性强制措施再延长6个月。[5]我国2012年《刑事诉讼法》第288条规定，强制医疗机构应当定期对被强制医疗的人进行诊断评估。对于已不具有人身危险性，不需要继续强制医疗的，应当及时提出解除意见，报决定强制医疗的人民法院批

---

[1] Siehe das sechste（§§ 407 bis 448）und das siebte Buch（§§ 449 bis 473a）StPO.

[2] Глава тридцать третья УПК РСФСР, 1960.

[3] 陈卫东：《构建中国特色刑事特别程序》，载《中国法学》2011年第6期。

[4] Статья 412 УПК РСФСР 1960 в ред. Указа Президиума Верховного Совета РСФСР от 05.01.1988 - Ведомости Верховного Совета РСФСР, 1988, N 2, ст. 35.

[5] Статья 445 была в ред. Федеральных законов от 29.11.2010 N 323-ФЗ, от 25.11.2013 N 317-ФЗ.

准。被强制医疗的人及其近亲属有权申请解除强制医疗。不难看出，与德国强调的变更程序由裁判者主导不同，[1]上述两国都选择了由强制医疗机构报批和当事人申请的双轨制进行程序的变更。

也许如前述学者所言，俄罗斯刑事诉讼法中还有许多对我国强制医疗程序"具有较强的参考借鉴价值"的地方。例如，2001年《俄罗斯联邦刑事诉讼法典》第434条规定，在进行侦查时必须证明该人过去是否患有精神病。一般来说，精神病过往史对判别一个人是否有精神病有着决定性的作用，类似家族精神病史、精神病诊断病历等证据都非常重要，因为"迄今对很多精神疾病的诊断，仍然缺乏精密客观的理化检验手段或方法，主要还是依据病史和精神状况检查所见临床表现来确定"。[2]又如，俄罗斯强制医疗程序规定在实施犯罪后发生精神病致使不可能判处刑罚或执行刑罚，则同样应对他适用医疗性强制措施，直至该人被认定已经康复，再由法院裁定终止对该人的医疗性强制措施，并将刑事案件移送审前调查。[3]再如，为强调以"治疗"而非"强制"为目的的宗旨，俄罗斯把医疗性强制机构细化为不同种类：普通类型的精神病住院机构、特别类型的精神病住院机构和密切观察的专门类型精神病住院机构。

上述规范移植，体现出一种承继关系下的改革进路，但正如陈瑞华教授在对2012年《刑事诉讼法》修改的述评中说的那样："2012年刑诉法仅对强制医疗程序中的决定程序进行改革，而没有触及鉴定程序，这对于建立公正的强制医疗程序是一个重大问题。在鉴定程序没有改革，公安检察机关仍然垄断精神病鉴定活动的情况下……对决定程序的改革能有多大的意义呢？"[4]

平心而论，精神病人强制医疗程序的引入使得把"非精神病人"作为"精神病人"对待这一问题受到了司法控制，使得控方在这一问题上更为慎重，[5]起到了保障国家刑罚权的作用。但反过来，如何避免把"精神病人"当作"非精神病人"对待，使其不致承受本不该承受的刑事责任问题，则更为尖锐，矛

---

[1] Siehe §§ 67 bis 67e, StGB.

[2] 李从培：《司法精神病学鉴定的实践与理论——附各类鉴定案例97例分析讨论》，北京医科大学出版社2000年版，第78页。

[3] Статья 446 была в ред. Федерального закона от 05.06.2007 N 87-ФЗ.

[4] 陈瑞华、黄永、褚福民：《法律程序改革的突破与限度——2012年刑事诉讼法修改述评》，中国法制出版社2012年版，第289页。

[5] 因为除了由法院决定是否对精神病人强制医疗，2012年《最高人民法院关于适用〈中华人民共和国刑事诉讼法〉的解释》第530条还规定，在开庭审理申请强制医疗案件时，法庭会调查被申请人是否属于依法不负刑事责任的精神病人。

头直指鉴定这一关键制度。[1]因此，本书所要分析的对象正在于司法精神病鉴定与强制医疗程序之间的关系问题，在于看似分布于《刑事诉讼法》不同章节和范畴的制度间的联系问题。

3.4.1.5 司法精神病鉴定决定强制医疗程序之原因

在前文分析的基础上不难发现，正是司法精神病鉴定对强制医疗程序的整体构造发生着决定性的影响，也就是说，本书讨论的焦点其实并不是广义上的鉴定问题，而是特指其中的司法精神病鉴定问题。但是，要想对该问题进行深入分析，就必须首先对普通证据的审查判断进行第一个层面的分析。继而在此基础之上，对科学证据的审查甄别进行第二层次的分析。最终，才能透过这两层分析，清晰地看到作为科学证据中的特殊种类——司法精神病鉴定的裁判者判断问题，而裁判者对这一特殊种类证据的判断，正是决定强制医疗程序本身性质归属的关键所在。同时，这也是司法精神病鉴定与强制医疗程序二者结合的联接点所在，是将传统刑事诉讼研究中并未关联的两种制度进行系统化分析的基础。

我们发现，即便是面对普通证据，而非司法精神病鉴定意见这样的科学类证据，裁判者心证能力已明显不足。例如，2012年《最高人民法院关于适用〈中华人民共和国刑事诉讼法〉的解释》就对被告人翻供作出特别规定："被告人庭审中翻供，但不能合理说明翻供原因或者其辩解与全案证据矛盾，而其庭前供述与其他证据相互印证的，可以采信其庭前供述。被告人庭前供述和辩解存在反复，但庭审中供认，且与其他证据相互印证的，可以采信其庭审供述；被告人庭前供述和辩解存在反复，庭审中不供认，且无其他证据与庭前供述印证的，不得采信其庭前供述。"[2]这就是所谓的"以限制证据的证明力为核心的"法定证据现象，陈瑞华教授认为这样的规定导致"对于这些言词证据的证明力缺乏实质性的审查评判"。[3]事实上，"缺乏实质性的审查评判"背后正是裁判者心证水平的低下，从而必须对裁判者进行"法定化"指导，确立"规则"以迎合"无力判断取舍"的现状，而这种迎合又会对裁判者的证据审查力造成不利影响。在此，笔者将这种针对普通证据的法定证据倾向概括为相对证据证明力法定化。之所以概括为"相对"，在于普通证据的证明力尚存在裁判

---

[1] 事实上，即便在第一种情形中，鉴定制度也至关重要。

[2] 2012年《最高人民法院关于适用〈中华人民共和国刑事诉讼法〉的解释》第83条第2款和第3款。

[3] 陈瑞华：《以限制证据证明力为核心的新法定证据主义》，载《法学研究》2012年第6期。

3. 司法认知与庭审实质化相互关系论

者心证的一定空间,如"印证规则"的适用。[1]而这种对裁判者审查证据的"法定化"限制性规则,最终无疑会让裁判者越来越依赖、懒惰、盲从,降低其运用自身经验理性、逻辑推理对各种证据及其之间矛盾进行分析取舍的能力,不再把自己通过庭审所接触到的直接言词作为判断的主要依据,对那些辩方提出疑点的控方书面证据放弃核实和质疑,对一些存在进一步调查、盘问必要的翻供直接予以否定。长此以往,裁判者自身的判断力会不断受限,形成恶性循环,导致裁判者不再综合全案所有证据进行真正意义上的自由心证,从而使得我国裁判者对案件中纷繁复杂、矛盾重重的证据的判断力严重弱化。

心理学的规律和经验事实表明,由不同方对事实展开争论,并在此基础上作出结论,较单方活动更有利于得出正确结论。[2]正如龙宗智教授所说,作为专业的审判主体,裁判者可以不是搜集证据的高手,但应善于判断事实,因为裁判者受到的训练和裁判者所从事的工作都培养了他这种能力。[3]然而,实际上,我们的训练和工作却未能培养裁判者的这种能力,司法审判中"对抗"的缺失直接导致我们的裁判者丧失了心证能力的"锻炼空间"。我们知道,司法审判实践对裁判者判断力的培养至关重要,正是经验法则、逻辑推理在司法审判中的不断运用造就着裁判者审查判断证据的能力。因此康德断言:"判断力是只能得到练习而不能得到教导的一种特殊才能。"[4]如果没有相应的实践机会,则裁判者就不可能比一个普通人更准确地认定事实,[5]因此,裁判者不在庭审

---

[1] 所谓"印证",是指两个以上的证据在所包含的事实信息方面发生了完全重合或者部分交叉,使得一个证据的真实性得到了其他证据的验证。但这种相互印证规则本身,恰恰指向证据认证在司法层面的一种异化,反映出法官无力就单个证据本身的客观性进行独立、充分的推理论证,只能借助于相互印证的所谓心证模式。事实上,印证法则具有严重的局限性。首先,会出现某一证据为真,却可能得不到印证,而两个证据都虚假时,却可能得到相互印证的情形。其次,法官因此失去了对单个证据自由评价的机会,即使其内心确信某一证据为真,也很难将其纳入评价体系,进而作为定案的根据,造成最终证据的真实性判断异化为证据数量多寡的比拼。最后,整个证明过程倒置异化为寻找能够相互支持的其他证据来反推单个证据的真实性,忽视了单个证据的独立审查,致使未经独立审查的单个证据进入法庭,将法官认知带入本身并不真实的证据基础,最终容易导致整个案件事实认定的错误。这些都是无法满足刑事诉讼程序排除合理怀疑的证明标准的,在刑事诉讼这种以剥夺人的自由和生命为特征的程序下,不应依赖这样一种粗糙的判断标准,因为往往在以剧烈冲突为特征的刑事犯罪中,事实真相会与我们一般的常识经验和理性逻辑相背离。

[2] 左卫民:《实体真实、价值观和诉讼程序——职权主义与当事人主义诉讼模式的法理分析》,载《学习与探索》1992年第1期。

[3] 龙宗智:《论建立以一审庭审为中心的事实认定机制》,载《中国法学》2010年第2期。

[4] [德]伊·康德:《纯粹理性批判》,韦卓民译,华中师范大学出版社2000年版,第182页。

[5] 张保生、满运龙、龙卫球:《美国证据法的价值基础——以〈联邦证据规则〉为例的分析》,载《中国政法大学学报》2009年第6期。

实质化的场域中习得，就不会有相应的专业判断力。

以审判阶段为例，要想让裁判者的判断力得到有效的培养和提升，就需要给予裁判者在对立的证据中进行甄别和推敲的机会，通过"对抗"来向裁判者展示"不同意见"，允许和鼓励控辩双方各自展开对争议事实的调查，努力收集证据，寻找证人，充分对对方证人进行质证，提出对方证据的纰漏。只有这样，裁判者审查判断证据的能力才会逐渐得到培养和锻炼。但是，我们目前却远未建立起上述对抗机制，以交叉询问为例，我们知道，交叉询问机制的运行，需要证人、鉴定人的出庭作为保障，而我们的证人、鉴定人出庭率畸低，对于各类言词证据，"普遍通过宣读案卷笔录的方式进行法庭调查"。[1]所谓的"证人出庭问题"其实历来是一大顽疾，即便在当前审判中心改革的推进下，仍然有着无法解决的矛盾，其最为核心的问题在于，作为审判主体的裁判者内心都很难接受这一庭审改革举措。试想，如果审判主体都不认可这一制度，也就是说，如果裁判者主导的审判程序无法从这一制度举措中获得真正有助于查明案件事实的价值，那么，这一制度自身绝不会有长久的生命力，单单凭借上令下从的强行推进，任何制度都不会成长为真正必不可少的庭审机制。这一论断，在笔者于2016年9月29日参加的北京市西城区人民法院以推进证人出庭为主旨的研讨会上得到了充分印证，参加这次会议的裁判者们来自北京市高级人民法院刑一庭、北京市第一中级人民法院刑一庭、北京市西城区人民法院刑一庭、北京市海淀区人民法院刑一庭以及北京市昌平区人民法院刑一庭，会上裁判者们普遍表示，证人出庭人次不高，并且他们存在诸多疑虑和负担，如裁判者们都表示他们发现出庭的证人大多连基本事实都宣称记不清了，更不要说案件的细节了，证人们表示还是以之前其所做的笔录为准。因此，裁判者们普遍认为，证人出庭对查明案件事实的价值不大，甚至还存在很多负价值，如在"时间成本"方面，往往因为等待证人出庭而造成结案周期延长，影响结案率，进而影响整个法院的考评指数；在"经济成本"方面，无论是证人出庭，还是鉴定人出庭，都会增加法院的支出，尤其是社会鉴定人的出庭，费用都在千元以上，有的鉴定人还要求按时间付费。因此，在司法实践中裁判者们普遍不倾向于证人出庭。因此，正如龙宗智教授指出的那样："即使证人有出庭的条件，也常常不被允许出庭作证。目前，法庭认证的普遍情况是，对双方有争议的证据通常不作当庭认证。即使对于证据的可采性与真实性，只要双方存在争议，法庭就

---

[1] 陈瑞华：《案卷笔录中心主义——对中国刑事审判方式的重新考察》，载《法学研究》2006年第4期。

3. 司法认知与庭审实质化相互关系论

趋于不明确表示支持或反对。"[1]而即便在个别证人、鉴定人出庭的情况下，又由于控辩双方缺乏交叉询问的素养和能力，以及尚未建立起完备的交叉询问规则，如举证规则、质证规则、可采性规则、异议规则、诱导性规则等，而无法展开真正有效的交叉询问。事实上，之所以会出现前述裁判者普遍排斥证人出庭的现状，关键症结恰恰在于庭审中不存在真正有效的交叉询问，由此导致证人无法向法庭提供新的、更多的、更为细致的案件事实信息，最终也就不可能提高裁判者对案件事实的认知。与此同时，上述那些"时间成本""经济成本"也就成为所谓的沉没成本，成为裁判者的负担，从而产生对证人出庭制度的排斥心理。

在判决阶段，同样缺乏对裁判者证据判断能力的培养。我们"裁判的作出主要依赖承办裁判者对案卷笔录的研读"，[2]而这里的所谓"案卷"，其内容主要就是"指控有罪"的材料和证据，判决"普遍援引侦查人员所制作的案卷笔录，并将其作为判决的基础"，[3]其中"没有归纳或表述辩护结论比例达到42%，没有阐述辩护理由的占到58%"。[4]除此之外，审判权还受到各种内部控制和其他外在干涉，王彪2013年在《法院内部控制刑事裁判权的方法与反思》一文中总结了法院内部控制刑事裁判权的过程："经过院庭长讨论后，承办裁判者在院庭长讨论所定基调上拟写裁判文书，并将裁判文书稿交庭长审批，庭长审批后，承办裁判者将其做出的裁判发出。"[5]这时，裁判者个人对证据进行缜密的逻辑推导、运用经验对证据进行理性判断便不仅是不必要的，且之于其个人甚至是"有害"而应予摒弃的。

当从普通证据转为鉴定意见这类科学证据时，问题会更加严重。因为普通证言尚可直接从证据的真实性入手进行判断，而对于"鉴定意见是否有错必须由同专业的鉴定专家来认定"，[6]因为鉴定"是围绕科学知识和专业经验来进

---

[1] 龙宗智：《庭审实质化的路径和方法》，载《法学研究》2015年第5期。

[2] 王彪：《法院内部控制刑事裁判权的方法与反思》，载《中国刑事法杂志》2013年第2期。

[3] 陈瑞华：《案卷笔录中心主义——对中国刑事审判方式的重新考察》，载《法学研究》2006年第4期。

[4] 孙万怀：《公开固然重要，说理更显公正——"公开三大平台"中刑事裁判文书公开之局限》，载《现代法学》2014年第2期。

[5] 王彪：《法院内部控制刑事裁判权的方法与反思》，载《中国刑事法杂志》2013年第2期。

[6] 邹明理：《错误鉴定结论（意见）及其认定标准与主体》，载《山东警察学院学报》2012年第4期。

行的",[1]裁判者则只能主要从"意见"的逻辑结构、推演方式进行判断；从鉴定方法、鉴定过程、鉴定论证进行判断；"考虑所依据的设备仪器，检材、科学原理和方法",[2]"对分析、鉴别、推理和判断的过程进行审查"。[3]因此对科学证据的认证则与前述普通证据适用的所谓印证法不同。面对科学证据，裁判者不再去寻找"印证"，因为第一份鉴定意见已经披上"科学的外衣"，裁判者可以顺利逃避对其"真实性"的审查，也就是说，直接认定其真实性。而一旦被申请启动第二次鉴定，也就意味着往往会出现不同的两份鉴定意见，裁判者此时便尽量避免第二次鉴定意见的出现，因为他更加无力判断两份鉴定意见的客观性。因此，这里对于科学证据就会出现"特殊的"对印证规则的背离现象——不再启动第二次鉴定以对第一个进行"印证"。于是，裁判者在面对科学证据时，会出现这种看似与面对普通证据不同的矛盾态度。在此，笔者将这种针对科学证据的法定证据倾向概括为"绝对证据证明力法定化"，其背后都是无从判断的裁判者认知问题。

综上，裁判者在面对普通证据的审查判断上，因为缺乏心证能力，导致在实践中出现"相对的证据证明力法定化"现象，而在鉴定意见这样的科学证据面前，则进一步陷入"绝对的证据证明力法定化"境地，而当我们的问题最终进入强制医疗程序中的精神病鉴定这个特殊领域，则因为司法精神病鉴定不同于一般科学鉴定，从而导致出现更为严重的问题。因为"法医学研究的主要是法律行为中的客体特征，即当事人所受到的各种人身伤害及其后果，而法律精神医学及其分支学科司法精神病学还要研究法律行为中的主体特征，即当事人是否罹患某种精神障碍并具有某种法定能力"。[4]在"陕西邱兴华案"中，深夜邱兴华手持砍柴刀将之前与其发生过争执的汉阴县凤凰山铁瓦殿道观管理人员和被其怀疑调戏其妻的道观主持熊万某，以及另外5名香客共10人砍死。次日天亮，从熊万某的房内搜出一黑色帆布包，将里面的零钱清点后在一笔记本上写下"今借到各位精仙的现金柒百贰拾元贰角正，借款人：邱金发"的字条，然后将钱拿走，随后，又将道观内一只白公鸡杀掉，用鸡血在一硬纸板的正反面分别写下："古仙地，不淫乱，违者杀，公元06"和"圣不许，将奸夫淫

---

[1] 刘鑫：《论司法鉴定的科学性》，载《中国政法大学学报》2014年第5期。
[2] 卞建林、郭志媛：《论司法鉴定的诉讼程序立法》，载《中国司法鉴定》2006年第4期。
[3] 冯宗美、陈玉林：《鉴定意见审查问题探究》，载《中国司法鉴定》2013年第3期。
[4] 陈立成：《法律精神医学与法医学之关系辨析》，载《湖北警官学院学报》2013年第5期。

婆以，零六年六二十晚"的字样，并放于正殿门口。[1]案件呈现出诸多精神病人杀人的特点：如因交感神经兴奋性的逐渐升高而在下半夜至凌晨期间作案；发作前无明显精神障碍的表现；动机模糊，因果关系不明；缺乏自我掩饰等。[2]并且"精神病是一个情感问题而非智力问题，不能以智力是否正常作为判断的依据"。[3]但裁判者即便在是否对邱兴华启动鉴定这一程序问题的判断上，也只能依赖控方之判断，以其经过预谋、计划周密、作案后顺利逃出警方包围等为由，认定无须对邱兴华进行精神病鉴定。事实上，医学专家的意见经常都是互相对立的，"与其他类型的司法鉴定主要依赖科学仪器产生的数据不同，精神病鉴定是一种主观的评价，其结果主要建立在精神病专家个人经验和主观判断的基础之上……因此鉴于每个专家经验和采用方法的区别，由不同专家对同一个人进行的鉴定也可能产生不同的、有时候甚至是截然相反的结论。这些结论可能都没有错误，因为不同时间、不同场合、不同的问题、或者对同一问题的不同回答和反应都会导致精神病鉴定专家做出不同的诊断"。[4]因此，即便在强制证人到庭接受交叉询问被上升为宪法原则，并从20世纪20年代起就建立起如frye标准、《美国联邦证据规则》702标准、Daubert标准等用以预先判断适用于案件的某项新兴技术是否处于相关领域普遍认可理论的前提之上，以协助裁判者判断意见证据的专门制度，有着指定证据学前沿技术方面有经验的裁判者进行主审等一系列保障措施的美国，但很多人仍然坚持认为精神病鉴定更像是一个外表华丽包装下的主观猜测活动，而"精神病学本来就是一门不具有特定客观性的科学"。[5]

由此可见，精神病鉴定意见这一至关重要的证据的审查判断难度决定了裁判者根本无法在两份可能截然相反但都号称"科学证据"的鉴定意见之间进行取舍，正如前文所述，为了避免这种困境，只能选择由控方掌控鉴定的启动权，这恰恰对应了我国裁判者对精神病鉴定意见无从判断的心证水平。而且，客观上我们在这一领域又"缺乏科学类证据应具备的数据、运算支撑以及结论数值

---

[1] 元轶：《被害人民事赔偿问题的实证分析——从全国首例贞操权案精神损害赔偿被驳回谈起》，载丁枚主编：《中国法学文档》（第八辑），元照出版社2011年版，第305页。

[2] 余庆太：《10例精神病患者杀人案例分析》，载《刑事技术》1994年第4期。

[3] 郭志媛：《刑事诉讼中精神病鉴定的程序保障实证调研报告》，载《证据科学》2012年第6期。

[4] 郭志媛：《刑事诉讼中精神病鉴定的程序保障实证调研报告》，载《证据科学》2012年第6期。

[5] [美]杰夫·阿什顿、莉萨·普利策：《未完成的审判》，刘春园译，中国人民大学出版社2013年版，第280页。

化",[1]"对精神疾病的本质尚未全部了解,以致精神科的诊断主要依据病史及精神检查所见,而缺少客观的'生物学指标',且缺乏统一的鉴定标准和对辨认能力、控制能力进行判断的评定标准"。[2]

3.4.2 司法精神鉴定整体构造主导成因:证据审查力

至此,我们终于找到"新创设的强制医疗决定程序"和"未发生改革的精神病鉴定启动模式"之间的共同点——两者在性质定位上都同样有别于传统西方的模式和类型,而探寻这一共同点背后的原因将进一步引导我们解释本文开篇提出的三个疑问。当然,这需要对精神病人强制医疗程序中围绕精神病人这一主体所出现的、决定整个程序走向的特殊证据——科学证据的审查判断问题进行分析,下面我们将从"普通证据的审查判断"到"科学证据的审查判断"两个递进的层面展开对我国裁判者证据审查能力的研究,并由此解释开篇提出的几个疑问和总结出裁判者心证与精神病人强制医疗程序类型及鉴定启动模式之间的因果关系律。

3.4.2.1 证据审查力问题与鉴定制度关系论

学者们大多认为,我国鉴定制度的根本问题就在于鉴定启动权的归属,认为对其直接进行重新分配即可实现改革。樊崇义先生于2000年提出,"……规定法院是唯一有权决定启动鉴定程序的主体";[3]陈光中先生于2002年提出"赋予犯罪嫌疑人、被告人与侦查机关和公诉机关同等的启动鉴定程序权,只要当事人、侦查机关或检察机关提出鉴定申请,符合程序性要件,就应当接受鉴定申请";[4]王瑞恒博士于2010年提出,"将司法精神病鉴定初次启动权赋予辩方当事人";[5]陈光中先生2012年再次提出,"思考建立司法启动为主,当事人启动为辅的模式,也就是说在一定情况下,当事人有直接启动司法鉴定的权利";[6]田圣斌博士于2014年再次提出,"控辩任何一方提出,只要有能够证

---

[1] 吴仕春:《强制医疗程序精神病鉴定意见认证障碍分析》,载《河北法学》2013年第9期。
[2] 覃江、黄卫东:《论影响司法精神病鉴定结论一致性的原因》,载《中国司法鉴定》2006年第5期。
[3] 樊崇义、陈永生:《论我国刑事鉴定制度的改革与完善》,载《中国刑事法杂志》2000年第4期。
[4] 陈光中:《鉴定机构的中立性与制度改革》,载《中国司法鉴定》2002年第1期。
[5] 王瑞恒、任媛媛:《我国刑事诉讼中司法精神病鉴定启动权配置探析》,载《中国司法鉴定》2010年第3期。
[6] 陈光中、吕泽华:《我国刑事司法鉴定制度的新发展与新展望》,载《中国司法鉴定》2012年第2期。

明当事人患有精神疾病的必要材料就应该启动"。[1]还有学者退而求其次,在三方构造之外寻求解决之道,提出鉴定机构中立化,以期"间接"解决上述问题,并认为"鉴定机构的中立性要求其不隶属于任何诉讼主体以及不依附于任何其他鉴定机构。由于世界上多数国家的追诉机关(主要是警察机关)设有鉴定机构,致使如何在制度上保障这些鉴定机构的中立性成为困扰立法者的难题"。[2]

但我们看到,无论是1996年《刑事诉讼法》还是2012年《刑事诉讼法》,都明确规定法庭审理过程中,当事人和辩护人、诉讼代理人有权申请重新鉴定。[3]第一审法院在审理案件过程中发现被告人可能符合强制医疗条件的,应当依照法定程序对被告人进行法医精神病鉴定。[4]法庭审理过程中,当事人及其辩护人、诉讼代理人申请重新鉴定或者勘验的,应当提供要求重新鉴定的理由。[5]法庭认为有必要的,应当同意。公诉人、当事人和辩护人、诉讼代理人可以申请法庭通知有专门知识的人出庭,就鉴定人作出的鉴定意见提出意见。[6]

也就是说,立法早已经赋予裁判者主动启动的权利和辩方以重新鉴定方式申请裁判者启动的权利,虽然保留了控方的自行启动权,但裁判者完全可以在最终的审判阶段再次启动具有权威性和终局性的鉴定——这与前述列举的许多改造建议所要实现的目标其实已无本质区别。

那为何学者们一直在不断要求改造鉴定启动权的配置问题?我们来看制度背后的实践状况——实践中,鉴定启动难,一直没有改变。[7]有学者"为人民法

---

[1] 田圣斌:《强制医疗程序初论》,载《政法论坛(中国政法大学学报)》2014年第1期。
[2] 参见郭华:《司法鉴定制度改革的基本思路》,载《法学研究》2011年第1期。笔者认为,违反侦查活动客观规律的"鉴定中立化"构想是无法实现的:首先,鉴定机构不可能绝对中立,因为鉴定行业亦存在业务资源竞争的压力,这种经济因素会打破所谓的中立,既然是意见证据,作出意见者就可能为了利益,形成特定立场,坚持某项观点,以获得相应公权力机关的选择,因此也会出现操纵;其次,正如有着强烈社会反响、被告人精神状态正常与否一直为争议焦点并有多个鉴定机构主动请求为其进行鉴定的"陕西邱兴华案",如果司法鉴定程序无法启动,鉴定机构中立的意义又何在呢?最后,表面的"中立"会让法官放弃审查义务,因为轻信鉴定人的中立性,法官很容易相信鉴定人的鉴定意见。因此,作为世界各国的共同惯例,德、法、英、美等国的警察系统都设立有自己的司法鉴定机构或犯罪实验室,都不会为了所谓的鉴定机构中立而本末倒置地放弃打击犯罪的时效性。
[3] 1996年《刑事诉讼法》第159条,2012年《刑事诉讼法》第192条。
[4] 2012年《最高人民法院关于适用〈中华人民共和国刑事诉讼法〉的解释》第532条。
[5] 2012年《最高人民法院关于适用〈中华人民共和国刑事诉讼法〉的解释》第222条。
[6] 2012年《刑事诉讼法》第192条。
[7] 张爱艳、姜伟:《精神障碍者刑事责任能力判定研究》,载《法学家》2010年第5期。《中外法学》编辑部:《中国刑事诉讼法学发展评价(2010—2011)——基于期刊论文的分析》,载《中外法学》2013年第3期。江涌:《强制医疗保障性制度的困境与出路》,载《时代法学》2014年第3期。

院能够抵制巨大的社会舆论而坚持不给邱兴华做司法精神病鉴定而疑惑",[1]事实上,"被害者非亲属,民愤极大,伤及军警,都不做精神鉴定",[2]因此最终统计显示裁判者启动鉴定的情形少之又少。而对于重启鉴定的申请,则"过于严格地限制重新鉴定,使当事人申请重新鉴定的法定权利沦为摆设"[3]的现象已是不争的事实。

为什么有着法典制度的保障,鉴定启动却如此之难?我们可以大而化之地将其归咎为社会压力、控审关系等问题,但如果我们继续从内部探寻原因,寻找直接决定这一现象的根本原因,就会发现,是裁判者无法克服的自身原因——审查判断证据的心证能力严重不足。正如许多学者在实证调研报告中总结的那样:"即使不同声音的鉴定意见再多,对裁判者来说效果都是一样的,他没有能力分出个所以然来。"[4]"当一个案件进行两次或者两次以上的精神病鉴定时,法院在采信哪份鉴定意见的问题上一筹莫展。"[5]因此,"同意当事人的重新鉴定等于'自找麻烦',裁判者对一份精神病鉴定意见的审查判断已经无从下手,如果再出现一份不同的鉴定结论,裁判者更无法取舍"。[6]

所以,裁判者为了避免面对两份不同的鉴定意见,就会极力排斥"主动启动"[7]或根据辩方的申请"重新启动"。我们知道,两大法系各国主要关注的是鉴定意见的审查判断问题。表面上,我们因为鉴定启动难,往往连一份鉴定意见都没有,好像理应首先关注"启动"问题,而非"审查",但其实背后还是"审查"的问题,正是"审查"能力决定"启动权"的实质归属。"裁判者对司法精神病鉴定的审查认定力不从心",[8]所以无法面对一份以上的鉴定意见,甚至极力避免来自双方的质证,否则就极易陷入无法作出判决的困境。于是,为了只面对一方的质证,就必然选择由控方启动并提供鉴定意见的模式。因此,鉴定制度的根本问题,并非"启动权"的重置,而是证据审查能力之问题。

---

[1] 龚卫:《我国刑事司法鉴定启动权的反思》,载《中国司法鉴定》2010 年第 2 期。
[2] 郭志媛:《刑事诉讼中精神病鉴定的程序保障实证调研报告》,载《证据科学》2012 年第 6 期。
[3] 郭志媛:《刑事诉讼中精神病鉴定的程序保障实证调研报告》,载《证据科学》2012 年第 6 期。
[4] 陈卫东等:《刑事案件精神病鉴定实施情况调研报告》,载《证据科学》2011 年第 2 期。
[5] 郭志媛:《刑事诉讼中精神病鉴定的程序保障实证调研报告》,载《证据科学》2012 年第 6 期。
[6] 郭志媛:《刑事诉讼中精神病鉴定的程序保障实证调研报告》,载《证据科学》2012 年第 6 期。
[7] 即便法官是在控方未启动鉴定时自行启动首次鉴定,如果这份鉴定意见的结论不符合追诉方利益的话,就很可能面临控方的质证和另一份由控方提出的新的鉴定意见。
[8] 詹建红:《司法精神鉴定的证明风险防范》,载《法学》2012 年第 8 期。

3.4.2.2 普通证据审查判断的一般问题

首先,事实上,出台这些"规则"正是为了应对裁判者"无力审查判断"的现状。由于受文化和司法传统的影响,我们的审查判断力本就较低,而上述对裁判者审查证据的"法定化"指导规则,又无疑会让裁判者越来越产生依赖、盲从、懒惰,降低其运用自身经验理性、逻辑推理对各种证据及其之间矛盾进行分析取舍的能力,不再把自己通过庭审所接触到的直接言词作为判断的主要依据,对那些辩方提出疑点的控方书面证据放弃核实和质疑,对一些存在进一步调查、盘问必要的翻供直接予以否定。长此以往,导致裁判者自身的判断力不断受限,形成恶性循环,导致裁判者不再综合全案所有证据进行真正意义上的自由心证,从而使得我国裁判者对案件中纷繁复杂、矛盾重重的证据的判断力严重弱化。

其次,如果说上述"规则"只是在一定程度上限制了裁判者审查判断证据的能力,那么司法审判中"对抗"的缺失则直接导致我们的裁判者丧失了心证能力的"锻炼空间"。正如龙宗智教授所说,作为专业的审判主体,裁判者可以不是搜集证据的高手,但应当是善于判断事实的,因为他受到的训练和他所从事的工作都培养了他这种能力。[1]也就是说,司法审判实践对裁判者判断力的培养至关重要,正是经验法则、逻辑推理在司法审判中的不断运用才造就着裁判者审查判断证据的能力。因此康德断言:"判断力是只能得到练习而不能得到教导的一种特殊才能。"[2]以审判阶段为例,要想让裁判者的判断力得到有效的培养和提升,就需要给予裁判者在对立的证据中进行甄别和推敲的机会,就需要通过"对抗"来向裁判者展示"不同意见",就需要由利益对立的双方当事人各自调查争议的事实,分别收集与案件有关的证据,寻找证人,探究证人证言,而裁判者在庭审中居于中立地位,静静地聆听双方当事人对证人的盘问。只有这样,裁判者审查判断证据的能力才会逐渐得到培养和锻炼,才会对证据的证明力作出"专业的"判断,也才会有可能最终查明案件的事实真相,因此也才会有所谓的"对抗制是我们所能设计出的查明真相的最佳制度"[3]的论断。但是,我们目前却远未建立起上述对抗机制,以交叉询问为例,我们知道,交

---

[1] 龙宗智:《论建立以一审庭审为中心的事实认定机制》,载《中国法学》2010年第2期。
[2] [德]伊·康德:《纯粹理性批判》,韦卓民译,华中师范大学出版社2000年版,第182页。
[3] [美]加里·古德帕斯特:《美国对抗式刑事审判理论探究》,载《争鸣与思辨——刑事诉讼模式经典论文选译》,虞平、郭志媛编译,北京大学出版社2013年版,第301页。

叉询问机制的运行,需要证人、鉴定人的出庭作为保障,而我们的证人、鉴定人出庭率畸低,对于各类言词证据,"普遍通过宣读案卷笔录的方式进行法庭调查",[1]因此连进行交叉询问的基础都不具备;即便在个别证人、鉴定人出庭的情况下,又由于尚未建立起完备的交叉询问规则,如举证规则、质证规则、可采性规则、异议规则、诱导性规则等,而无法展开真正有效的交叉询问。事实上,双方能够进行所谓"对抗"的基本前提是辩方须有能力与控方进行一场理性、全面的交锋,但目前由于客观、主观两个方面的原因,辩方根本不具备这样的能力,尤其是对于诸如"情况说明",讯问的时间、方式,全程录音录像的制作程序这样一些"过程证据",更是往往连一般的质证都无法进行,在有侦查人员出庭作证时,也很少能够对其进行有效的盘问。而且,更为重要的是,作为辩方内部成员的被告人,因缺乏诸如被告人审前免于羁押权、被告人阅卷权、法庭上被告人与辩护人实时交流权等保障性权利,导致其无论在庭审前、庭审中均很难自行或及时通过辩护人提出自己的"不同意见",从而也最终让裁判者失去了培养判断力的机会。

最后,在判决阶段,"裁判的作出主要依赖承办裁判者对案卷笔录的研读",[2]这里的"案卷",其主要内容就是"指控有罪"的材料和证据,这里的"研读",往往就是裁判者认可控方结论的过程,是裁判者"普遍援引侦查人员所制作的案卷笔录,并将其作为判决基础"[3]的过程,其中根据学者的统计,"没有归纳或表述辩护结论的所占比例达到42%,没有阐述辩护理由的占到58%"。[4]除此之外,审判权还受到各种内部控制和其他外在干涉,有裁判者总结了法院内部控制刑事裁判权的过程,即"经过院庭长讨论后,承办法官在院庭长讨论所定基调上拟写裁判文书,并将裁判文书稿交庭长审批,庭长审批后,承办法官将其做出的裁判发出"。[5]这时,裁判者个人对证据进行缜密的逻辑推导、运用经验对证据进行理性判断便不仅是不必要的,且之于其个人甚至是"有害"的。

---

[1] 陈瑞华:《案卷笔录中心主义——对中国刑事审判方式的重新考察》,载《法学研究》2006年第4期。

[2] 王彪:《法院内部控制刑事裁判权的方法与反思》,载《中国刑事法杂志》2013年第2期。

[3] 陈瑞华:《案卷笔录中心主义——对中国刑事审判方式的重新考察》,载《法学研究》2006年第4期。

[4] 孙万怀:《公开固然重要,说理更显公正——"公开三大平台"中刑事裁判文书公开之局限》,载《现代法学》2014年第2期。

[5] 王彪:《法院内部控制刑事裁判权的方法与反思》,载《中国刑事法杂志》2013年第2期。

3.4.2.3 科学类证据审查判断的特殊问题

上述因素导致我们裁判者的心证处于极低水平，于是在面对不同于普通证据的科学证据时，就会因这类证据的特殊性而完全丧失判断力。

从表象上看，裁判者在面对强制医疗程序中的科学证据时，会出现以下几种看似不同甚至矛盾的态度：一是对鉴定人作出的鉴定意见，会表现出完全采信的态度，如根据六位研究人员的统计——"司法精神病学鉴定结论的采信率几乎为100%"。[1]二是在决定对精神病人强制医疗时，却对有关人身危险性的各类科学证据的应用予以排斥，一般不再援引科学证据。三是当出现两份司法精神病鉴定意见时，裁判者极易陷入无从判断的境地，就像有学者在其实证调研报告中总结的那样："当一个案件进行两次或者两次以上的精神病鉴定时，法院在采信哪份鉴定意见的问题上一筹莫展。"[2]

上述现象共同反映出的其实是裁判者对科学证据结论的"完全依赖性"。正是因为"完全依赖"，（1）导致裁判者把精神病人责任能力的认定问题拱手让与鉴定人；（2）导致在对"一份"司法精神病鉴定意见进行审查时，裁判者会"百分之百"接受；正是因为"完全依赖"，导致在决定是否强制医疗而需裁判者自行对各类科学意见及相关专业领域信息进行综合判断时——如借助行为评估、神经心理学评估，参考如卡特尔量表、明尼苏达量表等各种心理指标，综合医学、心理学、生理学、精神病学、神经学、社会学、人类学、统计学，甚至"意味着现象本身无序性、混乱性、无规则性、偶然性"[3]的概率论等，需要裁判者对精神病人未来继续实施危害社会的行为的严重程度、发生该行为的可能性等问题进行"多"或"少"的程度性考量时，当没有司法精神病鉴定意见这种能给出"有"或"无"这样绝对肯定或绝对否定的唯一结论的科学证据时，当不存在单一的鉴定结果可以"完全依赖"，不再有某个鉴定人能越俎代庖替裁判者作"科学的认定"时，裁判者便会拒绝各类科学证据，直接对强制医疗的申请予以确认；（3）导致在出现两份司法精神病鉴定意见时，面对两份可能是截然相反但却都贴着"科学标签"的证据时，就会使裁判者立刻陷入采信危机，因为此时相当于出现了两个相互矛盾的"百分之百"。

---

[1] 高北陵等：《司法精神鉴定中评定辨认和控制能力与责任能力差异的调查分析》，载《法医学杂志》2013年第4期。

[2] 郭志媛：《刑事诉讼中精神病鉴定的程序保障实证调研报告》，载《证据科学》2012年第6期。

[3] 柳延延：《概率与决定论》，上海社会科学院出版社1996年版，第9页。

也正因如此，上述证据的证明力便受到更加严格的法定证据规则的限制。不难看出，如果说前文提到的对于普通言词证据的"法定"采信规则中，尚存在"与其他证据相互印证"这样的表述，从而给予裁判者至少一小部分自由裁量的空间，那么，对于鉴定意见这样的科学证据，则是"绝对严格的法定证据规则"，其中完全没有任何自由裁量的空间。而这正契合了裁判者对司法精神病鉴定意见等科学证据的证明力无力自行审查判断的心证水平。除此之外，笔者还发现，司法实践中除了根据鉴定机构的级别、资质、距离案发时间等"证据规则"来采信司法精神病鉴定意见，在许多案件中，裁判者甚至对不同鉴定意见采取"盲目折中"的处理手段——被告人往往最终会被"折中"认定为具有"限制刑事责任能力"。例如，2001年广东珠海"张林发公司杀人案"，其第一次司法精神病鉴定意见由广东省精神疾病司法鉴定委员会作出，结论是被告人具有完全刑事责任能力，第二次，深圳市司法精神疾病鉴定组给出无刑事责任能力的鉴定意见，而法院最终采用了由佛山市精神疾病司法鉴定组第三次给出的限制刑事责任能力的结论；又如，2001年河北保定"摔死亲生儿子案"也做了三次鉴定，被告人第一次被天津司法精神病鉴定委员会鉴定为无刑事责任能力，第二次被河北省司法精神病鉴定委员会鉴定为具有完全刑事责任能力，第三次由北京安康医院作出的结论为限制责任能力的鉴定意见最终被法院采纳；再如，2002年广西玉林"蒋伟强杀害同学案"，广西壮族自治区精神疾病司法技术鉴定组和广州市精神病医院两次得出被告人无刑事责任能力的鉴定结果，而法院则最终采纳了第三次由北京市精神病司法鉴定委员会作出的限定刑事责任能力的鉴定意见。

事实上，造成上述"完全依赖"以及"盲目折中"的原因，正是大部分裁判者对科学证据的判断力"完全丧失"。从心理学上看，人们对一个"新事物"的认知，由内心固有的"旧认知图式"提供帮助，两者距离越远，有效认知就会越难。因此，科学证据的专业性、复杂性、前瞻性及所涉领域跨学科性等特点，会使裁判者因"严重陌生"而产生"严重认知障碍"。并且，由于其"专业性"这一特点，使得这种"陌生性"不会因对科学证据接触量的增多而发生质的改变，换言之，裁判者对科学证据的认知障碍无法随着经验的累积而根本逾越。另外，裁判者只能主要从科学证据的逻辑结构、推演方式；"所依据的设备仪器、检材、科学原理"；[1]从鉴定方法、鉴定过程、鉴定论证等方面对科学

---

[1] 卞建林、郭志媛：《论司法鉴定的诉讼程序立法》，载《中国司法鉴定》2006年第4期。

证据进行"形式"审查,对其真实性等证明力问题在并不"理解"其内容本身的基础上进行"外围"判断,无法像对待普通证据那样,能够直接运用自身经验进行判断,而只能是在鉴定人给出的"判断意见"基础之上进行"间接判断"。

同时,不同专家对同一对象鉴定,所得意见不一致,甚至互相对立的情况大量存在。因为专家们对精神病学的本质尚未完全认知。精神病鉴定作为一个特殊领域,不同于一般的科学鉴定,与一般的法医学鉴定也有很大区别,"法医学研究的主要是法律行为中的客体特征,即当事人所受到的各种人身伤害及其后果,而法律精神医学及其分支学科司法精神病学还要研究法律行为中的主体特征",[1]福柯就说,"在精神病理学方面,病人的现实无法让人做出(与器质性病理学)同样的抽象,精神病理学要求有区别于器质性病理学的分析方法"。[2]确实,"生命科学被称为'最高科学',人类的精神活动又是其中最复杂多样的认知领域",[3]因此,专家们对其的评价和判断也就困难重重。而在我国,精神病司法鉴定又是建立在阅卷基础上,依赖个人及家族病例,然后通过观察、交谈、讨论即作出结论。正如许多专业医师所指出的那样,"缺乏精密客观的理化检验手段或方法",[4]"缺少客观的'生物学指标',且缺乏统一的鉴定标准和对辨认能力、控制能力进行判断的评定标准"。[5]也就是说,我国的司法精神病鉴定,主要是专家依据其经验所作的主观性评价。因此,张军总结说:"只要有两次鉴定,最后的结论肯定是不一样的。"[6]

综上我们看到,裁判者在本已孱弱的心证能力下,面对存在严重认知障碍、无法进行直接认知和理解的科学证据,又没有能力"对分析、鉴别、推理和判断的过程"[7]进行有效的间接审查,于是对恰恰因"科学性"而具有"不确定性"的科学证据的判断力"完全丧失"。

至此,也就解释了本书开篇提出的三个疑问——为何司法精神病鉴定程序中已有的申请重新鉴定的机制总是无法运行?为何反复呼吁的"鉴定启动权重

---

[1] 陈立成:《法律精神医学与法医学之关系辨析》,载《湖北警官学院学报》2013年第5期。

[2] [法]米歇尔·福柯:《精神疾病与心理学》,王杨译,上海译文出版社2014年版,第008-011页。

[3] 陈立成:《司法精神病学实务研究》,中国人民大学出版社2012年版,第167页。

[4] 李从培:《司法精神病学鉴定的实践与理论——附各类鉴定案例97例分析讨论》,北京医科大学出版社2000年版,第78页。

[5] 覃江、黄卫东:《论影响司法精神病鉴定结论一致性的原因》,载《中国司法鉴定》2006年第5期。

[6] 张军主编:《刑事证据规则理解与适用》,法律出版社2010年版,绪论第17页。

[7] 冯宗美、陈玉林等:《鉴定意见审查问题探究》,载《中国司法鉴定》2013年第3期。

新配置"的改革一直未能实现？为何同是有关精神病人的强制医疗决定程序，却得以不惜大费周章地专门设立特别程序？正是因为一旦重新启动司法精神病鉴定，所得出的第二份鉴定极可能是一份"不同意见"，而裁判者由于已"完全丧失"审查能力，"没有能力分出个所以然来"，[1]所以就必然会极力避免重新鉴定。而针对"鉴定启动难"，目前所有改革建议的实质其实都是指向"赋予辩护方鉴定启动权"的，即或者要让辩护方能够直接自行启动鉴定，或者能够间接地通过法院启动，而这种辩方鉴定启动权的行使往往都是以控方"排斥鉴定"为背景的，也就是说，辩方所启动的这场司法精神病鉴定很有可能会对控方不利，因此如果"让辩方也掌握鉴定启动权"的改革建议得以实现的话，控方必然会对辩方提供的鉴定意见进行挑战——或者提交新的、不同的精神病鉴定意见，或者至少提出强有力的质证意见。[2]由此，上述改革措施无论如何都会最终导致裁判者陷入判断困境，而精神病鉴定意见在定罪量刑中又至关重要，甚至起着决定性作用，于是，裁判者为了最大限度地规避上述判断责任，最终就客观上造成了"重新鉴定难"和"鉴定启动难"的困境，鉴定启动权重新配置的改革也就由此遭遇瓶颈，无法推进。而以"精神病人诉讼权利保障"为进路的强制医疗决定程序改革，因为不受"裁判者对科学证据审查能力"之制约，因而得以施行。但是，需要综合各类科学证据以预判人身危险性程度的保安处分程序则无力构建。

2012年《刑事诉讼法》构建"安置、保障性质的医疗确认程序"并非偶然，而是在深层次契合了裁判者的心证能力，正是因为我们的裁判者无法应对有关人身危险性的判断问题，致使新的立法改革必然趋向于构建一种在形式上彰显权利保障的程序类型。而鉴定启动程序选择与两大法系都不相同的控方启动模式，同样是因为裁判者对司法精神病鉴定意见的无力判断。也就是说，强制医疗程序纵向构造中前后两个阶段——鉴定启动阶段和强制医疗决定阶段中一脉相承的特殊定位其实都源于裁判者对科学证据证明力"完全丧失"判断力，而且在这一意义上，这次强制医疗制度改革，因其"前阶段"改革的相对停滞，那些在这次制度改革之前因各种原因无法进入司法精神病鉴定程序的嫌疑人、被告人，在改革之后自然仍无法"冲进去"，而"后阶段"创设的强制医疗决定程序，也未能使那些不愿接受强制医疗的精神病人能更多地"逃出

---

〔1〕 陈卫东等：《刑事案件精神病鉴定实施情况调研报告》，载《证据科学》2011年第2期。

〔2〕 且这种质证意见会始终存在，即便是在法院成为"唯一有权决定启动鉴定程序的主体"，并驳回了控方启动重新鉴定申请这样的极端情形下。

来"。综上,裁判者对于科学证据的审查能力在客观上型构了整个纵向构造意义上的强制医疗程序,因此,我们将其概括为"裁判者心证——司法精神病鉴定启动模式因果关系律"和"裁判者心证——强制医疗决定程序类型因果关系律"。

3.4.2.4　对结论的验证:精神病鉴定启动模式的三种亚型

我们知道,除了以我国为代表的"控方鉴定启动模式"之外,还存在其他的鉴定启动模式,如"专家证人模式"和"裁判者中立启动模式"。那么,根据上文已经归纳出的"裁判者心证——司法精神病鉴定启动模式因果关系律",我们就会发现至少有以下几种代表不同心证水平的司法精神病鉴定启动模式亚型,下面我们就采用演绎推理的方法对这几种特定亚型下相应的裁判者证据审查能力进行验证和分析。

"控方鉴定启动模式"这一亚型的另一代表国家是俄罗斯。作为21世纪一部全新的并"广泛采用了两大法系有关刑事诉讼的理念,参考了欧盟标准,吸收了有关刑事诉讼国际通行的条约条款和公认的法律原则"[1]的大国刑事诉讼法典——《俄罗斯联邦刑事诉讼法典》,在鉴定程序中,却只能依然排除辩方的鉴定启动权,而主要由侦查机关启动鉴定,再次证明了鉴定启动模式的变革在根本上受制于裁判者心证能力,而非立法的冲动和改革的口号就可以决定。

同样,以美国为代表的第二种亚型——专家证人模式,并不是因为其诉讼程序有着对抗制的传统就自然会在鉴定程序中产生所谓的当事人启动制,而是因为其裁判者具备判断、取舍不同的鉴定意见和回应双方质证的心证能力,能够对科学证据的"科学有效性做出自己的选择而不是听从于自我宣称的专家们",[2]才会出现这种允许辩护方自行启动的鉴定模式。

对于第三种亚型,即以大陆法系国家为代表的裁判者启动制,虽然其鉴定程序往往强调由第三方中立启动,但其实所谓中立方所提供的——和第一亚型"控方鉴定启动模式"一样,仍然只是"一份"鉴定意见,由此也就可以推导出其证据审查判断方面所存在的诸多问题。如我们看到,德国刑事诉讼法教义中虽然反复强调"裁判者采用鉴定人之判断,在判决理由中必须令人能识别到

---

[1] 张军、陈卫东主编:《域外刑事诉讼专题概览》,人民法院出版社2012年版,第230页。
[2] [美]罗杰·帕克、迈克尔·萨克斯:《证据法学反思:跨学科视角的转型》,吴洪淇译,中国政法大学出版社2015年版,第56页。

其独立完成了该案之证明评价",[1]但在司法实践中"上诉法院会多次推翻下级法院的判决,理由是审判法院不是根据相关事实形成自己的意见,而是不加批判地接受了鉴定结论"。[2]例如,德国法兰克福州法院审理的一起谋杀未遂案件中,鉴定人给出的鉴定意见指出,被告人在犯案时处于药物和精神分裂作用下的神志不清状态,于是裁判者就依据此鉴定意见对被告人作出了行为时无责任能力的认定,而其实该案被告人只存在很小程度的药物滥用,在犯案时受药物的影响并不严重,行为时也没有出现任何视听幻觉。[3]再如,在一起保险诈骗和过失伤人致死的案件中,一审裁判者在六份存在冲突的鉴定意见中选取了两份用以支持其判决,而对其他几份"不同意见",法院既没有引用,更没有对排除这些鉴定意见的理由作出说明。[4]由此可见,这些裁判者无论是选择"接受"某份鉴定意见,还是对某份鉴定意见进行"排除",都同样缺乏对其真实性和关联性的判断审查。

其实,大陆法系裁判者一直有着在案卷中形成内心确信的传统,真正意义上的庭审程序在职权主义诉讼体制的事实认定模式中实际上是找不到的,在职权主义事实认定模式下,当事人被排除在查明案件事实活动的范围之外,他们在庭审程序中不能进行实质性交锋,从而导致庭审的空洞化甚至整个司法程序的虚无化现象,如"法国的鉴定结论质证程序甚至不允许当事人与鉴定人直接对话"。[5]因此,在这样的庭审程序中,规定于法典中的交叉询问制度已经基本形同虚设,根本没有形成能够协助裁判者进行有效甄别和取舍鉴定意见的调查机制。另外,它们的司法精神病鉴定本身同样具有高度的"不确定性",如根据调查,因对病人情况调查不全面或有错误,在德国有60%的一审司法精神病鉴定存在错误或矛盾。[6]

正是因为存在上述矛盾冲突,大陆法系国家便自然趋向于限定控辩双方在

---

〔1〕 [德]克劳思·罗科信:《刑事诉讼法》,吴丽琪译,法律出版社2003年版,第261页。

〔2〕 白冰:《司法鉴定改革的德国启示——从一份德国法院刑事判决书出发》,载《刑事法评论》2013年第2期。

〔3〕 BGH, Urt. v. 22. 10. 2002-5 StR 275/02, available at http://www.wiete-strafrecht.de/Entscheidungen/BGH,%20Urteil%20vom%2022.%20Oktober%202002%20-%205%20StR%20275_02.html.

〔4〕 BGH 5 StR 372/05–Beschluss vom 11. Januar 2006（LG Berlin）, available at http://www.hrr-strafrecht.de/hrr/5/05/5-500-05.php.

〔5〕 张华:《司法鉴定若干问题实务研究》,知识产权出版社2009年版,第104页。

〔6〕 Deutschen Ärzteblatt v. 09. Okt. 1998, available at http://blog.viciente.at/misbrauch-psychiatrischer-gutachten/.

"唯一一份鉴定意见"下进行质证，从而形成主要由裁判者中立启动的模式。由此可见，这里的"中立"其实是"迫不得已"的选择，因此，我们也不应过度迷信"鉴定程序的中立化"——无论是法国式的"中立裁判者"绝对启动方式，还是有学者提出的"鉴定机构中立化"改革方案。[1]就前者而言，其实包括司法精神病鉴定在内的科学证据，并不会因"裁判者中立启动"而变得"正确"，因为"中立启动"至多可以避免故意教唆这种人为造假，但对于鉴定人的疏忽大意和盲目自信、技术错误、数据提供错误等，则无能为力。而且"中立启动"甚至有着和"控方启动"相似的很多弊端，如"鉴定人之间由于不存在庭审竞争机制而导致其缺乏应有的责任心；裁判者与部分鉴定人之间委任关系的固定化容易使鉴定人产生迎合裁判者的预断来制作鉴定结论的心理倾向，也容易导致裁判者为这些熟人的鉴定结论开绿灯而产生误判"。[2]就后者来说，所谓"鉴定机构中立化"的学者改革方案，对于那些无法启动鉴定的案件根本无任何意义，而此类案件并不少见，如事实上，即便是"有着强烈社会反响、被告人精神状态正常与否一直成为争议焦点并有多个鉴定机构主动请求为其进行鉴定"的"邱兴华案"，也最终未能启动；更重要的是，鉴定机构本就不可能绝对中立化，因为鉴定行业亦存在业务资源竞争的压力，这些经济因素必然会打破所谓的"中立"。其实，只要是意见证据，作出意见者就可能会为了某种利益，形成特定立场，进而坚称某项观点。因此，各式各样的所谓"中立"，包括德国司法鉴定程序中检察官启动时也依然强调的中立性问题，其实都是在给司法鉴定罩上"权威性"和"终局性"的光环，使这些鉴定意见贴上"中立"的标签从而难以被从根本上否定和质疑，最终导致裁判者更容易轻信鉴定的结果，放弃审查的义务。

3.4.2.5 完善和改革的方向：提高司法认知水平

基于前文分析不难看出，无论是鉴定启动模式的改造，还是保安处分程序的构建，都受制于证据审查能力的整体提升，而裁判者心证能力的提升无疑是一个较为长期的改革进程，因此笔者认为，应当设立短期和长期两个目标。

作为短期内的完善方向，笔者认为，应当利用当前"创设特别程序制度"这一"立法进步"，从该制度的现实出发去实现其本来的立法目的。这里不仅包括强制医疗程序，对其他特别程序也同样适用。如对于"嫌疑人、被告人逃

---

[1] 郭华：《司法鉴定制度改革的基本思路》，载《法学研究》2011年第1期。
[2] 郭金霞：《司法鉴定启动之正当程序控制研究》，载《中国司法》2008年第9期。

匿、死亡案件违法所得的没收程序"，熊秋红教授就也曾指出："特别没收程序的完善，应当以该程序的性质为出发点并结合该程序的基本特征而展开。"[1] 反之，"未成年人犯罪案件诉讼程序"在这次修法中体现的主要价值是整合和加强未成年犯罪人的相关权益，而完全不具有保安处分的性质，其中既没有对能够承担刑事责任的未成年人规定相应的保安处分，更没有对不承担刑事责任的未成年人设置专门的保安措施，那么，急于给这样的特别程序冠以保安处分之名，提出"当下首先要做的事情就是挖掘整理刑法中的保安处分规范"并"为其设立相对独立的诉讼程序"[2]的主张，就与当前本应实现的立法目的南辕北辙了。

除此之外，作为每个特别程序得以进一步完善的基础，我们还应把握现有特别程序体系整体的内在价值、研究和提炼其指导思想。正如有学者所指出的那样："没有法律思想指导的法律制度，是一种没有方向和灵魂的法律制度，法律思想的境界和视野将直接赋予法律制度以生命特征和生命活力，直至决定其命运。"[3]但是，目前对这一问题的研究非常薄弱，如在特别程序出台前，从1996年到2011年，中国知网上包含"刑事特别程序"关键词为篇名的学术论文共21篇，平均每年1.4篇，包含"特别程序"关键词为篇名的论文31篇，每年2.07篇，二者合计也只有52篇，平均每年不足3.3篇。[4]这个数据相对于1996年到2011年"诉讼法与司法制度"学科分类下的118 196篇论文，所占比例不足万分之四；即便在特别程序出台以后，专门研究其基本概念和价值取向的学术论文也十分少见，导致有学者甚至认为："刑事诉讼法修订之后，也没有学者对这一问题进行专门的研究。"[5]当然，我们注意到陈卫东教授在20世纪90年代初就对特别程序的"形式定位"作了非常有益的研究，提出特别程序应是"适用于特殊类型案件或特定被告人的诉讼程序"[6]的观点。但是，随着当前特别程序制度被刑事诉讼法正式确立，我们便有可能、也有必要对特别

---

[1] 熊秋红：《从特别没收程序的性质看制度完善》，载《法学》2013年第9期。
[2] 时延安：《隐性双轨制：刑法中保安处分的教义学阐释》，载《法学研究》2013年第3期。
[3] [德] 阿图尔·考夫曼：《后现代法哲学——告别演讲》，米健译，法律出版社2000年版，第2页。
[4] 且其中大多数涉及的是反恐或有组织犯罪等问题。
[5] 张泽涛、崔凯：《刑事特别程序亟需厘清三个基本问题》，载《江苏行政学院学报》2013年第6期。
[6] 陈卫东、张惜：《刑事特别程序的实践与探讨》，人民法院出版社1992年版，第1页。事实上，《俄罗斯联邦刑事诉讼法典》第四部分"刑事诉讼的特别程序"正是依照"案件类型和人的种类"的标准分为两编的。

程序整体的"实质定位"进行研究。事实上,这一学术命题本身是极其多样化的,如人们可以根据某些程序在诉讼效率方面的特点而将其归类为特别程序,也可以因某些制度在嫌疑人、被告人权利保障方面的不同将它们定位为特别程序。以意大利为例,其刑事诉讼五种特别程序虽然"分别适用于不同案件的不同阶段",但都是"对侦查、预审、审判进行不同程度的简化和分流",[1]都是以提高诉讼效率为指导思想。反过来,这里也可以把"普通程序诉讼效率"作为基线,采取反向划分的办法,定位那些更为复杂烦琐的程序为特别程序,如需要陪审法庭审理的案件、需要特殊复核的案件等。同样,人们还可以以嫌疑人、被告人权利保障的不同,归类出"权利加强型"或"权利限制型"的特别程序体系,如 2012 年《刑事诉讼法》对恐怖活动等犯罪在"拘留通知、侦查阶段律师会见、指定居所监视居住、技术侦查、审判管辖、证人保护,以及对其违法所得没收"上,就设置了一整套以"限制特定人群权利"为导向的、不同于普通程序的特别规范。[2]因此,我们必须进一步展开对特别程序内在价值、指导思想、性质定位等一系列基本问题的研究。

具体到目前的强制医疗程序,我们认为,可以借鉴前文所述彼得鲁辛(Петрухин Игорь Леонидович)教授"医疗化"的指导思想,在现阶段积极发挥该程序所具有的"安置"和"保护"功能,进一步保障精神病人的特殊权益。正如左卫民教授指出的那样:"经济制度、法律制度的改革,均离不开该国一系列背景的支撑与制约,刑事诉讼法作为涉及利益主体最广、公权与私权冲突最为尖锐的部门法之一,更应密切关注与我国具有相似制度、文化、经济背景的国家,从中吸取经验和教训。"[3]因此,在鉴定启动模式的短期改革路径上,同样也可以参考俄国的相关立法经验,如《俄罗斯联邦国家司法鉴定》《俄罗斯联邦刑事诉讼法典》相关条文[4]虽仍排除辩方的司法鉴定启动权,但在"控方指定司法鉴定"时,辩方可以"向侦查员申请在另一鉴定机构进行司法鉴定",[5]"申请控方吸收由辩方提出的其他人作为鉴定人","申请在指定司

---

[1] 元轶:《程序分流视角下的意大利刑事诉讼改革》,载《比较法研究》2011 年第 5 期。

[2] 当然也有学者对此提出严厉批评,如万毅:《"敌人刑事诉讼法"?——〈刑事诉讼法修正案〉"一国两制"立法模式质评》,载《华东政法大学学报》2012 年第 5 期。

[3] 左卫民:《从引证看中国刑事诉讼法学研究》,载《法学研究》2013 年第 5 期。

[4] Статья 19 Федеральный закон от 31 мая 2001 г. N 73-ФЗ "О государственной судебно-экспертной деятельности в Российской Федерации"; п. 1 статья 195 УПК РФ 2001.

[5] Статья 198 УПК РФ 2001. 事实上,我国《民事诉讼法》第 76 条也体现了类似思路:"当事人申请鉴定的,由双方当事人协商确定具备资格的鉴定人。"

法鉴定的决定上增加向鉴定人提出的问题"。[1]于是，虽然最终仍是在"控方垄断鉴定"的基础上向裁判者提交唯一一份鉴定意见，但由于能够在审前鉴定阶段就吸纳辩方诉求，从而使得双方在该份科学证据上能够趋于合意，其最终结果也就易于为双方所接受，在一定程度上达到定分止争之效果。

当然，正如前文所论证的那样，长期的改革目标无疑应当是从各方面提高审查判断证据的能力和机制，而且，这样的改革必须推进，因为包括司法精神病鉴定在内的各类科学证据的"不确定性"始终是客观存在的，这意味着这类证据的证明力必须要由裁判者进行审查判断。而如果这种审查判断机制无法有效运行，那么，面对此类科学证据的"不确定性"，面对其间出现的矛盾，就必然会出现越来越多、越来越"严格"的，以证据外在形式为判断标准的"法定证据规则"，就必然会继续对"不同的"司法精神病鉴定意见采取盲目折中的采信方式。而更应让我们保持警惕的是，在俄罗斯，由于其目前裁判者审查证据能力的不足，致使其司法鉴定人在各种利益的驱使下越来越敢于故意出具虚假的鉴定意见，根据俄罗斯学者的统计，刑事案件中故意作出虚假鉴定结论的比例已高达 26.2%。[2]

综上，我们认为，在整个精神病人强制医疗程序的纵向构造中，无论是强制医疗决定程序类型的进一步转型，还是司法精神病鉴定启动模式的根本变革，都必须要提高裁判者的心证能力。

3.5 庭审制度异化的裁判者动机解释

3.5.1 裁判者人性假设：从"理性人"向"行为人"

传统上，我们普遍认为裁判者是具有"理性"的特定社会角色，裁判者"理性人"假设认为，裁判者的理性包括了认识理性和实践理性，也就是说，裁判者在审判过程中不但具有认知与事实有关的各种联系及规律的能力，而且能将判决置于理性的绝对命令之下。同时，裁判者的理性人假设还具有理想化的特征，[3]认为裁判者在理性制约、法律光辉下可以摒弃人的欲望、认知差异

---

[1] Статья 198 УПК РФ 2001, Статья 185 УПК РСФСР 1960.

[2] Уголовно-процессуальное законодательство в современных условиях, Wolters Kluwer, 2010, C.494. Абрамочкин В. В. и др.

[3] 曹刚：《论法官的角色伦理》，载《伦理学研究》2004 年第 5 期。

等。然而，实际上裁判者受认知局限、情感波动和利益诱惑等因素的影响，并不能保持完全理性。裁判者只是某个个人所承担的社会角色，同样有着"七情六欲"以及个人偏好，在司法裁判中也不可避免地受到外界因素影响。如同腹痛理论戳破司法神话，在法律现实主义的制约下，法律是神圣公正的，但裁判者不是。庭审认知心理是作为范例论证的，而本研究的主旨是希望能够以此为例，突破当前狭隘的刑事诉讼法研究方法论空间，通过跨学科的研究视角，最终才能真正反哺本学科。

法学以外，由心理学开始对人的"行为"进行研究，由此发展出行为科学，行为理论也逐渐向社会学、管理学、教育学、经济学等学科渗透，各个学科对"行为"的研究日益丰富。社会科学中出现"行为人"（behavioral man）替代"理性人"作为基础人性假设进行探索的趋势，关于"行为人"的研究中学者们普遍关注能力和动机的综合作用，既探讨个体是否拥有实现某类最优决策的能力，又侧重亲社会性、公正、声誉等社会性动机对个体决策的影响。法学内部，关于裁判者角色的既有研究则主要从裁判者的能力（或称司法能力）方面进行探索，关于裁判者本身的动机研究较少。这一方面是因为法学内部一般将裁判者定位成具有非凡辨别能力和维护法律神圣性的"理性人"，至少应然层面如此；另一方面则是固有思维下忽略了对"裁判者"角色外衣下的人性思考。如果我们将"行为人"假设放置在裁判者角色上，那么裁判者诸多行为偏差将有新的理论解释，这种人性假设认识到裁判者并不是具有完全理性的角色，而是拥有与普通人类似的局限和弱点。

于此，我们将"行为人"的人性假设覆盖在裁判者角色上，从裁判者的能力和动机这两个决定行为的因素方面研究庭前阶段、庭审阶段和裁判阶段的制度异化。当然，这绝不是将"行为人"概念简单移植和挪用，而是借鉴其他学科的研究成果，以法学研究方法为主进行理论性的探索。

其实，关于裁判者行为的研究在法学内部早有端倪。1988年年初，在著名科学家钱学森的倡导下，中国行为科学学会成立了行为法学专业委员会，1994年"中国行为法学会"组建后，行为法学逐渐形成独立的学科，把行为科学的研究方法及其成果引入法学研究，为传统法学提供了一个新鲜的、活生生的研究画面，使传统法学产生了新的活力，但是，行为法学在我国也仅只是形成一股较弱的潮流，并未盛行。《北京大学法学百科全书》这样定义行为法学——其内容主要包括：（1）结构功能主义的法律社会控制理论；（2）运用计算机的审判过程论；（3）司法政策制定论。行为主义法学是借助一般行为科学的理论和方法来研究国家适用法律的行为,尤其是司法行为。行为主义法学的研究目的是对法律行为进行预测和控制,进而促进社会的和谐稳定发展。行为主义法学主要研究国家和公民的法律适用行为,重点是裁判者的审判行为,而且主要是裁判者审理案件时受外部环境条件刺激后作出反应的行为。[1]此种研究导向对现如今审判实务中的庭审虚置现象具有启发性,当前诉讼制度的构建不可谓不完善,但种种因素下以审判为中心的庭审实质化改革陷入困境。

行为法学中对裁判者司法行为的研究主要关注裁判者在裁判过程中的认知偏差、心理特征和决策机制,以及这些因素如何影响裁判者的判断和司法公正。裁判者在审判过程中可能受到多种认知偏差的影响,如代表性偏见、可得性偏见、锚定效应等,这些偏差可能导致裁判者对案件事实、证据和法律规定的评估出现偏离,进而影响裁判结果,研究者试图通过对裁判者认知偏差的研究,提出相应的干预措施,以减少这些偏差对司法公正的影响。行为法学关注裁判者的心理特征对司法行为的影响,如裁判者的道德观念、价值观和情感状态等。裁判者的心理特征可能会影响其对案件的处理方式和裁判结果。研究者通过分析裁判者心理特征,试图揭示其对司法行为的作用机制,并提出相应的改进策略。裁判者的动机和激励机制也是行为法学的研究内容,如裁判者的职业晋升、名誉和责任等因素如何影响其司法行为。激励机制对裁判者的行为和决策具有重要作用,合理的激励政策有助于提高裁判者的工作积极性和裁判质量。通过分析裁判者的动机和激励机制,为法院管理和裁判者选拔提供指导。

斯坦福大学心理学教授福格提出福格行为模型,认为一个行为得以发生,行为者需要有进行此行为的动机和操作此行为的能力,因而才能够在被触发时施行既定行为。在行为曲线中,当动机强和能力弱时,行为可以被触发;当动机中等和能力中等时,行为可以被触发;当能力强动机弱时,行为同样可以被触发。基于对心理学模型的借鉴,我们认为裁判者的司法行为是裁判者能力和动机的综合作用下产生的。(参见图3-1)根据上文中司法鉴定制度异化中的裁判者行为分析,裁判者拒绝重新鉴定的行为=裁判者证据审查力不足+担心鉴定人恣意鉴定。当然这只是一种简单的概括,事实上裁判者的能力种类繁多,裁判者角色的动机也不同。

---

[1] 周旺生、朱苏力主编:《北京大学法学百科全书:法理学·立法学·法律社会学》、北京大学出版社2010年版,第100页。

图 3-1 福格行为模型

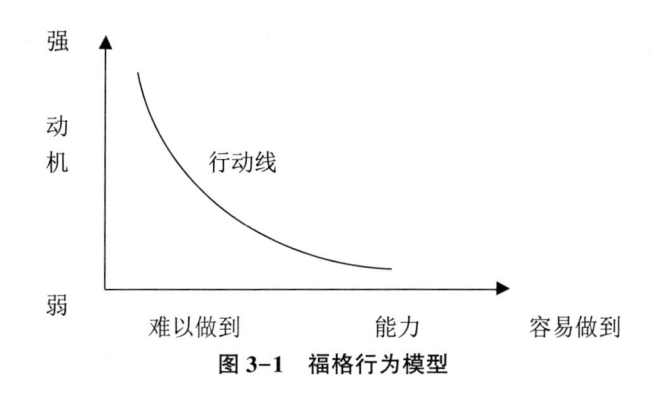

3.5.2 裁判者角色动机初论

3.5.2.1 裁判者角色动机划分

动机（motivation）是一个概括性术语，其研究者众多且理论和概念多元。按时间划分，20世纪60年代以前弗洛伊德的精神分析理论和行为主义心理学的研究是动机理论研究的绝对主流。这两个研究方向虽然研究范式不同但其研究内容类似，都把人降低或还原到动物的水平，试图弄清楚诸如饥、渴、性之类的生物性的本能或冲动是如何驱动人们的行为的。[1]20世纪60年代以后，关于动机的研究发生了巨大的转变，传统的行为主义范式逐渐被认知心理学的范式所取代。因此，在动机领域也产生了背离机械主义朝向认知主义变化的趋向。[2]最终认知论的动机理论成为主流，认为行为的动机是期望得到某些东西（实物或者虚化的感情、爱、荣誉等），或者企图躲避某些讨厌的事物。我们经过综合比较，赞同动机是激发和维持有机体的行动，并将使行动导向某一目标的心理倾向或内驱力，[3]认为裁判者这一特定角色的动机是裁判者作出司法行为的心理倾向和内心驱动力。

根据理论的、经验的总结，我们将裁判者角色动机划分为内部动机和外部动机，把内部动机类型化为维护法律神圣的信念、身为法律守护人的责任、实现良好法律效果的成就感，及不同的法律价值追求等；外部动机类型化为裁判

---

[1] Arkes, H. r., Garske, j. p. Psychological Theories of Motivation, Monterey, Calif: Brooks/Cole Pub. Co, 1977.

[2] 刘永芳、杜秀芳、庄锦英：《动机研究的历史演变》，载《山东师大学报（社会科学版）》2000年第1期。

[3] 林崇德、杨治良、黄希庭主编：《心理学大辞典》，上海教育出版社2003年版，第223页。

者职业晋升奖赏、避免判决错误受罚的避责心理、案件繁杂的工作倦怠以及对诉讼参与人的合理怀疑等。

维护法律神圣的理想信念是裁判者角色动机之一，也是外界对裁判者的普遍认知。裁判者在宪法和法律至上理念的基础上，追求社会公正和司法公正。[1]这种信念属于内在的价值观，对裁判者的行为有支配和指导作用。我们对裁判者角色的"理性人"假设也基本来源于此，裁判者的神圣化是建立在对裁判者的认知理性和道德人格的彻底认同和无限乐观的基础上的，因为裁判者不是人而是神，就不会受人的自然局限，也无须外在或内在的约束，[2]这种维护法律神圣的信念是裁判者角色的底层内在动机。

身为法律守护人的道德责任是另一个裁判者角色动机，裁判者的道德责任在于其独立行使审判权，在主体性的意义上，独立包含着自由判断，[3]而裁判者根据自身司法能力行使独立审判权时，他就天然背负着道德责任，由此产生了对案件的"慎思"。认为裁判者作为一个负责任的行动者需要正确地评价影响其行动的各种因素，形成支持其行动的理由体系，并根据最终的评价结果审慎地作出选择和决定[4]。

实现良好法律效果的自我满足也是重要的裁判者角色动机，我们认为，裁判者的自我满足主要来自经过法律神圣信念的加持和自身公正司法的行为后而产生的自我满足。关于裁判者理想信念和道德责任的研究颇多，但是法学内部缺乏对裁判者自身司法行为实现良好法律效果之后的满足心理。在心理学领域，自我满足需要是马斯洛需求层次理论中的人的最高需要。这里需要和成就动机进行区分，成就动机普遍被认为是一个个体追求着个体价值的最大化，或者在追求自我价值的时候，通过方法达到最完美的状态，其中蕴含了内部动机和外部动机的共同效用。而实现良好法律效果的自我满足，我们认为是较为纯粹的内部动机，是将需求层次理论和裁判者角色属性相结合的重新定义。

不同的法律价值追求对裁判者行为的影响也极其重要，是裁判者角色的动机之一。法律价值冲突中，如程序正义或实体正义，法无禁止即可为，法无授权不可为，效率和公正，严格规则与自由裁量，社会稳定和自由保障等价值取

---

[1] 陈金钊：《难以践行的誓言——关于法官法治信念的考察报告》，载《河南省政法管理干部学院学报》2011年第5期。

[2] 曹刚：《论法官的角色伦理》，载《伦理学研究》2004年第5期。

[3] 黄伟文：《自由意志与法官的道德责任》，载《浙江社会科学》2021年第1期。

[4] 黄伟文：《自由意志与法官的道德责任》，载《浙江社会科学》2021年第1期。

向都深刻影响着裁判者的司法行为。

裁判者职业晋升奖赏心理是裁判者在司法工作中，出于对个人职业发展和地位提升的追求，而在决策和行为上作出相应调整的心理过程。这种心理动机源于人类对成功、成就和社会认可的普遍需求，对裁判者的工作表现和司法效果具有重要影响。

避免错判受罚的避责心理是裁判者在司法实践中，出于对潜在错误判断及其相关惩罚的担忧，采取相应措施以降低责任风险的心理过程。这种心理动机源于人类对风险规避和自我保护的本能需求，对裁判者的决策和司法行为具有显著影响。避责心理的可讨论性较强，从正面的积极影响来看，其一，避责心理使得裁判者提高审慎性，在审理案件时更加审慎仔细地分析证据和法律条款的适用，以确保裁判结果的无懈可击，从而达到司法公正。其二，为避免承担责任，裁判者可能会更加严格地遵循法律程序和规定，这有助于维护司法纪律和法治秩序。其三，避责心理可能促使裁判者在审判过程中时刻反思自己的决策，对可能出现的错误保持警惕，有利于提高裁判质量。从消极影响来看，其一，过强的避责心理可能导致裁判者在决策时过于保守，回避疑难复杂案件，从而影响司法效率和公正。其二，为了规避个人责任，裁判者可能过度依赖集体决策，将责任推卸给合议庭或者审委会，从而削弱自己的判断力和独立性。

案件繁杂产生的工作倦怠是裁判者在面对大量烦琐、复杂的案件时，裁判者可能出现心理和生理疲劳，这种工作倦怠可能影响裁判者的决策能力和司法公正。处理大量案件或者案件的烦琐复杂导致裁判者长时间处于高度紧张和压力状态，使其精神疲劳，难以集中注意力审理案件，可能出现裁判失误和司法不公。裁判者的长时间工作也可能导致其生理疲劳，从而影响其健康状况。长期处于这种状态下，裁判者的工作效率和决策能力可能会受到影响。工作倦怠还会导致裁判者情绪波动，出现情绪低落、焦虑、抑郁等现象。这些情绪可能进一步影响裁判者的决策能力和公正性。

对诉讼参与人的合理怀疑可以理解为裁判者在司法过程中对当事人、律师、证人和其他诉讼参与人，也包括侦查机关和公诉机关的陈述、证据和行为持谨慎、质疑的态度。在裁判者眼中，所有的事实都需要证据来加以认定，而事实认定是司法证明的逻辑终点，虽然它是一种理性的、严格的证明，但案件事实是过去发生的事实，裁判者能够看到的只是证据，只能凭借证据来认定事实，这就决定了事实认定具有不确定性。[1]同时，这些证据经由具有主观意识的当事人等提交，不可避免地带有各方当事人的主观色彩，会存在故意隐瞒或制造虚假证据的可能。

3.5.2.2 裁判者角色动机的竞合与冲突

心理学家认为动机之间存在联合作用，当个体在最终目标方向上同时出现几种动机时，它们将联合起来推动个体的行为，其中强度最大的是主导动机，它对其他动机具有调节作用。主导动机有凝聚作用，将相关动机联合起来，指向最终目标。非主导动机的影响力较小，但其作用也是不可忽视的，可以增强或削弱这种动机联合的强度。

在裁判者角色动机中我们用"竞合"这个法律意味较强的词汇替代联合，将其称之为裁判者角色动机竞合，认为裁判者在庭审过程中面临多种动机因素，这些动机因素相互竞争、协调和融合，共同影响裁判者的司法行为，是一种综合性现象，反映了裁判者在实际工作中的决策过程。裁判者可能存在内部动机与外部动机的竞合，内部动机包括裁判者对法律尊严和公正的追求，以及对道德责任的承担。外部动机主要涉及职业晋升、避免错判受罚等因素。裁判者在庭审过程中需要在内部和外部动机之间取得平衡，以实现司法公正和效率。也可能存在价值观念的竞合，在司法实践中，裁判者可能面临不同的法律价值观念，如程序正义与实体正义、法无禁止即可为与法无授权不可为、效率与公正等。裁判者需要根据案件特点和具体情况，权衡这些价值观念，以求得最佳裁判结果。

动机冲突理论包含复杂的心理机制，涉及四种冲突情况：双趋冲突、双避冲突、趋避冲突和多重趋避冲突。双趋冲突发生在人同时被两种或更多目标吸引，但只能选择其中一种目标时。这种冲突是一种趋近型冲突，即"鱼我所欲也，熊掌亦我所欲也"的冲突。在理性的决策者眼中，他们希望能够一举多得，但现实条件常常使其难以实现。决策者在资源有限的情况下，必须在如何利用资源的决策中面对这样的问题。例如，有许多事情要做，但资金只允许选择其中一项，这就会导致双趋冲突的产生。解决这种冲突的方法通常是放弃一个目标，或同时放弃两个目标并追求另一个折中的目标。如果一个人认为，鱼和熊掌虽然都好吃，但熊掌是稀有的美味，对他更具吸引力，那么两个目标的吸引

---

[1] 张中：《法官眼里无事实：证据裁判原则下的事实、证据与事实认定》，载《浙江工商大学学报》2017年第5期。

力就有了大小之分，冲突的解决就较为容易，无疑是选择吸引力更大的目标。双避冲突是指两种或更多目标都是人所希望回避的情况下，但只能回避其中一种目标时产生的内心冲突。这种冲突的解决方法可能是两害相权取其轻。趋避冲突是指个体对同一目标既想接近又想避开的两种相互矛盾的动机引起的心理冲突。这种冲突类型需要在个体内部解决对同一目标既有接近又有逃避的矛盾动机。多重趋避冲突是指面对两种或更多目标时，每个目标既具有吸引力又具有排斥力，从而产生的冲突。换言之，人们面对多个目标时，每个目标都具有吸引和排斥两个方面的作用，无法简单地选择一个目标并回避另一个目标，而必须进行多重选择，这引起了内心的冲突。

根据动机冲突理论，我们尝试列举几种较为明显的冲突。例如，维护法律神圣的理想信念与不同的法律价值追求间的冲突，裁判者在执行司法职责时，旨在维护法律的神圣地位，但其对法律价值的理解可能因个人观念的差异而存在冲突。个别裁判者可能更注重程序正义，而另一些裁判者可能更看重实体正义，这种价值观冲突可能影响司法决策的一致性。在裁判者的角色动机中，维护法律神圣的理想信念和不同的法律价值追求是两个常见的内部动机。然而，这两个动机之间可能会存在动机冲突，因为它们在某些情况下可能并不完全一致。一方面，维护法律神圣的理想信念是裁判者的基本操守，这要求裁判者必须要严格遵守法律和法律程序，以维护司法公正和权威。另一方面，裁判者在审理案件时必然会受法律价值追求的影响。在某些情况下，这两种动机之间可能存在冲突。实现良好法律效果的自我满足与案件繁杂产生的工作倦怠间的冲突。裁判者在努力实现良好的法律效果时，可能会面临繁重的案件负担。过度的工作压力可能导致裁判者工作倦怠，进而影响其对案件的判断和处理。案件繁杂产生的工作倦怠与避免错判受罚的避责心理间的冲突。在面临繁重的案件负担时，裁判者可能会出现工作倦怠。然而，为了避免错判和承担责任，裁判者可能会强迫自己细致审理每一个案件，这种矛盾可能导致裁判者在决策过程中产生动机冲突。

3.5.3 庭审制度异化裁判者动机分析

前文中我们总结出庭审虚化在四个阶段的主要制度异化类型，其中认为证人出庭制度异化为笔录宣读制度的主要原因是裁判者的证据审查力不足，也即裁判者的能力因素造成的。依前文所言，裁判者的司法行为除了裁判者能力之外，还受到裁判者角色动机的影响。接下来我们将着重分析另外三种制度异化类型的动机因素。

3.5.3.1 主要证据移送制度异化动机分析

2012年《刑事诉讼法》的实施使得主要证据移送制度彻底回归全案卷宗移送制度，学界普遍从主要证据移送制度的不足和困境进行研究，认为全案卷宗移送制度的回归主要原因在于"主要证据复印件"的范围狭窄，具有偏向性，不能完全排除裁判者的庭前预断；无法保障辩护律师的阅卷权，控辩力量严重失衡；证据材料具有片面性，导致庭审效率低下。[1]这些研究对主要证据移送制度的弊端进行分析，却鲜有从心理层面对此进行分析，探究裁判者所面临的心理困境。

在我国刑事庭审制度中，裁判者在法庭上拥有相当程度的指挥权。裁判者的庭审指挥权是法律赋予裁判者指挥、控制庭审，指导当事人进行诉讼活动，以维护庭审活动有序、公正和有效率进行的诉讼权力。[2]也就是说，裁判者会决定和影响法庭上当事人的行为，比如，裁判者决定检察院移交的相关定罪量刑的证据是否已经充足，达到内心确信的程度。

裁判者选择查看全案卷宗的原因主要是为了全面了解案件的事实、证据和法律适用情况，以便作出正确的裁决。裁判者需要仔细阅读案件的材料，包括起诉书、答辩书、证人证言、鉴定意见、调查笔录等，以了解案件的基本事实，厘清证据链条，揭示案件的真相。裁判者需要审查证据的来源、真实性和可信度，对于存在疑点的证据进行认真评估，以确保裁判结果的公正性和准确性。裁判者需要审查相关法律规定和司法解释，以确定案件的法律适用情况，并根据法律适用情况作出裁决。而"魔鬼藏在细节里"，司法实践中案件事实的细节、证据的细节才是决定案件走向的关键。比如，某案中侦查机关混淆了犯罪嫌疑人不在场时间的农历日期和阳历日期，导致犯罪嫌疑人一审被判处有罪；再如，某故意杀人案中驱车潜逃的两名犯罪嫌疑人决定自首，在掉转车头转向派出所途中被公安抓获，而掉转车头和行车记录仪记录这一细节被忽略，侦查机关和公诉机关不认为其为自首，从而影响量刑。甚至，江苏"鹦鹉案"中有极其戏剧性的低级错误，侦查机关将案中所涉鹦鹉全部是以照片形式送去鉴定，但是鉴定报告中却出现了"DNA分子鉴定"一栏，此案最后以检察机关撤诉终结。从上述现实案例中我们发现诉讼参与人的水平参差不齐，且出于各种心态

---

[1] 张丽、关倚琴：《浅析"卷宗移送制度"》，载《中国检察官》2012年第11期。
[2] 龙宗智：《刑事庭审制度研究》，中国政法大学出版社2001年版，第361页。

有时会故意隐瞒或曲解案件事实和相关证据。

于此从裁判者角色动机来看，裁判者查看全案卷宗主要考虑身为法律守护人的道德责任、避免错判受罚的避责心理以及对诉讼参与人的合理怀疑。具体而言，身为法律守护人的道德责任让裁判者对自己有更高要求，有责任确保公正、公平地审理每一个案件。查看全案卷宗有助于裁判者全面了解案情，掌握案件事实和相关证据，从而在裁判中体现出对法律公正的尊重和维护。对诉讼参与人的合理怀疑使得裁判者在审理案件过程中，对诉讼参与人都持有一定程度的怀疑心理，无论是侦查机关、公诉机关的相关指控还是其他诉讼参与人的陈述，等等。查看全案卷宗可以帮助裁判者更好地评估各方当事人的陈述、证据，从而判断其真实性和可靠性。避免错判受罚的避责心理让裁判者产生对主要证据移送制度的抗拒，错判可能导致裁判者受到责任追究，甚至影响职业生涯。为了避免这种风险，裁判者需要仔细查看全案卷宗，以确保在裁决过程中能充分考虑案件的各个方面，从而降低错判的可能性。

3.5.3.2 证人出庭制度异化动机分析

刑事证人出庭制度是刑事案件开庭审理过程中，知晓案件情况的证人出席法庭，以口头言词的形式就自己所了解的案件事实向法庭作如实陈述，并接受控辩双方以辩驳、质询的方式进行质证，或者裁判者以询问的方式进行审查的诉讼活动。[1]在制度设计之初学者和司法部门就考虑到证人出庭制度的现实难度，比如庭审中证人出庭会出现随意、省略、失控的现象，致使刑事案件审理时证人出庭作证率偏低，证人证言得不到有效的当庭询问、质证，使得案件事实的认定出现犹疑，审判的公正性、权威性受到怀疑。[2]为解决这些问题，刑事诉讼法制定了完善的证人出庭制度，2012年《刑事诉讼法》第187条规定，公诉人、当事人或者辩护人、诉讼代理人对证人证言有异议，且该证人证言对案件定罪量刑有重大影响，人民法院认为证人有必要出庭作证的，证人应当出庭作证；第189条规定，证人作证，审判人员应当告知他要如实地提供证言和有意作伪证或者隐匿罪证要负的法律责任。

但是，在最高人民法院的司法解释中，却有这样的表述，法庭认为有必要的，应当准许；对方提出异议，认为有关证据与案件无关或者明显重复、不必

---

〔1〕 甄贞：《刑事证人出庭作证程序设计与论证》，载《法学家》2000年第2期。

〔2〕 李艳华、周畅淼：《关于我国刑事证人出庭作证制度的思考》，载《法商研究（中南政法学院学报）》1999年第4期。

要，法庭经审查异议成立的可以不予准许；证人具有下列情形之一，无法出庭作证的，人民法院可以准许其不出庭。(1) 在庭审期间身患严重疾病或者行动极为不便的；(2) 居所远离开庭地点且交通极为不便的；(3) 身处国外短期无法回国的；(4) 有其他客观原因，确实无法出庭的。[1]司法解释是指由最高人民法院、最高人民检察院等司法机关对法律规定的解释。司法解释对于法律的适用和实施具有指导作用，也是补充和完善法律的重要手段。司法解释与法律之间具有密切的关系。一方面，司法解释是法律适用的重要依据。司法解释对于法律中一些模糊、不明确的条款进行解释和阐释，从而使法律规定更加具体、明确和可操作。此外，司法解释还能为法律的实施提供指导，帮助相关部门和机构更好地执行法律。另一方面，法律也是司法解释的基础。司法解释必须遵循法律的原则和精神，不能与法律相抵触。如果司法解释与法律相违背，法律应当优先适用，司法解释则应该被调整或修订。

按照司法解释的定义，其出台是为了使其适用范围更加明确，但是2012年最高人民法院关于刑事诉讼法中证人出庭制度的相关解释却进一步模糊了证人出庭制度，给予了裁判者极大的自由裁量权。

裁判者不想让证人到庭作证的原因有如下几种：一是证人不方便出庭。如果证人身体状况不佳或者因为某些原因无法亲自出庭作证，裁判者可能会考虑不让证人出庭，以保护证人的权益。二是证人已经提供了足够的证言。如果证人已经在案件中提供了足够的证言，而且其证言已被认为是可信的，那么裁判者可能认为再次出庭作证没有必要。三是证人可能面临危险。在某些情况下，证人可能面临危险，如可能会受到报复或者威胁。在这种情况下，裁判者可能会考虑不让证人出庭，以确保其安全。以上这些是从证人自身角度进行考虑，从裁判者角度考虑的原因可能是裁判者的工作压力和繁重的任务使他们采取尽可能高效的审判方式，以尽快地结束案件。虽然证人出庭对查明案件事实有很大帮助，但在一定程度上会延长案件的审理时间，导致诉讼程序的延误。证人出庭制度的立法本意是好的，但它不符合刑事司法领域的实际情况，导致制度异化。另外，证人出庭或许并不能达到预期效果，一个普通公民作为证人站在庄严神圣的法庭上，面对高高在上的裁判者，心中难免会有恐惧。在这种心理压力下，要接受公诉人、被告人和辩护律师的盘问，特别是一方需要攻击其证词的真实性，使其证词无效，可能使其紧张导致做出前后矛盾的陈述，扰乱裁

---

[1] 2021年《最高人民法院关于适用〈中华人民共和国刑事诉讼法〉的解释》第203条和第206条。

判者对事实的判断，从而直接影响证词的采信。

由此我们认为，裁判者选择不让证人出庭的主要动机是对司法效率的价值选择和裁判者的工作倦怠，同时考虑裁判者对证人出庭作证不确定性的规避。裁判者秉持着司法效率优先的价值导向，在审理案件时，裁判者可能会将司法效率视为一种重要价值。在一些案件中，证人出庭可能会导致案件拖延，影响审理进度。为了提高司法效率，裁判者会选择不让证人出庭，而依赖其他证据或者以证人言词的笔录宣读替代证人出庭来裁决案件。在审理案件时，裁判者需要合理利用有限的司法资源。如果证人出庭对案件裁决的影响较小，或者已有足够的证据可以支持裁决，裁判者可能会选择不让证人出庭，从而节省司法资源，提高司法效率。裁判者的工作倦怠会影响裁判者是否选择让证人出庭。在处理大量案件时，裁判者可能会出现工作倦怠的情况，面临繁重的工作任务，裁判者可能会试图通过减少证人出庭的次数来降低工作负担。然而，这种做法可能会对案件审理的公正性产生负面影响，因此需要谨慎对待。裁判者还会对证人出庭作证的不确定性进行规避，证人出庭作证可能会带来一定程度的不确定性，包括证人的可信度、作证内容的真实性以及可能的证人串供等。为了规避这些不确定性，裁判者可能会选择依赖其他更为确定的证据（如书面证据、物证等）来裁决案件。

3.5.3.3 当庭宣判制度异化动机分析

尽管在 2016 年之前，最高人民法院从未明确强调当庭宣判的效率价值，而更注重司法公开的重要性，但在整个审判效率改革过程中，当庭宣判一直是一个存在问题的因素。为了解决审判效率低下和案件过多的问题，最高人民法院积极推行繁简分流机制，并逐步引入简易程序、普通程序简化审理和速裁程序等简化流程，并推动当庭宣判的实施。然而，在审判效率改革的制度话语中，当庭宣判并没有占据主要地位，而是被视为一种技术手段，用以支持新的效率机制的实施。

此外，"一般应当当庭宣判"的优先适用制度安排缺乏强制力，实际上仍然是一种选择性方案，并不期望其在简易程序中充分发挥作用。这部分解释了为什么速裁程序试点中强制适用当庭宣判的范围仅限于可能判处有期徒刑一年以下刑罚的特定罪名的案件，而不是一直被提倡优先适用的简易程序案件范围。直到 2018 年《刑事诉讼法》明确规定速裁程序适用于可能判处有期徒刑三年以下刑罚的案件且"应当当庭宣判"后，最高人民法院才更积极地强调当庭宣判的效率价值。

虽然最高人民法院的目标是提高司法效率，并认为当庭宣判可以使裁判者从繁忙的事务中解脱出来，但在更高层次的要求下，大多数裁判者会选择择期宣判。最高人民法院的价值定位也从司法公开转向庭审实质化，反映出审判改革逐渐从表面形式转向实质层面。刑事诉讼制度改革以审判为中心，不是限于早期的控辩式审判方式改革，而是致力于实现庭审的真实性和实质化，以确保案件事实和控辩意见在庭审中充分呈现，最终形成庭审裁判结果。这体现了对程序性正当程序的制度化阐释，确保被告人有机会充分抗辩指控罪行和定罪理由，使案件裁判真正形成于庭审。因此，通过当庭宣判推进庭审实质化更符合其价值定位和运行机理。当庭宣判的功能在于促使裁判者在庭审中形成裁判结果和裁判理由，确保裁判程序的正当性，实现可见的正义。然而，实现这一目标需要整套庭审程序的支持。因此，在实质化庭审程序中，所有的程序都应围绕当庭宣判的实现展开。

值得注意的是，实质上的审判程序某种程度上已成为重复性的案卷审查，试图通过检察官、检委会、律师、裁判者、合议庭、审委会一次又一次地叠加审查发现有无犯罪事实和定案定罪证据上的疏漏，以确保案件的无缺，事实上这已经类似于避责行为，与以审判为中心的刑事诉讼制度改革南辕北辙。

我们考虑裁判者选择择期宣判的动机主要是法律守护人的道德责任，避免错判受罚的避责心理。裁判者作为法律守护者，其主要责任是确保司法公正和权威，为了维护这种公正和权威，裁判者需要根据法律规定和相关证据作出准确、公正和合理的判决。当庭宣判的方式可能会因为某些原因而导致裁判者没有足够的时间去考虑和权衡案件的各种因素，从而导致错误的判决。因此，择期宣判可能是裁判者避免错判受罚的一种策略，这种避责心理是裁判者身为法律守护者的一种道德责任所衍生出的结果。另外，裁判者作为公职人员，需要承担相应的责任和义务。如果他们因为疏忽或其他原因而导致作出了错误的判决，那么可能会面临严重的后果和惩罚。因此，裁判者需要尽一切可能避免出现错误判决的情况，这也是他们择期宣判的一种动机。

党的十八届四中全会通过的《中共中央关于全面推进依法治国若干重大问题的决定》明确指出，"推进以审判为中心的诉讼制度改革，确保侦查、审判起诉的案件事实证据经得起法律的检验"。单就这句话而言，一方面要求构建以审判为中心的诉讼制度，另一方面又要求案件事实证据经得起检验，结构性的矛盾下裁判者出于公正司法的自我要求，以及避免出现冤假错案的避责心理，必将"明察秋毫"而慎之又慎。正因如此，庭审虚置的情况出现，只能一方面解决裁判者证据审查力等方面的能力，另一方面对裁判者的动机进行引导，才能以此提升裁判者认知水平使庭审实质化落到实处。

3.5.4 基于动机理论的诉讼制度完善

随着司法系统的发展和社会需求的增加，裁判者面临着日益繁重的工作压力。有效地分担裁判者工作压力，提高工作效率和司法质量，对于司法体系的稳定运行和司法公正具有重要意义。庭审实质化是诉讼制度改革的重要目标，单单依靠裁判者个人力量无法达成。司法机关在制度设计中应考虑裁判者的工作倦怠、职业高原、责任规避等现象对裁判者审判行为的影响。

3.5.4.1 裁判者工作压力分担机制

当前，我国裁判者面临着制度性、结构性的压力，以及司法实践中急剧膨胀的办案压力。首先，中国法院及其裁判者在既无立法层面的制度化"隔离带"，又无司法层面的制度化"防火墙"等正式制度屏障和保护的前提下，被推到了社会冲突的风口浪尖：一方面，面临着法律漏洞带来的合法律性与合法性之间的紧张，另一方面又面临着法律漏洞带来的合法性供需之间的不平衡；一方面承担着提供合法律性和合法性的繁重任务，另一方面，立法提供给法院用来填补法律漏洞以解决合法性的制度手段有限。[1]与此同时，裁判者审判压力急剧上升，一方面是因为员额制改革的推行。按照改革部署，各省、市、自治区裁判者、检察官员额的比例不得超过中央政法专项编制的39%。截至2017年年底，员额制改革在全国绝大多数地方已基本推行到位，全国裁判者的数量由改革以前的211 990名缩减至120 138名，减少了43%。另一方面，受立案登记制的推行、法治观念的提升等多重因素的影响，法院受理的案件数量大幅攀升。从2013年到2018年，全国法院受理各类案件的数量从1300多万件增长到2800多万件，净增1倍多。案多人少的境况下，裁判者极易陷入工作倦怠中，裁判者忙于各种事务性工作，自然而然会挤占分配在司法裁判活动中的精力，这样裁判者怠于让证人出庭也就有了心理动机解释。

在这种双重压力下，司法机关应加强对裁判者的管理和支持，建立健全的工作机制和管理体系。在一系列既有的减负行动中，我们认为在推进庭审实质化进程中可衔接既有的裁判者助理制度和书记员制度，充分利用司法辅助人员减轻裁判者的事务性工作压力，使得裁判者可以将精力投入司法裁判活动中。

---

[1] 张洪涛：《中国法院压力之消解———一种法律组织学解读》，载《法学家》2014年第1期。

其实，我国早在20世纪末就已开始进行司法辅助人员的制度探索，为规范司法人员分类管理、优化审判资源配置，最高人民法院适时推行了一系列改革，裁判者助理制度改革便是其中之一。1999年《人民法院第一个五年改革纲要（1999—2003）》第33条提出："随着审判长选任工作的开展，结合人民法院组织法的修改，高级人民法院可以对法官配备法官助理和取消助理审判员工作进行试点，摸索经验。"随后，最高人民法院陆续出台相关文件指导地方试点。但是，裁判者助理在实践中却出现不同的异化，诸多地方实践表明，裁判者助理名义上虽为裁判者的审判辅助人员，实际上是拥有限定审理权和裁决权的"裁判者"。某些法院在实践中将裁判者助理暂时性地充当书记员，但是裁判者助理和书记员的职能定位本就不同，裁判者助理辅助裁判者进行业务性工作，书记员辅助裁判者进行事务性工作。裁判者助理充当"书记员"将进一步模糊二者之间的审判辅助角色分工，长期游走于业务性辅助与事务性辅助角色边缘的裁判者助理，无法对裁判者审判提供良性辅助。同时，裁判者助理和司法行政人员的分界也颇为模糊，相当一部分的裁判者助理从事行政工作，这使得本来就紧张的司法资源进一步被压缩。

从世界各国的情况来看，司法裁判者与司法辅助人员的比例表明在司法裁判者的背后普遍存在着强大的辅助团队。但在我国司法改革中，改革后的多数办案团队中甚至达不到一名司法裁判者配备一名司法辅助人员的最低标准，同时辅助人员与行政人员似乎可以随意确定或转换身份和岗位，这就导致办案一线的司法裁判者与司法辅助人员的比例失衡导致司法裁判者在员额数量骤降而工作量大幅上升的情况下不堪重负，"案多人少"的问题也更加突出。[1]

实践表明，以审判为中心的诉讼制度改革并不能一蹴而就，其是庞大的系统性工程，在缓解裁判者工作压力、发掘裁判者角色动机方面裁判者助理和书记员制度的构建将起到重要作用，法院司法辅助人员为裁判者提供业务性和事务性的辅助工作，可以使得裁判者专注案件裁判，从而为庭审实质化的实现提供组织力量。

裁判者工作压力分担机制可提高司法效率和质量，通过合理分配工作任务、优化工作流程、提供支持和资源，促进裁判者的工作积极性和专注度。

此外，还可加强利用信息技术和数字化手段来支持裁判者的工作，包括电子文书管理、在线案件审理系统、智能辅助决策工具等。研究可以从技术可行

---

[1] 卞建林、王天保：《司法人员分类管理再思考》，载《内蒙古社会科学（汉文版）》2021年第6期。

性、用户体验和系统效果等角度进行，以提高工作效率、减少烦琐劳动和增强决策准确性。

3.5.4.2 裁判者绩效考评机制改革

目前，在深化司法体制综合配套改革中，我国法院系统已经构建较为成熟的裁判者绩效考评机制。建立办案考核考评指标体系，用量化指标考核和评价裁判者工作，以考评指标来引导裁判者完善工作方式、提升工作能力。同时将案件质量评查与考核指标结合联动，此外还建立起审判质量效果监督控制体系和岗位目标考核管理体系等多元绩效考评机制。

但是，裁判者绩效考评体系依然面临深层次、结构性的历史遗留问题和现实困境。裁判者并非行政官员，但长期以来，中国对裁判者沿用普通公务员管理模式，裁判者绩效考评不仅未能凸显自身特性，还在一定程度上加重了裁判者的工作压力。在专业的审判工作之外课以行政官员的考核，双重考评压力使得裁判者难负其重。[1]除此之外，裁判者考评制度僵化，存在重数据而轻质性的问题，裁判者审判绩效考核偏重办案数量指标和审判效率指标，审判质量指标所占权重较小。从审判绩效考核整体情况来看，审判绩效考核结果往往以结案数、结收比等指标为主，而关涉案件办理质量及过程中的核心因素，如当事人诉讼权利保障、审判流程、庭审争议焦点提炼、证据审查、举证责任分配、法律及案例检索、释法说理、裁判文书质量、裁判效果等则基本未纳入审判绩效考核视野。[2]生硬的裁判者绩效考评指标与案件办理质量存在脱节，以至于出现诸多制度异化的现象，如前文中证人出庭制度异化为笔录宣读制度一定程度上源于裁判者绩效考评中结案时间、办结率、上诉率等指标的要求，使得裁判者庭审中更多倾向于选择宣读证人证言笔录，以此减少结案时间和其他指标。

在具体的操作层面，首先可研究裁判者的工作负荷管理，包括分析和评估裁判者工作量、案件分配和排程机制，以确保公平、合理地分配工作任务。裁判者的案件工作量测量———乃至整个法院系统的工作量测量———是当今中国司法系统理论研究供给和实践知识需求反差最大的领域之一。理论界认为裁判者工作量的测算不值得细致研究，但实务界却需要依次衡量裁判者工作。同时存在法院内外评估不合理、不公平，不同案件乃至同种案件的繁杂程度都有

---

[1] 李国华：《人民法院法官绩效考评制度改革回顾与展望》，载《河南财经政法大学学报》2021年第4期。

[2] 华小鹏：《法官绩效考核的终极目标及实现路径研究》，载《法学杂志》2020年第10期。

区别等问题。[1]案件分配则是另一个难题，尽管分案制度在各地法院系统均已进行积极探索，可实践中仍存在诸多问题。法院案件的分配，需要在案件分案环节对当事人情况、案件难易权重、裁判者司法能力、裁判者审理案件的难易程度和裁判者工作量进行评估，然后根据不同裁判者审理不同案件的难易程度，在工作饱和度的约束条件下实现优化分配，[2]如此可让裁判者在案件分配上感受到公平，从而激发工作动力。

除此之外，实践中还存在与裁判者绩效考评制度设计预期相反的情况。裁判者绩效考评制度本意是为了更好地管理裁判者队伍以及增强裁判者的工作动力，而实际情况却是这种制度性的激励往往会产生负面效果。有学者将我国基层法院裁判者的激励因素大致为收入、晋升、声誉、合理的绩效考核、工作量、福利保障、安全保障、良好的工作环境、公平感、个人成就感等，其中晋升、合理的绩效考核以及工作量三种激励因素互相交织对裁判者工作态度有较大影响，甚至负向激励效果明显。考评机制不统一、不合理现象突出，大部分裁判者认为绩效考核不能够反映自身的努力程度。不同案件、不同部门、不同团队的工作存在异质性，法院内部相对统一的标准不能完全反映个人的业绩。

于此，基于前文中关于裁判者角色动机的论述，以及证人出庭制度异化为笔录宣读制度的裁判者动机分析，我们认为健全完善裁判者绩效考评机制是避免庭审制度异化、实现庭审实质化的重要路径。

裁判者绩效考评机制的完善和执行是保障司法公正和提升司法效能的关键，设定清晰的评估标准，确保评估标准明确、具体，并与裁判者的职责和角色相匹配。评估标准应涵盖案件处理质量、工作效率、法律知识和技能、司法公正、道德操守等方面，以全面评估裁判者的绩效表现。建立和采用多元化的评估方法，包括定量数据分析、同行评议、当事人满意度调查、独立观察等，以获取全面、客观和可靠的评估结果。评估方法应综合考虑裁判者的案件数量、复杂程度、质量、审理时间、庭审记录、裁判文书质量等指标。建立定期的评估机制，以便及时了解裁判者的工作表现和绩效水平。评估结果应向裁判者提供详细的反馈，包括优点和改进的方面，并制订具体的改进计划和培训支持计划。完善激励机制，根据评估结果，建立奖励和激励机制，以表彰绩效优秀的裁判

---

[1] 程金华：《法院案件工作量测算的"中国方案"——司法大数据时代的探索方向》，载《法律适用》2020年第3期。

[2] 王小新：《法院分案系统的检视与重构——以X法院刑事案件分配为例》，载《法律适用》2016年第4期。

者，并提供晋升、职位调整、薪酬增加等激励措施。这些具体措施将激励裁判者积极工作，提高工作动力和专业水平。

综上所述，完善和执行裁判者绩效考评机制需要综合考虑评估标准、评估方法、定期反馈、公正执行、奖励激励、连续改进和监督参与等方面。这将有助于提高裁判者的工作质量和效率，保障司法公正和满足公众对司法的期望。

3.5.4.3 司法责任制的适时完善

在司法体制改革中，司法责任制毫无疑问处于核心位置，被称为司法体制改革的"牛鼻子"。党的十九大报告进一步指出，"深化司法体制综合配套改革，全面落实司法责任制"，将司法责任制改革提到了一个新的高度。实践中司法责任制的逐步推进对我国法治建设影响深远，但在深化以审判为中心的诉讼制度改革中司法责任制也暴露出一些问题，需根据实际情况适时完善。

在诸多问题中，较为突出的是司法责任制的推行，特别是错案追究制给裁判者带来很大的压力。司法责任制的目的是在确认裁判者独立审判权的同时对其进行约束，是非常必要的制度安排。但是，由于错案追究制等具体制度在实施时存在认定事实表面化、处理程序粗化等弊端，使得裁判者如履薄冰，在有离职想法的裁判者中，91%的人是因为"职业风险高、责任大"。[1]同时，在法院系统中存在着根深蒂固的卸责机制，近年来全球性的避责时代已经来临，避责逐渐取代邀功成为政府官员行为的主要特征：在宏观层面上，避责行为的根源在于风险社会中不确定性增加与政府责任无限扩展之间的矛盾；在中观层面上，避责行为的根源在于信息技术的传播激化效应与政府官员有限注意力之间的矛盾；在微观层面上，避责行为的根源在于原子化个体的消极偏向与信任危机之间的矛盾。作为原子化的个体，政府官员也对损失更为敏感，这使得他们更愿意选择避责策略。[2]尽管世界范围内，裁判者群体与普通公务人员存在着区别，但是裁判者仍归属于为公共利益服务的人员，特别是在中国语境下，法检系统以及裁判者、检察官等司法人员都受到党的统一领导，此种情况下一般意义上的避责现象不可避免地出现在裁判者身上。在法学研究领域，也有学者关注到普遍存在的裁判者卸责机制，认为在司法语境下，卸责意为责任主体

---

〔1〕宁静波：《基层法院法官激励因素与激励效果的实证研究——以S省部分基层法官为例》，载《山东大学学报（哲学社会科学版）》2020年第5期。

〔2〕倪星、王锐：《从邀功到避责：基层政府官员行为变化研究》，载《政治学研究》2017年第2期。

通过程序或其他方式减轻由司法职务活动带来的责任。[1]但与其他政府官员常见的避责策略如隐匿信息、模糊因果关系、转移视线、找替罪羊等不同,如若进入刑事诉讼程序,裁判者将无法逃避法定责任,而只能设法通过程序推卸个人责任,转移扩散给其他主体。

司法责任制的核心是"让审理者裁判,让裁判者负责",与之相悖的是长期以来我国司法人员实行的是科层制的行政管理模式,裁判者服从审委会以及院长的管理,在案件办理中仍存在上报法庭庭长和院长审批等模式。回顾当庭宣判向择期宣判的制度异化,自然而然可以初步得出两点结论。首先,案件裁判者在较重罪名案件办理中出于谨慎态度,为保证案件办理质量,同时也为了避免因冤假错案的发生而受到追责,进而选择将案件定期宣判。其次,选择定期宣判还可以利用法院系统内部科层制本身的制度特性进行卸责,最为典型的是将重大案件上报审委会进行决议。这样经过几道程序以及集体决议,即使案件质量出现瑕疵,甚至错案发生,承办裁判者仍可辩称自己已完成相应职责进而推卸责任。在司法责任制的巨大压力下,裁判者通过卸责机制将责任风险进行分担,因此,裁判者追责机制应加以完善,让裁判者敢于判决,避免为追求卸责而使得庭审虚化。

3.6 司法认知特殊情形:陪审团制

陪审团制源于古希腊、古罗马的民众大会和贵族代表议会传统,发端于"诺曼征服"后的英格兰,17世纪后随着英国对外殖民扩张,陪审制度被移植到美洲、亚洲、非洲等地,同时欧洲大陆部分国家也吸收了陪审制度的相关制度。随着世界范围内法制的进步,部分曾实行陪审团制度的国家在19世纪中叶后逐步放弃此种模式。但是,在美国由于特殊的文化和社会环境,陪审团制度得到充分肯定和发展。同时也有国家在21世纪之后的现代司法进程中考虑重新引入陪审团制度,比如日本在2009年重新引入了陪审团制度。

在法律如此完善的今日,陪审团制这一看似粗糙,将非专业人士意见作为判决基础的庭审模式却仍在世界范围内施行,其制度优势值得进一步研究。学界不乏陪审团制度与大陆法系国家天然不适应的观点,认为对抗式诉讼模式才

---

[1] 高童非:《我国刑事司法制度中的卸责机制——以法院和法官为中心》,载《浙江工商大学学报》2019年第5期。

是其存在的基础,法益是入罪的基础,但伦理道德可以作为出罪的依据。一味呆板地追求证据与法规,就不免忘记了法律的本质。陪审团制度虽然看似笨拙,不乏漏洞,但却可以以不变应万变,实乃一种高明的智慧。[1]于此,借鉴研究陪审团制度对我国以庭审实质化为目标的诉讼制度改革有借鉴意义。

3.6.1 域外司法中的陪审团制度现状

在美国,陪审团分为大陪审团和小陪审团,大陪审团的职责是决定应否起诉,其设计之初是用来限制检察官的起诉权;小陪审团的职责是在审判过程中协助法官认定案件事实并在此基础上作出被告人是否有罪的判决。由于本课题主要针对刑事案件庭审实质化的相关内容,于此将研究视线集中在小陪审团,即常见的12人陪审团。美国宪法第六修正案规定刑事案件的被告人有权要求陪审团参与审理,被告人也可以放弃此项权利。由此美国的刑事审判有两种基本模式:一种是由陪审团和法官共同审理案件,即"陪审团审";另一种是由法官单独审理案件,即"法官审"。在"陪审团审"的案件中,法官和陪审团有明确的职责区分,法官负责维护庭审程序和负责法律的适用,陪审团则对刑事案件的相关犯罪事实进行认定。若陪审团认定被告人有罪,法官便依据犯罪事实和法律对犯罪嫌疑人进行量刑,也就是说陪审团定罪而法官量刑。若陪审团认定被告人无罪,法官便要宣布释放该被告人。而且根据"一事不二审"的原则,该被告人永远不得再以相同罪名接受第二次审判。换言之,陪审团的无罪裁决具有终审效力。

美国"陪审团审"的整体庭审模式主要包括陪审团选取、证据审查、指导说明、讨论和决定、裁决宣布、判决执行等阶段。一是陪审团选取阶段,法院会从具备资格的公民中随机抽取陪审团成员,一般是选民登记簿或驾驶执照登记册中获取,经过筛选之后法院向候选人发出传票,要求他们出庭参与陪审团服务。在刑事案件中,通常会有12名陪审员组成陪审团,但在某些州或特定情况下,陪审团的规模可能会有所不同。陪审员必须是无偏见、无关切和公正的成员,他们应代表社区的观点。二是证据审查阶段,检察官和辩护律师会提交证据、呈请证人作证,并进行质证和反驳,陪审团成员有责任仔细听取并评估提交的证据。三是指导说明阶段,在证据审查之后法官会向陪审团提供指导说明,这些指导说明解释了适用的法律原则和标准,以帮助陪审团在审判中作出

---

[1] 陈禹希:《职权主义诉讼模式下的俄罗斯陪审制度》,载《西伯利亚研究》2021年第4期。

正确的决定。四是陪审团进入讨论和决定阶段，在这一阶段陪审员先在闭门会议中讨论案件的事实和证据，陪审员可以彼此提出问题、表达观点并辩论案件，而后陪审团成员通过投票来决定被告的有罪或无罪。五是裁决宣布阶段，一旦陪审团达成一致意见，他们会将裁决宣布给法庭，值得注意的是陪审团的裁决必须是一致的，即所有陪审员都同意。如果陪审团无法达成一致，法官可能会宣布审判无效，并可能重新安排审判或采取其他法律措施。六是判决执行阶段，如果陪审团裁定被告有罪，法官会根据陪审团的裁决作出判决，而刑罚的程度和类型将根据相关法律和案件的具体情况确定。

美国陪审团的一部分作用是在法庭审判中提供公众的观点，并确保被告能够接受公正的审判。但是，陪审团的决定通常被视为有约束力的，虽然在特定情况下，法官也有权对陪审团的裁决进行重新审视和修改，但却少之又少。

在法国，陪审团制度似乎与其大陆法系传统不符，在法国大革命之前法国没有现代意义上的陪审团制度，刑事案件由专业法官负责审判，缺乏公众参与。但是在英国的影响之下，又恰逢法国大革命（1789—1799 年）为陪审团制度的发展提供了契机。在法国大革命期间，立法机构颁布了《1791 年陪审团法案》，正式引入了陪审团制度。根据该法案，法庭由法官和陪审员组成，陪审员是由随机抽选的公民组成，代表公众的观点。拿破仑统治时期，陪审团制度经历了进一步的发展和变革，拿破仑颁布了《1808 年陪审团法令》，对陪审团制度进行了改革和规范，根据该法令，陪审团的权力受到限制，法官在案件中拥有更多的决策权。到了法国第三共和国时期（1870—1940 年），陪审团制度进一步完善。法律规定了陪审团的组成、资格和职责，并扩大了陪审团的权力和独立性，在这一时期，陪审团的作用逐渐得到重视，其成为法庭审判的重要组成部分。

法国现代陪审团制度的基本框架在 1941 年确定。根据现行法律，陪审团在刑事案件中的作用相对较小，仅限于对特定犯罪行为（如谋杀）的审判。陪审团通常由 9 名公民组成，他们与法官共同审理案件，并共同决定被告的有罪或无罪。目前，法国仅在重罪法庭的审判中采用陪审制度，还需要指出的是，尽管法国有陪审团制度，但相对于英美法系国家，陪审团在法国刑事审判中的作用较小，而且陪审团在庭审调查和评议过程中缺乏独立性，比较容易受法官的影响乃至操纵，在审判实践中，法官几乎总是能够说服足够数量的陪审员站在他们这边。[1]

---

〔1〕 何家弘：《陪审制度纵横论》，载《法学家》1999 年第 3 期。

3. 司法认知与庭审实质化相互关系论

法国的陪审团制度最终抛弃了英国传统的大陪审团制度，将陪审团放置在"参审"的位置上，不再能单独地决定事实，需要听从法官的指挥，与法官一起审理案件，作出判决，这与英美法系的陪审团制度有明显区分。

日本陪审团制度的发展也经历了一系列的演变和改革，与法国一样也遭遇过陪审团制和本土法制不相契合的窘境，并曾一度废除陪审团制度长达半个世纪。日本的陪审团制度最早可以追溯到明治时期，1880年，日本颁布了《陪审法》，正式引入了陪审团制度。最初的陪审团由12名陪审员组成，他们与法官一起参与刑事案件的审判。第二次世界大战后，日本进行了司法体制的改革，日本政府于1943年宣布暂停陪审团制度，刑事案件由专业的法官进行审判，这一情况持续了相当长的一段时间。2009年5月，日本政府重新引入了陪审团制度，但在法律上仅适用于少数特定刑事案件，例如谋杀、强奸和纵火等重大刑事案件。根据这一制度，陪审团由6名陪审员和3名法官组成。陪审员的选拔是通过随机选择自愿参与的公民进行的。陪审员候选人的名单通常是从户籍登记册中获取。被选中的候选人将接受培训，并在法庭上参与陪审团服务。在陪审团审判过程中，陪审员与法官共同审理案件，并在审理结束后进行讨论和投票。陪审团的决定必须是多数意见，并且法官对陪审团的决定具有一定的影响力。在日本的陪审团制度中，陪审员和法官一起审理案件，并共同决定被告的有罪或无罪。陪审员的决策必须是多数意见，至少有5名陪审员一致同意。陪审团的决定对法官的裁决具有约束力，但法官仍然负责最终的判决。（见表3-3）

表3-3 美法日陪审团制总结

	案件范围	法官职责	陪审团职责	裁判条件
美国	全部刑事案件（被告可放弃）	庭审程序维护 法律指导 法条适用 依裁决量刑	事实认定 裁决定罪与否	陪审团一致
法国	特定刑事案件	庭审程序维护 裁判案件	参审	法官影响陪审团并决定判决
日本	特定刑事案件	庭审程序维护 裁判案件	参审	法官多数和陪审团多数

3.6.2 陪审团在庭审中的法律事实认知

陪审团在审理案件时扮演着重要的角色，其中一个关键任务是对案件的事实进行认知。尤其在刑事案件中，陪审团成员通过审查证据、听取证人陈述以及参与庭审过程，以形成对案件事实的认知，并据此进行裁决。在这个过程中，法律对陪审团的事实认知进行了一定的规定和限制，以确保公正和准确的判决。

首先，陪审团在案件审理过程中必须遵守法庭程序和法官的指导。法官负责对庭审过程进行管理和引导，确保法庭秩序和程序的公正性。陪审团成员需要遵守法官的规定，听取证据、辩论和法官的解释，以确保对案件事实的准确理解。其次，陪审团成员的事实认知是基于证据的审查和评估。陪审团通过审查和评估证据来形成对案件事实的认知。这包括物证、文件记录、证人证言等。陪审团成员需要仔细研究证据的真实性、可信度和相互关联性，以便理解案件的事实情况。

此外，陪审团在审理过程中有权提出问题和进行交叉询问。陪审团成员可以向证人提问，要求补充或澄清证据。这使得陪审团能够更全面地了解案件事实，并确保证据的完整性和可靠性，庭审中的交叉询问方法被称为查明事实真相的最有效的法律装置。[1]

在陪审团的事实认知中，法官同样扮演着重要的角色。法官负责解释法律规定，并就法律问题提供指导。他们向陪审团解释法律要素、证据的法律意义以及适用的法律原则，以确保陪审团对案件事实的认知与法律要求相一致。陪审团的事实认知还受到陪审团内部讨论和协商的影响。陪审团成员通过讨论和交流彼此的观点和意见，共同形成对案件事实的理解。这种集体决策的过程有助于消除个人偏见和狭隘观点，确保决策的公正性和准确性。

总的来说，陪审团在庭审中的法律事实认知是一个复杂的过程，受到多种因素的影响。陪审团成员需要遵守法庭程序和法官的指导，审查和评估证据，并参与庭审过程中的讨论和交流。法官的角色在于解释法律、提供指导，并确保陪审团的决策与法律要求相符合。通过这样的制度安排，可以增强陪审团决策的公正性、准确性和可靠性。

3.6.3 陪审团制度中的法官中立地位

刑事诉讼中的对抗式诉讼模式是以控辩双方的诉讼对抗和法官的中立听证

---

[1] 徐静村、冯继洁：《论对美国刑事程序之借鉴》，载《现代法学》1998年第6期。

为核心特征的,也被称为当事人主义诉讼模式。这种模式包含三个主要内涵:一是当事人对等主义意味着原告(通常是检察官)和被告在诉讼中享有平等的地位。在对抗式诉讼中,双方拥有平等的权利和义务,彼此可以进行辩论和争论,法院应当平等对待双方的权益。二是,当事人进行主义强调诉讼以当事人的主张和证据为中心,法院仅基于当事人的诉求进行裁决。控方和辩方分别承担不同的责任,控方负责证明被告有罪,而辩方则负责反驳和辩护。这一原则与欧陆国家的调查原则相一致。三是当事人处分主义意味着当事人在诉讼中可以自由处置其请求。在刑事诉讼中,被告可以自行决定是否进行"有罪答辩",即承认犯罪事实但辩护其合法性或法定辩护事由,这体现了被告在诉讼过程中的自主权。

对抗式诉讼模式下,刑事案件的审理过程是由代表不同利益、甚至相互对立的双方就事实或证据展开辩论和对抗,法官作为中立公正的裁判者根据双方提出的证据和辩论作出独立的判断。这一模式旨在通过双方对抗揭示真相,并妥善解决争议。

对抗式诉讼模式的核心是庭审阶段,而在此之前的侦查和起诉被视为对抗的准备程序,强调诉讼的效率。然而,随着人权保护意识的增强,各国刑事诉讼立法也越来越重视审前程序中的对抗性要素。审判前的程序必须注重公正,确保起诉状的真实性,法官在庭审前不接触任何一方的证据材料,以防止法官的先入为主和偏见,保障审判的公正性。同时,在对抗式诉讼模式下,庭审实质化是必然要求与必须结果,我国现阶段所谓的刑事庭审实质化也正是追求的对抗式诉讼模式的核心庭审阶段,指应通过庭审的方式认定案件事实并在此基础上决定被告人的定罪量刑,其基本要求包括两个方面:一是审判应成为诉讼中心阶段,被告人的刑事责任应在审判阶段而不是在侦查、审查起诉或其他环节解决;二是庭审活动是决定被告人命运的关键环节,即"审判案件应当以庭审为中心。事实证据调查在法庭,定罪量刑辩护在法庭,裁判结果形成于法庭"。[1]

在对抗式诉讼模式中,法官的中立性是至关重要的。法官应处于中立、客观的地位,与案件无利害关系,不持有任何偏见。法官应完全听取双方辩论的内容,不能预先偏袒一方。在英美法系国家,中立客观的裁判由陪审团和法官共同构成,陪审团负责裁定案件的事实,而法官专门负责法律的适用。法官在

---

[1] 汪海燕:《论刑事庭审实质化》,载《中国社会科学》2015年第2期。

庭审中不积极主动地进行询问和调查，只在听取双方辩论和意见后作出裁决。

此外，在对抗式诉讼过程中，律师发挥着重要的作用。律师代表双方当事人进行辩论，他们是法律专家，根据事实和法律为当事人争取实质利益。律师的参与使得审理围绕案情进行，提高了诉讼的效率。在整个诉讼过程中，律师不仅仅是参与者，更是主导者，因为法官在听取案件过程中是被动的，而律师的参与使得审理更加顺畅。

最后，被追诉人在对抗式诉讼模式下被赋予一系列的程序公正权利。这些权利包括无罪推定权、不被强迫自证其罪的权利、避免双重危险的权利、交叉询问的权利等。这些权利旨在保护被告的权益，确保审判过程的公正性，无论在大陆法系还是英美法系，对抗式诉讼均贯穿两大法系刑事诉讼的始终，是建构现代刑事诉讼的核心脉络。[1]

总的来说，对抗式诉讼模式以控辩双方的诉讼对抗和法官的中立听证为核心特征，旨在通过双方的辩论和对抗揭示真相、解决争议。其具体特点包括当事人对等主义、当事人进行主义和当事人处分主义。法官在这一模式下应保持中立客观的立场，听取双方的辩论和证据，并作出独立的裁决。律师在对抗式诉讼中发挥重要作用，代表当事人进行辩论和争辩。被告享有一系列程序公正权利，以确保审判过程的公正性和合法性。用形象的语言形容对抗式诉讼模式在英美法系国家就是一个讲故事的过程，双方当事人彼此独立依次向没有偏见、消极的法官或裁判者讲述他们各自的故事，有人把这一过程比作讲故事的比赛，谁说得更有吸引力、更有说服力谁就赢得这个比赛，其故事就被接受。比赛的过程是由技术规则引导的，相应的系列诉讼程序及规则即成为对抗式诉讼模式的重要特征之一。[2]

需要注意的是，不同国家的刑事诉讼制度可能存在一定的差异，对抗式诉讼模式在具体实施上也可能有所调整。因此，在具体的国家和地区中，对抗式诉讼模式的运作方式和特点可能会有所不同，但核心原则仍然是在保证双方平等地参与诉讼、法官中立公正地进行裁决、律师有效地进行辩论和被告享有公正权利的基础上，揭示真相、维护正义。

陪审团制度下的法官不仅是在整体的诉讼构造中处于居中裁判的位置，在庭审环节同样处于中立地位，且扮演着许多重要角色，以确保审判的公正性和

---

[1] 谭世贵：《论刑事诉讼模式及其中国转型》，载《法制与社会发展》2016 年第 3 期。
[2] 陈卫东、张月满：《对抗式诉讼模式研究》，载《中国法学》2009 年第 5 期。

3. 司法认知与庭审实质化相互关系论

公信力。

首先，法官在陪审团制度中担任着向陪审团提供法律指导和解释的重要角色。他们负责解释适用的法律准则、证据规则和程序规定，确保陪审团正确理解和应用法律标准。通过提供法律指导，法官有助于陪审团理解案件的法律要求和法律标准，从而确保他们是在法律框架内作出决策。其次，法官在陪审团审判中管理审判程序，维护法庭秩序，以确保作出公平和公正的审判。他们负责处理法律纠纷和争议，解决程序性问题，并确保审判过程的顺利进行。法官的职责包括控制证据的准许和排除，监督陪审团的讨论和决策过程，并就法律问题提供指导和解释。通过管理审判程序，法官确保了法庭的正常运作，并维护审判的公正性和公信力。

法官在陪审团制度中的另一个重要角色是保障当事人的权利。他们负责确保被告人和原告人的权益得到保护。法官应确保被告人在审判过程中的权利得到尊重，包括权利得到平等对待、公正听证、辩护的机会以及合理的程序保障。法官应保障被告人的合法权益不受侵犯，并确保当事人有公正的机会陈述自己的案情和辩论。

另外，法官在陪审团决策过程中还扮演着重要的中立角色。虽然陪审团最终负责作出判决，但法官负责指导和规范陪审团的决策过程。法官向陪审团提供法律指导和解释，并确保他们在决策过程中遵守法律要求和程序规定，并审查陪审团的决策是否合理和合法。通过这种方式，法官在陪审团决策过程中确保决策的公正性和合法性。

尽管法官在陪审团制度中扮演着重要的中立角色，但需要注意的是，法官的任务并非直接决定被告人的有罪或无罪。陪审团是负责最终决策的机构，法官的任务是确保陪审团的决策过程是合法的和合理的。法官通过提供法律指导、管理审判程序和保障当事人权益，维护陪审团制度的公正性和公信力。

总结而言，陪审团制度中的法官在法庭上具有中立地位。他们扮演着指导和解释法律的角色，管理审判程序，保障当事人的权益，以及在陪审团决策过程中发挥中立监督的作用。通过履行这些职责，法官确保陪审团制度的公正性和公信力，以维护司法制度的正常运行和公众对司法决策的信任和尊重。

3.6.4 "陪审团"程序内的法庭实质审判

陪审团制度是一种重要的司法制度，它的引入和运用对于确保案件审理的公正性和准确性具有重要意义。在陪审团制度下，案件的实质法庭调查得以充分展开，这一制度因素为案件的审理提供了重要保障。接下来本书将从制度因素的角度，论述陪审团制度为何有利于对案件进行实质的法庭调查。

陪审团制度中，案件的实质法庭调查是在法官和陪审团的共同参与下进行的。法官负责监督庭审过程，保证证据的合法性和可信度；而陪审团则通过对证人的直接质询和证据的审查，为案件提供多维度的认定和评价。这种双重证据审查机制确保了案件审理的公正性，有助于避免个别法官的主观偏见或错误判断对案件的影响。

在实质的法庭调查中，律师通过质询证人、呈递证据等方式向陪审团展示案件的真相。陪审团通过直接接触证人，观察其言行举止和回答问题的态度，能够更好地评估证人的可信度和证言的真实性。同时，陪审团成员可以提问并就证据的细节和矛盾之处进行探究，进一步理解案件的实质。通过法官和陪审团共同的证据审查，案件的事实和证据得到了充分的审查和评估，从而提高了判决的准确性和公正性。

陪审团制度使公众能够参与和监督案件的审理过程。公众作为陪审团的成员，通过参与实质法庭调查，能够亲身了解案件的细节和证据。公众的参与和监督有助于增加案件审理的透明度，提高司法决策的公信力，同时也为被告和公众提供了一个监督司法公正的机制。

公众的参与和监督不仅是对司法系统的一种信任表达，也是对公正审判的一种推动力。公众作为陪审团的一员，代表着社会的利益，通过实质法庭调查获取信息并作出独立的决策。他们的参与确保了案件审理的透明性和代表性，使得司法决策更具公正性和可信度。

陪审团制度下，律师可以直接质询证人，以获取更充分、直接的证言。直接质询使得证人的陈述能够更加真实、生动地呈现在法庭上，有助于陪审团获得更准确的证据。这种直接质询的过程使得陪审团成员能够更好地了解证人的证言，并有机会就其可信度和内容进行深入追问。在直接质询中，律师可以通过提问证人、引导证人描述事件细节和展示证人的证言与其他证据之间的关联等方式，展现出案件的真相。陪审团通过目睹证人的回答和表现，可以更准确地评估证人的可信度和证言的可靠性。此外，律师还可以通过对证人的交叉询问来揭示证人的潜在偏见、不一致的陈述或疑点，从而有助于陪审团形成准确的认知和判断。

陪审团制度为案件的实质法庭调查提供了机会和平台，让律师和法官能够共同探索证据的真实性和可信度。律师可以对证据进行横向比对和纵向推演，提出质疑和辩驳,从而揭示证据的可能缺陷或矛盾之处。法官则在案件审理过程中负责权衡证据的可信度和重要性,确保案件的事实认定准确可靠。通过对证据的深入审查和探究,陪审团能够更全面地了解案件的细节和背景,辨别证据的真实性和可信度。同时,律师的质询和辩论也促使法官对证据进行更严格的审查和评估,确保案件的事实认定不偏不倚。这种对证据的全面审查有助于发现隐藏的细节和矛盾之处,提高案件的审理质量和公正性。

陪审团制度强调保护被告的辩护权利,使其能够在实质法庭调查中有效行使辩护权。被告及其辩护律师可以提出辩护证据、对控方证人进行质询,并向陪审团呈现有利于被告的论点。这样,被告能够参与案件的实质调查过程,主动维护自身权益,同时有助于陪审团作出公正的决策。在陪审团制度下,被告和其辩护律师有充分的机会通过实质的法庭调查来展示辩护证据、提出辩护观点和质疑控方证人的证词。这种辩护权的行使有助于平衡控辩双方的力量,确保案件审理过程中的公正性和平等性。同时,陪审团成员也能够充分了解被告的辩护观点和证据,对案件作出独立的判断。

陪审团制度的实质法庭调查有助于提升审判的公正性和权威性。陪审团成员作为公民代表,通过实质调查获取信息并作出独立的决策。他们的参与增加了审判决策的多元性和公众代表性,从而增强了判决的公正性和可信度。

陪审团的决策是经过全面的证据审查和辩论后做出的,具有代表性和公众认可度。陪审团成员作为公民的代表,通过实质的法庭调查了解案件的全貌,能够从公众的角度审视案件。他们的参与和决策使得判决更具公正性和权威性,同时也增加了判决结果被接受的可能性。

陪审团制度下的实质法庭调查对案件审理具有重要意义。通过制度保障公正审理、全面获取证据和信息以及维护被告权益和审判公正,陪审团制度确保了案件审理的公正性、准确性和可信度。这种制度因素为案件的实质法庭调查提供了保障,有助于保证案件的公正审理和正确判决。同时,实质法庭调查也提升了审判公正和权威性,增加了公众对司法系统的信任和对判决结果的认可。在陪审团制度下,实质的法庭调查能够充分展开,揭示案件的真相,维护司法公正,保护当事人的权益,为公正审判作出贡献。

3.6.5 陪审团背书下的司法责任分担

刑事案件中的裁判模式涉及陪审团的事实认定和法官的量刑。根据这种模式,陪审团负责对被告的犯罪事实进行认定,而法官则根据陪审团的裁决和适用法律依法进行量刑。这种裁判模式下，法官可以在独立、中立的基础上进行判决，而不会担心受到司法责任的影响。下文将从心理学和法学的角度来论证这种裁判模式对法官独立量刑的积极影响。

心理学研究表明，人类的决策往往受到多种心理因素的影响，其中包括社会认同、权威性和责任压力等。在传统的刑事审判中，法官不仅要对事实进行认定，还要负责量刑，这使得他们承担了巨大的责任压力。法官需要在权威性和责任感之间保持平衡，以确保其决策的独立性和公正性。

在陪审团制度下，法官可以将事实认定的责任交给陪审团，从而减轻了自身的责任压力。心理学研究表明，当人们感到责任转移时，他们更有可能作出独立和果断的决策。因此，法官在陪审团裁决事实认定后，可以更加自由地进行量刑，不受过多的心理压力影响。

从法学角度来看，陪审团制度下的裁判模式确保了法官的独立性和中立性。陪审团作为由普通公民组成的机构，代表了社会的多元观点和利益。他们通过集体讨论和辩论来对被告的犯罪事实进行认定。这种民主决策的过程不仅确保了裁判的公正性，也使得法官能够在依法量刑时避免受到个人偏见或外部压力的影响。

陪审团制度下的裁判模式增加了审判的透明度和公众参与度。陪审团的存在和作用使得刑事审判过程更加公开和可信，公众可以对裁判结果进行监督和评估。这种公众监督和评估的机制有助于维护司法公正和防止权力滥用。同时，公众参与也提醒法官要在独立性和中立性的原则下进行量刑，从而更好地维护社会的公共利益。

综上所述，陪审团制度下的裁判模式对法官的独立量刑具有积极影响。从心理学角度来看，法官通过将事实认定的责任转移给陪审团，减轻了自身的责任压力，从而更有可能作出独立和公正的决策。从法学角度来看，陪审团制度确保了法官的独立性和中立性，增加了审判的透明度和公众参与度。这种裁判模式既有利于保护被告的权益，又有利于维护社会的公共利益，提高了司法系统的公正性和可信度。

我们也要认识到陪审团制度下的裁判模式并非完美无缺，也存在一些潜在的问题和挑战。例如，陪审团的决策可能受到群体心理的影响，存在偏见和误导的可能性。此外，陪审团成员的素质和能力也可能不一致，可能导致裁决的不确定性和不公正性。针对这些问题，法律系统需要不断加强对陪审团成员的培训和监督，确保他们能够理性、公正地履行其职责。

虽然陪审团制度下的裁判模式有助于法官独立量刑，但法官仍然需要在法律框架下行使权力。他们必须遵循法律的规定和刑法准则，在量刑时考虑被告的个人情况、犯罪的性质和社会公共利益等因素。法官应当权衡不同的因素，并根据具体案件作出合理的判断，以确保刑罚的公正性和适当性。

陪审团制度下的裁判模式会对法官独立量刑产生积极影响。心理学的视角告诉我们，通过将事实认定责任交给陪审团，法官可以减轻心理压力，更自由地作出独立决策。法学的视角告诉我们，陪审团制度确保了法官的独立性和中立性，增加了审判的公开和公众参与度。然而，我们也应认识到陪审团制度下的裁判模式仍面临挑战，还存在改进的空间，需要持续优化和完善。最终目标是实现公平、公正和公信的刑事司法系统，确保被告的权益得到充分尊重，同时保护社会的公共利益和安全。

综上所述，本节从多角度探讨了陪审团审中的犯罪事实认定与定罪量刑分离，并对司法判决错误的责任分担，以及陪审团制度的公开性对庭审的实质性意义。"陪审团审"将犯罪事实认定和定罪量刑两个阶段分开，实质上降低了法官的责任。此外，陪审团制度的公开性确保了庭审必须实质进行，维护了审判的公正性和透明度。

陪审团制度是全球许多法律体系的重要组成部分。其目的在于将普通公民的观点和判断纳入司法实践中。在刑事审判中，"陪审团审"负责确定案件的事实问题，包括被告的有罪与否。与法官相比，陪审团成员缺乏专业的法律知识。然而，这种"陪审团审"判的特点使得公众能够在刑事司法系统中发挥平衡的参与作用。我们认为，"陪审团审"中的犯罪事实认定与定罪量刑分离对于实现实质司法具有重要意义。通过明确区分这两个过程，陪审团制度培养了公众的信任感和参与感，强调了基于证据的决策制定的重要性，并促进了法官的指导和决策作用。

从法学视角来看，陪审团制度中的犯罪事实认定与定罪量刑分离是其重要原则。法官负责解释法律和监督庭审过程，而陪审团则负责确定事实和决定定罪与否。这种分工的设计有助于确保司法判决的公正性和客观性，并降低法官在定罪量刑问题上的责任。同时，这也为法官提供了一个机会，即在必要时可以纠正陪审团可能存在的错误或不当决策。

从组织学视角来看，陪审团制度的犯罪事实认定与定罪量刑分离体现了一种分权的组织结构。通过将决策权和责任分散给陪审团成员，可以实现更多的参与和共享责任。这种分权设计有助于减少单一决策者的偏见和错误判断，提高决策的准确性和可靠性。此外，这种分权结构还能够增加公众对司法系统的信任，增强其对判决结果的认可度。

从社会学视角来看，陪审团制度的公开性和透明度对于庭审的实质性意义至关重要。公众对庭审的观察和监督促使庭审必须真实、公正地进行，减少可能存在的腐败和滥用权力。此外，公开的庭审过程还可以增加公众对司法制度的了解，提高对司法公正的信心。陪审团制度的公开性有助于维护社会对判决结果的认可度，以确保刑事审判的公正性和合法性。

从心理学视角来看，陪审团制度的犯罪事实认定与定罪量刑分离有助于减少司法判决中的认知偏见和情感因素的影响。陪审团成员代表了不同背景和观点的群体，通过集体决策可以减少个体偏见的影响。此外，将犯罪事实认定和定罪量刑分开可以帮助陪审团成员更加专注于事实和证据，减少情感因素对决策的干扰。这种分离的设计有助于提高决策的客观性和准确性。

虽然陪审团制度与我国的刑事审判传统有些格格不入，人民陪审员制度在我国司法实践中也并未广泛应用，但是我们仍然可以从陪审团制度中获得一定的启发。

陪审团制度强调了公众参与刑事审判的重要性。陪审团由普通公民组成，代表了社会多元化的声音和观点。他们在案件审理中发挥独立角色的作用，参与犯罪事实认定和定罪量刑的决策过程。这种公众参与不仅可以增加判决的合法性和公信力，也可以提高司法制度的透明度和民主性。

陪审团制度注重集体智慧和多元思维的运用。陪审团成员背景不同、职业不同，具有不同的经验和观点。他们的参与可以促使案件审理过程中出现多元的讨论和辩论，从而避免法官个人的主观偏见和决策噪声。陪审团制度强调了集体决策的优势，通过集思广益，有助于作出更全面、客观和公正的判决。

陪审团制度也提醒我们审判公正性和透明度的重要性。陪审团成员是公开选拔和参与的，庭审过程也对公众开放。这种公开性不仅可以增加审判的公正性，也可以提高公众对司法制度的信任度和满意度。公众可以了解到刑事审判的真实过程，有助于形成对司法公正的认知和理解。

因此，尽管陪审团制度与我国的刑事审判传统不相契合，但是我们仍可从中得到一些启发，可以借鉴陪审团制度的公众参与、集体智慧和审判透明度的理念，推动我国刑事审判制度的改革和完善。

4. 机器认知与裁判者认知

4.1 机器智能与裁判者经验

裁判一词源于体育比赛,指体育比赛中负责维持赛场秩序、执行比赛规则的职位或人物,后来被引入司法领域,《布莱克威尔政治学百科全书》对司法裁判作出了如下定义:"裁判者或法庭将法律规则适用于具体案件或争议的活动。"一直以来,当人类相互之间的争议无法通过私力救济的方式进行解决,从而诉诸法庭时,我们理所应当地认为居中裁判、解决争议的都是人类,而这一情况在大数据与人工智能的不断发展过程中发生了变化,"大数据开启了一次重大的时代转型。就像望远镜让我们能够感受宇宙,显微镜让我们能够观测微生物一样,大数据正在改变我们的生活以及理解世界的方式,成为新发明和新服务的源泉,而更多的改变正蓄势待发"。[1]人类开始考虑大数据与人工智能介入司法裁判的可能性,甚至于在遥远的将来,用人工智能代替裁判者,居于法庭上进行司法裁判。人工智能审判是继神示证据之后,再次脱离于人的审查判断的司法形式,在这里,作为人的裁判者的认知力将可能被机器的认知所取代。

无论是人工智能还是人类裁判者,要作出公平、公正且合理的裁判,都离不开对案件事实的准确认定与法律规则的正确适用,我们将二者合称为"裁判经验"。霍姆斯大法官曾言:"法律的生命在于经验,而非逻辑。"[2]我们往往更愿意让一位经验丰富、德高望重的老裁判者裁断案件,当我们看到一位充满活力但经验欠缺的年轻裁判者来裁断案件时,我们会产生他/她会错误地认定事

---

〔1〕 [英]维克托·迈尔-舍恩伯格、肯尼思·库克耶:《大数据时代:生活、工作与思维的大变革》,盛杨燕、周涛译,浙江人民出版社2013年版,第1页。

〔2〕 Olive Wendell Holmes Jr, Review of C. C. Langdell, "Summary of The Law of Contract", *American Law Review*, vol. 1880, No. 14.

实或适用法律而使得我们遭受不公正对待的担心，裁判经验的重要性可见一斑。正是基于对裁判经验的重视，我们容易产生对人工智能裁判的忧思：人工智能是否具有裁判经验？如果有，是如何获得的？其裁判经验是否丰富？人工智能是否与人类裁判者一样，能真正理解诉讼参与人的意图？类似的问题像一层厚厚的阴云，压在"人工智能裁判"这个概念上。带着这些疑问，本书将对人工智能与人类裁判者裁判的经验世界进行深入了解。

4.1.1 人工智能裁判经验

人工智能裁判尚未成为现实，但人类早在脑海中设想出了这一情景。在20世纪50年代，一台能够检测醉酒驾驶者醉酒情况的小型机器"醉酒驾驶检测仪"的问世引发了许多法学家关于人工智能审判的思考，有位法学家对司法审判的未来形态作出了预测式的论断："长久以来，人类一直梦想能实现某种'自动售货机式的证明'，即将案件事实输入后，'自动售货机'便能作出正确裁判，吐出裁判文书。"[1]几十年过去了，技术与司法的联系已经越发紧密，从技术侦查的运用到智慧法院的建设，司法领域基本已经实现了技术全领域、全阶段的覆盖，技术的应用简化了办案流程，节省了司法资源，大幅度提升了司法人员的办案效率。

科技是第一生产力，也是一把双刃剑，在便捷社会的同时带来了许多问题，因此，人类对于技术的使用始终抱有警惕之心。在司法领域，人类始终担心科学技术的过度介入会影响裁判者对于案件的事实认定与主观判断，使得裁判者作出不公正的审判。正如培根所言："对于一次不公正的裁判，其恶果甚至超过十次犯罪，因为犯罪是无视法律，好比污染了水流；而不公正的裁判毁坏了法律，好比污染了水源。"人工智能作出的审判甚至难以通过人类的逻辑来理解，审判过程的未知性与结果的无法判断意味着是否存在"污染水源"的情形都难以知晓。因此，直到现在，人类仍然没有放开对司法裁判的"绝对垄断"，一方面，当前人工智能的技术发展尚未达到能够代替裁判者，实现独立裁判的程度，技术领域还有待进一步突破；另一方面，人工智能参与审判的诸多预设问题尚未得到妥善讨论，例如人工智能参与审判的担责问题、赔偿问题等。

---

[1] Dillard S. Gardner, "Breath-Tests for Alcohol: A Sampling Study of Mechanical Evidence", 31 TEX. L. REV. 289, 289 (1953).

但 ChatGPT 的出现为人类裁判的"垄断"撕开了一个缺口。[1]仅在推出三个月后，ChatGPT 就被运用于司法裁判领域。2023 年 2 月，哥伦比亚一名法官胡安·帕迪拉承认，他在决定一名自闭症儿童是否应该用医疗保险支付他的所有医疗费用时，使用了人工智能工具 ChatGPT 帮助裁断，并最终得出结论，由于这名患儿的父母负担不起医疗费用，孩子的全部医疗费用和交通费用该由他的医保支付。虽然判决结果的本身并没有引起太大的争议，但帕迪拉法官将自己与 ChatGPT 的对话纳入裁断却引起了争议。对话如下：

帕迪拉询问 ChatGPT："自闭症儿童是否可以免除医疗费用？"

ChatGPT 回答："是的，应该这样（免除）。根据哥伦比亚法规，被诊断患有自闭症的未成年人无须支付治疗费用。"

这与帕迪拉裁判者的最终决定一致。帕迪拉法官在接受电台采访时表示，ChatGPT 和其他类似程序可能有助于"帮助法律文本的起草"，但它的存在"不是为了取代裁判者"。帕迪拉坚称，在裁决过程中"我们并没有停止作为裁判者的思考"。哥伦比亚最高法院法官奥克塔维奥·特杰罗（Octavio Tejeiro）表示，人工智能引发了法律上的道德恐慌，因为人们担心程序或机器人将取代裁判者，但他预测，这种工具可能很快就会被接受和普及。特杰罗称，现在他还没有用过 ChatGPT，但将来会考虑使用。[2]

从帕迪拉法官的话中可知，他将人工智能程序定位为辅助人类裁判者审判的工具。然而，帕迪拉法官将案件关键争议点交予 ChatGPT 进行裁断的行为实质上在该案中发挥了人工智能的审判作用。可以说，该案标志着人工智能被第一次正式运用于司法审判环节，打破了人类裁判者裁判的"垄断"。美国学者詹姆士·威尔逊（James Q. Wilson）和乔治·凯林（George L. Kelling）于 1982 年提出了犯罪学经典理论"破窗效应"——若一扇窗户被打破后不及时进行修复，会给周围居民传递该地区无人看管的信号，潜在破坏者和犯罪人会认为即

---

[1] ChatGPT 是由 OpenAI 开发的一个人工智能聊天机器人程序，于 2022 年 11 月推出。该程序使用基于 GPT-3.5 架构的大型语言模型并通过强化学习进行训练。ChatGPT 目前仍以文字方式互动，而除了可以通过计算机与人类进行自然地互动，还可以用于相对复杂的语言工作，包括自动文字生成、自动问答、自动摘要等在内的多种任务。测试显示，ChatGPT 在互联网上搜索文本以生成最佳回答，但已被证明会对同一个问题提供不同的答案。它偶尔也会编造信息，编造出具有说服力的言论。来源腾讯网：《一法官使用 ChatGPT 进行裁决，引发舆论争议》，载 https://new.qq.com/rain/a/20230209A0426S00，最后访问时间：2022 年 12 月 22 日。

[2] 来源腾讯网：《一法官使用 ChatGPT 进行裁决，引发舆论争议》，载 https://new.qq.com/rain/a/20230209A0426S00，最后访问时间：2022 年 12 月 22 日。

217

使进行违法犯罪也不会有人管，进而可能导致更严重的违法犯罪行为的发生，但如果无人打破窗户，则这一切都不会发生。[1]这个理论同样也能运用于人工智能介入司法审判，当人工智能介入司法系统时，就已经"打破了窗户"，出现人工智能介入裁判环节是"更严重的结果"的发生；而当人工智能开始正式运用于司法审判将会有越来越多的裁判者使用人工智能进行审判。果然，在哥伦比亚的帕迪拉法官使用 ChatGPT 的一个多月后，印度的奇卡拉法官运用 ChatGPT 对被告提出的缓刑要求进行裁定。我们再通过一段对话，来展现 ChatGPT 进行认定的过程：

奇卡拉询问 ChatGPT："被告残酷殴打被害者，保释的法律依据是什么？"

ChatGPT 回复："如果被告被指控犯有涉及残忍的暴力犯罪，像是谋杀、加重伤害罪、酷刑等，可能对社区造成威胁并有潜逃风险。在这种情况下，裁判者可能不愿意准予保释，或把保释金额定得很高，以确保被告出庭不会对公共安全构成威胁……"[2]

从以上两个例子可以看出，当前的人工智能在事实认定与法律适用上都展现出不俗的本领，适用的范围也逐渐扩大。但我们尚未厘清人工智能进行裁判的具体过程：人工智能是如何进行事实认定的？人工智能进行事实认定的依据是什么？人工智能是如何完成法律适用的？未知给我们带来的除了好奇还有恐惧，计算机不透明的运作过程使我们始终无法放下人工智能存在信息提取纰漏、适用法律错误、产生隐性歧视以及作出不公正审判等问题的担心。事实上，这种担忧并非空穴来风，人工智能在试用阶段都有产生上述问题的先例。因此，出于各种各样的原因，许多学者和国家都对人工智能的发展与使用持有警惕的态度，马斯克等千名科技人士发表公开信，要求暂停训练比 GPT-4 更强大的 AI 系统，他们认为人工智能可能会发展到对人类构成威胁"并非不可想象"的地步。[3]我国在《最高人民法院关于规范和加强人工智能司法应用的意见》中声明了人工智能的辅助审判原则："……无论技术发展到何种水平，人工智能都不得代替法官裁判，人工智能辅助结果仅可作为审判工作或审判监督管理的参考，确保司法裁判始终由审判人员作出，裁判职权始终由审判组织行使，司法责任

---

[1] WILSON J, KELLING G., "Broken Windows: The Police and Neighborhood Safety", *Atlantic Monthly*, Vol. 1982, No. 3.

[2] 来源腾讯网：《印度法官遇缓刑诉求不知道怎么判？干脆请来了 AI 办案》，载 https://new.qq.com/rain/a/20230401A085TM00，最后访问时间：2022 年 12 月 22 日。

[3] 来源澎湃新闻：《马斯克等千名科技人士发公开信：暂停训练比 GPT-4 更强大的 AI 系统》，载 https://www.thepaper.cn/newsDetail_forward_22490961，最后访问时间：2022 年 12 月 22 日。

最终由裁判者承担。各类用户有权选择是否利用司法人工智能提供的辅助，有权随时退出与人工智能产品和服务的交互。"意大利更是全球首个宣布禁用ChatGPT的国家，意大利个人数据保护局（The Italian Data Protection Authority）认为OpenAI没有检查ChatGPT用户的年龄，依照意大利的法律，这些用户应该在13岁或以上，而且没有就收集处理用户信息进行告知，缺乏大量收集和存储个人信息的法律依据。但对人工智能抱有警惕的态度不等同于我们要将其完全隔绝，知己知彼，方能百战不殆，只有对人工智能进行深入的学习，了解其优点和缺点，我们才能更好地将人工智能投入应用，更好地应对人工智能带来的挑战。

在司法领域，实现人工智能裁判大致需要通过"编写代码—输入训练数据—训练算法—人工修正算法—检验算法—输入案件数据—案件结果"等过程，部分步骤需要往复操作才能实现我们所预设的目的。在本书的这部分，我们主要探究人工智能裁判经验的获取与形成过程。经验在不同的领域有不同的理解，从一般人的角度出发，经验是一个"过去式"的概念，是对既成事实的反思与总结，运用经验，我们可以对正在发生或将要发生的事件进行处理，事件结束后，能作为既成事实进一步丰富经验，从而实现螺旋式循环往复提升的过程，人工智能裁判经验也是如此。人工智能裁判经验形成过程应当指正式裁判前算法接受训练的步骤，即"编写代码—输入训练数据—训练算法—人工修正算法—检验算法"。无论是人类裁判者还是人工智能，对司法案例的学习都是正式裁判前必不可少的过程，因此上述的五个步骤中，对于训练数据的学习是人工智能获取与形成裁判经验的基础。以"输入训练数据"为核心，我们打开通往人工智能裁判的大门，探究人工智能裁判经验的获取与形成过程。

证据是案件的核心，信息是人工智能的核心。人工智能迈向司法裁判的第一步是供给人工智能可分析的数字化信息，即将全案证据转化为数据。输入案例，计算机已经能够完成对案件原告和被告、发生时间以及地点等基本信息的提取，并进行案件的还原。然而，计算机对于控辩双方或是原、被告双方提出的证据却不易奈何。这里所提及的"证据"并非指代通过计算机传递后原封不动的证据，例如通过计算机系统传递一张案件的照片，这种方式是将计算机当作一个传递文件中转站，并没有发挥计算机的"主观能动性"，我们所讨论的人工智能审判，是计算机能够如同人类一样，将"块证据"进行拆解后重新组合，完成从无到有的证据审查判断过程。这个过程不仅需要将证据进行改造，也需要形成证据间的关联。

就人类认知而言，我们可以感知并理解实体证据，无论它以怎样的形态呈现。人类的感官系统、思维系统、表意系统等为接受各类证据提供了工具，使我们抓取证明信息不受证据样态的限制，尽管有时，我们可能无法直接理解证据的含义，但在科学知识以及工具的帮助下，多花费一些工夫，我们总能读懂证据所展现的意义。但对人工智能而言，证据形态将成为信息输入的第一障碍——机器如何理解一根绳子的含义？如何能够理解犯罪嫌疑人脚印和指纹的含义？在现实世界中，证据都成块存在，比如，"犯罪嫌疑人带血的指纹"作为一个独立的证据，不能拆分成"血液"和"指纹"。当然，该证据包含丰富的证明信息，如被害人的血型、加害人的指纹；当单个证据置于证据链条中时，若与其他证据关联还会产生新的信息。"一个证据究竟包含多少证明信息、哪些对裁判有效、哪些无效或应予排除，依赖裁判者的自我感知与主观判断，不同的人会作出不同的考量和取舍。由于内含信息的不确定与变动性，该证据从证明内容上并不能被随意拆分，出于任何理由的拆分都只是基于个体化的认知，不具有普适性。最好的方法是将这一整块证据展示到裁判者面前，由其自由心证。由于裁判者无需解释是否采信、采信多少，只要该证据曾呈现于裁判者面前，就视为裁判者已经穷尽了对该证据的全面思考，充分吸收了它的证明价值于裁判之中。"[1]

但是，现阶段的计算机无法如同裁判者一样，直接理解"块结构"的证据，更不用说对证据的相关信息进行全面分析与关联。只有用计算机可理解的语言将"块结构"击破打散，形成数字化、可识别的结构性数据，计算机才能实现人类裁判者的证据组合与连接。这种将证据转化为格式化数据的方式被称为"结构化改造"。数据按格式可分为结构化数据与非结构化数据。结构化数据，也称作行数据，是指"由二维表结构来逻辑表达和实现的数据，严格地遵循数据格式与长度规范，主要通过关系型数据库进行存储和管理，一般特点是：数据以行为单位，一行数据表示一个实体的信息，每一行数据的属性是相同的"。[2]现有技术已开发出访问结构化数据的通用语言——SQL语言，可用于数据查询、检索、合并、分析、处理等。绝大部分数据，包括文本、文档等半结构化数据和声音、图片、视频等多媒体非结构化数据，都达不到模范格式的要求。就案件事实而言，证据主要是以文本、实物、声音、图片和视频等形式存在。虽然这些格式及其转换格式可以输入计算机，但目前的技术仅实现了数

---

[1] 栗峥：《人工智能与事实认定》，载《法学研究》2020年第1期。
[2] 栗峥：《人工智能与事实认定》，载《法学研究》2020年第1期。

据的存储，难以对数据进行破解与分析，故证据无法被直接利用。人工智能需挖掘原始数据，解构非结构化数据，从中提取特征，将其重构为结构化数据。一种方式是智能识别技术，这项技术在人脸识别、指纹识别等领域的应用已日趋成熟，其基本技术要素包括：基点检测、关键点定位、特征提取、向量集成、相似度排序、图形反馈与矫正等。智能识别技术的主要原理在于特征性比对，计算机对海量非结构化的图片数据进行学习后，找到数据之间的规律，在图片中设立若干基准焦点，将这些相对不变的"锚点"作为勾勒的框架固定值，然后寻找关键点周边的像素深浅变化，用从高到低的向量箭头取代，以形成梯度分布，再对向量进行集成，就可以将证据的图片转换为结构表达式。[1]

"数据为王"的时代里，拥有数据就拥有了一切，我们打开手机，浏览网上商城，产生了"浏览记录"；我们前往远方，打开导航软件查找最优路线，后台就能收集"行程记录"；2014年的巴西世界杯，德国队通过数据建模，为每个球员制订了详细的作战方案，最终一举夺魁，大数据也被称为德国队的"第十二人"。[2]世界的本质变成了数据，司法人工智能也不例外。

对于人工智能认定事实而言，将实体证据数据化以及将数据进行结构化的改造是其对需求信息在"质"上的要求。当然，除"质"的要求外，"量"的要求也必不可少。以人类为例，当我们只读一本书时，我们所了解的只有这本书的内容，大脑难以对知识作出系统性的总结。这时，我们通过与他人讨论、增加阅读量等方式为我们的大脑提供足够的知识量，经过大脑加工，我们逐渐形成属于自身的认知规律，以人类为蓝本设计的计算机也是如此。当输入计算机的信息满足"质"的要求时，如果"量"不够充分——我们只将屈指可数的几个案例输入计算机中，那么计算机总结这些案例得出的规律将非常容易带有案例的典型特征，从统计学的视角出发，由于样本的数量不够充足，通过计算得到的频率与实际的概率可能相去甚远，在这种情况下，计算机在后续的运作中非常容易产生偏见和偶然结果。因此，计算机进行训练的数据量越多越好，数据越多意味着训练出的算法越具有普遍适用性，出错的概率也会更低。实际上，由于计算机的计算速度远胜于人脑，为保障算法能够尽可能充分地得到学习，键入的案件数量往往是海量的，这意味着传统人力输入数据的方法已不再合适，我们需要运用大数据技术来提升效率。

---

[1] 栗峥：《人工智能与事实认定》，载《法学研究》2020年第1期。
[2] 宋昱：《基于区块链的体育大数据集成与传播创新研究》，载《成都体育学院学报》2018年第6期。

国际社会公认的"大数据"定义有三个：一是顶级咨询公司麦肯锡（McKinsey）提出的"比较定义"——规模超过了典型数据库软件工具的捕获、存储、管理和分析数据能力的数据集，[1]点明了大数据体量巨大的特征；二是国际数据中心（IDC）提出的"属性定义"——通过实施高速的捕获、发现以及分析，（来经济地提取大量具有广泛类型的数据的价值，以提升其获取信息价值的能力）；[2]三是美国国家标准和技术研究院（National Institute of Standards and Technology，NIST）基于处理速度、数据规模以及分析原理提出的"架构定义"——数据的容量、获取速度以及表示限制了因果关系对数据的分析处理，需要使用水平扩展的机制以提高处理效率。[3]将三种定义方式进行横向对比后总结得出，"大数据"至少具备三个重要特征，即"信息量巨大"、具备"信息挖掘能力"和"经济价值"，这部分不仅涉及输入的训练数据，也涉及人工智能裁判的关键之处——算法。算法的代码设计由司法机关交由计算机专业领域技术人员根据相应需求完成，代码的设计应当合理且高效，能够尽可能快速且正确地处理海量的数据。

在满足数据质与量的双重要求后，下一步就是通过数据生成智能，这一步通过概率而实现。人工智能的裁判经验关注证据信息间的相关性，即被量化后的证据信息间的数值关系，它面向"结果"，直接给出实质判断，也就是说，它直接将判断结果摆在我们面前。从统计学的意义上说，所谓的机器经验，就是最终结果不自觉地向统计结果靠拢。事实上，人工智能在获取裁判经验中，以及运用裁判经验进行事实认定和法律适用中，对智能的运用方式是相似的。为了避免重复，笔者将在后文中进行统一论述。

海量案例训练是人工智能裁判经验获取与形成的最关键的步骤，经过训练的算法已基本具备独立裁判的本领，但仅是具备独立裁判能力的算法并不能真正实现裁判功能。对于争议事项，我们期望的不仅是有人居中裁判，更希望的是裁判者能够基于事实与法律公平公正地作出裁判。显然，如果人工智能只能进行裁判而不具备正确裁判的能力，那么人工智能裁判仍然是镜花水月。

正确裁判的实现核心是算法的正确性。算法的正确性不仅依赖代码的正确

---

[1] McKinsey & Company（2011，May 1），Big Data：The Next Frontier for Innovation, Competition, and Productivity. Retrieved from January 10, 2022, from the World Wide Web：https://www.mckinsey.com/business-functions/mckinsey-digital/our-insights/ big- data-the-next-frontier-for- innovation.

[2] Gantz J, Reinsel D, "Extracting Value from Chaos", *IDC i View*, 2011, p. 6.

[3] Hussam Abu-Libdeh, Paolo Costa, Antony Rowstron et al., "Symbiotic routing in future data centers," *ACM SIGCOMM Computer Communication Review*, 2010, p. 4.

编写，更依赖训练数据的正确输入。在裁判算法投入使用之前，需要经过不断的修正与检验。数据质量是其中需要重点关注的环节，我们输入的数据并非单个存在，而是将整个数据集整体进行输入。在如此庞大的数据体量下，出现错误数据可以说近乎是必然事件。即使借助 AI 自动化的辅助，在实际的标注场景下，仍然避免不了人为原因所产生的各种数据质量问题，常见的标注错误类型包括以下六种：（1）类目错误：对象被错误地分类，如车辆被标记为行人。（2）属性错误：对象属性描述错误，如停放的汽车被标注为行驶中。（3）遗漏错误：应当标注的对象却没有被标注。（4）冗余错误：不应当标注的对象却被标注。（5）贴合错误：未全部包含或者不贴合。（6）未知错误：原本贴合的对象，因误触导致位置偏移。[1]无论产生何种错误，对精确度要求极高的算法而言都会造成巨大的误差，[2]因此，需要时常对"脏"数据进行清理，通过数据分析，找出发生错误的数据，确定应当采用的清理方法后将之剥离或改正，最后将"干净"数据重载于数据集中进行使用。这个过程贯穿于整个人工智能裁判经验的获取与形成中，因为数据的错误是时时刻刻都可能发生的。

除此之外，人工智能无法如同人类一样，对正确但无关或不符合常理的内容进行筛选。因此，对于案例训练后的算法，我们仍然需要通过人工的方式对算法进行修正以及检验，尽可能降低算法在实际运用时产生错误的可能性。

4.1.2 人类裁判者裁判经验

人类裁判者裁判依据的经验，更准确地说，应当被称为"经验法则"。在法学概念中，经验法则中的"经验"与生活经验并不是同一个意思，诚然，没有生活经验的人不可能出现在审判席上，但我们不能让一位在市场上卖菜、从未接触过法律的摊贩来对法律规则的适用发表决定性意见。经验也不是简单的一般常识或者社会共识，需要有更多的限定性，[3]在一般人日常生活所归纳的常识之外，也包括某些专门性的知识，如科学、技术、艺术、商贸等方面的知识等。[4]事实上，《民事诉讼法》相关解释已经对经验法则进行了列明，2019年《最高人民法院关于民事诉讼证据的若干规定》第 10 条规定："下列事实，

---

[1] 来源 CSDN：《神经网络训练中，错误数据集对模型结果的影响有多大》，载 https://blog.csdn.net/wubaohu1314/article/details/120177016，最后访问时间：2022 年 12 月 22 日。

[2] Xingquan Zhu, Xindong Wu, "Class Noise vs. Attribute Noise: A Quantitative Study", *Artif. Intell. Rev*, 2004, 22 (3).

[3] [意] 米歇尔·塔鲁否：《关于经验法则的思考》，孙维萍译，载《证据科学》2009 年第 2 期。

[4] [日] 新堂幸司：《新民事诉讼法》，林剑锋译，法律出版社 2008 年版，第 375 页。

当事人无须举证证明：（一）自然规律以及定理、定律；（二）众所周知的事实；（三）根据法律规定推定的事实；（四）根据已知的事实和日常生活经验法则推定出的另一事实；（五）已为仲裁机构的生效裁决所确认的事实；（六）已为人民法院发生法律效力的裁判所确认的基本事实；（七）已为有效公证文书所证明的事实。前款第二项至第五项事实，当事人有相反证据足以反驳的除外；第六项、第七项事实，当事人有相反证据足以推翻的除外。"由此观之，经验法则由两部分组成，一部分是经验，另一部分是法则。"经验"指的是知识，"法则"指一种通过人们的经验归纳的规律或定理，表示某种或某类事物的运动规则。即当一定条件得到满足时，人们可以期待发生或不发生某种结果的规律。如果用一句话进行概括，经验法则就是指人们从生活经验中归纳获得的关于事物因果关系或属性状态的法则或知识。[1]

裁判者审理案件时，往往离不开经验法则。经验法则主要在事实认定方面发挥作用，从各国证据制度的规定和司法实践来看，事实认定的作用主要体现在以下几个方面：（1）决定证据能力；（2）决定证据的证明力；（3）推理作用；（4）通过引导当事人举证、质证行为，进而影响裁判者心证赖以形成的资料；（5）为证明标准的适用提供判断依据。[2]需要注意的是，经验法则不像法律规则那样明确，以全有或全无的方式适用，而是近似于法律原则，通过更加宽泛的模式作为三段论的大前提起到对裁判者认定案件的指引作用。有原则就有例外，对于例外，需要对方承担举证责任予以推翻。在诉讼上，法律允许相对一方当事人享有对经验法则提出质疑和反证的机会，这就意味着，根据经验法则所认定的事实存在被推翻的可能性。因此，经验法则并非一律不可反驳。一旦辩方提出的例外情形成立，所谓的"经验法则"自无使用的余地。[3]例如，2022年《最高人民法院、最高人民检察院关于办理危害药品安全刑事案件适用法律若干问题的解释》第10条规定："办理生产、销售、提供假药、生产、销售、提供劣药、妨害药品管理等刑事案件，应当结合行为人的从业经历、认知能力、药品质量、进货渠道和价格、销售渠道和价格以及生产、销售方式等事实综合判断认定行为人的主观故意。具有下列情形之一的，可以认定行为人

---

[1] 张卫平：《认识经验法则》，载《清华法学》2008年第6期。
[2] 刘春梅：《浅论经验法则在事实认定中的作用及局限性之克服》，载《现代法学》2003年第3期。
[3] 韩旭：《刑事司法如何运用好经验法则》，载《检察日报》，https://www.spp.gov.cn/spp/ztk/dfld/202108/t20210818_535534.shtml，最后访问时间：2023年3月19日。

有实施相关犯罪的主观故意，但有证据证明确实不具有故意的除外：（一）药品价格明显异于市场价格的；（二）向不具有资质的生产者、销售者购买药品，且不能提供合法有效的来历证明的；（三）逃避、抗拒监督检查的；（四）转移、隐匿、销毁涉案药品、进销货记录的；（五）曾因实施危害药品安全违法犯罪行为受过处罚，又实施同类行为的；（六）其他足以认定行为人主观故意的情形。"再如，《最高人民法院、最高人民检察院关于办理非法利用信息网络、帮助信息网络犯罪活动等刑事案件适用法律若干问题的解释》第11条规定："为他人实施犯罪提供技术支持或者帮助，具有下列情形之一的，可以认定行为人明知他人利用信息网络实施犯罪，但是有相反证据的除外：（一）经监管部门告知后仍然实施有关行为的；（二）接到举报后不履行法定管理职责的；（三）交易价格或者方式明显异常的；（四）提供专门用于违法犯罪的程序、工具或者其他技术支持、帮助的；（五）频繁采用隐蔽上网、加密通信、销毁数据等措施或者使用虚假身份，逃避监管或者规避调查的；（六）为他人逃避监管或者规避调查提供技术支持、帮助的；（七）其他足以认定行为人明知的情形。"

　　这就决定了法庭辩论的重要性。经验法则并非一项证据，不可能在举证、质证的法庭调查阶段进行，但可以在法庭辩论阶段由控辩双方就其适用的正当性、合理性进行辩论。这是经验法则正确适用的保障，也意味着裁判者通过经验法则认定事实的方式是一种盖然性，因此天然地存在不符合经验法则的事件，而事件的多少则取决于相关经验法则的适用性、稳定性以及对经验法则的认识程度。但很显然，经验法则并不是凭空产生的。那么，对于裁判者而言，经验法则究竟是如何形成的呢？经验法则由"经验"与"法则"构成，"法则"也来源于"经验"，因此要探究经验法则的形成机理，就需要重点探究裁判者的经验来源，这是一个认知论上的问题，我们一分为二地进行看待——一方面，裁判者都是人类，以人类共同的认知方式获得经验；另一方面，裁判者是司法裁判者，因其独特的社会身份在特殊领域内进行认知而获得经验。

　　现象哲学家胡塞尔指出："世界对于我们总是已经有知识以各种各样的方式在其中起过作用的世界；因而毫无疑问，没有任何经验是在某种物的经验的最素朴的意义上给出的，那种最初把握这个物、将它纳入知识中来的经验，关于这个物所已经'知道'的仅止于它进入了知识而已。"[1]从胡塞尔的话中可知，经验是在既有的知识中被给定的。在学习知识的过程中，我们会接触各种各样

---

[1] [德]埃德蒙德·胡塞尔著、路德维希·兰德格雷贝编：《经验与判断——逻辑谱系学研究》，邓晓芒、张廷国译，生活·读书·新知三联书店1999年版，第47页。

的知识，这些知识既包括数学、物理等数理知识，也包括历史、政治等文学知识，知识可能来源于书本，也可能来源于生活实践。对于陌生的领域，我们对于知识往往不加分辨地采用全盘接受的态度，但随着学习广度和深度的增加，我们能够对不同的知识进行比对与分析，而用来进行比对与分析的工具一般就是逻辑。逻辑规则，诸如同一律、不矛盾律、排中律，以及概念周延、三段论规则，是人们在思维和表达中避免低级错误并以理服人的基础和必要条件。需要注意的是，霍姆斯"法律的生命在于经验不在于逻辑"的观点并非否定逻辑的作用，而是强调经验对于法律的重要性。在一些社会、一些时候，人们在行动中犯错误、出问题，不是因为缺乏经验，而是因为无视逻辑。经过逻辑检验后，有的知识之间相互吻合，有的知识之间相互矛盾，且矛盾的其中一方不符合常理，难以与其他知识相互印证，那么这就是"错误的知识"，而符合常理且能与其他知识相互印证的一方就是"正确的知识"。这个过程发生在人的大脑中，当知识不断积累，达到一定量之后，便成了"经验"；当量变足以产生质变时，总结经验，能够得到不同经验之间的因果关系，这便有了"法则"。整个过程中都有逻辑的参与，逻辑保证常理、避免低级错误，经验通过逻辑整理成形并不断发展。[1]需要再次强调的是，经验与法则都是盖然性的成果，因此并不能保证二者与自然规律一样始终正确，而是存在错误的可能，能够通过提供相反的证据进行推翻。

　　裁判者作为具有法学专业知识的特殊群体，除了依靠逻辑进行一般性的认知以外，其独特社会身份使其能够以其他方式进行认知，这种方式即为司法裁判。裁判者不仅需要具备一般性的认知，还需要在法律专业领域内产生一定的认知，这种认知在哲学上与视域以及交互主体性有关。有学者指出，我们对某个对象的经验的"视域"，是作为经验基础的"对该对象所处的周围环境及整个世界的存在信念"，或"世界意识"。[2]对裁判者而言，裁判经验的重要来源是其司法裁判活动。居于法庭之上，裁判者对于法庭的物理构造以及当事人的基本情况能够产生整体性的感知。依照法律规定，裁判者推动法庭程序向前进行，直至作出裁判，这个过程中，裁判者能清楚地认识到裁判活动的现实存在，脑海中有进行裁判活动的意识，身体上完成裁判活动所必需的动作，这便是裁判者在裁判活动的"视域"。这种"视域"是裁判者所独有的，其他职业并不

---

〔1〕 张骐：《中国判例之路中的经验与逻辑——霍姆斯论断的启示》，载《清华法学》2020年第6期。
〔2〕 [德] 埃德蒙德·胡塞尔著、路德维希·兰德格雷贝编：《经验与判断——逻辑谱系学研究》，邓晓芒、张廷国译，生活·读书·新知三联书店1999年版，第174-175页。

具备这种视域。经验形成、完善于视域之中，裁判者完成司法裁判活动，其裁判经验在裁判活动中形成，在时间的积累下，其裁判经验在裁判活动中不断丰富完善。

经验的交互主体性相对更容易理解。胡塞尔认为，"作为观念的客观世界，即作为一种交互主体的和在观念上能始终一致地实现下去的经验——一种交互主体的群体化的经验——的观念相关物的客观世界，本质上正是与本身在无限敞开的观念性中构造出来的交互主体性相关的，而这种交互主体性的诸个别主体又是借助于相互协调一致的构造系统而装配起来的"。[1]从胡塞尔的话不难得出，经验并非个体的、只限于某个行动者的经验，而是所有行动者的经验，是交互主体性的经验，这种构造系统在现实生活中的一个表现形式就是体制，如司法体制。[2]裁判者与其他法律工作者共同存在于司法体制中，裁判者根据检察官的起诉、辩护人的辩护以及被告人的供述与辩解、证人的证词等对案件事实进行认定，解决被告人的刑事责任问题；也可能居中裁判，解决当事人之间或当事人与行政机关之间的争议。这里的裁判者并非指单个的裁判者，而是将裁判者这个职业作为整体，在与检察官、辩护人、当事人、行政机关等同样作为整体的群体在现实的司法活动中进行交互，从而获得裁判经验。具体的司法活动是由单个或若干个裁判者完成的，他们在法庭上判断检察院是否起诉过重、认罪认罚是否真实、被告人供述与辩解是否具有真实性与客观性，辩护人的辩护是否有理有据等，而单个或若干个裁判者与裁判者职业群体是整体与部分的关系，在不断作为"部分"的裁判者进行司法活动的过程中，裁判者整体也完成了与其他群体的交互，不断完善并最终形成包括但不限于上述问题的裁判经验。

4.1.3 人工智能裁判与人类裁判者裁判经验对比

在本章的前两节中，我们已经深入了解了人工智能裁判经验与人类裁判者裁判经验的获取与形成过程，尽管人工智能裁判尚未成为现实，但它的一切都是可预想的。在本章的最后一节里，我们将二者的相同点与不同点进行对比，以帮助读者更加清晰地体会人工智能可能给司法裁判带来的变化。

关于裁判经验获取与形成的相同点很好理解——案例的学习，无论是人类

---

[1] [德]埃德蒙德·胡塞尔著、路德维希·兰德格雷贝编：《经验与判断——逻辑谱系学研究》，邓晓芒、张廷国译，生活·读书·新知三联书店1999年版，第174-175页。

[2] 张骐：《中国判例之路中的经验与逻辑——霍姆斯论断的启示》，载《清华法学》2020年第6期，第5-25页。

裁判者还是人工智能，都需要足量的司法案例进行学习。从人类裁判者出发，对于英美法系的判例法国家而言，裁判者学习司法案例尤为重要，因为判例法是基于法院的判决而形成的具有法律效力的判定，这种判定对以后的判决具有法律规范效力，能够作为法院判案的法律依据，因此学习判例就是在学习法律依据；而对于我国这样的成文法国家而言，尽管判例并不是判案的法律依据，但判例的学习对于裁判者、裁判者助理等群体而言，能够很好地帮助他们获取与形成裁判经验。对于判例中正确的部分，他们可以从中学习其他裁判者对于案件的事实认定以及心证过程，感受裁判者精妙的说理和缜密的逻辑，并吸收、转化为自身的经验；对于错误的部分，他们可以根据错误之处思考为何当时的裁判者会进行如此认定，正确的认定又该如何进行，防止重蹈覆辙。从人工智能出发，司法案例更是必不可少的部分，只有经过案例训练的算法，才能识别司法领域内的专业术语。对于计算机而言，司法案例需要进行改造后才能识别为可用数据。算法通过这些可用数据的训练，能够在不同的内容之间建立稳定的联系，并经历人工修正与检验，最终得以投入正式的裁判中。这一切的基础都建立在案例的学习上，若缺乏案例学习的算法作为支撑，要实现人工智能审判无疑是一座空中楼阁。

毋庸置疑，人类裁判者与人工智能裁判经验的获取与形成是大为不同的。人类裁判者获取裁判经验的来源更加丰富，除了如同人工智能一样，从案例直接学习裁判经验，人类裁判者还可以通过学习理论、接受培训等方式加深对法条的理解与适用，这对裁判经验的获取与形成是一种非常重要的方式。不仅如此，对于人类而言，知识具有普遍联系性。如伟大的物理学家牛顿从苹果落下发现了万有引力定律，二者看起来是近乎两个不相干领域内的情形，而裁判者在日常生活、学习过程中所了解与掌握的法律领域外的其他知识，就有可能与司法审判有着关联性，从而"触类旁通"地产生裁判经验，这也是人类裁判者所独有的认知方式，人民陪审员制度的建立与之也有共通之处，人工智能几乎不可能将其他领域的知识与法律领域的知识建立起联系。人类裁判者的裁判经验具有亲历性，《检察官法》第12条规定："担任检察官必须具备下列条件：（一）具有中华人民共和国国籍；（二）拥护中华人民共和国宪法，拥护中国共产党领导和社会主义制度；（三）具有良好的政治、业务素质和道德品行；（四）具有正常履行职责的身体条件；（五）具备普通高等学校法学类本科学历并获得学士及以上学位；或者普通高等学校非法学类本科及以上学历并获得法律硕士、法学硕士及以上学位；或者普通高等学校非法学类本科及以上学历，获得其他相应学位,并具有法律专业知识;(六)从事法律工作满五年。其中获得法律硕士、法学硕士学位,或者获得法学博士学位的,从事法律工作的年限可以分别放宽至四年、三年;(七)初任检察官应当通过国家统一法律职业资格考试取得法律职业资格。适用前款第五项规定的学历条件确有困难的地方,经最高人民法院审核确定,在一定期限内,可以将担任检察官的学历条件放宽为高等学校本科毕业。"在达到相应年限之前,裁判者助理不能以自己的名义完成审判工作。实际上,这考虑到裁判者需具备丰富的裁判经验,裁判者助理裁判经验不足,因此需要跟随裁判者学习,在具备相当的裁判经验并通过员额考试后,才能独立进行审判,在法庭上的学习正是其裁判经验感知与养成的关键环节。对于人工智能而言,经过算法训练、人工修正以及检验后就可以直接独立审判,裁判经验的获取与形成不具有亲历性。人工智能裁判经验的获取与形成速度更快,在保证数据集质量以及代码设计合乎要求的情况下,将算法进行训练、修正以及检验,无须多久,我们就能获得一个能运用于正式裁判的算法,这个时间可能只要数月、数周甚至数日就能完成;而人类裁判者要形成裁判经验需要耗费数年甚至数十年的时间,我们的大脑无法像计算机一样如此高速地处理信息,需要更长的时间对知识进行分析、拆解、提取、整理、组合等。事实上,这也符合人工智能裁判的初衷——快速地帮助人类处理案件。如果人工智能裁判经验的获取与形成速度于人类而言并没有显著的提升甚至慢于人类,在这种高时间成本的语境下,我们运用人工智能进行裁判的意义何在呢?

4.2 人工智能与裁判者裁判逻辑

裁判经验的形成是人类裁判者与人工智能进行裁判的重要基础,但掌握裁判经验与正确作出裁判之间并不是全等关系,前者是后者的必要不充分条件。在掌握一定量裁判经验的基础上,裁判者要正确地作出裁判,还需要正确地完成"事实认定"与"法律适用"。在这个过程中,裁判者根据裁判经验,完成"事实认定"和"法律适用"的方法就是裁判逻辑。当前,我们的人工智能已经从只能完成感知、记忆、存储、简单处理等简单任务的机器发展至具备认知、学习与决策能力的智能阶段,下一步便是让人工智能能够拥有人类的"意识"。在此之前,人工智能发挥作用的方式以大数据技术为主,司法裁判领域也不例外。大数据的原理是相关关系,因此,人工智能进行司法裁判的原理同样是相关关系;而人类在理解和解释世界各种现象时运用的则是因果关系,因果关系可以具体解释为两种基本方法：一种是快速、虚幻的因果关系；另一种就是缓慢、有条不紊的因果关系。这个观点被普林斯顿大学心理专家、2002年诺贝尔经济学奖得主丹尼尔·卡尼曼（Daniel Kahneman）所证明——人有两种思维模式：第一种是不费力的快速思维，通过这种思维方式几秒钟就能得出结果；另一种是比较费力的慢性思维，对于特定的问题，就是需要考虑到位。[1]司法裁判同样是人类认知与理解世界的一种活动，无论裁判者运用的是丹尼尔·卡尼曼提及的哪种思维，当其进行裁判活动时，我们可以确定，裁判者运用的是因果关系。因果关系关注的是"为什么"的问题，注重从原因到结果之间的合理连接，以各种方式进行推导，即过程导向型；相关关系关注的是"是什么"的问题，注重产生结果从而直接予以运用，即结果导向型。要对人工智能与人类裁判者裁判逻辑进行讨论，实质上就是将因果关系与相关关系代入司法语境中进行分析。因此，我们先对因果关系与相关关系进行讨论，再从"事实认定"以及"法律适用"两个角度对二者的裁判逻辑进行具体探讨。

在哲学上，因果关系往往被视为是一种自然法则，从古希腊的德谟克利特到近现代的康德、黑格尔等历代著名哲学家，几乎都参与过对因果关系的讨论，大多数哲学家关于因果关系的理解都是建立在形而上的基础之上，他们的因果观主要是一种信念，是近乎玄学性质的主观判断，[2]个别哲学家如休谟，则在玄学性的主观判断上更进一步，提出"因果之被人发现不是凭借于理性，乃是凭借于经验"，因果观念主要是一种"概然推断"。[3]休谟等人的观点对理解与认定法律上的因果关系是大有裨益的。法律上的因果关系既不同于哲学上的因果关系，也不同于科学上的因果关系，法律活动不是依靠纯粹理性和形式逻辑进行推理的哲学思辨或科学研究，而是受实践理性和实践逻辑支配的实践活动，简言之，法律上的因果关系植根于社会实践，它来源于普通人的因果观念，[4]其等同于哈特所称的常识的因果关系。[5]具体而言，在某个时空领域内，事件

---

[1] [英]维克托·迈尔-舍恩伯格、肯尼斯·库克耶：《大数据时代》，盛杨燕、周涛译，浙江人民出版社2013年版，第83-84页。

[2] 刘东亮、闫玥蓉：《大数据分析中的相关性和因果关系》，载《国家检察官学院学报》2023年第2期。

[3] [英]休谟：《人性论》（上册），关文运译，商务印书馆1980年版，第85-173页。

[4] 刘东亮、闫玥蓉：《大数据分析中的相关性和因果关系》，载《国家检察官学院学报》2023年第2期。

[5] [美]H.L.A.哈特、托尼·奥尔诺：《法律中的因果关系》，张绍谦、孙战国译，中国政法大学出版社2005年版，第3页。

A1、A2、A3……An 导致了结果 B1、B2、B3……Bn 的发生，中间的联系是普通人凭借生活经验和自然规律能够发现的。刑法是因果关系运用最广泛的领域，只有确定危害行为跟危害结果之间存在合乎规律的联系，才有继续讨论被告人罪与刑的基础；从更广泛的角度出发，法律上的因果关系可以从刑法延伸至其他部门法，指违法行为引起了某种损害事实，即违法行为与损害后果之间存在因果关系；[1]从最广泛的角度出发，法律上的因果关系是指各种事实之间的联系，可能涉及人的行为，也可能涉及自然事件，并不限于违法行为和损害后果之间的关系。[2]

因果关系是相关关系中极为特殊的一种，[3]因果关系通过揭示事物的内部联系来得到结果。在因果关系中，原因与结果呈现线性的相关，这正是其特殊之处，在更加广泛的相关关系中，往往并非如此。有的时候，凭借我们人类的认知，可能难以察觉到两个事物之间存在的联系。接下来，我们举两个例子进行说明。

【例1】 2004 年，沃尔玛对过去的交易这个庞大的数据库进行了观察，这个数据库记录的不仅包括每一个顾客的购物清单以及消费额，还包括购物篮中的物品、具体购买时间，甚至包括购买物品当天的天气。

沃尔玛公司注意到，每当在季节性飓风来临之前，不仅手电筒的销售量增加了，而且 POP-Tarts 蛋挞（美式含糖早餐零食）的销量也增加了。因此，当季节性风暴来临时，沃尔玛会把库存的蛋挞放在靠近飓风用品的位置，以方便行色匆匆的顾客选购从而增加销量。[4]

很好理解，季节性风暴的出现会对电力供应系统产生一定影响，因此居民提前购买手电筒，以防在家陷入摸黑的状况，这是我们通过因果关系很好理解的；但是，季节性风暴的到来为什么会导致蛋挞的销量增加？我们可能会说，飓风天大家不想出门购买食物，但为什么主食的销量不如零食的销量增加得明显？增加的为什么是蛋挞，而不是其他零食？销量增加的蛋挞为什么是 POP-Tarts，而不是其他种类的蛋挞？我们可以试着回答这些问题，但很难得到一个

---

[1] 舒国滢主编：《法理学导论》，北京大学出版社 2019 年版，第 168 页。
[2] [美] H. L. A. 哈特、托尼·奥诺尔：《法律中的因果关系》，张绍谦、孙战国译，中国政法大学出版社 2005 年版，第 367 页。
[3] [英] 维克托·迈尔-舍恩伯格、肯尼斯·库克耶：《大数据时代》，盛杨燕、周涛译，浙江人民出版社 2013 年版，第 89 页。
[4] [英] 维克托·迈尔-舍恩伯格、肯尼斯·库克耶：《大数据时代》，盛杨燕、周涛译，浙江人民出版社 2013 年版，第 73 页。

最终令人信服的答案，因为季节性风暴与蛋挞的销量之间并不呈现线性的相关关系。在计算机进行数据分析后我们知道，二者之间存在某种复杂的关系，这种关系并不是线性的，也难以为人类所观测，只有在海量数据中，它们的关系才能予以展现，即"非线性关系"。

【例2】安大略理工大学的卡罗琳·麦格雷戈（Carolyn McGregor）博士等人用一个软件来监测处理即时的病人信息，然后把它用于早产儿的病情诊断。系统会监控16个不同地方的数据，如心率、呼吸、体温、血压和血氧含量，这些数据可以达到每秒钟1260数据点集之多。

在明显感染症状出现的24小时之前，系统就能监测到早产儿细微的身体变化发出的感染信号。麦格雷戈博士说："你无法用肉眼看到，但计算机可以看到。"这个系统依赖的是相关关系，而不是因果关系。它表明的是会发生什么，而不是为什么发生。这正是这个系统的价值。提早知道病情，医生就能够提早治疗，也能更早地知道某种疗法是否有效，这一切都有利于病人的康复。所以，未来这个系统估计会应用到所有病人身上。这个系统可能不会自己作决定，但是它已经做到了机器能做到的最好，即帮助人类做到最好。

惊人的是，麦格雷戈博士的大数据分析法能发现一些与医生的传统看法相违背的相关关系。比如它发现，稳定的生命体征表明病人发生了严重的感染。这很奇怪，因为医生一般认为恶化的疼痛才是全面感染的征兆。可以想象，以前医生都是下班的时候看看婴儿床旁边的记录本，觉得病情稳定了，也就下班回家了。只有半夜护士的紧急电话才让他们知道大事不妙了，他们的直觉犯了大错误。数据表明，早产儿的稳定不但不是病情好转的标志，反而是暴风雨前的宁静，就像是身体要它的器官做好抵抗困难的准备。但是我们也不太确定，我们不知道具体原因，只是看到了相互联系。这需要海量的数据并且找出隐含的相关关系才能发现。但是，大数据挽救了很多生命，这是毫无疑问的。[1]

由此，相关关系的核心已经展现——量化两个数据值之间的数理关系。很显然，相关关系有着强弱之分，相关关系强是指当一个数据值增加时，其他数据值很有可能也会随之变化。例如，我们上文提到的两个案例。相反，相关关系弱就意味着当一个数据值增加时，其他数据值几乎不会发生变化。例如，我们可以寻找关于个人的鞋码和幸福的相关关系，但会发现它们几乎扯不上什么关系。相关关系通过识别有用的关联物来帮助我们分析一个现象，而不是通过

---

〔1〕[英]维克托·迈尔-舍恩伯格、肯尼斯·库克耶：《大数据时代》，盛杨燕、周涛译，浙江人民出版社2013年版，第79-80页。

揭示其内部的运作。当然，即使是很强的相关关系也不一定能解释每一种情况，如两个事物看上去行为相似，但很有可能只是巧合。相关关系没有绝对，只有相似。[1]

当我们完成了对大数据的相关关系分析之后，我们往往不再满足于仅仅知道"是什么"，而是选择从相关关系中脱身出来，继续向更深层次研究因果关系，找出背后的"为什么"。[2]在大数据时代，即使很多情况下，我们依然指望用因果关系来说明我们所发现的相互联系，因为我们认知世界的方式就是因果关系，这是我们的天性，我们希望相关关系的运用能够指导我们更好地认识因果关系。

不同阶段的人工智能在事实认定中起到的作用不可一概而论，需要根据其具体情况进行具体讨论。根据人工智能的发展状况，我们将人工智能对事实认定的作用区分为三个阶段，即大数据证据、弱人工智能以及强人工智能。因强人工智能能否实现还尚未可知，且过于遥远，本书将与强人工智能的相关问题放在最后一章中进行集中讨论。在本节中，本书主要介绍大数据证据与弱人工智能在事实认定中起到的作用。

证据是认定事实的必要条件，没有证据就无法认定事实，如何从证据中认定事实，从证据中能认定什么事实，由裁判者在具体案件中进行考虑。在审理案件的过程中，如果人工智能发挥作用仅通过大数据证据的方式进行呈现，此时认定证据的主体仍然是人类裁判者。本书认为，人工智能在这个阶段起到的并非裁判作用，而是作为人类裁判者完成事实认定的工具与手段，可以将之视为"辅助裁判"作用。我们通过一个具体案例来体会大数据证据的"辅助裁判"作用。

"e租宝"是"钰诚系"下属的金易融（北京）网络科技有限公司运营的网络平台。2014年2月，钰诚集团收购了这家公司，并对其运营的网络平台进行了改造。2014年7月，钰诚集团将改造后的平台命名为"e租宝"，打着"网络金融"的旗号上线运营。操作人员虚构融资项目，把钱转给承租人，并给承租人好处费，再把资金转入钰诚集团的关联公司，以达到事实挪用的目的。

2015年年底，多地公安部门和金融监管部门发现"e租宝"的经营存在异

---

[1] [英]维克托·迈尔-舍恩伯格、肯尼斯·库克耶：《大数据时代》，盛杨燕、周涛译，浙江人民出版社2013年版，第71-72页。

[2] [英]维克托·迈尔-舍恩伯格、肯尼斯·库克耶：《大数据时代》，盛杨燕、周涛译，浙江人民出版社2013年版，第89页。

常，随即展开调查。公安机关发现，至2015年12月5日，"钰诚系"可支配流动资金持续紧张，资金链随时面临断裂危险；同时，钰诚集团已开始转移资金、销毁证据，数名高管有潜逃迹象。为了避免投资人蒙受更大损失，2015年12月8日，公安部指挥各地公安机关统一行动，对丁某等"钰诚系"主要高管实施抓捕。办案民警表示，此案案情复杂，侦查难度极大。"钰诚系"的分支机构遍布全国，涉及投资人众多，且公司财务管理混乱，经营交易数据量庞大，仅需要清查的存储公司相关数据的服务器就有200余台。

有学者在调研时发现，"e租宝"案的涉案数据总量竟然高达30TB，其中包括但不限于：（1）e租宝及芝麻金融数据，包括从4000多家银行、247家第三方支付平台、164家保险公司、114家券商汇总的1万多个账户的几十亿条资金交易流水信息；（2）集团OA系统中关于会议、财务、合同的数据；（3）关于公司及其产品介绍的电子数据；（4）涉案人员的手机数据等。[1]如此大的数据体量，要司法机关工作人员进行逐条判断分析与天方夜谭并无区别。此时，我们通过大数据技术对海量数据进行分析，通过大数据报告的结论来分析是否存在相应的异常行为，从而辅助裁判者进行事实认定。可以预见的是，在人工智能技术高速发展以及大量普及的时代，未来的犯罪形态将会越来越科技化、复杂化，大数据证据将会更加广泛地运用于审判中。

需要注意的是，大数据证据的形成机理也是相关关系，同样属于弱人工智能的领域，笔者将在后文中详细介绍大数据与人工智能之间的紧密联系。在这个部分，之所以本书将大数据证据与弱人工智能进行区分，主要是基于它们在事实认定中起到的作用不同——大数据证据起到的是辅助作用，而更高级的弱人工智能可以完成对部分案件的事实认定功能。"事实认定的精髓并不是识别与认知证据，而是组合证据以生成事实"，[2]我们人类组合证据的方式是"因果推理"，人工智能则采用"概率推理"完成这一过程。概率推理的完成方式是"计算"。在完成了证据的数据化以及数据的结构化改造后，计算机已经能够对证据进行拆解、识别以及转化，在通过对大量案例的学习后，计算机通过概率能够将某些行为进行关联，例如"血""刀"与"杀害"之间存在联系。之后，通过机器学习以及人为调整的方式，计算机将与"杀害"有关的诸多部分进行逐个标注，之后通过计算的方式来判断被告人是否实施了杀人行为，这个过程由算法

---

[1] 刘品新：《论大数据证据》，载《环球法律评论》2019年第1期。

[2] 栗峥：《人工智能与事实认定》，载《法学研究》2020年第1期。

完成。算法的优势在于:"一方面把问题模型化,提炼出普遍规律与一般特征;另一方面将求解科学化,以可验证的数学原理保障证明的严肃性。"[1]目前,正在设计或应用的多种算法都试图解决此问题,我们对其中两种原理进行介绍。

一是证据的组合叠加。计算机在经过大量案例学习后,能够得出"血""刀"等证据与"杀害"事实之间存在联系,假定"杀害"事实为事件B,"血""刀"等证据为A1、A2…An,事件B代表一个数值,证据A1、A2…An分别代表各自的数值,S代表证据A1、A2…An的总和。将S与B进行比较,当S等于或者超过B时,人工智能对被告人完成事实认定,事件B成立;当S小于B时,人工智能对被告人同样完成事实认定,事件B不成立。很显然,人工智能在案例学习时,无法给出事件B以及证据A1、A2…An的具体数值。要使计算机实现上述证据组合叠加过程,需要由人类对事件B以及证据A1、A2…An中的任何一个进行赋值。这种设定方法与欧洲中世纪的法定证据主义何其相似——法律先机械地规定证据的证明力,执法者须依法定条件去判断证据来认定事实。尽管这种模式能够限制裁判者的个人专断,使得审判结果更加客观;但它过于机械,只能实现法律所要求的"客观真实",与"发现事实真相"的诉讼理念也有所违背。

二是运用"贝叶斯定理"进行事实认定。贝叶斯定理建立在概率基础上,它描述先验概率演化成后验概率的轨迹。假设发生一起凶杀案,某甲在凶杀案发生的时间段内经过案发地点的供述为证据B,留在刀上的指纹为证据A,事件A的概率为某甲的指纹与刀上的指纹相符合的程度,那么就有P(A|B)= P(B|A)·P(A)/P(B),P(A|B)叫作后验概率,P(B|A)/P(B)叫作标准相似度。这时需要评估的就从先验概率转变为了后验概率。原本需要评估的P(A)就能通过P(B|A)进行彰显。

$$P(A|B) = \frac{P(B|A)P(A)}{P(B)}$$

这个公式表达了概率间的相互关系,描述了证据B出现后,先验概率如何被修改调整生成新的后验概率。由于证据B的注入,先前的判断得到加强或弱化,融合新证据B后的后验概率取代了先验概率,决策获得了进化。"贝叶斯决策能够吸收新信息,并把对新信息的判断转化融入后验概率,实现微观上的

---

[1] 栗峥:《人工智能与事实认定》,载《法学研究》2020年第1期。

决策推进。从理论上看，人工智能完全可以借助贝叶斯决策完成对每一个证据的吸收与积累，进而得出对事实的整体评价。"[1]当然，运用贝叶斯定理计算得到的结果也是概率，是在对证据链条进行计算的情况下得到的概率。计算机无法对得到的概率进行任何处理，需要我们提前界定相应的标准，计算机才能判断某件事是否成立。例如我们设定，证据链条计算后，最终得到的结果只要超过80%，就可以认定故意杀人的事实成立，反之则不成立。在贝叶斯决策的基础上进行进一步优化，发展出的"序贯贝叶斯"决策方法（以下简称序贯决策）可以进一步优化人工智能的证据判断。序贯决策是一种多级决策的方法。该决策过程是序贯进行的，类似于序贯概率比检验，"它是在每次试验（或抽样观测）之后，进行一次统计推断，看能否决定采取某种行动，若能，则做出决策，否则，则再进行一次试验"。[2]计算机在进行初次决策后会面临新证据信息的注入，新信息的注入又会产生新决策，接着又出现新信息，形成新决策，如此反复。在这个过程中，"证据信息常以随机或不确定的动态形式呈现，每次决策的下一步都不确定。在未出现新信息前，决策总是最优的，但新信息能够将决策更新，直至程序终止。序贯决策方法通过这种动态调适机制，保持着决策的最优化与灵活化"。[3]以算法为起点，以贝叶斯定理及发展出的序贯决策方法为路径，两者相结合对人工智能独立完成事实认定的实现能起到很大的帮助。

相较证据的组合叠加方法而言，通过贝叶斯定理进行事实认定的方法更加合理，也是下一步优化的重点方法。但同样地，这种方法也存在相应的问题。首先是计算的准确性问题。数字模型化的代价是忽略复杂干扰项，将问题理想化，以诸多假定来框定范围，将问题提纯到固定模态上加以演算。此时，高度提炼的模型很可能已与实际情境相去甚远。而且，我们很难判定哪些因素足够重要或不重要，毕竟，一只蝴蝶偶尔扇动几下翅膀都可以在两周以后引起一场龙卷风。其次是复杂性难题。复杂性表征解决问题的困难程度。人具备高度的应变力与灵活度，在遇到困难时，并不需要区分比较难或者很难的差异等级。但对于机器来说，难易是分等级的。应对复杂问题需要更烦琐的公式与更晦涩的理论。问题的难度每增加一级，算法需求可能增加几倍。这个需求可能体现在时间或是对算力的要求上，比如求 1+2+3+...+n 的值，计算这个结果的时间复杂度是 $O(1)$，我们只需要简单的一个公式就可以完成；而有的计算，随着

---

[1] 栗峥：《人工智能与事实认定》，载《法学研究》2020年第1期。
[2] 高莹、曹宁、雒晓东：《贝叶斯理论与方法的研究进展》，载《科技视界》2014年第20期。
[3] 栗峥：《人工智能与事实认定》，载《法学研究》2020年第1期。

数据规模增大，花的时间相应变长，这个程序的时间复杂度就是 O（n），比如找 n 个数中的最大值；还有一些穷举类的算法，所需时间长度呈几何阶数上涨，这就是 O（a^n）的指数级复杂度，甚至还有 O（n!）的阶乘级复杂度。对于算法而言，从实物证据到口供再到其他证据，无论是动机、行为还是结果，要对每一步设计出妥当的程序相当困难，因为预料不及的情况实在太多。例如，案件没有实物证据、没有言词证据或者实物证据与言词证据相矛盾等。现实世界不仅不可轻易计算，而且它远比算法模型复杂。DeepMind 的创始人肖恩·莱格（Shane Legg）指出："对于任何包含初等数论的形式系统 T，存在某个复杂性水平 c，对于任何高于 c 的复杂性水平 n，形式系统 T 都无法帮助我们找到可以逼近任何复杂性不超过 n 的环境的通用模型，尽管这种模型是确实存在的。不严格地说，强大的智能体必然复杂，复杂且强大的智能体是存在的，但只要它足够复杂，形式系统将无法帮助我们找到它。"[1]也就是说，目前通用人工智能各类算法虽然为人工智能的发展提供了工具，但也设置了上限，"我们可以设计足够强大的智能去应对足够复杂的现象，但这种智能系统也会足够复杂，以至于应对复杂智能系统一点不比应对复杂现象轻松，甚至我们能够发现足够复杂的现象，却不一定能够找到或建立足够复杂的系统"。[2]

以上是人工智能进行事实认定的供述，人类裁判者进行事实认定的关键是正确寻找证据之间的因果关系，建立符合常识认知的合理事实叙事，即因果推理。因果推理一直是事实求证中组织编排证据、构建事实图景的核心逻辑。因果解释是人类把握世界的根本方式。人脑在一堆错综复杂的证据谜团中厘清思路与顺序，依赖的正是因果推理的线性方式。一般而言，"人脑主要是在接收证据的原始信息之后，通过对比、修正、协调、排列事件探寻时间轴上的某种规律，努力形成自身可理解的故事版本。事实的复杂性和证据的多样性均要求人们寻求某种可解释的思考轨迹，将证据一个接一个地附加认知关联，进而捋清埋于事实深处的线路。在这个过程中，每一个证据都要被追问背后的原因，每一种关联都被用以形成推断式的因果链条"。[3]因果流不断地在证据之间进行流动，将分散多元的局部片段逐步整合成一个连贯的整体。当两个证据之间在时间、地点或其他层面能够形成某种联系时，此时二者形成了单个证据并不具

---

[1] Shane Legg, "Machine Super Intelligence", PhD thesis, *Department of Informatics*, University of Lugano, p. 105 (2008).

[2] 栗峥：《人工智能与事实认定》，载《法学研究》2020 年第 1 期。

[3] 栗峥：《人工智能与事实认定》，载《法学研究》2020 年第 1 期。

有的"复合判断"。复合判断驱动着事实论断的前进,并持续对感觉、判断、行为与意识进行合理化解释。因与果作为人们融入案件事实场景的捷径,帮助裁判者个体感知被告的行为逻辑与行事动因,以此构筑合理化的心理过程。因果关系串联出事实认定的连贯论证秩序,并建构出对案件的个体叙事。通过因果推理,我们得以以一种连续性的路径轨迹去完整地看待事实,可以取舍并重建过去图景,再现关于被告动机、行为以及场景的全景叙述。因果关系的内在连续性确保了因果推理可以作为缝合证据、焊接事实的有效工具,确保人们能够把诸多证据通过意义编织的形式加以认识,并使认定的事实保持协调一致,促使人脑生成统一结论。[1]

我们发现,现有的关于人工智能审判的讨论都一致地将目光放在事实认定上,关于法律适用的讨论寥寥无几。一方面,事实认定是法律适用的前提,目前人工智能事实认定问题尚未解决,讨论法律适用问题有些过于超前;另一方面,"发现事实真相"是目前司法领域所秉持的理念,在绝大多数案件中,正确完成法律适用的司法价值并不如正确地完成事实认定,此外,前者的难度也比不上后者,如果把案件的审判比作登山,完成事实认定意味着我们需要走到非常接近山顶的地方,再往前几步,完成法律适用,我们就能登上山顶,完成审判。

人工智能主要通过比对的方式将事实与规范进行连接。以犯罪的四要件体系为例,人工智能将认定的裁判事实拆分成犯罪主体、犯罪客体、犯罪的客观方面以及犯罪的主观方面,按照一定的顺序进行排序后,在法律规范中依次进行检索。我们将排序后四个要件命名为 A、B、C、D,在对要件 A 进行检索后,发现只有集合 SA 内的法律规范包含要件 A;接着在集合 SA 中对要件 B 进行检索,发现只有集合 SAB 内的法律规范同时包含要件 AB……重复这个过程,直到出现同时满足 A、B、C、D 四个要件的集合 SABCD,SABCD 中有且只有一个元素,这就是要适用的法律。当然,这个过程并不容易,需要我们对法律规范足够熟悉,保证在人工智能进行比对的过程中不会出现错漏的情况。

人类裁判者完成法律适用则是"目光在规范与事实之间的往返流转"。首先,裁判者根据当事人陈述的事实、提出的主张或抗辩,结合我们的经验法则,寻找可能运用到的法律规范,分析出各个法律规范的构成要件,即确定数个"大前提"。其次,裁判者将法律规定的要件作为对生活事实条分缕析的标尺,

---

[1] 栗峥:《人工智能与事实认定》,载《法学研究》2020 年第 1 期。

从中剥离背景事实、间接事实、辅助性事实，裁剪出并查清要件事实，确定"小前提"。最后，将法律事实的小前提归入法律规范的大前提，推出"结论"即裁判结果。从中我们可以看出，人类裁判者进行审判时，并未将"事实认定"与"法律适用"进行明确的阶段性区分，二者常常是交替进行的。

从上文的论述中我们可以得知，人工智能的裁判逻辑主要依据相关关系，人类裁判者进行裁判的逻辑主要依据因果关系。因果关系是相关关系中特殊的一种，人工智能无法理解因果关系。在司法裁判领域，人工智能通过概率推理完成事实认定，并以比对的方式完成法律适用；而人类裁判者则运用经验法则通过因果推理完成事实认定，法律适用的过程往往与事实认定交替进行，这就是人工智能与人类裁判者的裁判逻辑。

人工智能裁判的实现能够非常好地缓解司法资源紧张的问题，提升审判效率。需要注意的是，弱人工智能只能解决某些简单的案子，对于复杂案件的审判不具有现实可能性。笔者认为，只有强人工智能才具备实现复杂案件审判的能力。在本节中，本书对人工智能审判中的某些重要问题进一步展开讨论，同时为强人工智能审判的实现提供一些思考。

以刑事案件为例，我国 2018 年《刑事诉讼法》第 55 条规定了我国刑事案件的证明标准："对一切案件的判处都要重证据，重调查研究，不轻信口供。只有被告人供述，没有其他证据的，不能认定被告人有罪和处以刑罚；没有被告人供述，证据确实、充分的，可以认定被告人有罪和处以刑罚。证据确实、充分，应当符合以下条件：（一）定罪量刑的事实都有证据证明；（二）据以定案的证据均经法定程序查证属实；（三）综合全案证据，对所认定事实已排除合理怀疑。"对于我们人类而言，"排除合理怀疑"意味着内心确信——根据我们的经验法则，这个案件只存在唯一的可能，不存在其他情形，此时可以作出有罪论断。

但是人工智能并不知道"排除合理怀疑"究竟是什么，也无法理解"内心确信"，它能明白的只有概率。因此，我们首先需要将各类诉讼的证明标准进行量化，使得证明标准能够以概率的形式呈现，这样人工智能才能进行比较，认定事实。量化证明标准的典型代表是刻度盘理论。刻度盘理论由大陆法系德国学者埃克罗夫和马森创立。他们认为，裁判者在诉讼中的具体证明可以通过一个假想的刻度盘来实现。这个刻度盘的顺序依次是"不可能""不太可能""可能""大概""一定"到"明显"。它们分别代表不同的证明评价点。这些刻度规定，什么样的证明强度可以使裁判者认为证明已经实现。然后要检验的问题是主张证明的刻度（证明评价点）对提供证明来说是否足够，而这个问题只能由法律规则来确定。埃克罗夫把要求证明的刻度称之为"证明责任点"。

表 4-1 "证明责任点"刻度

	0%	1%~5%	5%~49%	50%	51%~74%	75%~99%	100%
可能性	绝对不可能	非常不可能	不太可能	同等	大致可能	非常可能	绝对可能

按照埃克罗夫和马森的观点,刻度盘的两端分别为0%和100%,两端之间除去50%的同等程度可分为四级:第一级为1%~5%,第二级为5%~49%,第三级为51%~74%,第四级为75%~99%,其中0%为绝对不可能,50%为可能与不可能同等程度存在,100%为绝对肯定,第一级为非常不可能,第二级为不太可能,第三级为大致可能,第四级为非常可能。[1]我们可以根据具体情况,将不同的证明标准对应不同的数值,例如将排除合理怀疑与"非常可能"(75%-99%)相对应。(见表4-1)

证明标准的量化能够很好地推进人工智能事实认定问题的实现,但新的问题又随之产生——量化证明标准是否具有正当性基础?这是个严峻的问题,对于立法者而言,这是一项技术性极高的工作,不仅技术操作难,如何使得这种技术操作具备合理的理由同样困难——什么规则或是原则能为这种技术操作背书?在证明标准得到成功量化后,人工智能只需要通过计算得出特定事件发生的可能性,再与提前预设好的证明标准进行对比即可。但是,"这种操作仅仅是为了满足算法需要的纯技术路线,并非如人类来自意志的自主自觉的坚定决心与真诚信念一般,仅属程序化的输出方式,弱人工智能无法真正理解相应数值的真正意义"。[2]进一步而言,人类裁判者形成"排除合理怀疑"的信念不是一蹴而就的,最终信念是由无数个小信念聚合而成的。在证明过程中,每一个新证据出现时,都需要裁判者进行因果关系的提取的判断。裁判者在进行往复的复合判断过程中,会对当事人的遭遇、家庭背景、言词证据中的语气等因素进行考虑,还原出案件事实。而人工智能的计算除了能够在形式上解决事实认定的问题之外,并不能真正地发挥法律审判带来的社会效益,当事人甚至会因为裁判者没有"同理心"而失去对法律的信任。

著名作家马克·吐温曾说过:"有时候真实比小说更加荒诞,因为虚构是在

---

[1] [德] 汉斯·普维庭:《现代证明责任问题》,吴越译,法律出版社2000年版,第106—109页。
[2] 栗峥:《人工智能与事实认定》,载《法学研究》2020年第1期。

一定逻辑下进行的,而现实往往毫无逻辑可言。"在司法领域,并非只有"喝酒开车"这种案情简单的案件,我们往往会遇见各种各样的案件,有的案件可能从未出现过,有的案件可能涉及深层次道德判断,难以处理,需要高素质、经验丰富的裁判者经过长时间的说理与论证,这些案件被称为疑难案件,每一起疑难案件的出现都能为法治的建设作出巨大的贡献。

那么,弱人工智能是否能够解决疑难案件呢?以新类型案件为例,假设出现了一种从未出现过的行为,人类裁判者根据经验法则以及因果推理,结合社会效益等因素,可能认定该行为属于或不属于正当防卫,而人工智能对该行为由于缺乏相关行为的案例的学习,没有裁判经验,无法完成对新行为的认定,因此人工智能进行裁判时,只能认为该行为不属于正当防卫,容易导致与人类裁判者认定的结果大相径庭,而这并不符合我们让人工智能进行司法审判的目的。此外,对于法律规范的运用也可能导致疑难案件的处理不当。在适用方式上,法律规则是以"全有或全无的方式"应用于个案当中的:如果一条规则所规定的事实是概定的,那么,或者这条规则是有效的,在这种情况下,必须接受该规则所提供的解决办法。或者该规则是无效的,在这种情况下,该规则对裁决不起任何作用。而法律原则的适用则不同,它不是以"全有或全无的方式"应用于个案当中的,因为不同的法律原则是具有不同"强度"的,而且这些不同强度的原则甚至冲突的原则都可能存在于一部法律之中。在疑难案件中,可能并没有规则可以使用,或是使用规则会产生较大的社会矛盾,综合考量之下,裁判者决定绕过法律规则,而是权衡使用法律原则对案件进行审判。至于如何平衡不同法律原则的运用,则由裁判者进行自由裁量,这种案件一般需要较长的论证以及说理,而弱人工智能很显然不具备这种能力。人工智能系统是否适合疑难案件的裁判,取决于它所接受的价值判断加权系数。

4.3 人工智能带来的机遇、问题与展望

在对人工智能展开更加深远的讨论之前,我们需要优先厘清人工智能的定义。"人工智能之父"马文·明斯基(Marvin Minsky)将人工智能定义为"使机器做那些如果由人类来做需要智能(intelligence)的事情的科学",[1]英国萨塞克斯大学认知和计算机科学学院(萨塞克斯大学信息学系前身)第一任院长

---

[1] Marvin Minsky, *Semantic Information Processing*, Cambridge: MIT Press, 1968, p. 5.

玛格丽特·博登认为，"人工智能（artificial intelligence，AI）就是让计算机完成人类心智（mind）能做的各种事情"，[1]美国著名科技记者卢克·多梅尔认为，"人工智能是研究人类智能行为规律（如学习、计算、推理、思考、规划等），构造具有一定智慧能力的人工系统"，[2]德国信息技术、电信和新媒体协会（BITKOM）以及德国人工智能研究中心有限公司（DFKI）从实践的角度出发，在《人工智能：经济意义、社会挑战、人类责任》一书中提出了两种人工智能的定义："（1）人工智能是 IT 系统的属性，可以显示"类人"（menschenähnlich）智能行为方式；（2）人工智能描述信息学应用（Informatik-Anwendungen），它们的目的是显示智能行为"，[3]欧盟委员会的《欧洲人工智能报告》将人工智能界定为"具备智能行为的系统，通过分析其周围环境并在一定程度上自动处理以实现特定目的"。[4]由此，我们可以归纳出人工智能的几个特征：（1）是人工系统，如机器或计算机系统；（2）具备智能（智力）行为；（3）与周围环境交互；（4）自动完成在通常情况下需要人类智能（心智）的特定目标。[5]

当前，人工智能（AI）的认知方式可以分为以下几种：（1）逻辑推理：这是最常见的 AI 认知方式。通过使用规则和推理机制，AI 可以对信息进行逻辑推理和推断。这种认知方式通常用于解决基于规则的问题，如专家系统或诊断工具。（2）学习：AI 可以通过学习来改进自己的认知能力。它可以使用训练数据来发现模式和规律，然后将这些知识应用于新情况。这种学习方式通常用于机器学习和深度学习技术。（3）感知：AI 可以通过感知来识别和理解环境中的事物。它可以使用传感器和相机等设备来收集数据，并使用图像识别、语音识别等技术来处理这些数据。这种认知方式通常用于自动驾驶、机器人和智能家居等领域。（4）自然语言处理：AI 可以通过理解人类语言来与人类进行交互。它可以使用自然语言处理技术来分析和理解人类语言，并使用语音合成和自动翻译等技术来生成人类可理解的语言。这种认知方式通常用于聊天机器人和智

---

[1] [英] 玛格丽特·博登：《AI：人工智能的本质与未来》，孙诗惠译，中国人民大学出版社 2017 年版，第 1 页。

[2] [美] 卢克·多梅尔：《人工智能：改变世界，重建未来》，赛迪研究院专家组译，中信出版社 2016 年版，第 1 页。

[3] Vgl. BITKOM/DFKI, Künstliche Intelligenz: Wirtschaftliche Bedeutung, gesellschaftliche Herausforderungen, menschliche Verant-wortung, Berlin: Bitkom, 2017, S. 28-29.

[4] Vgl. Europäische kommission, Mitteilung der Kommission an das Europäische Parlament, den Rat, den Europäischen Wirtschafts-und Sozialausschuss und den Ausschuss der Region

[5] 尹志强：《人工智能何以为"人"——人工智能时代之民法因应》，载《社会科学研究》2023 年第 1 期。

能助理等领域。总的来说，AI 的认知方式是多样化的，它可以使用不同的技术来处理不同类型的问题和任务。在司法领域，要实现人工智能裁判，需要运用到上述所有认知方式。

人工智能裁判的出现将会颠覆自古以来人类裁判者"垄断"司法裁判的观念。诚然，这不是一朝一夕能够完成之事，但也并非天方夜谭，而是在人类可预想的范围内。在本章，我们从当下出发，探讨人工智能目前在司法领域中所起到的作用；随机将目光转向未来，设想更先进的人工智能对司法裁判即将产生的变革以及相关问题；最后回到过去，感受司法领域发展进程的奇妙之处。

当下的人工智能仍然处于弱人工智能阶段，弱人工智能是指不能制造出真正地推理（Reasoning）和解决问题（Problem solving）的智能机器，这些机器只不过看起来像是智能的，但是并不真正拥有智能，也不会有自主意识，只能模拟、延伸和扩展人的低端的智能，即人的感知觉和常规的、程序化的逻辑推理。[1]目前在司法领域，人工智能较为火热的运用有两个，一是大数据证据的运用；二是智慧法院的建设。接下来本书将对这两个领域进行详细介绍。

顾名思义，大数据证据主要运用了大数据技术，直观地看，大数据证据与人工智能似乎并没有非常紧密的联系。实际上，人工智能技术立足于神经网络，同时发展出多层神经网络，从而可以进行深度机器学习，而机器学习所运用的算法来源于大数据技术，它将具有理解、分析、发现数据和对数据作出决策的能力，从而能够从数据中获得更准确、更深入的知识，挖掘数据背后的价值，并产生新的知识。简言之，大数据分析是人工智能得以实现的必经步骤，大数据技术对数据进行清理与改造，人工智能则是对处理后的数据重整后输出智能，而大数据技术的改进有助于输出更加高级的智能。二者的关系如此紧密，就像燃料与发动机。结合司法实践，本书将在这部分对大数据证据进行讨论。

随着智能终端和高速蜂窝通讯网络的迅速普及以及国际互联网的普遍提速，"大数据作为证据之运用"已经成为法学界所必须面对的现实问题。然而，有关大数据证据的若干基本理论内涵，尚未得到清晰的界定。首先，何种证据构成"大数据证据"？也就是说，体量达到何种程度、与大数据技术构成何种关联的证据才具有证据法意义上的特殊性，以至于须纳入"大数据证据"项下单独讨论？例如，一组 GPS 坐标，"连续多天"的"网吧实名制登记记录"，[2]

---

〔1〕 胡敏中、王满林：《人工智能与人的智能》，载《北京师范大学学报（社会科学版）》2019 年第 5 期。

〔2〕 山东省菏泽市中级人民法院《刑事裁定书》（2018）鲁 17 刑终 430 号。

243

"某数据库平台之操作记录统计",[1]是否构成大数据证据?又如,侦查机关基于海量数据生成的"人脸比对评分结果"[2]可否作为"大数据证据"使用?再如,"e租宝案"中存储于200多台服务器的海量数据是否构成"大数据证据"?侦查机关在扰乱无线电通讯秩序案件中"利用'大数据分析平台软件'技术,获取到该'伪基站'设备内2077579个非重复IMIS号",[3]这两百多万个IMIS号本身是否构成"大数据证据",这些号码经过比对、过滤、去重后,其结果又能否构成"大数据证据"?其次,"大数据证据"属于言词证据还是实物证据?例如,在侵犯公民个人信息案件中,侦查机关提取的被侵犯的海量公民个人信息本身显然属于实物证据(中的电子数据)。那么,侦查机关基于这些信息所作的"数据清洗情况说明"[4]等还应被认为属于实物证据吗?换言之,算法之运用是否会对"大数据证据"之属性发生根本改变?最后,"大数据证据"应当如何进行审查判断和法庭调查?如果说,对大数据集本身可以运用电子数据审查判断规则,那么对基于大数据集通过算法生成的大数据分析报告本身,是否仍可运用同等规则?也就是说,"大数据报告"之具体证据方法和法庭调查规范应当以人证调查还是以物证调查为基点进行展开,实践中仍不明朗。对大数据证据之学理研究亦未能充分解决实践困惑。

现有的研究不但将各种与"大数据"技术存在各种意义上直接、间接关系的证据材料都归入"大数据证据"项下,还就"大数据证据"之属性展开了热烈讨论,"鉴定意见说"[5]"独立证据类型说"[6]"特殊类型书证说"[7]"侦查实验说"[8]等等不一而足。在现有之研讨语境下,人们似乎已经达成共识:与

---

[1] 重庆市第五中级人民法院《刑事判决书》(2016)渝05刑初96号。

[2] "公安机关依据人像大数据平台对监控视频中的涉案男子进行人像比对,比对出90分以上3人,徐某某为最高分98分。"参见福建省南平市延平区人民法院《刑事判决书》(2019)闽0702刑初367号;福建省南平市中级人民法院《刑事裁定书》(2020)闽07刑终1号。

[3] 贵州省贵阳市中级人民法院《刑事裁定书》(2017)黔01刑终448号。

[4] 江苏省无锡市惠山区人民法院《刑事判决书》(2019)苏0206刑初650号。

[5] 刘品新:《论大数据证据》,载《环球法律评论》2019年第1期。

[6] 张建伟教授认为,大数据集本身构成电子数据,而"大数据报告"应单列为独立证据类型。参见何家弘等:《大数据侦查给证据法带来的挑战》,载《人民检察》2018年第1期。

[7] 胡铭教授和龚中航博士认为,大数据集本身构成电子数据,而大数据报告构成一种特殊类型的书证。参见胡铭、龚中航:《大数据侦查的基本定位与法律规制》,载《浙江社会科学》2019年第12期。

[8] 罗文华教授认为,"侦查实验非常适合于示例化说明大数据分析结果,从而弥补检验报告及书证的局限,增强分析结果的可信度。未来司法实践中有必要加大侦查实验的使用力度,更好地服务于大数据证据"。故"大数据报告"应纳入侦查实验项下加以规制。参见罗文华:《大数据证据之实践与思考》,载《中国刑事警察》2019年第5期。

大数据概念具有某种关联性的证据，都可归类于"大数据证据"；"大数据证据"相较于其他证据类型，除数据体量"更大"之外，似乎并无本质区别。然而，应当看到的是，与传统数据集相比，大数据不但意味着数据体量的增大，还意味着数据结构、处理方式和运用方法的转变。[1]这一系列变化，意味着人类认知从基于有限数据的模拟计算科学阶段开始转向基于大数据的人工智能阶段。[2]进而，传统的刑事证明体系亦将迎来系统性变革：大数据的非结构化特性决定其难以按与案件事实有关联的标准"精切分割"，因而进入法庭的证据信息量将变得巨大，相应地职权调查原则（或证据的关联性法则）将迎来全新的实践样态；[3]进入法庭的信息量巨大意味着其无法通过人工方式直接读取，只能通过计算机算法"间接读取"，澄清义务（或最佳证据规则）将面临新的

---

〔1〕 李学龙、龚海刚：《大数据系统综述》，载《中国科学：信息科学》2015年第1期。

〔2〕 大数据所带来的这一系列变化，意味着人类认识世界范式的一种根本变革。如同顶级资讯工程学家詹姆士·格雷（Jim Gray）所精辟指出的，大数据时代的到来标志着科学研究方法从"第三范式"走向"第四范式"：科学研究的"第一范式"是发轫于千年前的经验科学，其以描述自然现象为己任；"第二范式"是近几个世纪的理论科学，其运用归纳方法提炼理论模型；"第三范式"是近几十年来的计算科学，其运用计算机模拟复杂现象；而在大数据时代所带来的"第四范式"下，数据由仪器捕获或通过模拟生成并被软件处理，并将产生的信息或只是存储在计算机中。"人们并不真正通过望远镜进行观察，而是通过大型复杂仪器'观察'——这些仪器将数据传送到数据中心，之后人们在计算机上查阅信息。" See Tony Hey, Stewart Tansley, and Kristin Tolle (eds.), Jim Gray on eScience: A Transformed Scientific Method, in Tony Hey, Stewart Tansley, and Kristin Tolle (eds.), The Fourth Paradigm: Data-Intensive Scientific Discovery, Microsoft Research, 2009, pp. 4-5.

〔3〕 证据法上，对抗制一般通过关联性法则控制进入法庭的证据信息量；职权主义一般通过职权调查原则的范围控制进入法庭的证据信息量。大体上说，如果一项证据材料只包含对认定案件事实及其法律后果没有意义的信息，那么该材料一般无法进入法庭。对结构化数据库而言，从中截取与案件事实有关的信息片段而不损及其内容并非难事。例如，侦查机关从户籍信息库中提取犯罪嫌疑人户籍信息用于证明犯罪嫌疑人身份；从审判或刑罚执行机关提取犯罪嫌疑人的刑事判决书（裁定书）、释放证明书、假释证明书等，用于证明犯罪嫌疑人前科劣迹等。在这一过程中，取证主体只需从信息库中提取以犯罪嫌疑人为主体的"那一份"（或"那几份"）材料并提交给法庭即可，无须将"户籍信息库""判决信息库"之整体提交给法庭。而之所以能实现这种不损及信息本体的信息提取，正是因为这些信息是结构化的，其本质上须存储于具有二维数据库结构的信息空间中。自技术角度观之，这种信息提取，本质上只是根据特定字段特征查找对应其他字段数据的过程，是结构化数据库的典型应用方式。然而，大数据时代的非结构化数据库则不具有此种功效。任何数据查询的结果都是在大数据基础上进行"提纯"后的"二手资料"。由于原始数据与案件事实的关联性在逻辑上亦无法得到反驳，那么根据关联性法则，所有原始数据都是证据，都应当移送法庭。例如，在窃取大量个人信息的案件中，尽管对定罪量刑具有意义的只是所窃取个人信息之数量，然而这些信息本身同样与案件具有关联性而须移送给法庭。

实现方式；[1]与此同时，在大数据技术体系下，数据普遍采取分布式存储，这要求对传统的离线取证方式进行变革，对大数据证据的收集和固定方式作出改变。[2]可见，当前"大数据证据"之理论研究仍然处在初步阶段，并不能满足实践需求。进入深水区的"审判中心制度改革"要求"确保侦查、审查起诉的案件事实证据经得起法律的检验"，以"保证庭审在查明事实、认定证据、保护诉权、公正裁判中发挥决定性作用"。[3]自理论视角观之，这必然意味着，至少在被告人不认罪的案件中，事实认定之规范体系和实践样态须走向彻底的"严格证明"，意味着证据能力规则，亦即证据方法和法庭调查程序两方面规则之法治化、规范化、严格化。大数据证据之规范体系，亦须以此为核心目标。因此，我们以回应前文提出的几个案例为启发，将在清晰界定"大数据证据"概念的基础上，阐发其内部构造和本质特征，进而在严格证明框架下研讨"大数据证据"之属性。

前文中，我们提到的"GPS坐标""连续多天"的"网吧实名制登记记录"等，都被错误地作为大数据证据来对待。然而，这些证据材料的提取过程，只是信息技术语境下的信息捕获；其所包含的信息量也非常有限（一个经纬度、连续几天的上网记录）。进一步看，这些信息含量非常有限的证据材料之所以被误认为"大数据证据"，只是因为其系提取于大数据信息系统。然而，这些信息一旦提取，便与其所出身的系统独立开来，可以直接作为书证或电子证据单独提交法庭，因此它们都不具有大数据证据的特征。那么，我们前文提到的"e租宝案"中存储于200多台服务器上的海量数据，以及"伪基站"设备内的2 077 579个非重复IMIS号是否属于"大数据证据"呢？这就需要我们引入两

---

[1] 证据法上，对抗制一般通过"最佳证据规则"要求原则上使用证据原件；职权主义则一般通过"澄清义务"要求事实认定者运用最佳证据材料，这要求尽可能接触证据之原初载体，以获取更充分的证据信息并防范讹误和伪造。Vgl. Eisenberg, Beweisrecht der StPO, 10. Aufl., 2017, Rn. 13-13b. 可见，两种诉讼传统均要求裁判者尽可能接触证据之原初形态。然在证据体量达到无法在可容忍时间范围内进行人工读取的程度时，裁判者只能通过计算机算法间接读取大数据中的信息内容。例如，在"e租宝案"中，全案电子数据量达到30TB。在此种情形下，对资金流向的分析只可能通过算法实现，而不可能由人工操作。

[2] 自技术视角观之，这是因为"第一，一个完整的文件会被分割成若干数据块，并存储在不同的节点上，而各节点可能存在于不同的地域，存储的非定域性和司法管辖权的限制导致取证的复杂程度和成本激增；第二，离线取证要求云计算的分布式存储系统节点全部或部分停机，这对云计算服务来说是不可接受的。"参见武鲁、王连海、顾卫东：《基于云的计算机取证系统研究》，载《计算机科学》2012年第5期。

[3] 《中共中央关于全面推进依法治国若干重大问题的决定》，载《人民日报海外版》2014年10月29日，第1版。

组科学标准来进行综合研判。首先,我们引入前文大数据的"比较定义"——"规模超过了典型数据库软件工具的捕获、存储、管理和分析数据能力的数据集"。[1]该定义存在一定的主观性,并未将大数据界定为大于几 TB 的数据,而是以不同部门领域及其适用的数据软件中常见的数据集大小为标准。使用此种定义,可将"大数据证据"界定为数据体量超过了办案人员及其典型数据处理方式管理和分析能力的证据。这一定义强调了大数据证据"数据体量巨大"这一重要特征。依据这一定义,可以轻松将"e 租宝案"中存储于 200 多台服务器上的海量数据,以及"伪基站"设备内 2 077 579 个非重复 IMIS 号定义为"大数据证据",因为这种类型的证据虽然是从大数据集中提取而来的,但是其提取部分仍具有海量性,从而导致其在信息体量上具有大数据证据的特征。也就是说,如果我们面对的是一种无法单独提交的数据信息,如从非结构化数据库中通过算法才能得出的数据结论,那么我们就只能将生成该证据的"大数据集"也一并作为证据提交。

除此之外,经过比对、过滤、去重后的这 2 077 579 个非重复 IMIS 号码的数据报告,可以归入"大数据证据"项下吗?这时,我们有必要引入"比较定义"——"通过实施高速的捕获、发现以及分析,来经济地提取大量具有广泛类型的数据的价值"。[2]这一概念强调大数据证据是利用大数据技术和体系生成的证据,是从大数据平台挖掘、经分析而形成的,但其生成之后本身并不一定具有"数据体量巨大"这一特性。具体而言,就是运用大数据技术在大数据集(往往是大数据平台)中直接进行算法分析,并生成法庭可以直接认知的结果报告,这时,算法分析结果与算法分析之基础数据集之间无法分割,因此须把大数据集(大数据平台)整体向法庭移交。在这个意义上,上述经过比对、过滤、去重的 2 077 579 个非重复 IMIS 号码的数据报告也属于"大数据证据"之组成部分。但是,如果作为大数据集的整个数据平台不具备整体移交的可行性,那么,单独提交的算法分析结果或者数据报告便不再具有证据法意义上的大数据证据之属性。那些"直接从所谓'大数据平台''大情报系统'获取得到的数据或结论,如对端手机号码的实际使用人、犯罪嫌疑人行为轨迹与案情在时空上高度吻合等"信息,同样不具有大数据证据之特征。这类证据虽然脱

---

[1] McKinsey & Company, (2011, May 1). Big Data: The Next Frontier for Innovation, Competition, and Productivity. Retrieved from January 10, 2022, from the World Wide Web: https://www.mckinsey.com/business-functions/mckinsey-digital/our-insights/ big- data-the-next-frontier-for- innovation.

[2] Gantz J, Reinsel D, "Extracting Value from Chaos", *IDC i View*, 2011, p. 6.

胎于所谓的大数据平台，但若要将其作为证据使用，便须将其所依托的整个大数据平台提交法庭，否则这些证据的真确性无从验证，事实认定者也就无从对其产生确信。然而，整个大数据平台数据体量极大，且时刻处在运行之中，将其整体提交法庭极为困难。相较而言，将这种信息用作侦查线索，在其指引下收集、固定其他多种证据并形成证明体系显然更为可行。例如，在涉毒案件中，侦查人员往往通过大数据平台进行研判，以确定犯罪嫌疑人的物理位置并实施精准抓捕，而抓捕后，用于锁定犯罪嫌疑人人身同一性的证据，并不包括该大数据平台的研判结论，该数据分析结果只构成抓捕线索。上述所提到的侦查机关作为人身同一性认定证据的、基于海量数据生成的"人脸比对结果"，也属于这种证据形式。此时，法庭对大数据集及其算法都没有进行实质审查，直接接受该人脸比对结果，违背了证据收集运用规范，违背了证明标准条款（2018年《刑事诉讼法》第55条第2款第2项）。

由上文的分析不难发现，大数据证据同时具有以下两个特征。第一，作为证据的原始数据集体量巨大，无法以人力在可容忍时间范围内读取；第二，原始数据集需通过大数据分析转化为信息体量有限的大数据报告，方能为事实认定者所感知。不符合这两点本质特征的证据，直接构成书证或电子数据，无须纳入大数据证据范围加以讨论。这两点本质特征表明，大数据证据不是不可分割的同质整体，它由大数据集及大数据集之算法分析报告两部分构成，本文将这种构造特征称为大数据证据的二元内部构造。如前所述，大数据集之整体均与案件具有关联性，因此该整体都是证据，与此同时，由于该大数据集体量庞大，其运用以转化为裁判者所能感知的分析报告为前提。因此，大数据集之算法分析报告也是大数据证据不可或缺的组成部分。

由此可见，大数据报告具备实物证据运用形式的典型性，故宜认定为实物证据。大数据证据由大数据集和大数据报告构成。大数据集是实物证据，大数据报告也是实物证据；与此同时，两者并非彼此独立。在算法控制不变的前提下，大数据集与大数据报告具有高度稳定的对应关系。在这一意义上，大数据证据具有二元实物证据属性。

在大数据证据涌向法庭的时代背景下，理论界必须作出有力回应。否则，以"技术"之名，控方主张将可能透过"大数据""算法"等看似不容置疑的"科学概念"潜入证明体系，证据裁判原则将受到挑战。如果说对鉴定意见质证中以法学标准代替科学标准是法律实务界由于专业知识之匮乏而不得不采取的妥协，那么在计算机算力加持下，法律实务界人士对大数据证据独立进行验算、质证都将成为现实。在大数据技术体系下，人类有能力通过技术平台掌握更多数据化认识工具，对世界的认识将越来越脱离对主观意见和推测的依赖并走向客观化。而将大数据证据认定为实物证据并按符合论等标准对其进行真实性评判，正是刑事司法程序正视大数据所带来之认知变革的第一步。

大数据首先带来的是实物证据的客观稳定性。"电子数据是从视听资料中分离出来的一种证据形式"，[1]而大数据证据又是电子证据的一种演进，一条条的电子数据累积成为大数据。因此，作为电子数据集合的大数据证据同样属于实物证据的类别，只是在数量级和复杂性上与前者存在差别——"大数据证据以海量电子数据凝练的规律性认识发挥证明作用"，其中的规律性是客观的，只是这种客观规律常常需要通过算法来反映。这正如物证、书证可以用不同的表达方式来反映，如物证可以用图片方式展示，可以对物证的内部结构进行三维剖析，书证中的外文可以进行翻译表达，还可以或节选或概括的方式展示书证，但这些都不会影响其实物证据的本质属性。因此，有学者将电子证据的叠加视为大数据的来源，但却将大数据证据排斥在实物证据之外的观点是值得商榷的。[2]因为，算法之于大数据，无非是其特有的表达方式之一。根据算法得出客观结果，是一种对事实的表达，而并非什么价值判断类的意见证据。也正因如此，我们认为，在实物证据记载案件事实片段的程度上，存在一种发展脉络，即从物证、书证演进到视听资料，又从电子数据进化到大数据证据，在此，我们将其划分为四个层级（参见图4-1）。这一脉络，反映出实物证据在信息量上不断增长的过程；反映出实物证据不断加强其关联性属性的趋势。而这一趋势发展至大数据证据，终于实现其证据属性在客观性和关联性两大属性上结合的最高标准，从而彻底在证明力上超越主观性言词证据。而这，将会导致对以口供为代表的言词证据需求的骤减，也就意味着，在大数据证据时代，我们耿耿于怀的刑讯现象，可能突然销声匿迹。更为重要的是，前述以既定口供为中心的诉讼证据结构体系可能得到一种矫正，即整个以口供为轴心的证据、侦查、强制措施三维体系，包括辩护保障制度都会发生结构性改变——不再需要为了防止串供而隔离被告人，无论是与自己案件卷宗、自己亲属的隔离，还是辩护人甚至同案犯们的隔离。

---

[1] 陈瑞华：《刑事证据法学》，北京大学出版社2014年版，第180页。
[2] 陈瑞华：《刑事证据法学》，北京大学出版社2014年版，第28页。

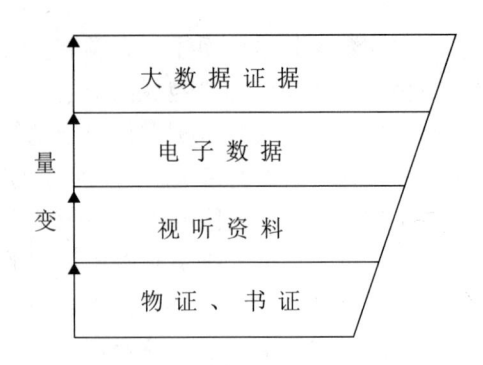

图 4-1　实物证据的四个层级

其次，大数据证据会被提供给人工智能进行分析识别，使案件争议焦点更清晰，疑点、难点更准确，审理期限更迅捷，从而将司法工作人员从诉讼材料中解放出来。未来，通过各种机器视觉、深度学习，还可以自动识别诉讼材料，提取重要信息，归纳整理，综合研判，直至给出定性、定量意见，自动生成裁判建议，从而彻底解放裁判者。也许，被当代法律人一再嘲笑的马克斯·韦伯的梦想——"理想的司法模式犹如一台自动售货机，投进去的是诉状和诉讼费，吐出来的是判决和从法典上抄下来的理由"[1]——将在大数据证据语境下被重新审视。

而更为重要的变革是，未来大数据证据时代将不再存在主观性证据时代控辩双方各执一词、互不相信的情形，由于存在大量客观的电子数据累积，使得双方信服的第三方证明体系被构建，从而使案件的裁判结果变得明朗，让双方都能心悦诚服地接受最终裁判。也就是说，大数据证据审判又实现了一种凌驾于人之上的审判，恢复了神明裁判中双方共同认可这一根本诉讼功能。

除此之外，大数据证据与预测作用关系密切。人工智能的预测分两类：在审判意义上，机器对事实问题采信薄弱，如其中的交叉询问，就很难做到，机器并不知道该多问哪一句，且不问哪一句。机器对法律适用问题，较为胜任。在证据意义上，机器对预谋犯罪容易掌控，对情绪性激情犯罪较为薄弱失察。类似地，在打击犯罪的治安问题上，大数据预测带来的争议可能更多。犯罪预测一直是犯罪学研究的重要问题，大数据延续了19世纪以来的针对个体的"天生犯罪人"思潮，借助对犯罪群体和可能发生犯罪区域的监控，大数据技术声

---

[1] [美] 刘易斯·A. 科瑟：《社会学思想名家——历史背景和社会背景下的思想》，石人译，中国社会科学出版社1990年版，第253页。

称能够深入人脑,预测更加广泛人群的行为,这为打击犯罪和反恐提供了强有力的工具。由此产生的问题是,如果我们能够在某些犯罪发生之前就能预测(而非证实)其发生,可能颠覆作为个体承担法律责任之基础的自由意志假定。如果未来发生的一切都可能通过对个体过去的一切行为得到解释(无论这种解释来自颅相学、大数据或神经科学),那么像犯罪这样的"危险的个体"行为就可以进行事先预防,前提是拥有海量的有效数据。和传统的犯罪预防思路一致,利用大数据进行精准预测的思路是危险的,它会颠覆法律依据人的行为与法律后果之间的因果关系发挥作用,而代之以相关性证明,而这又是随着数据的精确和算法的调整而不断变化的,存在相当的不确定性。(这一思路也可以看作现代国家加强对社会和个体监控的技术上的延续,并会在面临极端安全威胁时得到强化并推到极致。因此,大数据的出现足以引发我们对法律的基石——责任与自由意志——进行反思,并由此反思不经限制的预测活动是否足以侵犯普通人的隐私,带来未意料到的伤害,从而在公益和私权之间保持平衡。)

如果说神示证据给了我们一个全息的犯罪影像的话,那么脱离神的庇佑的人们开始口供还原犯罪事实的尝试,这是历史性的一步,继而,人类迈向言词证据时代,竭力还原却每每力不从心。直到各种影像信息的大数据出现,人工智能将电子数据证据拼图,能够在犯罪尚未发生之时,就拼接出犯罪的全息图画。而这种预测,其实同时就完成了案件证明——预测即证明!除非原始数据有问题。而这,也许成功,也许继续失败。就像 19 世纪的龙勃罗梭尝试从犯罪生物学、犯罪人类学等生物学视角去预测犯罪一样。但更有可能的是,行为一定会发生,可能连自己也不知道为什么,但是人工智能知道,大数据知道。

智慧法院的建设是人工智能技术在司法领域的重大应用之一,其目的是缓解诉讼案件爆炸式增长与裁判者专业人员比例失调的紧张关系。在 2000 年时,我国法院一年收受的案件总数就高达 535 万件,这个数字在 2021 年变成了 3351 万件,增幅高达 423%,而裁判者审案速度以及人数的增加尚不足以匹配如此巨大的案件增长,"案少人多"的问题愈发严重。为了缓解这种情况,提高司法审判效率、控制案件质量、减少裁判者判案时间,我国推出了"智慧法院"建设。"案多人少"的问题并非我国独有,智慧法院的建设是世界性的技术革命。与传统法院相比,数字化司法裁判环境的创建以及从纸质化流程向电子化流程的转变是当前智慧法院的主要样态。在智慧法院里,我们可以通过电子方式提交诉讼材料、访问案件裁判进度等程序性事务,降低成本、提高效率。从长远来看,智慧法院的发展让我们看到了在线纠纷解决以及人工智能裁判的现实可能性。下面，我们通过比较法的视角来观察世界各国对于智慧法院的运用（参见表4-2）。

表4-2 世界各国关于智慧法院的运用

	案件管理信息化	裁判风险预测技术	人工智能（AI）的辅助侦查	在线诉讼系统建设	在线纠纷解决（ODR）
美国	缓刑与审前案件管理系统、司法案件管理系统	COMPAS、PSA、LSI-R	预防性侦查	电子案件提交系统	在线申诉办公室
英国	全面建立电子案件管理系统	/	预测危险风险评估工具	案件管理系统和电子案卷系统	线上沟通
韩国	电子案件归档系统	/	内置人工智能软件摄像头	电子法院	网上调解

在案件管理信息化方面，美国《2018-2022联邦司法部门信息技术长期规划》将构建灵活的技术运用电子化服务与案件管理作为战略重点，在"缓刑与审前案件管理系统"（Probation and Pretrial Case Tracking System）中深度运用人工智能技术，电子卷宗使用根据功能制定个性化用户界面，发展移动办公等，美国法院开发的"司法案件管理系统"（Judiciary's National Case Management Systems），允许地区法院系统保留其特点以适应不同地区的差异，来保障法院、代理人和公众更加便利地分享信息。[1]相较美国而言，大多数欧洲法院运用人工智能参与司法审判还保持着更为审慎态度，多数欧洲国家法院安装了案件管理系统（如ERP系统）、职位分配和管理系统软件（OUT-ILGREF）等。[2] 2016年，英国法院全面建立电子案件管理系统并在家事（包括离婚和遗嘱认证）、社会保障和儿童抚养上诉案件中开展在线服务试点工作。欧洲大多数国家仅将人工智能、大数据技术运用于法院的非核心业务中。韩国于2009年广泛投入运用了"电子案件归档系统"（ECFS）。案件信息可以通过数字方式获取和传递，案件历史记录完整且可按需准备，案件也可实现自动化管理，并且可以

---

[1] 和芫、韩静：《美国法院信息化现状和发展——概述近期联邦司法信息技术长期规划》，载《今日科苑》2018年第9期。

[2] 郑曦：《人工智能技术在司法裁判中的运用及规制》，载《中外法学》2020年第3期。

在线上向案件当事人提供简化法院诉讼程序的表格并在线填报提交。[1]

在裁判风险预测技术方面，美国法院系统推行的COMPAS、PSA、LSI-R等风险判断程序，用以帮助裁判者确定受害人是否需要进行审前羁押以及保释等情形，通过将客观标准和主观标准融入算法当中，以提供风险评分，或由裁判者单独裁量。[2]欧洲对于运用人工智能技术进行司法裁判较为谨慎。欧盟法院极少在刑事审判中使用风险评估工具，相关测试仍在进行之中，以预防由人工智能技术所引发的风险。由英国谢菲尔德大学和美国宾夕法尼亚大学的研究人员联合开发的人工智能方法，已可对欧洲人权法院的司法判决进行预测，准确度可达79%。[3]总的来讲，无论美国还是欧洲，在裁判风险预测方面，仍然将重心放在研究上，在实践中抱有慎之又慎的态度。

在人工智能辅助侦查方面，美国纽约、洛杉矶、芝加哥和迈阿密等主要城市存在通过智能软件针对过去留存的犯罪信息开展"预防性侦查"的情况。智能软件公司Coban Technologies表示，将使用人工智能技术对城市各类监控视频进行分析，通过车牌或其他信息识别车辆，以更好地布控巡逻人员。初创公司Deep Science可以通过识别枪支或遮面的袭击者，帮助零售商店实时监测是否发生了持械抢劫。欧盟在线法院使用"警务预测"系统确定可能发生犯罪行为的地点和可能实施犯罪行为的嫌疑人，从而防止犯罪行为的发生或更有效地开展诉讼工作。英国通过"预测危险风险评估工具"（HART）来对刑满释放人员重犯风险进行预测评估。该系统使用达勒姆郡警察局2008年至2012年共104万件监禁案例，并提取案例中记载的年龄、性别、邮政编码、犯罪历史以及犯罪类型等信息。通过HART模型，能对重点群体未来24个月的重犯风险进行预测。当犯罪者被捕后，警察就会利用该系统对其进行评估并作出是否羁押的决定。[4]德国开发Precobs软件来对区域犯罪现象进行监控。该软件主要利用过往犯罪的数据（如位置、时间、事件和其他细节等）查找"高风险"区域。[5]韩国将使用内置人工智能软件的摄像头，用以检测潜在犯罪问题，根据检测嫌疑人体貌特征与事先形成的犯罪模式知识库进行比较来判断目前拍摄的内容是否构成犯罪。

---

［1］ 马登科、唐豪：《我国网上立案制度研究》，载《广西社会科学》2018年第2期。
［2］ 贺泳杰、雷震文：《挑战与应对：人工智能时代的司法审判》，载《贵州民族大学学报（哲学社会科学版）》2022年第1期。
［3］ 蒋佳妮、徐阳、萨楚拉：《智慧法院》，科学技术文献出版社2020年版，第48页。
［4］ 林洹民：《自动决策算法的风险识别与区分规制》，载《比较法研究》2022年第2期。
［5］ 胡铭、严敏姬：《大数据视野下犯罪预测的机遇、风险与规制——以英美德"预测警务"为例》，载《西南民族大学学报（人文社会科学版）》2021年第12期。

关于在线诉讼系统建设方面，美国联邦法院系统自2001年开始大规模普及在线诉讼。2003年6月，华盛顿州联邦法院开始规定强制律师使用在线诉讼系统。到2009年，美国联邦法院系统有99%的法院都有类似的规定。2015年，美国法院规定了电子文件提交以及电子送达的数字化形式并建立起了一个新型系统。诉讼参与人将要提交的诉讼状以及其他辅助文件的信息通过法院特定系统进行传输。英国最高法院允许电子提交、文件展示、实时速记，允许裁判者在审理时使用电脑远程展示证据。一些法院在试点使用虚拟法院，允许视频连接进入普通法庭。为方便境外证人、被告人等进行诉讼，荷兰自2007年开始在全国范围内引进视频会议系统，设备安装场所将涵盖所有法院、拘留地点和羁押候审人中心等。但视频会议系统暂时只应用于民事诉讼案件中的在荷境外的外国国民、证人、法律专家，以及在被关押的被害人和其他有关的案件当事人。[1]韩国智慧法院最为显著的特点是电子法院，其在2001年开始着手电子法院相关建设，2008年将所有司法程序完成电子化，当前，75%的民事案件都可以通过互联网进行立案、庭审、送达等，在刑事案件办理上，实现了法院与警察局、检察院、监狱之间的信息共享，极大提升了工作效率。

关于在线纠纷解决（ODR）方面，美国发展较为成熟，立法相对完善，在网上纠纷解决方面的经验值得我国借鉴。美国国家技术与争议解决中心主任伊森·凯什1999年发起的"在线申诉办公室"在马塞诸塞州州立大学的美国国家技术与争端中心诞生，帮助eBay处理了涉及120个国家的80万多件争议，其撰写了《在线争议解决：解决网络空间冲突》，成为世界上第一部关于ODR的专著。[2]美国的ODR机制主要由私营机构运行，可以实现异步通信、当事人可以通过平台获得法律援助，案件分流处理，调解员在线调解或自行调解，在平台向对方支付额定的款项，具有在线纠纷解决迅速、程序设置灵活方便、裁判可视透明、案件审理更加高效的特点。欧盟委员会于2013年出台了两份文件，即《关于在线解决消费者争议并修正第2006/2004号（欧洲共同体）条例》及《第2009/22号指令的第524/2013号（欧盟）条例》，意在构建欧洲内部的争议在线处理平台，以促进欧洲国内市场建立更简单、更有效、更快捷的争议处理方法。新加坡调解中心（SMC）建立了ODR平台，该平台包括在线调解立案、案件追踪、预约调解等功能，为保障调解的私密性、安全性与流畅性，

---

〔1〕余佳译：《荷兰在全国范围内引入视频会议系统》，载《环球法律资讯》2018年第3/4期。

〔2〕[美]伊森·凯什、[以色列]奥娜·拉比诺维奇·艾尼：《数字正义：当纠纷解决遇见互联网科技》，赵蕾、赵精武、曹建峰译，法律出版社2019年版，第1页。

SMC要求用户事先进行设备测试。韩国争议解决机制的范围比较广,基本覆盖B2B和B2C。韩国消费者协会主要管理B2C交易领域的案件,进行部分网上调解;大韩商事仲裁院和韩国电子商务振兴院负责B2B和B2C领域的案件,大韩商事仲裁院主要进行网上调解、和解和仲裁等事务;韩国电子商务振兴院主要负责网上调解。[1]

我国智慧法院的建设起步较晚,但在国家大力投入以及路径选择正确的情况下,我国的智慧法院建设实现了"弯道超车",各级人民法院扎实推进司法数据发展。最高人民法院建立了审判流程、庭审裁判文书执行信息四大公开平台,以公开促公正,让公平正义看得见、能评价、可监督,保障了人民的知情权。截至2022年8月,中国裁判文书网公开文书总量突破1.35亿篇,访问总量超过934.2亿人次,全国法院庭审累计直播数突破2007万,全国各庭审公开网站累计访问量超过515亿人次。中国执行信息公开网实时公布失信被执行人760余万人次。

除了司法数据之外,全国各地域各级别人民法院"因地制宜",打造了适应自身需要的系统。河北法院开发的"智审系统"运用光学字符识别(OCR)技术、自然语言处理(NLP)技术实现电子卷宗自动生成可视化、争点归纳自动化、纲要生成智能化,此外,该系统利用知识图谱构建技术,结合机器学习、自然语言处理技术,在裁判者草拟裁判文书、裁定书等相关法律文书时,可对全部电子卷宗进行智能解析,并自动将审判员的裁判行为与案件事实、相关法律等进行关联论证,从而一键自动形成民事、刑事、行政等各类文书;最高人民法院运用人工智能自主学习系统和司法大数据分析智能化技术,开发出"类案智能推送系统",可分析、比对类案相似特征,结合裁判者判案一般化流程形成知识记忆与海量数据沉淀。现已形成案由全覆盖,构建十万个相似性特征体系;江苏法院开发的案件"同案不同判预警平台",可以依据"同案同判"原则进行计算机代码后台控制,当系统自动生成的法院判决偏离了设定的既有参数值,如在类案样本数量过少,当事人人数较多引起的裁判相似度过低时,系统会自动提醒进行人工复核;[2]上海市高级人民法院开发的"上海刑事案件智能辅助办案系统"在该市三级法院被广泛使用。这套以人工智能技术为核心的审判辅助系统包含单一证据校验、逮捕条件审查、全案证据审查判断、社会危

---

[1] 洪秀典、吴西顺:《中韩网上仲裁发展现状比较》,载《科技资讯》2010年第33期。

[2] 黄国栋:《比较法视野下智慧法院建设的中国经验、实践困境与路径优化》,载《法律适用》2023年第3期。

险性评估、类案推送、量刑辅助、语音识别及智能转换等内容。[1]上述的智能系统在我国还有很多很多，大多从案件争议焦点分析、类案推送、量刑辅助、文书生成自动化以及裁判尺度偏离预警出发来辅助审判。[2]尽管我们离智慧法院的终极目标——人工智能审判尚有不短的距离，但可以自豪地说，我国的智慧法院建设已经走在了世界前列。

美国研究员、科学家、未来主义者和未来研究院主席阿玛拉曾作出过一个非常经典的论断："我们总是高估一项科技所带来的短期效益，却又低估它的长期影响"，这个定律也被称为阿玛拉定律。人工智能技术无疑是阿玛拉定律的典型，其在司法裁判领域的运用也会如此。ChatGPT的出现大大加快了实现人工智能司法裁判的进程，但从短期来看，人工智能独立裁判仍不具备全面普及的现实可能性，即便在不远的将来，人工智能很可能也只能运用于简单案件的司法裁判中，我们无须过分担心裁判者被人工智能取代的问题。

技术需要发展，相应的，与之配套的技术规范也应当跟进。然而，当前的技术发展却远远超出了技术规范跟进的速度，不匹配的情况带来的后果就是技术失控，而技术失控的结果可能是灾难性的——《弗兰肯斯坦》在两百年前就预想了技术失控发生带来的恶果，引发了人们的深思。因此，在ChatGPT展现出如此强大的功能之后，向图灵奖得主约书亚·本吉奥（YoshuaBengio）、特斯拉CEO埃隆·马斯克（Elon Musk）、苹果公司联合创始人史蒂夫·沃兹尼亚克（Steve Wozniak）、DeepMind高级研究科学家扎卡里·肯顿（Zachary Kenton）等在内的数千名AI领域企业家、学者、高管发出了一封题为"暂停大型人工智能研究"的公开信，信中这些AI专家们强烈呼吁：所有AI研究室立刻暂停训练比GPT-4更加强大的AI系统，为期至少6个月，并建议各大企业、机构共同开发一份适用于AI研发的安全协议，同时各国政府应当在必要的时候介入其中。他们援引了广泛认可的《阿西洛马人工智能原则》中的经典名言："高级人工智能可能代表着地球上生命历史的深刻变化，应该以相应的谨慎态度和资源进行规划和管理"，提出全球的AI实验室和该领域专家应该利用这次暂停研究的机会，共同制定和实施一套全人类共享的安全协议，用于未来更加先进的AI设计和开发。这些协议需要由外部专家进行严格的审计监督，来确保整个系

---

〔1〕 崔亚东：《人工智能与司法现代化：以审判为中心的诉讼制度改革：上海刑事案件智能辅助办案系统》的实践与思考》，上海人民出版社2019年版，第111-116页。

〔2〕 黄国栋：《比较法视野下智慧法院建设的中国经验、实践困境与路径优化》，载《法律适用》2023年第3期。

统经受得住质疑。结合上文提及的阿玛拉定律，笔者认为，短期内，我们的重心不应当放在人工智能过快发展带来的审判不公、职业取代等焦虑上，相反，我们应当考虑如何规制人工智能，如何解决人工智能带来的各种问题，在人工智能得到更加充分的提升之前预设规制人工智能的方法，才能使得人工智能更好地成为人类社会发展的一大助手。因此，在本节中，笔者将对人工智能在司法领域内已经出现或是可预见将会出现的一些问题进行讨论。

数据收集是目前与大数据证据密切相关的问题，也将会是人工智能更多地在司法领域运用的关键问题。在本部分，笔者将以大数据证据为切入，讨论数据收集的问题。

"问渠那得清如许，为有源头活水来。"作为大数据证据的地基，数据的重要性不言自明。没有海量数据作为支撑，算法就无法借助充足的物质基础形成精准的大数据报告。此外，增加进入法庭的证据的信息量也是庭审实质化改革的具体要求。[1]但庞大的数据量、交叉的数据形式、复杂的数据内容使得法庭对数据不可能做到逐条审查，只能通过对整体进行形式审查的方式予以实现。我们认为，审查过程应着眼于其收集的合法性及合理性。

从价值论的角度出发，海量数据与电子数据的原始价值并无不同，它们的区别在于"量"而非"质"，因此援引电子数据审查规则对大数据证据中的海量数据进行审查并无不妥，即依照《关于办理刑事案件收集提取和审查判断电子数据若干问题的规定》（以下简称《电子数据规定》）第22条，通过审查电子数据是否移送原始存储介质，电子数据是否具有数字签名、数字证书等特殊标识，电子数据的收集、提取过程是否可以重现，电子数据的完整性是否可以保证等内容判断收集的电子数据是否具备真实性；通过审查原始存储介质的扣押、封存状态、收集、提取过程以及录像，比对电子数据完整性校验值等方式判断收集的电子数据是否完整；通过审查收集、提取电子数据是否由二名以上侦查人员进行，收集、提取电子数据，是否附有笔录、清单，并签名或盖章，收集、提取过程是否有见证人以及录像等内容判断电子数据的收集、提取过程是否具备合法性。

与电子数据不同的是，大数据技术收集信息更加彻底，其运用在提高案件追溯率与侦破率的同时扩展了司法机关对个人隐私的干预广度和介入深度，因

---

[1] 元轶：《庭审实质化压力下的制度异化及裁判者认知偏差》，载《政法论坛》2019年第4期。

此有必要加强对数据收集过程的规制。[1]权衡利弊，我们认为，数据的合法性审查应当在参照《电子数据规定》的同时增加数据收集合乎比例原则的主观审查。

大数据时代赋予了个人信息不一样的意义。信息的互联更加迅速，信息的爬取成本愈发低廉，信息的传播变得快速而又广泛，个人信息的保护陷入囹圄，尤其是在国家公权力面前。只有对数据的收集进行限制，才能更好地保护个人信息。比例原则就是其中的一种做法。比例原则可以划分出三个子原则，适当性原则要求侦查机关搜集、调取信息的目的是侦破特定刑事案件，而非侦破其他案件或私人目的；必要性原则要求在以其他方法实现目的的情况下不进行信息收集，如在诈骗案中侦查机关需要核验某人身份，在人脸识别比对与身份证号比对都能实现目的的情况下，应当采用后者的方法；狭义比例原则要求对信息的收集的手段与程度不能超过信息本身对事实认定起到的帮助，如出具嫌疑人的逃窜路线，就不需要对嫌疑人的交往对象、性取向以及与本案无关联的人员的信息进行收集。[2]以上规则在调取第三方信息时同样适用。对于不合乎比例原则获取的证据，应当视为违反证据的合理性要求从而予以排除。

无论是现阶段的大数据证据，还是更加先进的人工智能司法应用，都是数据"喂"出来的。人工智能越先进，意味着需要的训练数据体量将会愈加庞大。大数据技术的运用已经让人类对信息的保护产生了警惕心理，欧盟《通用数据保护条例》、我国《个人信息保护法》都是对信息运用的规制，意大利更是因为ChatGPT运用数据不合规直接禁止了ChatGPT在意大利的使用。可以预见的是，与数据收集相关的讨论将会更加火热，如何合法、合规地收集数据，如何确保所收集数据的高质量与真实性，如何平衡公民的隐私权和数据运用，都是亟待解决的问题。

"代码即法律"，[3]人工智能的核心正是算法。算法问世时，设计师的初衷是使其以客观中立的姿态代替人类完成复杂的计算以及公平的决策。[4]然而，美团大数据杀熟、淘宝精准推送、COMPAS评分中黑人被告人被错误划分为

---

〔1〕程雷：《大数据侦查的法律控制》，载《中国社会科学》2018年第11期。

〔2〕刘权：《论个人信息处理的合法、正当、必要原则》，载《法学家》2021年第5期。

〔3〕刘艳红：《人工智能的可解释性与AI的法律责任问题研究》，载《法制与社会发展》2022年第1期。

〔4〕高学强：《人工智能时代的算法裁判及其规制》，载《陕西师范大学学报（哲学社会科学版）》2019年第3期。

4. 机器认知与裁判者认知

"高风险"的概率要比白人被告人更高,将白人被告人错误划分为"低风险"的概率要比黑人被告人更高[1]等现象的发生为人类敲响了警钟。看似客观的算法并没有跳出人类主观意识的边框。举个例子,算法的运行是客观的,但设计算法的人一定具有观念、信仰等各种主观的导向,这种导向会"或显或隐"地存在于代码之中。而人工智能在进行司法审判时,无法主动消除这种导向所带来的不良影响,此外,这种影响将具备稳定性和根源性——同类型案件经过人工智能审理得到的结果将会携带相同的不良影响。当然,我们可以通过人工外部修正的方式进行消除,但这只能解决个案的问题,无法触及稳定且根源性的不良影响。

造成算法不具备客观性的原因有很多。著名的 GIGO 定律告诉我们:"Garbage in, garbage out。"[2]同理,"Discrimination in, Discrimination out"。[3]不良影响,换句话说——歧视,产生的重要原因之一是训练数据携带了偏差。因数据输入者刻意或未经分类地选取数据,导致算法经过训练后对某种类型的个体产生了更多特征识别点。特征识别点又称为"锚点",是在认知上区分此物与彼物的关键所在。该算法投入应用后,此类人群就可能因为锚点更多在该项上得到更高的评分,但真实情况却不一定如此。当然,除了数据输入者刻意为之,过程中可能存在输入者的错录、漏录等情况,以及算法自身所产生的不低于1%的错误。[4]

除了数据学习之外,开发者自身的观念、经验、技术水平以及编写算法时的优先性排序、过滤性排除等也是产生歧视的重要原因。任何算法都被提前预设了其流程与结果,"人类意图、计划和假设总是内置其中",[5]即便是一个简单的数据列表也可以解释为,它"体现了关于'应当计算什么,如何理解客观现实,以及量化是如何有助于系统地了解世界'的理论假设"。[6]举个例子,

---

[1] 高通:《逮捕社会危险性量化评估研究——以自动化决策与算法规制为视角》,载《北方法学》2021 年第 6 期。

[2] 孟令宇:《从算法偏见到算法歧视:算法歧视的责任问题探究》,载《东北大学学报(社会科学版)》2022 年第 1 期。

[3] Sandra G. Mayson, "Bias in, Bias out", 128 Yale Law Journal, 2218 (2019).

[4] Derek M. Jones, "Operand Names Influence Operator Precedence Decisions", CVu vol. 1x no. Y (2008).

[5] DAVID A. MINDELL, OUR ROBOTS, OURSELVES: ROBOTICS AND THE MYTHS OF AUTONOMY 10 (2015).

[6] POOVEY, supra note 26, at xii; see also Itiel Dror, Editorial, The Ambition to be Scientific: Human Expert Performance and Objectivity, 53 SCI. &JUSTICE 81, 81 (2013).

算法开发者认为，中年人比老年人更容易犯罪，男人比女人更容易犯罪，因此在代码中对与当事人的年龄、性别等问题刻意进行权重的不同设定，这种程序员被称为"流氓程序员"；或是算法开发者持有这样的观念，也并没有刻意地在算法中进行权重等的偏差设计，但在观念的影响下，他在某处撰写的代码最终产生这种了这种结果，而这种结果的产生在他撰写代码时都是无法察觉和预见的。更重要的是，这些在人类编程和输入中产生偏见的结果并不如同被告人说谎一样容易分辨，这些偏见被隐藏在了层层代码中，通常很难仅仅从机器的输出结果辨别出来。比如，当我们遵照 Google 地图却最终把车开进河沟里，或者当机器人裁判员作出疯狂的判决时，我们知道机器出错了；但是，我们可能不会意识到拒绝给予行政福利是代码错误的结果，直到几个月或几年后有人费心进行复查时才知道。[1]此外，"由于存在'验证算法结果'这一环节，验证数据经开发者筛选后具有一定的开发者的认知痕迹的数据，因此任何机器学习算法都不可避免地具有人赋予其上的内在目的和价值指向"。[2]总而言之，算法一定会受到开发者价值判断的影响。

由于算法偏见具备根源性，因此要解决算法偏见问题，必须要对算法的代码进行修改，这涉及算法黑箱问题。黑箱理论源于控制论，指不分析系统内部结构，仅从输入端和输出端分析系统规律的理论方法。黑箱通常是一种隐喻，指的是"为人不知的、既不能打开又不能从外部直接观察其内部状态的系统"。算法黑箱指的是算法运行的某个阶段所涉及的技术复杂且部分人无法了解或得到解释。[3]针对算法黑箱的特征，加州大学伯克利分校的詹娜·布瑞尔教授曾总结出三种算法黑箱："（1）故意的不透明，涉及国家秘密或商业秘密；（2）技术文义上的不透明，因对于技术了解程度不同而产生；(3) 固有的不透明，因算法自身的先进与复杂而产生。"[4]

黑箱不透明性带来的严重问题是司法裁判公信力的下降。在无法得知人工智能如何得出结果的情况下，我们很难对结果产生信任，因为我们不知道人工智能在进行"思考"时，有没有因为我们的年龄、我们的性别、我们的肤色等

---

〔1〕安德里娅·罗斯等：《机器审判》，载《证据科学》2021 年第 1 期。

〔2〕孟令宇：《从算法偏见到算法歧视：算法歧视的责任问题探究》，载《东北大学学报（社会科学版）》2022 年第 1 期。

〔3〕来源国家市场监督管理总局网络交易监督管理司：《算法黑箱基本概念及成因》，载 https://www.samr.gov.cn/wljys/ptjjyj/202112/t20211210_337980.html，最后访问日期：2022 年 12 月 22 日。

〔4〕Jenna Burrell, "How the Machine 'Thinks'：Understanding Opacity in Machine Learning Algorithms", *Social Science Electronic Publishing*, 2015, 3 (1), p. 35.

进行区别对待，我们的权益是否被不当减损。因此，算法透明不应当仅被视为辅助算法问责与改进算法设计的工具。换句话说，算法透明并不只具备工具价值。如果我们把算法透明理解为单纯的工具，就可能被其他工具替代，因为只要能达到同样的目的，此工具与彼工具没有实质区别。[1]一种否认算法透明的观点由此认为，算法透明可以被其他机制取代，没有制度化的必要。[2]实际上，除了工具价值之外，算法还应当具备内生价值，"算法透明还使人们在算法正当程序中获得尊重，避免被自动化决策完全操控而丧失理性、沦为'变形人'，从而形成基于理解的信任，维持人的主体性与尊严感"，[3]如果算法透明只具备工具价值，那无疑是把人类将案件交予人工智能审判的行为视为对人类特殊性的磨灭。

在三种算法不透明性的黑箱中，"技术文义上的不透明"并不是真正的不透明。当我们对相关技术无法理解，存在认知障碍时，我们完全可以聘请相关的专业技术人员，在我们与未知的技术之间搭建理解的桥梁，就如同鉴定人制度与专家辅助人制度。故意的不透明是政策性的不透明，固有的不透明是本源性的不透明，如卷积神经网络通过多层隐蔽的卷积层提高运算能力。需要明确的是，算法透明并不等同于公开算法的代码。我们目前的技术已经可以通过将算法进行观察、模块分解以及构建解释模型进行模拟，从而全局解释等方式尽可能地打开算法不透明的黑箱。[4]我们相信，算法的不透明黑箱是技术性层面的问题而非认知层面的问题，在技术足够先进的情况下，算法的不透明黑箱是可以被破解的。

算法黑箱除存在透明性层面之外，还存在可解释性的层面。人类在进行选择时，无论在何种情况下，都能对自己所作出的选择进行阐释与说明。但算法不同，在最乐观的情况下，我们能够获得完整的底层代码，对算法进行白盒测试，我们也只能了解算法的外部机理。输入数据时，算法会得出特定的结果，但算法不会出具如何选取数据、如何进行分析、如何得出结果的说明报告。我们人类也无法得知算法的内部运算过程。对于这种从"外部代码"到"内部机理"无法被理解的技术鸿沟，如果当中带有深层次的歧视性运算，也无法被人

---

[1] Jack Balkin, "The Path of Robotics Law", 6 California Law Review Circuit 47 (2015).
[2] 沈伟伟：《算法透明原则的迷思——算法规制理论的批判》，载《环球法律评论》2019年第6期。
[3] 安晋城：《算法透明层次论》，载《法学研究》2023年第2期。
[4] 安晋城：《算法透明层次论》，载《法学研究》2023年第2期。

类察觉。这是算法在可解释性层面的"黑箱"。对于这个当前的科学技术尚无法打开的黑箱,我们只能另辟蹊径,通过构建解释模型与函数,观察可视化外部结果的方式进行排除性校验。[1]

那么,算法在可解释性层面的黑箱究竟是技术性层面的问题还是认知层面的问题呢?我国国家新一代人工智能治理专业委员会发布的《新一代人工智能伦理规范》第12条声明:"增强安全透明。在算法设计、实现、应用等环节,提升透明性、可解释性、可理解性、可靠性、可控性,增强人工智能系统的韧性、自适应性和抗干扰能力,逐步实现可验证、可审核、可监督、可追溯、可预测、可信赖。"从中可以看出,我国并不认为算法是不可解释的。

上文我们已经介绍过,输入数据和输出答案之间存在着一个不可被观察的空间,这个空间通常被称为信息黑箱,正是它引发出了 AI 是否具有可解释性的问题。人工智能"黑箱问题的根源并非人工智能采用了人看不到的方式'思考',而是当前人工智能因采取了神经网络、深度学习等算法而导致数据极其复杂"。[2]尽管目前,对于可解释性的本质、研究手段,还未能形成统一认识,未能找到最佳方案,[3]不同学者解决问题的角度不同,对可解释性所赋予的含义不同,所提出的解释方法也各有侧重。迄今为止,学术界对模型可解释性仍缺乏统一的认识,可解释性研究的体系结构仍不明确,[4]有学者就因此认为要解释人工智能的行为是"空中楼阁"。我们做出这种思考并不合适。一条自然规律或科学定理的发现往往需要无数次失败的尝试,现在研究者们解释人工智能的行为就处于尝试之中。对于现在的我们而言,算法黑箱的不可解释性是因为"数据极其复杂",原始数据在各种算法中经过筛选、加工、碰撞、清洗等各种步骤后,形成了复杂但具备一定规律的智能结果,无法解释的过程就存在于从"原始数据"到"复杂数据"中,我们现在无法解析这个过程,但不意味着解析这个过程不具备实现的可能性。数据也是物质,从科学上来说,"物质"是指具体的事物形态,是可以细分研究的,也是可以观测的。数据也是如此,只是它的存在方式与我们传统所理解的物质存在方式有差异,但它仍然是可以

---

[1] 崔靖梓:《算法歧视挑战下平等权保护的危机与应对》,载《法律科学(西北政法大学学报)》2019年第3期。

[2] 刘艳红:《人工智能的可解释性与 AI 的法律责任问题研究》,载《法制与社会发展》2022年第1期。

[3] 成科扬等:《深度学习可解释性研究进展》,载《计算机研究与发展》2020年第6期。

[4] 纪守领等:《机器学习模型可解释性方法、应用与安全研究综述》,载《计算机研究与发展》2019年第10期。

被观测的,它的运动也是如此。之所以目前无法实现这一点,是由于我们的技术尚达不到这个程度,就如同爱因斯坦等人在阿伏伽德罗提出分子理论多年后才将其验证,而数据和分子何其相似。我们认为,数据形成智能的过程是技术性问题而非认知问题,当技术发展达到相应程度时,算法黑箱的不可解释性会自然地迎刃而解,甚至更进一步,我们可以通过非技术性的方式向最终用户和其他利益相关方解释算法决策以及任何驱动这些决策的数据。[1]

  人工智能是否应当承担责任?与之相关联的人类是否应当承担责任?如果二者都需要承担责任,责任应当如何分配?在人工智能迅速发展的语境下,人工智能担责的相关问题如潮水般汹涌而出。2010年11月7日,日本一个海豹宠物机器人"帕罗"(Paro)获得了户籍,而"帕罗"的发明人在户口簿上注明的身份是父亲;[2]2017年10月26日,沙特阿拉伯授予了香港汉森机器人公司所生产的女机器人索菲亚公民的身份,索菲亚是历史上首个获得公民身份的女机器人,她的国籍在沙特阿拉伯。机器人索菲亚的外形看起来非常像人类女性,索菲亚她拥有着橡胶皮肤,并且能够表现出和人类相似的大概超过62种的面部表情。还可以用计算机中程序员所设定的算法去识别人类的面部,可以和人类进行眼神上的对视。公民身份绝非简单的一纸空文,而是一个人在国家法定身份的延伸。机器人"成为公民"只是第一步,如何"作为公民"享有权利、履行义务才是接下来令人期待的重头戏。[3]此外,在瑞士、日本等国家也有承认机器人公民的种种迹象。机器人是人工智能与物理外壳结合的产物,赋予机器人公民身份,实质上是在法律上认可了人工智能的公民身份,将人工智能视为能够享受权利、承担义务的主体。

  既然能够作为法律主体,那么人工智能也应当承担相应的法律责任。关于人工智能法律责任的全部问题在于"人工智能是否以及如何对自己的损害行为承担法律责任"。[4]人们只能对已经理解的事物作出法律上的安排,[5]法律主体要对自己的行为承担责任,这意味着其行为必须可被解释。承担责任的前提就是行为具有可解释性,"作为'责任(accountablity)'最基本的因素,主体

---

  [1] A. Adadi and M. Berrada, "Peeking Inside the Black-Box: A Survey on Explainable Artificial Intelligence (XAI)," *IEEE Access*, Vol. 6, (Sep., 2018), p. 3.

  [2] 杜严勇:《论机器人权利》,载《哲学动态》2015年第8期。

  [3] 陈莹:《当机器人获得公民身份之后》,载《科技日报》2017年11月6日,第6版。

  [4] 刘艳红:《人工智能法学的"时代三问"》,载《东方法学》2021年第5期。

  [5] Herberger, " Künstliche Intelligenz und Recht", *NZW* 2018, S. 2825.

的行为必须可被解释"，[1]人工智能的可解释性是人工智能应用以及解决其法律责任问题的前提条件。[2]与精神病人类似，《刑法》第 18 条规定："精神病人在不能辨认或者不能控制自己行为的时候造成危害结果，经法定程序鉴定确认的，不负刑事责任，但是应当责令他的家属或者监护人严加看管和医疗；在必要的时候，由政府强制医疗。间歇性的精神病人在精神正常的时候犯罪，应当负刑事责任。尚未完全丧失辨认或者控制自己行为能力的精神病人犯罪的，应当负刑事责任，但是可以从轻或者减轻处罚"，精神病人在失去主观意识时的行为具有双重不可解释性——精神病人无法解释自己的行为，我们也无法解释精神病人的行为，因此，我们认为精神病人无须为"不能辨认或不能控制"自己时造成的危害结果承担刑事责任。人工智能也是如此。一方面，目前的人工智能处于弱人工智能阶段，尚不具备"思考"的能力，因此，它无法对自己的行为进行解释，它为自己的行为出具的说明并不带有解释的性质，只是一种机械性的表达，而法律的本质是答责，"行为人需要对其试行的某些行为作出应答"，"负有责任与自我说明实践具有本质联系"；[3]另一方面，当前我们的技术尚无法打开算法可解释性的黑箱，这意味着我们是无法理解人工智能的行为的，对于不理解的事物，我们不应当对其作出法律上的安排，因此为其设定法律责任是不合理的。我们认为，现阶段的弱人工智能不应当承担相应的法律责任，甚至不应当将之视为具备公民身份的法律主体。绕过人工智能行为的可解释性问题，去讨论人工智能应当具有的权利和承担的义务，就如同无根之水、无本之木，一旦人工智能的可解释性被否定，那么这些讨论都将如气泡里的幻影，美丽但不堪一击。[4]

在我们否定了目前人工智能承担法律责任的观点后，将目光落回现实——当辅助办案的人工智能出现错误时，应该由谁对此承担责任？在汽车领域，无人驾驶汽车交通肇事时，这个问题的回答往往伴随着二元选择，即选择自动驾驶汽车还是制造商承担责任？"[5]在医疗领域，据《日本经济新闻》2018 年 7 月报道，日本政府将完善关于 AI 医疗设备的一系列规则，规定诊断的最终责任

---

[1] Herberger, "Künstliche Intelligenz und Recht", *NZW* 2018, S. 2825.

[2] 刘艳红：《人工智能的可解释性与 AI 的法律责任问题研究》，载《法制与社会发展》2022 年第 1 期。

[3] [英] 维克托·塔德洛斯：《刑事责任论》，谭淦译，中国人民大学出版社 2009 年版，第 25 页。

[4] 刘艳红：《人工智能法学研究的反智化批判》，载《东方法学》2019 年第 5 期。

[5] [美] 瑞恩·卡洛、迈克尔·弗鲁姆金、[加] 伊恩·克尔编：《人工智能与法律的对话》，陈吉栋、董惠敏、杭颖颖译，上海人民出版社 2018 年版，第 90 页。

由医生承担：由于 AI 存在误诊的可能，因此把 AI 医疗设备定位为辅助设备，基于《日本医师法》规定"作出最终诊断和决定治疗方针的责任由医生承担"，但这个做法被世界卫生组织（WHO）否定，WHO 认为，"第一，临床医生不会控制 AI 技术。第二，由于 AI 技术往往不透明，医生可能无法理解 AI 系统如何将数据转换为决策。第三，使用 AI 技术，或是因为医院系统或其他外部决策者的偏好，而非临床医生的选择……AI 技术的某些特征影响了责任和问责概念，可能造成'责任缺口'的问题：因为 AI 会进行自我发展，并非每一步都是人为设定，开发人员和设计师会宣称自己不对其负责任，这样就把伤害患者的风险全都加在离 AI 更近的医护工作者身上，而这是不合理的"。相应的应对措施是，"如果临床医生在使用 AI 技术时犯了错误，应该检视他们的医疗培训中是否有人需要承担责任。如果有一个错误的算法或数据用于训练 AI 技术，责任可能落到开发或测试 AI 技术的人身上。不过，临床医生不应该完全免除责任。他们不能简单地在机器作出的建议上盖章，忽视自己的专业知识和判断。当 AI 技术的医疗决定伤害个人时，问责程序应明确制造商和临床医生的相对责任。将责任分配给开发人员，可以鼓励他们尽量减少对患者的伤害。其他生产商，包括药品和疫苗生产商、医疗器械公司和医疗设备制造商，也需要明确自己的责任"。[1]

  WHO 从医学视角出发对待人工智能的态度和方式非常值得我们在司法领域内借鉴。《最高人民法院关于规范和加强人工智能司法应用的意见》（以下简称《意见》）在第 5 条"辅助审判原则"中释明："……人工智能辅助结果仅可作为审判工作或审判监督管理的参考，确保司法裁判始终由审判人员作出，裁判职权始终由审判组织行使，司法责任最终由裁判者承担……"。《意见》将裁判责任完全归属于裁判者的做法有待考量，因为忽视了人工智能的开发者、训练者、监督者以及培训者等人的责任。举个例子，如果代码开发者在设计时恶意输入会对审判结果产生不良影响的代码，并且在运用过程中都没有被发觉，直到某次审判结果出现错误时才发现问题，这种情况下将所有责任都归咎于裁判者既不合情也不合理。裁判者在面对人工智能时，难以避免会产生"自动化自满"（Automation complacency）现象[2]；此外，裁判者也不具备明知或应当知

---

  [1] 来源《如果医学人工智能犯了错，责任谁担？WHO 公布指南》，载 https://www.thepaper.cn/newsDetail_forward_13457172，最后访问时间：2022 年 12 月 22 日。
  [2] "自动化自满"即一个机器程序会涉及某种程度的人工干预这个事实，并不意味着人类就是在进行完全独立于机器的复杂个性化判断。与机器接触的人类操作员或受众往往太过倾向于"遵从算法的智慧"。Raja Parasuraman & Dietrich H. Manzey,"Complacency and Bias in Human Use of Automation：An Attentional Integration,"*HUMAN FACTORS*, 2010, p. 381.

道人工智能中存在问题的可能性。我们认为，人工智能导致错误审判的结果不能如此简单地一概而论，比较合理的做法是采用"过错责任制"——从代码开发到人工智能运用的过程中，直接或间接导致裁判错误的责任人应当对自己的过错承担相应的责任。这种思考仍然建立在当前的人工智能不具有法律主体的基础上。可以预见的是，这种追责机制的追责链条将会延伸至很长的地方，追责的时间成本也较高，如何平衡追责机制与追责成本之间的比例，仍有待进一步考虑。但正如萨布尔比所说："在机器人自己开始提出要求之前，不必紧张。"[1]

以上论述都将背景设置于弱人工智能阶段。量变会引起质变，数学家弗诺·文奇在人工智能领域提出了计算"奇点"的论断："在这个点上，机器智能将取得飞速进步，它将成功地跨越超过人类智力极限的时间点，然后实现飞跃，成为超级人类。"[2]在奇点之后，人类能够制造出具有超人智慧的人工智能，此时的人工智能进入强人工智能乃至于超人工智能阶段。

这听起来令人难以置信，强人工智能乃至超人工智能真的可以被实现吗？反对派的代表是马丁·福特和诺姆·乔姆斯基等人。未来学家马丁·福特认为："建立一个真正的智能系统，一台可以构思新想法，可以意识到自己的存在，可以进行连贯对话的机器仍然是人工智能所追求的'圣杯'"；[3]现代语言学之父诺姆·乔姆斯基认为，我们离建立人类水平的机器智能还遥不可及，他把奇点视为"科幻小说"。[4]支持派的代表是雷·库兹韦尔和威尔齐格等人。美国未来学家雷·库兹韦尔预言，2045年是极具深刻性和分裂性的转变时间，"非生物智能在这一年将会10亿倍于今天所有人类的智慧"；[5]人工智能专家威尔齐格认为："一代机器人正在迅速成长，一种能看能读、能说会道、能学会用甚至有感觉情绪的机器人即将问世"；[6]致力于价值理论与数理情感研究的仇德辉乐观指出："情感是智能的一部分，而不是与智能相分离的，它是一种特殊的

---

〔1〕 Harold Thimbleby, 2008. Robot ethics? Not yet: A reflection on Whitby's "sometimes it's hard to be a robot." Interacting with Computers 20 (3).

〔2〕 [美] 约翰·马尔科夫：《与机器人共舞：人工智能时代的大未来》，郭雪译，浙江人民出版社2015年版，第10页。

〔3〕 [美] 马丁·福特：《机器人时代：技术、工作与经济的未来》，王吉美、牛筱萌译，中信出版社2015年版，第256页。

〔4〕 [美] 马丁·福特：《机器人时代：技术、工作与经济的未来》，王吉美、牛筱萌译，中信出版社2015年版，第263页。

〔5〕 [美] 库兹韦尔：《奇点临近》，李庆诚、董振华、思源译，机械工业出版社2011年版，序二。

〔6〕 [美] Phil McNally, Sohai Inayatullay：《机器人的权利———二十一世纪的技术、文化和法律（下）》，邵水浩译，载《世界科学》1989年第7期。

智能，意志是一种特殊情感，因而也是一种特殊智能，我们既然能够实现狭义智能的人工化，只要找到科学的研究方法和正确的研究思路，就必然能够实现广义智能（即情感和意志）的人工化。"[1]科学家们众说纷纭，各执一词。

此时，或许我们会有种疑问：强人工智能连是否能够实现都尚且未知，我们去讨论它的法律主体资格甚至它如何承担法律责任的问题又有什么意义呢？弗朗西斯·福山说过："也许谈论尚未在技术上可行的基本权利是一件令人奇观的事情，但这就恰恰是当前权利话语的迷人张力。"[2]现在，我们对强人工智能展开讨论，为了在强人工智能出现之时，我们能够沉着冷静地应对，而非在未来的某一天，强人工智能出现时我们束手无策。

我们将话题回到本部分的主题——人工智能担责上来。虽然我们不知道强人工智能究竟会呈现什么样态，但可以预测的是——强人工智能应该具备人类大部分的能力，能够如同人类一样思考，一样感受情感并进行传递。有学者以人工智能的智能程度为标准，对人工智能进行分类，将仅具备感知能力以及记忆与存储能力的特定领域的人工智能界定为"三类人工智能"；将具备认知学习能力和决策执行能力的多领域综合智能的人工智能界定为"二类人工智能"；将具备独立自主意识并能创新创造的超越人类智能的人工智能界定为"一类人工智能"。[3]三类人工智能与二类人工智能都归属于弱人工智能，而一类人工智能应归属于强人工智能。一类人工智能是否具备法律主体资格势必会引起新一轮激烈的学术论战，我们先假定它具备法律主体的身份。有学者将人工智能承担法律责任分为民事、刑事与行政责任三个维度。从民事责任维度出发，采用"以一类人工智能严格责任为主，以实际管理人有限责任为补充的做法"，适用严格责任，不考虑行为主体的心理因素，不考虑行为主体主观方面的过错，只要求电子人的损害行为与损害结果之间存在因果关系即可；关于赔偿问题，引入强制保险制度，电子人以其财产和保险金承担损害赔偿责任；当不足以赔偿全部损失时，由一类人工智能的实际管理人以其投保的相应的强制保险赔偿额度为限承担损害赔偿责任。从刑事责任维度出发，认为一类人工智能可以比照完全刑事责任能力人，具备完全刑事责任能力，只是要对主观方面的故意和

---

[1] 仇德辉：《情感机器人》，台海出版社2018年版，第41页。

[2] [美]弗朗西斯·福山：《我们的后人类未来：生物技术革命的后果》，黄立志译，广西师范大学出版社2017年版，第107页。

[3] 张清、张蓉：《论类型化人工智能法律责任体系的构建》，载《中国高校社会科学》2018年第4期。

过失进行区别。从行政责任维度出发，一类人工智能遵循行业准入和登记备案制度，行政机关或其他行政主体依法定职权和程序对违反行政法规尚未构成犯罪的一类人工智能可以给予行政制裁。[1]届时，甚至于还有可能出现行业惩戒。例如，一类人工智能在进行案件裁决时错误地运用了法律，那么依照程度不同，它可能会遭受人工智能行业惩戒、刑事处罚等不同等级的惩处。

这一切似乎更加不可思议，我们无法具象化人工智能承担责任的情形。例如，人工智能损坏了他人财物需要承担民事赔偿责任，那么人工智能应当如何具体履行这个责任？届时人工智能会有"银行卡"进行支付吗？还是将自己体内的数据、代码剥离后进行赔偿？再如人工智能犯罪，被判处有期徒刑，是将能够人工智能停止服务，关进"电子监狱"吗？如果人工智能被判处死刑，是将人工智能的程序进行彻底删除吗？在现在看来，似乎一切都不具有现实可能性，我们也无法认同这些惩罚会让人工智能"懂得"守法。但是在遥远的将来，一切皆有可能。当然，这些问题的解决只靠法学的一己之力是远远不够的，需要自然科学、犯罪学、社会学、伦理学等多种科学的齐心协力。

能够独立完成司法裁判的一定是强人工智能，弱人工智能囿于其机械性不可能独立完成审判。在努力实现强人工智能的梦想路上，我们会遇到很多新的困难，也会发现新旧事物之间的奇妙联系。本节，笔者将对这两个部分展开介绍。

塞尔问题与人工智能的"自然语言处理"问题息息相关。自然语言处理是人工智能的一个分支，涉及人工智能和语言学的交叉，计算机与人类不同，人类之间以通过自然语言进行沟通，如汉语、英语等，自然语言，即自然地随文化演化的语言，以汉语为母语和以英语为母语的人尽管存在沟通上的障碍，但产生的障碍是由不同种自然语言的不同表现形式所致，只需要有一位精通汉语并且精通英语的第三人便可轻易解决这个问题，以自然语言进行沟通的人类不会存在根源上的不可理解问题，如 A 裁判者是中国人，他可能看不懂来自英国的 B 裁判者作出的判决，但看不懂的原因是他对英语的掌握与运用并不熟练，而非他不理解 B 裁判者写的东西。同样的，计算机由于具有进行直接识别和执行的二进制机器语言，也不存在相互之间根源上的不可理解问题。问题存在于人类与计算机之间——计算机无法如同人类之间一样理解词语的意思，更无法体会同一词语在不同语境下蕴含的不同意思。为了使得人类与计算机之间的

---

[1] 张清、张蓉：《论类型化人工智能法律责任体系的构建》，载《中国高校社会科学》2018 年第 4 期。

"沟通"更加方便，我们设计了 python、Java、C++等多种计算机语言，但这些语言的设计都站在计算机的立场上，但无论人类用什么语言进行编写，计算机最终都只能机械地将键入的文字转化为只带有"0"和"1"的二进制编码进行信息的存储与传递。例如，我们在计算机中键入"有罪"二字，计算机并不能直接理解"有罪"的意思并进行表示，而是在底层中将"有罪"两个字转化为"11100110100111001000 1001"与"11100111101111010101010"两串二进制代码，如果我们将"有罪"两个字通过 C 计算机发送至 D 计算机，实质上在 C 计算机中，"有罪"先变成了上述两串二进制代码，然后传输至 D 电脑，D 电脑接收该二进制代码并识别后转化为"有罪"二字。

那么，如何判断一个机器是否具备智能？人工智能之父艾伦·麦席森·图灵在《计算机器与智能》一文中提出，检验计算机是否具备智能，最好的办法是让它说英语并理解英语。为此，图灵亲自设计了"图灵测试"（Turing test）。图灵测试采用问与答的模式进行。让密闭在小屋中的一个测试者通过控制打字机与小屋外的两个测试对象通话，其中一个测试对象是没有生命的计算机，另一个测试对象是活生生的人。小屋内的测试者不断提出各种问题，通过回答辨别小屋外的究竟是计算机还是人。如果计算机能够非常好地模仿人回答问题，以至于测试者在充分的交流中误认为它是人而不是机器，就可以称这台计算机能够思考。[1]美国哲学家塞尔对图灵的做法提出了质疑，他认为对话能力不能真正地代表智能。为此，他提出了"中文屋实验"来反驳图灵："假设有一个只会英文的人被关在一间屋子里，要求他回答从小窗递进来的纸条上用中文书写的问题。他面前有一组英文指令，说明中文符号和英文符号之间的对应关系和操作关系。他首先要根据指令中的规则来操作题中出现的中文符号，估测出问题的含义，然后再根据规则把答案用中文逐一写出来。虽然他完全不会中文，但是，通过这种操作，他可以让屋子外的人以为他会说流利的中文。"[2]实验结束后，塞尔说："我的输入和输出，与讲中文母语的人没有区别……但我仍旧什么也不理解。"[3]他认为，智能与形式转换并没有必然联系，"大脑产生意向性的那种因果能力，并不存在于它例示计算机程序的过程中，因为无论想要什

---

〔1〕 A. M. Turing（1950）: *Computing Machinery and Intelligence*. Mind 49, 433-460.

〔2〕 Searle, John. R. （1980）: "Minds, brains, and programs", *Behavioral and Brain Sciences* 3（3）, 417-457

〔3〕 ［美］塞尔：《心灵、大脑与程序》，载 ［美］玛格丽特·A. 博登：《人工智能哲学》，刘西瑞、王汉琦译，上海译文出版社2001年版，第95—96页。

么程序，都能够由某种东西来例示这个程序，而它并不具有任何心理状态。无论大脑在产生意向性时所做的是什么，都不可能存在于例示程序的过程中，因为没有一个程序凭借自身而对于意向性来说是充分的"。[1]由此，"塞尔问题"诞生，即机器智能的意向性缺失难题。

何为意向性？所谓意向性，"就是心理状态对它之外的对象的指向性、关于性"。[2]例如，我们想到某事，说出某个语词，并不像机器的符号转换那样，什么也不能"关于"，什么也不指涉，而能在想和说的同时，建立一种与世界的关联，并自己意识到了被关联的东西。这是纯形式转换所没有的。正是由于心理状态有这种属性，它才能超出自身，把内部所作的"运算"、加工与有关的对象关联起来。而正是有了这样的关系，人才成了人，心灵才成了心灵，人和心灵才能有对世界的认识、利用和改造，反过来，世界及其发生的变化才能以一种全新的方式影响和改变人。其他事物之间尽管也有相互作用，但那都是不自觉的，没有心灵的主动参与，而人及其心灵与世界的关联由于心灵的意向性这种特殊本质，才能以主动、自觉的形式进行。[3]计算机处理的即使是符号或句法，但它始终是纯形式的，它至少到目前为止还不知道把它与指称或外物关联起来。人类与计算机不同的原因在于：人的符号加工中有意向性的因素起作用，而计算机的符号加工则没有。就此而言，"语言与实在的关系问题即指称问题可以归结或还原为心灵与实在的关系问题，即意向性问题。而意向性存在不同形式，例如原始的意向性和派生的意向性，我们可以认为计算机像语言符号一样具有派生的意向性。但塞尔认为，派生的意向性不是真实的意向性，心理状态之所以能主动地指向、关联于世界上的事态，是因为它有意识，即既能有意识地去指向，同时在指向的过程中和之后，又能意识到指向了什么"。[4]可以说，要实现具有"思考"能力的强人工智能，解决"塞尔问题"是必经之路。

塞尔从语义学的角度出发为我们说明了从弱人工智能到强人工智能的变化，生物学研究与塞尔的观点实际上是能够相互印证的。当前，脑科学的研究重心仍然围绕着开发大脑。"除人脑以外，没有任何一个自然或人工系统能够具有对

---

[1] [美]塞尔：《心灵、大脑与程序》，载[美]玛格丽特·A.博登：《人工智能哲学》，刘西瑞、王汉琦译，上海译文出版社2001年版，第96—97页。

[2] 高新民、李艳鸽：《"塞尔问题"与解释语义学》，载《学术月刊》2010年第6期。

[3] 参见高新民、李艳鸽：《"塞尔问题"与解释语义学》，载《学术月刊》2010年第6期。

[4] 高新民、李艳鸽：《"塞尔问题"与解释语义学》，载《学术月刊》2010年第6期。

新环境新挑战的自适应能力、新信息与新技能的自动获取能力、在复杂环境下进行有效决策并稳定工作直至几十年的能力。没有任何系统能够在多处损伤的情况下保持像人脑一样好的鲁棒性，在处理同样复杂的任务时，没有任何人工系统能够媲美人脑的低能耗性"，[1]人脑是一个通用智能系统，能举一反三、融会贯通，可处理视觉、听觉、语言、学习、推理、决策、规划等各类问题，可谓"一脑万用"。并且，"人类的智能感知和思维能力是在成长和学习中自然形成和不断进化的，其自主学习和适应能力是当前计算机难以企及的。因此，人工智能的发展目标是构建像人脑一样能够自主学习和进化、具有类人通用智能水平的智能系统"，[2]也就是"类脑化"。"类脑化"非常关键，它的成功意味着弱人工智能向强人工智能的转变近在咫尺。

近年来，脑与神经科学、认知科学的飞速进展使得在脑区、神经簇、神经微环路、神经元等不同尺度观测各种认知任务下脑组织的部分活动并获取相关数据已成为可能。人脑信息处理过程不再仅凭猜测，通过多学科交叉和实验研究得出的人脑工作机制也更具可靠性。[3]当我们彻底弄清大脑是如何工作、我们的思维活动是如何通过神经元产生与传递时，下一步就是尝试将这个过程代码化——把我们大脑的活动过程以代码的形式进行抽象化的呈现，然后交给人工智能进行表达。如果人工智能表现出了类似人脑的活动方式，意味着"类脑化"的实践成功了，人工智能真正具备了类似人脑的能力。此时，塞尔问题也能够被解决，强人工智能的实现指日可待，马克斯·韦伯的愿景终将实现，人工智能独立实现司法裁判将会成为客观现实。

公元6世纪，一位天主教执事和一位异教的祭司通过用手在滚烫的热锅中取出戒指的方式来解决他们的教义分歧。检验正式开始前，人们发现天主教徒在手臂上偷偷涂抹了有魔力的香油。正当真教会的荣誉摇摇欲坠之际，一个来自拉文纳的陌生人从人群中走出来，将自己的手伸进沸水里。据说这个新来的名叫海厄森斯的人将手在水里摸索时，还慢吞吞地告诉旁观者，水到底部的时候有点冷，在顶部却很温暖。不到一小时，他就安全地把戒指捞了上来。然后，他的对手也想试试运气，却把手指到手肘的肉全煮掉了，骨头都露了出来。"那

---

[1] Markram H, Meier K, et al, "The Human Brain Project: A Report to the European Commission", *Technical Report*, 2012.

[2] 曾毅、刘成林、谭铁牛：《类脑智能研究的回顾与展望》，载《计算机学报》2016年第1期。

[3] 参见曾毅、刘成林、谭铁牛：《类脑智能研究的回顾与展望》，载《计算机学报》2016年第1期。

么",都尔主教格雷戈里严肃地宣布,"争议就此解决了"。[1]这就是所谓的沸水审。同样,在东方,有所谓的盟神探汤——把手放进开水中,然后查看烫伤的痕迹。而热铁审,则是牧师先给烧红的铁块洒上圣水并说道:上帝保佑,圣父!圣子和圣灵请降临这块铁上,显示上帝的正确裁判吧!再让被告人手持热铁走过9英寸的距离,最后被告人的手被包扎起来,三天后进行检查,若有溃烂的脓血则视为有罪。

这就是"具有原始愚昧和野蛮色彩"[2]的神明裁判。我们普遍认为"神明裁判制度是古代证据制度和司法鉴定技术不发达的产物,是基于人们对于鬼神的崇拜和对自然界现象的无知认识以及对死亡的恐惧而产生的,没有任何科学性和合理性可言"。[3]我们还可以将更多的负面标签加载其上,诸如恐怖、落后、无知、非理性等等。然而,如果我们仔细观察,就会发现古老的神示证据制度并非那么愚昧。

首先,神明司法的对象并非所有争端,通常是那些双方各执一词,裁判者莫衷一是的案件,才会成为神示裁判适用的对象,即所谓的疑案。例如,《汉谟拉比法典》第2条规定,在法庭上,当一方控告另一方犯有某种罪行,然而提不出证据,被告一方也拿不出反驳的证据时,裁判者才宣布把被告一方扔进幼发拉底河中,如果沉溺了,证明被告一方有罪,没收其全部家产归原告一方;假如不被淹死,则证明无罪,那就处死原告一方,同时把原告一方的财产没收归被告一方所有。而在中国古代,皋陶治狱,也是罪疑者令羊触之。《墨子》中也有这样的记载:齐庄公下面有两个臣子王里国和中里徼,打了三年官司,案件无法判决,齐庄公想把他们都杀了,却怕冤枉了无辜者,想把他们都放了,又怕放纵了有罪者,于是他让这两个人准备一头羊,到齐国的神社去宣誓。

而更为重要的是,神明裁判中存在一系列程序价值。以沸水审为例,其一,程序绝对公开,海厄森斯在众目睽睽之下,将沸水里的戒指打捞上来,还慢吞吞地告诉旁观者水的温度。其二,消极仲裁,都尔主教格雷戈里只负责宣布判决结果:"那么,争议就此解决了。"其三,严查作弊,涂抹香油之类的作弊手段被严查。由此可见,这里虽然没有威严的法庭,没有法袍、法槌和高高的椅背,但一系列价值保障却使得争议双方能够实现对神明裁判的共同认可,从而

---

〔1〕[英]萨达卡特·卡德里:《审判为什么不公正》,杨雄译,新星出版社2014年版,第25-26页。
〔2〕叶英萍、李春光:《论神明裁判及其影响》,载《法学家》2007年第3期。
〔3〕郑显文:《中日古代申明裁判制度比较研究》,载中国法学网,http://iolaw.cssn.cn/fxyjdt/201711/t20171107_4654366.shtml。

保障了神明裁判这一让争议双方都能够信服的第三方证明体系的运行,从而快速有效地解决纠纷。事实上,在上述疑难案件中,双方对事实各执一词,裁判者也莫衷一是,在这种情形下,选择"神明裁判"这种纠纷解决机制,从表面上看是非理性的,但其实是最为公平的解决方式,因为在疑难复杂案件中,事实在各方那里都是振振有词的罗生门,如果双方都不妥协,那么最不坏的办法就是证据神示,而非后来纠问式等诉讼模式下那些所谓发现真相的手段。相反,如果没有了可以让双方信服的第三方证明体系,神明裁判也就无从维系了。这也成为神示证据后来崩溃的根本原因。正如那时巴黎圣母院的一位神学家所质疑的那样:为什么雇佣战士进行决斗的人总是雇请经验老到的斗士,而不是消瘦的老人?当三个被告被指控同一项罪行,因而需要轮流拿炽热的烙铁时,为什么经常是最后拿的那个人不容易留下伤痕?这说明此时人们已经不再相信第三方神示证据可以凌驾于双方之上,神明裁判也就此连同上述一系列程序价值和纠纷解决功能走下神坛。

从此,我们开始了以言词这种主观证据为主导的新诉讼程序。我们开始进步,要"通过人的理性发现事实真相",[1]我们不再无知,要开始自己追诉犯罪。而且,定分止争这种价值导向被认为只是一种相对价值,而现在我们已经摆脱了神的束缚,我们要实现发现真相这种更高价值。由此,疑难案件中解决纠纷这种相对价值被发现真相这样一种无法实现的绝对价值所替代,也就为后来证明的扭曲埋下了伏笔。最终,我们进入一个最好的时代,而神示证据体系的一系列价值功能也就渐行渐远。

新的纠问式诉讼追诉犯罪主要依赖被追诉人的口供这种主观言词证据形式。这种依赖盖因口供具备这样两个特征:一是距离犯罪构成核心要件最近,二是反映的信息量最全,因而被认为是关联性最强的直接证据。口供于是在大陆法系成为证据之王,而这很快带来诸多问题。

首先,当国家作为一方当事人介入刑事案件时,它不再满足于消极仲裁的角色,这时,言词证据天然地具有的极强可塑性的特点,就为刑讯开启了大门,控制这一证据之王的刑讯手段由此大放异彩。如欧洲中世纪常见的"烤脚刑",即将被刑讯者的脚涂上猪油放在火红的煤炭上慢慢炙烤,刑讯者用风箱控制热度,在问被刑讯者问题时会用隔板将被刑讯者的脚和燃烧的煤隔开,刑讯者如果不满意得到的回答,就将隔板拿开,再用火焰烧灼。圣殿骑士领袖杰克坤西

---

[1] [日]田口守一:《刑事诉讼法》,张凌、于秀峰译,法律出版社2019年版,第437页。

就惨遭"烤脚刑"讯问,一直到他的脚被烤得只剩下骨头,而骨头最终居然散落在地上。其实,刑讯的残酷性即便是与前述神明裁判中的热铁审、沸水审相比,也是有过之而无不及。"热铁神判、沸水神判这些名字虽然令今人闻之毛骨悚然,然而事实上也并非那么残忍……绝大多数人可以通过冷水和热铁神判……原因不难解释:以当时比较流行的热铁神判、沸水神判为例,经常从事劳动和使用武器的中世纪人民,双手都是又粗又硬的,即便放在热铁上或插进开水里,三天后一般也不会留下什么痕迹。如此神判,若与其消亡之后出现的那个'先进'替代品——残酷的刑讯相比,只会显得温和。"正如英国历史学家罗伯特·巴特莱特所说:"操纵于上帝之手的审判,远没有操纵于人类之手的司法程序残忍。"[1]也正因如此,法国1670年法令将作为刑讯的拷问制度置于仅次于死刑的位置上。

刑讯的案例不胜枚举,无须更多罗列,这里需要强调的问题是刑讯与口供之间的关系,即"回答问题"与"施加压力"之间的关系——"如果不满意得到的回答,就将隔板拿开"。也就是说,无论是纠问式诉讼,还是职权主义,口供这种主观性证据都使得追诉方可以根据待证案件的构成要件来重塑口供,而这种证明对象的人为设定,会导致相关言词证据信息分布严重偏移,出现一种"口供偏移现象",即言词证据信息在人为设定的证明对象下聚集,此时,证据信息越多,偏移的结果也就越严重,最终,导致案件事实证明的误差越来越大。在我国,口供这种证据种类的全称是犯罪嫌疑人、被告人供述和辩解,这意味着审前阶段嫌疑人对追诉机关所做的各种陈述笔录和被告人在法庭上所进行的口头陈述之间,不存在证据能力和证明力上的区别,从而愈发导致这种口供偏移现象无法得到矫正。而更进一步,对这种口供的依赖会形成以既定口供为中心的诉讼证据结构体系——以逮捕措施为主导的强制措施结构体系,以讯问为首的侦查行为体系,以及以进一步防止串供为目的的被告人隔离体系,包括侦查阶段拒绝亲属会见、[2]起诉阶段防止被告人阅卷、庭审阶段被告人单独席位制等(参见图4-2)。

---

[1] [英]罗伯特·巴特莱特:《中世纪神判》,徐昕、喻中胜、徐昀译,浙江人民出版社2007年版,第24页。
[2] 《中华人民共和国看守所法(公开征求意见稿)》第91条规定:"犯罪嫌疑人、被告人可以与近亲属、监护人会见、通信。会见可以当面进行,也可以通过视频进行。案件在侦查阶段的犯罪嫌疑人与近亲属、监护人会见、通信,以及外国籍、少数民族或者聋哑犯罪嫌疑人会见时需要翻译人员在场的,应当经案件主管机关许可,案件主管机关可视情派员在场。"

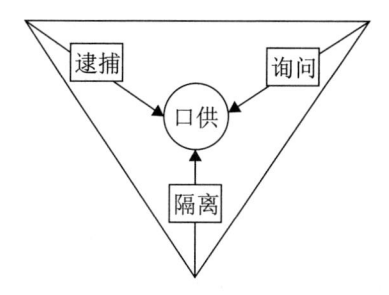

图 4-2　以既定口供为中心的诉讼证据结构体系

当然，我们也因此为口供确立了一系列原则规范，如不轻信口供，要将口供与其他证据平等对待等，并对其设立了最多的证据规则，诸如保障被告人权利的口供自愿法则、限制讯问笔录证据能力的传闻证据规则、防止刑讯逼供的非法证据排除等。而在适用对抗制的一些国家，甚至确立了被告人沉默权。但是，大量适用这种证人证言形式的主观言词证据的证明体系，同样存在严重问题。以震惊美国的"凯西案"为例，被控谋杀自己女儿的被告人的母亲辛迪作证称是自己检索过"氯仿"关键词，因为怀疑自己的宠物吃了大量竹叶而生病，而竹叶中可能含有氯仿，所以上网查证留下痕迹。但指控方坚持认为是被告人凯西使用氯仿这一化学药剂使被害人陷入昏迷，继而实施谋杀，并举证说辛迪工作总部保存的辛迪工作电脑的出勤记录显示该关键词的检索时间，即 2008 年 3 月 28 日下午 2 点到 5 点，辛迪一直坐在自己的工作电脑桌前。最终，法庭既没有否定控方证据，也没有认定辛迪的伪证，而被告人凯西被无罪释放。由此可见这类证据的问题所在——越是追求证人出庭，此类言词信息就越多，案件裁判也就越扑朔迷离，就像在罗生门里一样，使我们离事实真相越远。

再以"辛普森案"为例，该案控方核心证人福尔曼警官作证称，自己在第二现场即被告人辛普森家的车道上发现血迹，此外，还在第一现场即被害人妮可的屋内发现一只黑色皮手套，上面检测出有两名被害人及被告人辛普森的血迹。同时，福尔曼称自己在作证之前的 10 年间从未用过"黑鬼"这个词来形容黑人。于是，律师通过与"是否曾经使用'黑鬼'一词"这一与本案无关的问题的交叉询问否定了福尔曼警官的所有证言——律师向福尔曼提问："在 1985 年或 6 月的某个时候，你称一位非裔美国人为'黑鬼'。是否可能是你自己忘记了呢？"福尔曼回答："不，这是不可能的。"律师接着问："你是在说你过去十年没有用过这个词吗，福尔曼警官？"福尔曼回答："是的，正是这个意思。"

275

律师又问："你发誓说，在过去的十年里，你并没有把任何黑人当作'黑鬼'，也没有把黑人说成'黑鬼'，福尔曼警官？"福尔曼回答："正是这个意思，先生。"律师继续问："所以，如果有人在这个法庭上宣称你曾称非洲裔美国人是'黑鬼'，他一定是骗子，对不对？"福尔曼回答："对的。"其后，律师播放了一段录音，该录音显示，福尔曼曾反复使用"黑鬼"这个词41次。[1] 由此，福尔曼后来被控伪证，其关于辛普森一案的全部证言受到质疑，并成为检方最终败诉的主要原因。在此，我们看到整个案件证明程序陷入两难境地，而非单纯的证言虚假问题。因为如果我们选择全部排除这些言词证据，就会使我们离还原案件事实真相更远一步，正如检方在结案陈词中指出的那样，即使福尔曼是个种族主义者，这也不应影响证明辛普森有罪的证据的可信度。但是，如果我们选择接受这些证言证据，整个证明体系的真实性又必然会受到严重质疑。

　　大数据证据的出现改变了这一切。上文我们已经论述过，大数据证据恢复了神明裁判中双方共同认可这一根本诉讼功能。不可忽视的是，大数据证据能够带来更为不可思议的变革——对犯罪的预测。犯罪预测一直是犯罪学研究的重要问题，现在，借助大数据，不仅可以实现不同于传统证据事后收集程序的瞬时证据传递，不仅可以对犯罪群体和可能发生犯罪的重点区域进行监控从而得以预防犯罪，还可以通过对个体过去表现的解释来预测未来发生的行为，实现之前只能尝试通过颅相学或神经科学进行探索的犯罪学努力。在大数据证据语境下，通过分析当事人以往日常行为和使用习惯，利用云计算、搜索引擎和"非结构化数据"等分析手段，分析包括用户日常使用的文本文件、电子邮件、图片、视频、语音等数据信息，甚至可以通过植入或感应的方式，深入人脑，直接读取和分析人类大脑信息。因为未来的人工智能是一个万物之网，现实中见到的一切具体事物，都是这个物联网的某个节点和终端，人的行为、物的流转，甚至通过激素水平表现出来的人的情绪，都是数据。由此，大数据将为我们临摹出一幅全息犯罪影像，这幅电子数据证据拼图，就可能在犯罪尚未发生之时，实现对个体犯罪的独立预测。

　　但是，要实现共同认可这一诉讼功能、要实现上述一系列变革图景，就需要正视其背后的一系列问题与挑战，而指引我们预见和应对这些问题的古老钥匙，正是神明裁判制度。表面看来，一个是我们俯视的神示证据，一个是我们

---

[1] 这盘录音带是由一位来自北卡罗来纳州，名叫Laura McKinny 的电影编剧于1986年录制的。她为了编写一部有关警察的剧本，曾采访过福尔曼。

仰视的大数据证据，二者不可同日而语。而本质上，二者的运行方式是相似的，功能效果是相似的，它们的问题也是相似的。因此，神明裁判的一些古老方法和规则可以对新的尚不成熟的人工智能审判遇到的类似问题有所裨益，正如毛利人古老的纠纷解决方法成就了现代西方的恢复性司法。下面，本书就将针对前述几个方面的变革问题展开剖析，以期在大数据证据时代，能够有效借鉴神示证据时代的程序价值。

其一，神明裁判给我们的重要启示之一就是严查作弊，如施展魔术技巧、服用毒药或兴奋剂、在器械上做手脚等。我们认为，对于视听资料和电子数据类的实物证据，主要的作弊问题是其完整性问题，也就是剪裁问题；而对于大数据证据，虽然有学者也注意到其完整性问题，指出"大数据并不在于样本绝对量的大小，关键在于全。"这无疑是具有一定警示作用的问题意识。但是，对于大数据证据来说，最关键的问题则是算法问题，而不是数据的周全问题。因为大数据证据在绝对意义上的数量之大，本身就具有周全的趋势，所以这一问题并不是关键，关键问题在于算法。在此，笔者将通过一件视听资料证据由于其完整性引发的典型案例，来预判算法问题对于将来大数据证据的重要影响——1991年3月3日凌晨，美国洛杉矶的假释犯罗德尼·金酒后在高速公路超速驾车并拒捕，4名白人警察最后使用金属警棍对其进行殴打才制服了这名醉酒的黑人青年，这个过程的后半部分被一名叫霍利得的人拍下，并送往当地地方电视台，电视台把送来的81秒的录像剪辑为68秒，删除了其中罗德尼拒捕过程中攻击警察的镜头，之后提供给美国三大电视网及CNN。之后，加州地方检察官以"使用致命武器和不必要的暴力殴打嫌疑人"之罪名起诉至加州地方法院，1992年4月，洛杉矶郊区陪审团根据完整的81秒录像等证据作出孔恩警长、鲍威尔警官等4名警察无罪的判决。但是，当地群众收看的是68秒长度的录像，于是当然地相信这份有目共睹的实物证据，认为判决对黑人不公。于是在宣判2小时后，美国第二大城市洛杉矶陷入一片火海之中，爆发了20世纪以来最大的骚乱，震惊世界。这一天也是伊拉克接受美国停火条件，海湾战争结束的日子，美军以148人阵亡的代价重创伊拉克42个师。然而，因这段被剪辑了13秒的视听资料，却导致近百人死亡，数千人受伤，千余栋建筑损毁，洛杉矶成为"火中之城"，损失高达近10亿美元，并且在不足24小时之内蔓延到全美19个州。老布什总统被迫在电视上发表声明，保证将尽全力重新起诉4名白人警察。1992年5月，美国联邦地区法院对加州地方法院的上述无罪判决以新的罪名——"侵犯民权"进行了再审，并于次年4月再审改判孔恩警长和鲍威尔有罪,以侵犯了罗德尼·金公民权定罪,处以 30 个月有期徒刑,金因此获得 380 万美元赔偿。由此可见,类似视听资料这种信息丰富且客观性强的实物证据,其完整性一旦遭到篡改,后果非常严重。而算法之于大数据,就和完整性之于视听资料一样,甚至更为严重。因此,未来对于大数据证据的立法保护,也就不应再局限于"致使刑事案件证据灭失"[1]这种以保护完整性为目的的立法路径,而应该针对算法的恶意加工和适用进行干预。

其二,前文所谓"大数据证据会被提供给人工智能进行分析识别,从而将司法工作人员从诉讼材料中解放出来"的变革图景,其背后其实隐藏着人类裁判者被彻底取代的危机。大数据为什么需要匹配人工智能?因为人工智能可以用传统人类无法处理的方式来处理大数据集,也就是说,人类裁判者是无力处理这些大数据证据的。一方面,大数据具有复杂、海量、多样的特点,这就意味着大数据提供的事实信息越多,数据量就越多,碎片化的信息也就越大,而这种碎片化的信息对于人类认知是没有意义的,但对于人工智能而言则并非如此。另一方面,许多大数据信息都是以非结构化数据的形式存在的,[2]且跨越大量学科门类,并且,从语言学的本质视角来看,人类思维的语言是线性结构的,而大数据则自始就是网状结构的。而更为本质的问题在于,大数据思维和人类思维是完全不同的两种思维。英国学者维克托评价说,"认识论意义上大数据分析运用的相关性理论是超脱于人类经验判断的'数据经验'"。算法作为特有的人工智能分析方法,缺乏人类认知意义上的"规律"可循。因为这是一种机器算法,而非人类算法。例如,美国沃尔玛超市的大数据分析显示,每到周末来购买啤酒的人高概率地会去买尿不湿。而包括沃尔玛超市的数据分析人员在内的我们所有人,却始终认为啤酒和尿不湿是两个完全不相关的商品。上述案例所反映的原理正是大数据与传统人类裁判者思维的不同,前者关注证据信息间的相关性,即被量化后的证据信息间的数值关系,它面向"结果",直接给出实质判断,也就是说,它直接将判断结果摆在我们面前。而人类更关注原因,即裁判的理由、分析的过程,并且不能接受一种不处于因果关系解释链条中的"结果"。其实,大数据可能预测犯罪,甚至在临时起意的犯罪中,连行为人自己尚不确切知道自己下一步会做出什么行为的时候,大数据却可以提前知晓。其中的原理就如同大数据能够准确地预知周六傍晚那个去购买啤酒的

---

[1] 现行《刑法》第 286 条之一及《最高人民法院、最高人民检察院关于办理非法利用信息网络、帮助信息网络犯罪活动等刑事案件适用法律若干问题的解释》第 5 条。

[2] 赵刚:《大数据:技术与应用实践指南》,电子工业出版社 2016 年版,第 11 页。

人有百分之九十以上的概率会拿走那袋尿不湿一样。而其中的相关性，不适用因果关系证明逻辑，这种相关性，只有数据显示的结果——一种可以高于排除合理怀疑证明标准的数据结果。而这也就意味着，在以剧烈冲突为特征的刑事犯罪中，在事实真相常常会与我们一般的常识经验和理性逻辑相背离的疑难复杂案件中，[1]会出现当人工智能已经认定根据相关大数据证据已足以定罪，而我们的裁判者却抓着犯罪构成要件，尤其是其中的因果关系不放的情形，因为裁判者的思维无法理解啤酒和尿布之间的关联性。因此，面对如此复杂的大数据证据，传统的庭审程序是无法应对的，继续使用传统的裁判者方法分析这些数据证据已不可能。因此，最终没有能力接受复杂、海量、多样的非结构化大数据信息的人类裁判者，也就没有资格以此为基础进行审查判断，而唯一有能力进行此项裁判的，只能是接触过所有大数据证据信息的人工智能。这其实是神判司法早已给我们的启示——面对深不可测的神示证据信息，不存在实质意义上的人类裁判者，司法官员应当被严格限制在形式上的庭审主持之中。而前文所谓"将司法工作人员从诉讼材料中解放出来"的变革图景，其实意味着裁判者在实质意义上被取而代之。

其三，由于神示证据具有的过程神秘性和结果不可预知性，尤其是过程和结果之间的特殊关联性，使得神判司法的全部过程必须向人们公开。表面上看，神判司法的当事人双方都尊重判决结果的原因在于法律源于神意，以及人们对神的誓言的笃信，"誓言使多少事情得以认定，它的圣洁性多么富有效力"。而其根本原因在于，"神判的整个过程包括神判的启动、进行、结果的得出乃至对神判结果的解释等都是在双方参与的情况下公开完成的"，[2]这才导致不仅是举证一方认可己方证据，对立方同样相信其证据。"把一个人投入水中，或沉或浮一目了然；手是否被烫伤更是不言自明。这些明白清晰的现象，任何人都无法随意解释。"在这里，虽然对结果的解释是确定的，任何人都无法随意解释，但是，将一个人投入水中或者烫伤他手的过程和最后将其定罪的结果之间的关联性是人们都无法理解的，也正是这种"不可理解"，导致必须要求神判司法遵守严格的证据公示和程序透明原则，包括对当事人的行动、时间、强度等所有方面都必须公开。也就是说，鉴于前文所指出的一系列的大数据特点，尤其是对其原始数据信息修改所导致的数据信息变化而直接影响最终结果，并且这

---

[1] 元轶：《庭审实质化压力下的制度异化及裁判者认知偏差》，载《政法论坛》2019 年第 4 期。
[2] 叶英萍、李春光：《论神明裁判及其影响》，载《法学家》2007 年第 3 期。

种影响结果我们又无法通过人类理解的因果关系规则进行检测的特点，使得前文所述的变革图景——"双方信服和裁判结果明朗化"，必须以大数据证据的全程公开为基础，只有让大数据证据从收集到存储，从计算方法到庭审适用，每步程序都公开，才可能让"双方都心悦诚服地接受最终裁判"，而这种绝对公开就是神明司法得以运行的基本保障，同样，这也将成为未来智能司法所必须承受的考验之一。

大数据证据与神示证据宛如跨越千年的莫比乌斯环，一体两面。本来，人类裁判者比人工智能多的是良心和情感。也就是说，大数据所不具备的，是良心，是同情心，是对具体个案的网开一面，是人的感情，否则，从精确度来说，完全可以用大数据的人工智能代替裁判者，甚至说必须代替。因为后者的精确度是无可比拟的。正如波斯纳所说："如果裁判者们只是对裁判者和陪审团不带偏见或前见确认的事实适用立法者、行政机构、宪法创制者以及其他非司法渊源（包括商事习惯）创制的明确法律规则，就没必要关心裁判者是怎么想的（mentality）。也就完全可能逐步用人工化数字项目替代裁判者。"[1]

当强人工智能成为客观现实时，莫比乌斯环的大数据证据面将会被人工智能取代。这是一个循环。更直接地说，神灵与人工智能，没有本质上的区别。人工智能即一种新的宗教，将再次循环回来。人类的司法裁判始于神明裁判，历经法定证据，之后出现自由心证；大数据裁判目前正处于类似神明裁判的阶段，之后弱人工智能进一步介入司法审判，证据的证明力将会被限定，司法裁判再次历经法定证据阶段，强人工智能实现后，此时的人工智能具备"类脑结构"，能够如同人类一样进行思考，司法裁判再次进入自由心证阶段。此时，谁主沉浮？有资格裁判我们的，曾经是神，我们拱手将审判权交于他，是因为我们认可他们高于我们，即便是用牛来裁断，我们也是赋予这头牛神的意义的，它已经不是犁地的牛，而是上帝的牛。后来，我们把裁判权收归自己，是因为我们认为我们已经可以主宰一切，是万物之主。之所以西方走向自由心证，是基于人是主宰者的前提，是基于上帝死了，"我"来称王的野心，因此在诉讼中由人，由一个具备人的基本素质，经验、逻辑，至多加上良心，使其成为一个好人的标准，就可以擅断一切。

然而，有些讽刺的是，人们可以忍受40%的裁判者之误，却不能忍受10%的电脑之误，难道仅仅因为前者是我们的同类？当大数据出现，当强人工智能

---

[1] [美]理查德·波斯纳：《法官如何思考》，苏力译，北京大学出版社2009年版，第5页。

4. 机器认知与裁判者认知

出现,当客观规律出现,再次战胜人的头脑时,我们需要反思:是否还有自由心证的正当性?我们是否可以将凌驾于万物之上这样至高无上的地位予以放弃,而笃信人工智能这个新的神明,我们是否接受拱手让与这个新的万物之灵以判断之匙?

5. 庭审实质化对判决形成的影响

5.1 庭审实质化改革下证人出庭对最终裁判的影响及其价值

庭审实质化要求法庭审理成为刑事诉讼程序的中心并对案件最终裁判起决定性作用，建立起"以审判为中心"的诉讼模式，最高人民法院于2015年颁布的《关于全面深化人民法院改革的意见——人民法院第四个五年改革纲要（2014—2018）》对庭审实质化作出了进一步明确的规定："……诉讼证据质证在法庭、案件事实查明在法庭、辩诉意见发表在法庭、裁判理由形成在法庭。"这四个要求都指向了同一个目的：让庭审在查明案件事实、认定证据、保障诉权、作出裁判中发挥决定性的根本作用。因此，这项改革强调应保持案件审理中审判人员的亲历性，加强言词证据在案件审判中的重要作用，而推进证人出庭便是在此项改革中的重要一环。

如果我们从结构——功能视角下审视上述问题，那么就会发现证人出庭对裁判者认知的结构性影响。我们发现，证人出庭会构成法庭审判的四边形结构，裁判者面对的不再只是控辩双方，还有正对着他的第四方，一个同样被认为应保持中立立场的一方。这一结构的改变，导致法庭信息不确定性的增加，从而造就了更为动态的法庭审判，在功能上，也将造成法庭信息获取的新样态。事实上，证人出庭作证是现代刑事诉讼制度的基本要求，也是推进庭审实质化改革、促进人权保障的重要举措。从查明案件事实的角度来看，在严肃的法庭环境下，一方面，证人在出庭作证时有一定的心理压力，秉持着对法律与国家权威的敬畏，以及承受着直面当事人与裁判者的道德压力，证人更倾向于尽可能地将自己所知的事实告知法庭，相较于在庭审外作出的证言，证人出庭发表的证言更具可信性；另一方面，证人出庭发表证言后，被告人作为对案件事实最为清楚的人，可以针对其中疏漏之处进行质询，裁判者也能够通过对证人直接的言辞询问，发现证言与证言、证言与证据之间的矛盾之处，并观察证人情态，以判断证言的真实性,补正部分瑕疵证据,形成内心确信。"利用对证人的对质,确保其陈述的真实性,是证据法的目的。"[1]因此,证人出庭对于裁判者还原案件事实真相,作出合理判决、防止冤假错案具有重要的意义。

从被告人权利保障的角度来看,"尽管证人作证制度的内涵也在不断丰富并发生着改变,但始终离不开一条主线,即被告人的权利保护"。[2]证人出庭制度的价值不仅在于查明案件事实,同时也在于能够充分实现对被告人权利的保障。

在程序上,证人出庭能够充分保障被告人质权的实现。质权是指,针对于自己不利的证言,被指控人可以直面不利证人并对其进行质询的权利。质权在我国的法律中并未得到明确规定,但其应当由被告人享有并受到保护。证人出庭不仅可起到"事实查明"的作用,同时也承担着"权利保障"的职能。以英美法系中的证人出庭制度为例,这项制度更加侧重于保障被告人的质权,使被告人通过质询证人,充分参与法庭审理过程,对裁判者的裁判能够产生实质影响,来增强其对公正司法的信心,提高对裁判的接受程度。

在实体上,面对不利于自己的证言,被告希望通过当庭质询发现其中矛盾之处、为自己辩护的意愿更加强烈。被告对于案件事实最为清楚,证人证言又带有强烈主观性,因此通过出庭并接受质询的方式,被告能够揭露出证人证言中与案件事实不符之处,真正有效地实现在定罪量刑上的辩护权。在追诉犯罪、实现国家刑罚权的同时,现代刑事诉讼程序同时以保障人权为基本价值内涵,因此,证人出庭制度不仅对发现案件事实具有重要作用,在被告人的权利保障方面也具有不可忽视的必要性。

证人出庭制度可以有效帮助裁判者认定争议事实、建立内心确信,作出准确判决,同时补正部分缺乏来源或取证上有部分瑕疵的证据,实体与程序上的各种疏漏错误之处也能够通过法庭辩论的方式得以排除,进而增强控辩双方的对抗性,防止冤假错案。

基于以上原因,庭审实质化改革的重点倾向于提高案件庭审过程中的证人出庭率,而与最初设想相悖的是,尽管经过一系列立法与实践的改革,证人出庭率仍旧不乐观。根据 2016 年至 2018 年某省法院审结的刑事案件数据统计,证人、鉴定人出庭案件共 693 件,证人出庭 1026 人,证人、鉴定人出庭率仅为

---

[1] 王兆鹏:《美国刑事诉讼法》,元照出版社 2004 年版,第 380 页。
[2] 尹泠然:《刑事证人出庭作证与庭审实质化》,载《华东政法大学学报》2018 年第 1 期。

0.32%。同时，在2016年至2018年此省法院审结的刑事案件中，申请证人、鉴定人出庭案件共1572件，法院同意出庭的仅占申请总数的59.5%，证人、鉴定人实际到庭案件仅占申请总数的45.1%。

在证人、鉴定人出庭的刑事案件中，约1/3的案件罪名集中为《刑法》第四章侵犯公民人身权利、民主权利罪，其次是贪污贿赂类犯罪，约占比18.9%。[1]从以上数据来看，尽管改革后证人出庭案件数有所增长，但证人出庭率仍然偏低，且目前法院掌握证人是否出庭的决定权，证人出庭申请的同意率并不高，而在同意证人出庭的案件中，证人实际到庭率偏低。其中的主要原因是法院掌握着证人是否出庭的决定权，当裁判者认为证人证言对案件的定罪量刑无重大影响，或是庭前证言稳定，与其他证据能够相互印证，证人没有出庭的必要时，法院不会再通知或是允许证人出庭。

另一个容易被忽略的事实是，庭审实质化提高了证人出庭率，但庭审过程中出庭证人类型大部分为控方证人而非辩方证人。根据成都市两级法院在进行庭审实质化改革过程中统计的数据显示，在改革示范庭中控方证人、辩方证人分别有100人、22人，占示范庭有效证人出庭数的81.97%、18.03%；对比庭控方证人、辩方证人分别有1人、2人，占对比庭有效证人出庭数的33.33%、66.67%。数据对比显示，在证人出庭改革过程中，控方证人人数显著增加，在示范庭中控方证人人数占有效证人出庭数的82%，在对比庭中，控方人数仅占有效证人出庭数的1/3。[2]通常情况下，控方证人出庭支持公诉方的起诉意见，法庭也更愿意采纳有证人出庭支持的控方意见，尽管辩方以可以进行有利于自身的反询问，但在我国目前的庭审环境中，辩方仍难以得到有效的辩护结果。

推动证人出庭的改革初衷是期望证人对查明案件事实、保障被告人权益、避免冤假错案、实现司法公正发挥实际作用，但在实践中，证人出庭是否能发挥预期价值作用却难以定论。据数据显示，2016年至2018年，山东法院审结的有证人出庭的案件中，62.5%的证人证言被裁判者采纳，庭前证人未做书面证言及二审有新的证人出庭作证的案件中，仅有53.1%的证人出庭证言被法庭采纳，2016年至2018年间，东营地区有证人出庭的案件共37起，其中有6起因

---

〔1〕数据来源于山东省高级人民法院课题组、吴锦标：《刑事案件证人、鉴定人出庭实证分析》，载《山东法官培训学院学报》2019年第3期。

〔2〕数据来源于李文军：《庭审实质化改革的成效与路径研究——基于实证考察的分析》，载《比较法研究》2019年第5期。

证人当庭改变庭前证言或提供新的证言而使得该案件的犯罪事实无法认定,有2起因证人出庭改变庭前书面证言,导致案件事实不清、证据不足而被发回重审,有2起因为证人当庭翻证而导致证据不足,被告人因此被宣判无罪。在全省的法院内统计,71.3%的案件承办人认为证人出庭有利于查明案件事实,但有27.4%的案件承办人认为证人出庭影响了庭审效率,拖慢了庭审进程。[1]

在此种情况下,证人出庭制度并没有实现预期的改革目标,证人出庭制度也异化为笔录宣读制度,证人出庭制度被严重虚置。首先,改革后的证人出庭率并没有显著提高,参考学者的调研论证:"从实践看,证人出庭率并无明显变化,加强证人出庭以推动庭审实质化的立法目的显然未能实现…… 即使证人有出庭的条件,也常常不被允许出庭作证,尤其是在以人证为主导的职务犯罪案件中……例如,成都市中级法院等庭审实质化试点法院,也绝不以有争议的职务犯罪案件作为强化证人出庭、实现庭审实质化的试点案件。"[2]其次,在立法层面,关于证人证言的采纳与应用,存在的规范制约使得证人证言被排斥在法庭之外。一方面,"证人证言必须在法庭上经过公诉人、被害人和被告人、辩护人双方质证并且查实以后,才能作为定案的根据",[3]而另一方面,对于未到庭证人的证言可以"当庭宣读,听取各方意见"。这种规范上的矛盾使得证人即使不出庭,其证言也可以通过笔录宣读的方式进行质证,从而成为定罪量刑的依据。加之2012年《刑事诉讼法》第187条第1款规定"公诉人、当事人或者辩护人、诉讼代理人对证人证言有异议,且该证人证言对案件定罪量刑有重大影响,法院认为证人有必要出庭作证的,证人应当出庭作证"。证人是否出庭的决定权由法庭掌握,是否有出庭的必要性也由法庭掌握,使得证人是否能够出庭有了较大的主观性和任意性,因此,立法层面对于证人出庭的规制表面上是强制性,但在实践操作中则偏任意性、主观性。

从以上司法实践可以看出,在庭审实质化改革中,如何提高证人出庭率,如何发挥出庭证人实际作用,使出庭证人发挥预期作用,实现最大效益都是不容忽视的问题。司法实践中反映出的问题,也恰恰说明,证人出庭的这两个问题成为庭审实质化改革进程中的"顽疾"。

---

[1] 数据来源于山东省高级人民法院课题组、吴锦标:《刑事案件证人、鉴定人出庭实证分析》,载《山东法官培训学院学报》2019年第3期。

[2] 龙宗智:《庭审实质化的路径和方法》,载《法学研究》2015年第5期。

[3] 2018年《刑事诉讼法》第61条规定,证人证言必须在法庭上经过公诉人、被害人和被告人、辩护人双方质证并且查实以后,才能作为定案的根据。法庭查明证人有意作伪证或者隐匿罪证的时候,应当依法处理。

若要解决证人出庭的"顽疾",就必须找到其中"病根",理想化、表面化的改革措施反而会适得其反,不仅不利于提高证人出庭率,还会因为追求形式化的证人出庭导致案件效率大大降低。那么证人出庭,阻力何在呢?

首先,裁判者对证人出庭的消极态度。从裁判者角度来看,法庭决定着证人是否有必要出庭,裁判者认为证人没有出庭的必要主要原因有以下几个方面:

一是证人出庭无法提供对定罪量刑有实际影响的新的证据。根据某基层法院的调研结果,该法院目前所审结的案件中,出庭人次分别为 56 次、20 次、26 次。证人出庭的阻力主在于案件承办人认为出庭证人无法提供新的对裁判有实质影响的证人证言。加之在刑事诉讼程序进程中,刑法行政化问题突出,裁判者审判案件不仅面临着来自审判自身的压力,还面临着来自内外部的监督及绩效考核制约。"书面证言借助于卷宗移送的方式对承办裁判者庭前和庭后的证据审查产生影响,从而使得在法庭上对证人的询问流于形式、证人出庭显得多余。"[1]因此证人出庭对于裁判者来说,不是利好,而是负担,裁判者成为首先希望瓦解该制度的主体,这便是证人出庭的首要阻力。从裁判者自身角度来看,证人出庭不会提供新的证言,其提供的庭前证言只要与其他证据相互印证,则证人出庭与否不会影响到最终裁判结果,阅读笔录完全可以定罪量刑。因为证人出庭无论是从经济效益——证人出庭的补贴从 1000 元至 2000 元不等,有的证人还需要按时间收费,抑或是时间效益都是成本高、收益小的制度。

二是出庭证人当庭发表的新的证人证言往往采信率低。在审前阶段,证人所作出的书面证言由最初的感知与记忆组成,受到外界干扰较小,对作证的不利顾虑较少。而刑事诉讼程序的不断推进,不仅会使证人的记忆、感知出现偏差,还会让证人产生不同程度的心理负担,因此相较于当庭新作出的证言,裁判者更愿意相信最初的书面证言。更有裁判者表示,当证人出庭,裁判者询问证人,以发现书面证言中看不见的案件细节时,证人"连案卷里的部分'主要情节'都想不起来了,还不如看案卷里的笔录是怎么写的"。而这正说明交叉询问的价值,是双方有充分准备的询问,而不能单单依赖裁判者似是而非地核实。这种核实只能带给我们这样一种感觉:证人出庭了,还不如笔录。这一诘问,让推进改革的研究者们无话可说。

同时,对于有证人出庭的案件,存在"裁判者控权"的现象,[2]裁判者在

---

[1] 李文军:《庭审实质化改革的成效与路径研究——基于实证考察的分析》,载《比较法研究》2019 年第 5 期。

[2] 尹泠然:《刑事证人出庭作证与庭审实质化》,载《华东政法大学学报》2018 年第 1 期。

证人出庭后对证人进行主导性询问,即"裁判者在控、辩双方询问之前对证人询问;或者虽然在此之后,但询问的时间,询问内容的广度超过任何一方",[1]在这种模式下,裁判者积极干预或妨碍被告人与证人的对质,基于这种强职权主义的特色,被告方的辩护律师要么对裁判者极度"配合",即使证人出庭也不对其进行实质询问;要么与裁判者"据理力争",与裁判者对抗,而忽略了自己承担的通过询问证人来最大程度为被告人辩护的职责。这种现象就导致了证人即使出庭也无法对查明案件事实、维护被告人权益起到实质性作用。裁判者综合考虑证人出庭的各种不利后果及难以控制的状况,基于卷宗材料已经作出的判断及迅速结案的考虑,可能对证人出庭后的质证程序进行有意识地干预,使得辩方对证人的质问以及证人的证言都在其可控范围之内,从而避免意外状况与过于烦琐冗长的庭审。因此,证人出庭对于裁判者而言,是能省则省的不必要环节,而非提供实质证据的必要环节。

如果我们的司法实践表明,庭前笔录比当庭证言更有效且更节约司法资源,又该如何推进庭审实质化制度改革?只有当证人出庭在庭审事实认定方面显现出切实的优越性时,才能真正将此制度推行下去。

其次,证人出庭义务的模糊定位。在推进庭审实质化的进程中,学者与专家对完善证人出庭制度提出了不少建议,但各项措施与建议在实践中的表现却不尽如人意,犹如隔靴搔痒,始终无法从根本上解决此项难题。推进证人出庭,强制证人出庭、证人保障与激励等一系列保障制度是表,而里子却是一系列较为复杂的法律关系与刑事诉讼价值取向。首当其冲的是关于证人出庭作证义务,这种出庭作证义务需要以另一个法律概念作为参照物才能产生。有观点认为,证人出庭作证是面向国家层面的义务,但此种说法一是将证人作证视为公民对国家机器打击犯罪从而实施的道德义务,而道德义务不应当用强制性规范进行规制,更无法利用公权力进行惩戒,如此一来,强制证人出庭便失去了理论支撑;二是在说明证人与国家的相对关系,将一例犯罪案件的相关知情人与国家主体摆在了相对面,即"国家犯了罪,因此需要证人指证",此说法自然无法自通。因此,证人出庭作证不应当成为一种道德义务,而应当成为法律义务,这样强制证人出庭便有了法律依据,对证人不出庭、阻碍证人出庭作证等行为也可以进行处罚。证人出庭是为了保障被告人的质证权,证人作证义务的参照物也应当为被告人,在被告人与证人之间应当存在一种请求权,即被告要求质

---

[1] 左卫民:《刑事证人出庭作证程序:实证研究与理论阐述》,载《中外法学》2005年第6期。

证，证人必须作证。[1]但我国法律并未明确规定被告人的对质权，对于证人出庭制度的研究也一直侧重于如何使证人证言起到发现案件事实的作用，而对于被告人质权却缺乏重视。在这种情况下，当裁判者通过案卷已经对案件事实产生判断，证人出庭便彻底失去了价值，自然不会让带有不确定性的证人出庭。

最后，是作为内在原因的实体真实主义的诉讼价值理念。从我国现在的审判模式来看，"极低的证人出庭率即根源于实体真实（犯罪控制）的诉讼理念，在不改变实体真实模式之外部条件和内在结构的前提下，证人出庭作证将继续作为庭审之例外而非必然要求而存在"。[2]实体真实主义有消极实体真实主义和积极实体真实主义之分。消极实体主义主张"无罪者不处罚"，因此在刑事诉讼过程中，注重保障被追诉之人的人权与其他合法诉讼权利，审慎处理国家公权力与个人权利的关系，避免出现冤假错案及不适当的惩处。而与之相反的是积极实体主义，主张主动发现犯罪、惩罚犯罪，这种理念容忍一定程度下违反法律或是有瑕疵的刑事程序，对于通过违法手段获得的证据也并非一概排除，强调案件卷宗在庭审中发挥着重要作用。两者的区别主要在于消极实体真实主义重视发现事实的过程与手段应合法，积极实体真实主义则重视发现事实这个结果。积极实体真实主义的价值基础是，"控制犯罪是刑诉程序的最重要功能。执法活动若不能将犯罪行为置于严密的控制之下会导致公共秩序的崩溃，从而丧失实现人类自由的重要条件"。[3]因此，证人出庭作证对于发现犯罪、惩罚犯罪贡献并不大，反而会因为证人出庭翻供、记忆模糊、改变证言等意外状况而拖累刑事诉讼进程，影响案件审判效率。在司法资源越来越紧缩的情况下，过低的刑事诉讼效率无法实现刑事诉讼控制犯罪、打击犯罪的目标。在积极实体真实主义理念的影响下，书面证言、卷宗笔录对于裁判者来说是效率更高的审判方式，对部分没有当庭举证、质证之证据资料，也直接将其援引为"定案根据"，使辩护人、被告人无法对这些证据资料有效地行使质证权利。[4]因此，我们能看到在这种模式下运行的刑事诉讼程序对人权的关注度是较低的，庭审前的侦查、调查较之于法庭调查更具有价值，审前获得的案件书面卷宗比起庭

---

[1] 黄雪：《刑事证人出庭作证义务与被告人质证权——基于霍菲尔德权利理论的分析》，载《吉首大学学报（社会科学版）》2023年第2期。

[2] 左卫民、马静华：《刑事证人的出庭率：一种基于实证研究的理论阐述》，载《中国法学》2005年第6期。

[3] 李文军：《庭审实质化改革的成效与路径研究——基于实证考察的分析》，载《比较法研究》2019年第5期。

[4] 陈瑞华：《刑事诉讼的中国模式》，法律出版社2010年版，第283页。

审时的被告人辩解、证人证言更具证明力。法庭审判成为一种"甄别程序"，"其中每一个连接阶段，如逮捕前的调查、逮捕、逮捕后的调查、审判准备、审判或进入有罪答辩、有罪判决、量刑，都包含一系列程序化之运作，成功的重要指标是案件最终是否得出正确的结论"。[1]因此，在此前我国的刑事诉讼程序中一直避免证人出庭，而随着庭审实质化改革的推进与司法文明程度的不断提高，重视庭审与被追诉人权利保障逐渐成为中心，但以往的价值理念并未随着改革的推进而有所改变，这也是裁判者对证人出庭这一制度保持消极态度的主要原因之一。

庭审实质化改革的目的是使证人出庭作出的证言成为裁判者认定事实的依据，但证人出庭作证在实践中遇到的种种阻力使得此项改革一直无法达到预期目标。从我们改革的设想成果来看，证人出庭与裁判者作出案件最终裁判之间有着紧密联系，但目前大部分学者对"证人出庭究竟会对案件最终裁判结果造成什么样的影响"这一问题却置若罔闻，默认证人出庭一定会有利于裁判者建立心证，还原案件事实，作出准确判决。在这种想法的影响下，证人出庭对裁判者作出最终裁判的影响这一问题处于无人问津的状态，提高证人出庭率的改革也因此止步不前，或许，当我们正视"在我国的司法审判现状下证人出庭对裁判的影响"这一问题时，能够得到"如何提高证人出庭率"的答案。

证人证言是刑事案件认定事实的重要证据之一，在此前的诉讼程序中，证人证言大多以书面证言的方式呈现，即是证人在庭审之前、法庭之外，对侦查人员、检查人员、辩护人作证所形成的书面笔录，在证人不出庭的情况下，书面证人证言是证人法庭作证的主要形式。相较于证人在庭审时向法庭的证言，书面证言在证人不出庭的情况下，是一种间接证据、传来证据，使用这种证据进行案件事实认定，存在多种问题。因而证人出庭正是为了解决书面证言存在的种种风险。首先，书面证言是证人在庭审前向侦查人员、检察人员或是辩护人作出的，控辩双方的对抗立场使得其总是期望获得对自身有利的证言，因此在证人证言传播的过程中，易出现曲解愿意的风险，影响最终正确事实的认定。而推行证人出庭制度，在刑事诉讼过程中确立直接言词原则，使得裁判者对案件事实的认定由静态的、间接的甄别，转为动态的、直接的证实，由对书面证言的感知转为对人的感知，从而作出正确的、直接的自由评价。"如果法院只凭侦讯笔录的记载，根本无法对于证人察言观色并发问质疑，法院与证人之间介

---

[1] 李文军：《庭审实质化改革的成效与路径研究——基于实证考察的分析》，载《比较法研究》2019年第5期。

入侦讯者的隔阂因素之结果，侦讯的时空情境难以呈现法院也无从形成对于证人的直接印象，自由心证难免流于裁判者个人的恣意擅断。"[1]证人出庭，控辩双方可以在裁判者面前进行积极的质证、询问，裁判者可以通过观察证人情态变化，得到鲜活、动态、直观的证据，运用裁判者自身的情绪经验进行认知判断，感知被认知对象当时或紧张、或激动、或恐惧、或羞涩、或懊恼、或冷漠、或无奈、或愤慨的状态。[2]其次，因为证人证言具有间接性，属于传来证据，在传播、复制的过程中，易出现失真或虚假的可能性，对案件事实的还原性被削减。而证人出庭作证并接受讯问、质证，可以有效排除在此前侦查、审查起诉等阶段，因外界影响而作出的虚假证言，最大限度地还原案件事实。此外，证人出庭作证接受控辩双方的质证，同时也增强了控辩双方的对抗性。在此前的书面证言审查模式中，控辩双方实际地位并不平等，由于发现犯罪、打击犯罪理念的影响，检察机关作为国家机关，在刑事诉讼过程中处于强势地位，对于不利于控方的证人证言可以选择不向法院移送，且在向证人获取证言时，公安机关、检察机关均享有比辩护人更加便利的条件和保障，这就导致了对被追诉人有利的证人证言往往会在庭审中消失。因此，通过证人出庭，被追诉方可以通过向证人发问发现书面证言中被隐瞒的部分，通过对证人的精神状态、心理变化、感知能力等质疑，反驳控方证据，实现有效辩护。因此，证人出庭进一步弥补了辩护方在刑事诉讼地位上的不平等，一定程度上促进了司法公正。最后，证人出庭是对被追诉人质权的保护，"当某人被他人所指责和指控时，如果他有不服，自然希望能够获得与对方当面质辩即对质的机会。而这种机会应当是面临贬黜威胁的人应当具有的"。[3]与其他国家的立法进行比较，可以看出在刑事审判中，质权是被告人享有的一项重要权利，甚至是规定于宪法中的一项基本权利，同时质权也被规定在多项国际人权公约中。保障被告人的质权，使被告充分参与庭审，积极对证人证言进行质询，是当下法治国家应当遵循的原则。

从真实性、证明力、司法公正与质权保护来看，证人出庭作证，可以排除书面证言的诸多风险，改变此前的"书面证言中心主义"，使得法庭审判成为刑事诉讼的核心。这也是庭审实质化将证人出庭改革放在重心的主要缘由。

除此之外，证人出庭使得裁判结果具有更多的不确定性。不能否认的是，

---

[1] 林钰雄:《严格证明与刑事证据》,学林文化事业有限公司2002年版,第54页。
[2] 元轶:《庭审实质化压力下的制度异化及裁判者认知偏差》,载《政法论坛》2019年第4期。
[3] 龙宗智:《论书面证言及其运用》,载《中国法学》2008年第4期。

证人出庭作证相较于书面证言审查更加符合刑事审判文明化、现代化的改革趋势，也更加有利于案件事实的查明，发挥法庭审判的应有价值。但同时不能回避的问题是，因为缺少相关的健全制度与实际程序，在我国当下的审判环境中，证人出庭也给案件最终裁判带来了不利影响，这些影响主要有如下几个方面：

证人出庭让裁判结果更加具有不确定性，原因首先是证人证言本身具有不确定性。推进证人出庭改革的主要目标是更准确地还原案件事实，即我国证人出庭作证制度的主要功能是"查明事实"，"无论是立法者和改革决策者等制度设计者，还是在具体案件中决定证人是否出庭的裁判者，均将能够查明事实作为证人出庭的核心目标"。[1]在查明事实目标的作用下，证人出庭对裁判者最大的价值便是提供真实可靠的证人证言，但由于多种因素，证人证言自身存在的不确定性，为裁判者作出最终裁判设下了阻力。

证人证言自身所具有的不确定性可以从内外两个层面来分析。

从证人内在因素来看，由于证人证言属于言词证据的一种，因此受到证人自身感知力、记忆力、心理状态、诚实性、表达能力等自身因素的影响，大多数裁判者倾向于相信庭前书面证言，因为在侦查阶段证人所作出的证言距离案件发生时间更近，对案件事实细节记忆更加准确，并且具有更加真实的感受，因此在侦查阶段作出的证言更贴近案件事实真相；而在庭审时，由于在刑事诉讼过程中，证人会承受"牵扯进刑事案件"的心理压力，导致大脑对记忆进行不同程度的曲解、加工，并且证人的记忆力也会随着时间的推移而产生退化，模糊甚至遗忘部分细节是无法避免的，这导致证人在出庭时作出的证言与庭前所作的书面证言有所出入，损害了证人证言的真实性、可信性。

其次是证人出庭证言的不确定因素也受到外界环境的影响。

一是，庭前的书面证言大多在侦查阶段形成，具有办案经验、询问技巧的侦查人员可以利用积累的经验、技巧向证人询问案件事实，且询问的环境较之于公开庭审更具压迫性、封闭性，证人可能因为适度的紧张情绪而作出真实陈述。而在相对开放的庭审中，证人在此前紧张情绪中作出的证言相对而言更具可信性。另一种情况是，在侦查阶段获得的证言是以刑讯逼供、威胁、引诱、欺骗等方式取得的非法证据，而证人在庭审时不敢于说出案件真实状况。无论哪种情况，都使得证人出庭时所作出的证言具有较大的不确定性，为裁判者作出最终裁判结果设下阻碍。

---

[1] 胡逸恬：《"事实查明"模式与"权利保障"模式的融合——论证人出庭制度的功能定位》，载《法学杂志》2019 年第 2 期。

二是，我国法庭审判并未设置证人宣誓制度。参考域外国家的司法实践，证人宣誓制度是庭审中必不可少的环节，在宣誓程序的作用下，证人会承担更多的"道德责任感"，意识到自身在法庭上正承担着某种法律义务，在道德与法律上的双重压力下，证人会更倾向于说出真话。一旦证人作伪证，将承担法律责任。而我国由于缺少此项程序设计，证人在作证时无法意识到自身承担的义务与责任，尽管证人宣誓制度无法百分百避免证人作伪证的出现，但在一定程度上，仍有利于刺激证人作出真实可信的证言。并且我国在对证人作伪证的法律追究也稍显疲软，实践中很少对证人作伪证的行为追究法律责任。在这种情况下，证人出庭证言相较于庭前书面证言具有更多不确定性。

三是，强迫证人出庭。有学者提出，"实际上，用刑讯逼供或威胁、引诱、欺骗等方法取得的证人证言，与用强制证人到庭作证的方法获取的证人证言，都是在违反证人意志的情况下收集的证据，在本质上具有同一性，都应予以排除"。[1]我国的《刑事诉讼法》规定了强制证人出庭、证人经通知不出庭的不利后果，这种程序设计一方面有证人因受强制而作出虚假陈述，造成冤假错案；另一方面，通过强制手段迫使证人出庭从而获得对案件的真实陈述，本身具有矛盾性。证人证言是证人大脑对已经发生的、过去的案件事实的记忆，而后通过加工、提取、组合，以言语的形式表达出来。"生理学研究成果表明，主体人对外界事物和现象的记忆，不仅受主体遗传因素及神经系统的影响，且与外界环境有密切关系。即随着时间的流逝和地点的变更，主体的记忆具有内在的差异性和模糊性。这是不以人的意志为转移的人类认识活动的客观规律。"[2]

外在环境的变化不仅会影响记忆主体对已经发生之事的记忆与判断，还会对主体的语言再处理产生影响。在精神分析领域，主体是言语的构成，服从于他者法则，但语言并不足以表征全部的自我，主体总有一部分是被语言所遗漏与否定的，即主体之间在交流时存在一堵看不见的"言语之墙"。因此证人作出的陈述难免会与案件真实有所出入，而在受到强制的情况下作出的证言更容易出现异化与扭曲。同时，以国家公权力强制证人出庭并设定不利法律后果的这种做法，将证人与法庭放在了对立面，对于不想出庭的证人，强制其出庭并不必然会使其说出案件事实真相，反而会因为强制性手段使得证人内心产生与

---

[1] 胡夏冰：《为什么强制证人到庭作证——兼论完善我国证人作证制度的基本思路》，载《法学评论》2002年第3期。

[2] 胡夏冰：《为什么强制证人到庭作证——兼论完善我国证人作证制度的基本思路》，载《法学评论》2002年第3期。

法庭对抗的心理。因此，不愿意出庭作证与不愿意作证并不能等同而语，强制证人出庭并无法实际提高证人出庭率，反而使得出庭证人的证言更具不确定性。

再次是证人出庭作证会给裁判者带来更多的心证压力，使得裁判者还原案件事实面临更多挑战。证人出庭作证的初衷是以证人直接向裁判者陈述案件事实，裁判者以"五声听讼"的方式对案件事实形成内心确信，从而作出裁判，但在实践中，证人出庭对于裁判者形成心证带来的更多是压力。

一是，正如前文所述，证人出庭给庭审带来新的、不确定的信息，这种不确定性让裁判者不能仅仅去审查静态的书面证言，而是要在当庭证言与书面证言间进行辨别，作出判断。这种心证上的压力是目前裁判者的认知所难以应对的。因此，证人出庭作证带来的不确定性，对裁判者作出案件最终裁判来说，是一种压力，而非动力。而这也是裁判者对证人出庭作证持消极态度的原因之一。

二是，我国现行的《刑事诉讼法》及相关解释并未对证人证言设立明确的、规范的证据能力规则，这就导致当庭前书面证言与证人出庭证言出现矛盾时，裁判者难以作出准确判断。根据现行《最高人民法院关于适用〈中华人民共和国刑事诉讼法〉的解释》第91条第2款规定，"证人当庭作出的证言与其庭前证言矛盾，证人能够作出合理解释，并有其他证据印证的，应当采信其庭审证言；不能作出合理解释，而其庭前证言有其他证据印证的，可以采信其庭前证言。"此项条款看似为相互矛盾的证人证言作出了证据能力规制，但实质上并未起到作用。此条款对法庭采纳当庭证言设置了前提条件，一是能够作出合理解释，二是能够与其他证据相互印证，这两项条件一是使证人承担了证明责任，二是需要有其他证据印证，仅是一种对印证规则证明模式的变相使用。过于严苛的条件使得证人当庭作出的矛盾证言极少被法庭采纳。然而当证人在庭审阶段提供与书面证言相互矛盾的当庭证言时，裁判者依照审判经验与逻辑法则，定然会在二者之中判断真伪。尽管采纳当庭证言需要证人合理解释与其他证据印证，但由于侦查、审查起诉阶段控辩双方的不对等性，控方往往能够决定向法庭提交证据的多少及内容，且在相对封闭的侦查阶段，获取的证人证言其真实性存疑，控方向法庭提交的可能都是不利于被追诉人的证据。因此，在此种忧虑下，裁判者所得到的是更加模糊的案件事实，反而因为难以判断真伪而无法作出最终裁判。

所以，当前的实践状况与改革初衷背道而驰。证人出庭对裁判者当下的认知力来说构成了挑战，这种挑战带来的心证压力来源于证人证言的不确定性，以及当庭前书面证言与当庭证言出现矛盾而无法判断矛盾证言真伪性的难题。

最后，证人出庭无法有效实现被告人的对质权，使得被告人无法通过对证人当庭证言的质询发现案件中的疏漏。更深层次上，证人出庭是为了在被告人对证人证言存有疑问与质疑时，通过向证人发问来清除证人证言之中虚假的成分，从而维护自身的合法权益，还原案件事实真相。因此，"证人出庭制度的唯一目的，就是促进其接受反对方当事人的交叉询问"。[1]但我国的《刑事诉讼法》既未规定被告人的对质权，也并未设置交叉询问程序。目前大多数观点认为，我国目前法庭审判采用的是较为简单的"轮替询问方法"，即"控辩双方与裁判者轮替询问证人的认证调查方式"。但在我国的刑事审判进程中，公诉方与辩护方在接触证人方面处于不对等的地位。公诉方往往能够更加直接、便利且多次接触到证人，而辩护方"庭前接触证人受到一定限制，不能单方面直接接触被害人的证人，不能在庭前引导证人"，[2]这就导致辩护方在庭审时对证人提出质询的能力十分有限，而由控方选择性宣读庭前书面证言，法庭主动对证人发起询问以引导证人陈述，这种强职权式质证方式使得证人出庭接受质询更多地成为一种对书面证言与其他证据进行核实的形式化过程。再者，我国《刑事诉讼法》并未赋予被告人以明确的对质权。最高人民检察院颁布的《人民检察院刑事诉讼规则》第335条对被告人对质进行了简要规定："被告人、证人对同一事实的陈述存在矛盾需要对质时，公诉人可以建议法庭传唤有关被告人、证人同时到庭对质。"但此项条款将对质权赋予了公诉方而非被告人。在我国重打击犯罪价值理念的影响下，公诉方往往无法做到主动向法庭申请证人出庭进行对质。因此，由于法律对被告人对质权的忽视，导致在庭审时被告方无法通过行使对质权以对案件最终定罪量刑产生实际影响。

另一个不能忽视的影响是，当下在庭审阶段出庭的证人大多是站在控诉一方，而这给裁判者带来的影响则是一种心理上的"权威暗示"。在我们以往的认知当中，检察官象征着正义与严肃，其代表着国家对犯罪的绝不容忍与坚决惩治，因此这种认知给我们带来的心理暗示是检察官总是站在正义的一方。同时，法律赋予了检察官以公平公正、严格执行法律的中立者地位，使得其更加具有权威与信服力。因而，当控方证人出庭作证时，往往会带来不利于被告一方的证言，但裁判者在客观、权威的检察官与被告人之间，会更倾向于信赖较为客观中立的一方。即便被告人对证人当庭证言提出疑问与质疑，也需要极为

---

[1] 易延友：《证人出庭与刑事被告人对质权的保障》，载《中国社会科学》2010年第2期。
[2] 龙宗智：《刑事庭审人证调查规则的完善》，载《当代法学》2018年第1期。

5. 庭审实质化对判决形成的影响

苛刻的印证条件才能得到裁判者的承认。因此，控辩双方的不平等地位使得证人出庭更加有利于检察官的控诉，而对于处于弱势地位的被告人来说，则是一种不必要的负担。在这种情况下，被告人无法通过证人出庭实现质询，裁判者也因权威暗示的心理偏差效应，更加倾向于公诉方。这一结果与推进证人出庭作证的改革初衷恰恰相背而行。

综上所述，推进证人出庭在庭审实质化改革的进程中占据重要地位，但司法实践中遇到的种种与改革初衷相矛盾的问题表明，仅是推动形式化的证人出庭，使证人出庭率仅在数字上有所提升，对我国的庭审实质化改革百害而无一利。提高证人出庭率，发挥证人出庭的实质作用不仅仅是简单地设计证人保障、激励机制，而重要的是，要解决证人出庭率低背后的法律漏洞，完善刑事诉讼法律关系，从而使证人出庭真正发挥帮助裁判者还原案件事实真相，作出正确判决，实现司法正义的实质作用。

除此之外，证人出庭本身从程序意义上看，还存在一种独立价值，即它对最终裁判的程序价值。在程序上，有些证人的出庭，无论是否存在有效的交叉询问，都会在一定程度上带来事实的混淆，至少是在司法资源成本意义上裁判者对事实问题的重新考量，往往偏离于本来的裁判指向。然而，证人出庭从价值论的意义上看，在司法关系中对于程序主体始终具有不可替代的超越价值。这种价值，其实并非工具价值，也非效率价值，而是一种目的价值，因为证人出庭本身就是目的，而且，程序必然影响结果。因此，对于我们来说，证人出庭这种新兴价值非常重要。而我们的判决，其实也在追求不同的价值。其实，价值是一种视角，一种思维的角度，可以用它来审视一份裁判文书是否存在多元价值，例如追求和谐、沟通和关爱等价值，是否存在某些特别价值，是否不单单是惩罚价值和辩护权保护，而存在诸如一种关爱、治疗、修复关系的价值等等。例如，是否在针对未成年人的判决文书中，贯彻了教育、感化、挽救以及教育为主、惩罚为辅的价值取向。因为未成年人司法应当关注行为人而不是行为本身，关注未成年人回归社会、恢复正常生活的状态，为涉罪未成年人提供着眼于其未来发展的处理、分流和矫正机制，避免简单惩罚等不当干预方式对其人格形成带来负面影响，为进入刑事诉讼程序的未成年人提供特定的保护和协助机制，对犯罪的未成年人动之以情、晓之以理，寓教于情，寓教于行，促使未成年人认识其行为的危害性，促其悔罪并重新回归社会，而不主要是对犯罪行为本身的报应和制裁。因此，教育和保护贯穿未成年人司法保护程序的始终，尤其是在裁判文书中。

再如，在某些由家暴引起的杀夫案判决中，对家暴历史的陈述和认定有着某些特殊证据的需求，如造成家暴的原因性、精神性证据等。也就是说，审理涉及受虐妇女综合征的问题，对此类案件重新进行的量刑考虑和制度设计，其实是一种更为深刻的实质化考量，不再依照固有的法律和证据，而是从更宽广的范围内寻找证据，寻找本案定罪量刑所要求证据之外的包括证人证言在内的各类证据，也就是受虐妇女和家庭个体化的证据，寻找被认为是与本案无关的那些长期受到家暴和精神压力等的证据，并且适用特殊的法律，如果没有，那就创造新的法律，从而对该个案形成公正的判决。

在类似的介入了女性主义法学视角的裁判文书中，还存在不同价值的排序问题。例如，经典的买药难题问题：一个叫海因茨的男人，他的妻子得了重病，可他没钱买治病的药，药店老板也不肯给他药而不收钱，为了救妻子的命，他该不该去偷药呢？杰克认为海因茨应当去偷药，因为人的生命比金钱更宝贵。艾米的回答则不同，她不赞同海因茨去偷窃，因为偷来的药既可能治好妻子的病，也会让海因茨坐牢，而如果妻子的病再犯，狱中的海因茨就没法再救妻子，结果只会更糟。因此，艾米认为，除了偷，海因茨还可以想别的办法，如告诉药店老板他妻子的情况，也许药店老板会借钱或赊账，那海因茨就能得到药了。吉利甘教授深入分析了杰克和艾米两人的回答。在杰克看来，偷药或其他解决办法反映了不同的价值，而不同的价值呈层级状分布，有着高下之别，在不同的价值发生冲突时，下位阶的价值应让位于上位阶的价值。艾米则从人际关系出发，认为人与人之间不是分立的，而是相互联系的，世界即因人与人之间的联系和交往交织而成，问题的症结在于药店老板对海因茨妻子的病况并不知情。因为，杰克的思维方式是层级的，而艾米重视人与人之间的联系，思维方式呈网状。[1]而这也反映出不同裁判者、不同性别的裁判者对同一问题的不同认知和判断，意味着随着庭审实质化的推进，有必要重构裁判体系。由此可见，传统的线性结构的诉讼格局，即侦控审的诉讼结构对最终裁判的影响与不断推进的庭审实质化所要求的新控辩审三方构造不可同日而语，更为重要的是，以证人出庭及其他新的诉讼价值理念出现而使得庭审结构朝向三角形结构，甚至多角形结构的转变。而本质上，裁判文书首要考虑的也应该是结构，为个案所铺陈的结构，这种结构是最能表现特定被告人如何在社会上一步一步走向犯罪的结构。因为从结构的视角来看，正如化学家所认为的，物质的结构一旦发生调整、变化，其

---

[1] 焦燕：《美国女权主义法学——法学的"另一种声音"》，载《法学评论》2005年第3期。

功能也就随之改变了。同样，对于最终的裁判文书而言，结构也决定了其功能。

因此，反过来，我们也可以从模式化的视角对所有的裁判文书进行研究。裁判文书的模式虽然不等于现实中的每一份判决，但是，我们的构造论关心的是整体问题，而非细节。如果从宏观视角研究，可以深入事物的表象，让认识更深刻，这时必须用构造论，它是一个四两拨千斤的分析工具，类型化的分析工具。比如，比较两大法系的裁判文书，分析细节，多少本书都说不完，但用结构进行系统比较则可以完成。

同样，我们还可以在此基础上试图建立一种裁判文书的理想类型，让它成为研究裁判文书和解释个案的一种概念工具，这些概念是抽象出来的分类概念。这种理想类型既要避免由于概念过于宽泛，使得失去裁判文书某种具体特征，又要避免由于概念过于狭窄，无法包容相关的裁判文书类型。

5.2 判决融贯论证与印证

法律论证的目的是通过一系列理由的支持说明某一法律决定或法学命题的正确性。这一正确性要求在规范领域是以"有效或无效"为标准，在经验领域则是以"真或假"为标准。因此一般而言，融贯在哲学领域是判断命题真假的一个标准，在法学领域则是判断命题有效无效的标准。[1]命题是指使用语言、符号或式子表达的，可以判断真假的陈述句。要判断一个命题的真假，首先要定义什么是"真"，也就是确定衡量标准。其次是如何得到"真"，也就是对于真的证明。在哲学史上，融贯论是最具影响力的真理观。

融贯论，即真理的融贯论（coherence theory of truth），其基本观点是：一个命题的真不在于它与事实、现实的符合或对应，而在于它与它所从属的命题系统中其他成员是否融贯：融贯者为真，不融贯者为假。真理是一组信念的各个元素之间的融贯关系。一个命题是真的，当且仅当它是一个融贯的命题集合中的元素。由此引申出：对融贯论者来说，谈论作为一个命题系统的元素的单个命题的真假是有意义的，但谈论它所从属的整个命题系统的真假则是无意义的。早期融贯论属于哲学中的唯理论传统，17世纪的莱布尼茨、笛卡尔（R. Descartes）、斯宾诺莎（B. Spinoza），19世纪初的黑格尔和19世纪末的布拉德雷（F. H. Bradley）都持有融贯论思想。20世纪，某些逻辑实证主义者特别

---

[1] 侯学勇：《法律论证的融贯性研究》，山东大学出版社2009年版，第14页。

是纽拉特（O. Neurath）和亨普尔，以及晚近的雷谢尔（N. Rescher）也是融贯论者。

融贯论有本体论和认识论之分。在本体论方面，如布拉德雷认为，实在本身就是一个统一且融贯的整体，他将其称之为"绝对"，只有作为整体的绝对本身才是真实的，如果我们只考虑绝对的某个部分、侧面或某种表现，我们就只能获得部分的或某种程度的真实性。由此推出，关于现象的感觉经验不能为我们关于绝对的认识提供可靠的基础，唯有把关于部分、侧面、表现的认识（孤立的命题）置于关于绝对的整体性认识（命题系统）之中，才能判别和保证它们的真理性。在认识论方面，有些融贯论者持有整体论立场（holism），如纽拉特认为，我们不可能退居一旁，作为我们身处其中的这个世界的旁观者，保持某种超然立场，把我们的命题与该命题所谈论的实在相比较。在某种程度上，我们所看到的世界是我们"能够"看到的世界，也是我们所"希望"看到的世界，关于世界的"事实"已经被我们自己的概念框架所污染，在确定命题的真假时，纯粹客观的"事实"和"实在"不起作用，起作用的只是被我们认识到的、纳入我们的概念框架中的"事实"和"实在"。命题与"事实"和"实在"的对照在本质上是系统内的一些命题与另一些命题的对照，命题的真假就在于与它所从属的命题系统中的其他命题之间的相互融贯。

融贯论的理论基础是矛盾律和"系统"概念。融贯性在于系统内各命题之间的相容性、关联性和系统本身的丰富性。其中，相容性是指一组命题互不冲突和排斥，可以同时成立。关联性有不同的意义：强的关联是指系统内的任意命题都必须衍推出其他命题，且被其他每个命题所衍推；弱的关联是指系统内的任意命题可以被该系统内的所有其他命题逻辑推出，或系统内的任意组命题在逻辑上都不独立于系统内的所有其他命题。丰富性涉及一系统的容纳能力：是否把一定范围内的真命题都包括进来，使得一个系统足够大和足够丰富。很明显，关联性和丰富性这两个概念没有得到精确定义，而相容性又潜在地依赖"真"这个概念：两个命题在逻辑上相容当且仅当它们可以同时为真。由于相容性依赖于"真"概念，再用依赖相容性的融贯性去定义"真"，在逻辑上就会造成循环。

诚然，融贯论本身包含一些合理因素。例如，自身融贯尽管不是真理的充分条件，但却是必要条件。因此，如果能证明某个命题与其他已知为真的命题系统相容，"它为真"这一点至少是可能的；如果能进一步证明它是其他真命题的逻辑推论，它就必定为真。正如布拉德雷的论述所表明的，融贯论在以隐含的形式强调真理的总体性和全面性,这无疑是一个正确而深刻的洞见。[1]"实在"是一个普遍的相互联系和相互制约的整体,关于这个整体的真理性认识也必定要以知识系统的形式出现。因此,全面的真理性认识必定是一个完整的科学体系。

然而,融贯论存在很多非议,主要包括自身融贯只是一个理论为真的必要条件,而不是充分条件。神话、谎话、宗教理论和其他任意臆造的理论也可能编得天衣无缝,自身融贯,但它们根本不是真理而是谬误。同时,有可能存在两个甚至多个互不相容的命题系统,每一个系统都自身融贯,但把它们合并成一个更大的系统时,其内部不再融贯。根据融贯论,这些系统中的命题既都是真的又不都是真的,由此陷入矛盾。另外,如果一个命题的真在于它同一个系统内其他命题的融贯,这个系统本身的真理性就只能取决于在更大的系统内与其他命题系统之间的融贯。那个更大的系统本身的真理性又如何确定呢?融贯论由此陷入无穷倒退中。可以看出,融贯论以个别命题相对于理论系统的逻辑可推演性(简称内部真理性)取代了该理论作为一个整体的真理性(简称外部真理性),遭遇了严重的理论困难。

在法律论证中,融贯论(Coherentism)是一种用于评估法律命题或法律决定的方法论,它强调法律命题或决定的内在一致性和相互关联性。根据融贯论的观点,法律论证的目的是通过一系列理由和证据来支持和证明某一法律命题或决定的正确性。这些理由和证据在一个融贯的论证结构中相互连接和相互支持,形成一个内在一致的整体。在法律领域,融贯论强调了法律命题或决定的有效性和合理性应该建立在一个相互关联和一致的论证框架之上。这意味着法律论证不仅仅依赖于单个法律原则或规则的独立正确性,而是通过对不同法律原则、规则、先例以及社会背景等因素的综合考虑来形成一个相互支持的论证体系。融贯论在法律论证中的应用涉及多个方面:

第一,它要求法律论证的逻辑结构应该是一致的,即各个理由和证据之间应该是相互衔接和相互支持的。这意味着法律论证需要避免矛盾和自相矛盾的情况,并尽可能确保各个部分的一致性。一致性要求法律论证中的各个理由、证据和观点之间保持逻辑上的一致和相互衔接,形成一个整体性的论证结构。在法律论证中,一致性的要求体现在以下几个方面:

(1)逻辑一致性:法律论证应避免矛盾和自相矛盾的情况。各个理由和证

---

[1] Bradley F H, "Essays on truth and reality", *Cambridge University Press*, 2011.

据应在逻辑上相互支持和补充，而不是相互排斥或产生冲突。逻辑一致性确保了论证的合理性和可信度。例如，假设一个法律论证的命题是"某一法律规定违反了个人隐私权"，理由之一是该法律规定侵犯了个人信息的保护原则。为了保持逻辑一致性，其他理由和证据应与这个原则相一致，例如法律规定与相关宪法权利的冲突、国内外类似法律的判例等。这样的一致性可以增强论证的说服力和可信度。(2) 主题一致性：法律论证应保持与主题相关的一致性。各个理由和证据应围绕着论证的核心主题展开，避免偏离或涉及无关的议题。主题一致性有助于论证的焦点明确和逻辑严谨。例如，在讨论一个涉及人权的法律命题时，法律论证的各个理由和证据应集中于人权原则、国际人权法、人权保护的国内法律等相关主题，而避免涉及与人权无关的议题，如经济因素或政治动机等。(3) 推理一致性：法律论证应保持推理过程的一致性。各个理由和证据之间的推理关系应清晰明确，确保论证的逻辑严密和合理性。例如，法律论证中的每个理由都应该明确说明其与论证结论之间的推理关系。这可以通过合理的演绎推理（例如，通过普遍规则推导出特殊情况）或归纳推理（例如，通过观察到的事实归纳出一般原则）来实现。(4) 证据支持一致性：法律论证中的各个理由和证据应相互支持和补充。证据应与其他理由和观点相吻合，以加强论证的内在一致性。在法律论证中，证据支持一致性可以通过以下方式实现：①一致的法律原则：不同的法律原则和规则应相互支持和补充，以构建一个内在一致的论证体系。法律论证可以引用相关的法律条文、案例法和法律学说，以支持论证的合理性和可信度。②共同的事实依据：各个理由和证据应基于共同的事实依据，以确保论证的一致性。这意味着法律论证中引用的事实应相互印证和支持，而不是相互矛盾或冲突。共同的事实依据可以是目击证人陈述、专家证词、调查报告等。③一致的法律解释：在法律论证中，对法律条文、案例法或法律原则的解释应保持一致。这意味着各个理由和证据应在解释法律文本方面达成一致意见，以避免引起解释的混乱或矛盾。通过维持内在一致性，法律论证可以确保其合理性和可信度。内在一致性不仅可使论证更加严密和逻辑连贯，还有助于提高论证的说服力和可接受性。一个内在一致的论证结构能够防止矛盾的出现，使得法律论证更加稳固和可靠。

　　第二，融贯论要求法律论证的综合性和全面性。它强调不仅仅依赖于单个证据或理由，而是需要考虑多个因素和角度来支持法律命题或决定的合理性。这包括对相关的法律原则、法律先例、法律制度、社会背景等进行综合考量，以形成一个全面、综合的论证体系。在法律论证中，综合性和全面性体现在以下三方面：

（1）多角度分析：法律论证应该从多个角度对问题进行分析和评估。这包括法律原则的角度、道德伦理的角度、社会政策的角度等。通过从多个角度来审视问题，可以获得更全面的认识和理解，从而更好地评估论证的合理性和可行性。例如，在讨论一个涉及隐私权的法律命题时，综合性和全面性要求法律论证不仅考虑个人隐私权的保护，还需要考虑其他权益的平衡，如公共安全、国家安全等。通过综合考虑多个权益的角度，可以形成一个全面性的论证，避免偏见和片面性。（2）多种资源利用：综合性和全面性要求法律论证利用多种资源，包括法律文本、先例案例、学术研究、专家意见等。通过利用不同的资源，可以获得更全面、更多样化的信息，从而增强论证的可靠性和说服力。法律论证可以引用相关的法律条文、法庭判例以及学术研究来支持论证的观点。此外，专家的意见和学者的研究成果也可以为论证提供重要的支持和参考。通过综合利用不同的资源，可以获得多方面的证据和观点，增强论证的全面性和综合性。（3）法律背景和社会背景考虑：综合性和全面性要求法律论证要考虑到特定的法律背景和社会背景。法律领域的发展、相关法律制度的规定，以及社会环境的变化等因素都应该纳入论证的考虑范围。法律论证应该考虑到不同法律体系之间的差异，以及社会、文化、经济等方面的变化对论证的影响。通过对法律背景和社会背景的全面考虑，可以更准确地评估论证的合理性和可行性。

第三，融贯论强调了法律论证的动态性和持续性。融贯论强调了法律论证的动态性和持续性，这意味着法律论证应该是一个不断发展和演进的过程，而不是一个静态的、一次性的论证结果。动态性和持续性的要求反映了证据论据的复杂性和变化性，以及对论证的不断完善和修正的需求。在法律论证中，动态性和持续性体现在以下三个方面：

（1）更新的法律观点和理论：法律领域是一个不断演变的领域，新的法律观点和理论不断涌现。融贯论强调了对这些新观点和理论的关注和探索。法律论证应该对新的法学思潮、学说和理论进行评估，并将其纳入论证的考量。（2）反思和修正：法律论证应该是一个反思和修正的过程。在论证的过程中，可能会出现新的信息、新的观点或新的证据，这可能对之前的论证结论产生影响。动态性和持续性要求法律论证者保持开放的心态，愿意重新评估和修正论证的观点和结论，这需要不断进行自我反思和批判，以确保论证的准确性和有效性。（3）考虑社会变化和现实情境：法律论证应该与社会的变化和现实情境保持联系。社会环境的变化、新的科技发展、社会需求的变化等因素都会对法律论证产生影响。因此，论证的动态性和持续性要求法律论证者密切关注社会的发展和变化，并将其纳入论证的考量。

融贯论主张从命题体系内部的融贯关系，即一命题与其他命题的相互依赖及其决定关系来判明命题的真理性质。根据龙宗智教授的观点：融贯论是印证证明方法的直接学理根据，印证的事实之所以被认定为案件事实真相，正是因为某一证据所反映的案件事实，在其他证据中也得到一致性的反映，即使反映的具体形式有所区别，但这些证据联合起来，形成了一个"逻辑上一致的系统"，[1]因此证据的相互印证，就是证据间的融贯。

印证是指两种及以上个体信息的交叉甚至重合状态，或是以此确认个体信息真实性的审查方法，在我国刑事诉讼经验、理论与规范的共同作用下，印证分析成为司法实践中最常用的证据分析方法，有助于识别孤证，以及发现证据之间的矛盾，并逐渐转变为一种用于认定证据能力、证明力及其他特定事实的司法证明规则。[2]我国的刑事司法证明强调认定某个案件事实需要复数性的证据，通过寻找证据之间能够相互支持的共同点，一个证据的真实性就得到了有效验证，可以为裁判者所采信，而它们所共同包含的案件事实也得到了证明。在我国的司法实践中，证据相互印证通过考察证据与证据之间的相互关系，从证据审查到事实认定将案件真相予以还原，成为司法裁判者审查判断单个证据证明力以及综合全案证据认定案件事实的主要方式，并受到实务界的广泛运用与青睐。早在1991年，学者陈一云在《证据学》中就指出，案件事实发生后，证据和一定的案件事实，以及证据事实与证据事实之间必然存在一定的联系。这样，为判明一定证据的真伪及其是否具有证明力，就可以把该证据与其他有关的证据结合起来，以考察它们之间能否相互证实或协调一致。[3]陈卫东、谢佑平在之后出版的《证据法学》中也提到，任何一个证据都无法借助自身来证明其真实、可靠性，只有与其他证据结合起来，加以综合分析、判断，才能确认其真伪。只有通过综合考察所有证据之间的相互关系以及这些证据与案件事实之间的关系，才能对案件事实作出正确的认定。[4]这些刑事证据理论都体现

---

[1] 龙宗智：《事实碎片都闪耀着同一事实之母的光芒——论"印证"的机理》，载《当代法学》2022年第1期。

[2] 孔令勇：《刑事印证规范解读：从证明方法到证明规则》，载《环球法律评论》2020年第6期。

[3] 陈一云主编：《证据学》，中国人民大学出版社1991年版，第236页。

[4] 陈卫东、谢佑平主编：《证据法学》，复旦大学出版社2006年版，第391页。

了判断证据真实性、认定案件事实需要满足证据相互印证的要求，这也是长期司法实践的经验总结。

印证证明虽具有明显的融贯论品质，但因其特定的功能和方法的制约，其在中国论证体系中的运行样态异化为一种极简的"融贯"：一方面是有限融贯，与哲学融贯论要求将一切有关的信息（命题与信念）均纳入认识领域的要求不同，印证证明只要求将具有相关性的"证据"纳入融贯性分析，这些证据是经过一个过程为特定主体所搜集，包含证据信息同时具有特定载体的材料，如人证、物证、书证等，以及从这些材料中抽象出的事实（证据事实），但情理（经验法则）不是证据，而是证据判断的基础、背景和依据，因此，此处的陈述系"孤证"，证据融贯关系不成立，由于仅承认部分证据间的融贯，印证证明中的融贯论异化为有限融贯论。[1]另一方面是外在融贯，知识论在实现知识确证的路径上，有内在主义与外在主义的区别，内在主义把确证性看作是由人们的内在状态所决定，并且这种状态是认识者可以把握的，与之不同，外在主义则否认确证仅是认识者内在的心灵活动，虽然外在主义承认确证离不开人的认识过程与心灵活动，但至少有一部分确证的因素是外在于认识者的。印证证明是在证据之间发现融贯性，而证据是外在和独立于人的认识的，证明方法具有外部性，不具有内省性特征，因此其认识根据有相当一部分是外在于认识者的，可称其认识路径为"外在主义"。[2]这种外部印证往往仅有印证的"表象"，未在内部形成完整的逻辑体系，甚至也未清晰地证明待证事实，因此这种缺乏原子化质疑的融贯、不曾排除合理怀疑的融贯、极小的融贯，都是危险的融贯，每种融贯叙事不过是事情的多个版本中，又增添的一种新解释而已。

在"有限融贯"和"外在融贯"的错误认知下，印证模式逐渐偏离融贯论的既定轨道。在实践中，裁判者失去了对单证自由评价的机会，即使其内心确信某一证据为真，也很难将其纳入评价体系，进而作为定案的根据，如陈永生教授统计的20起案件中，有占75%的案件证明被告人无罪的证据没有被推翻或得到合理解释，就直接对被告人作出了有罪判决；还有"张氏叔侄强奸杀人冤案"也存在忽视无罪证据现象：现场没有留下张氏叔侄的任何物证、抛尸现场没有张氏叔侄的脚印和车轮印、12吨的解放大汽车上没有查到任何痕迹物证、

---

〔1〕 龙宗智：《事实碎片都闪耀着同一事实之母的光芒——论"印证"的机理》，载《当代法学》2022年第1期。

〔2〕 龙宗智：《事实碎片都闪耀着同一事实之母的光芒——论"印证"的机理》，载《当代法学》2022年第1期。

被害人体内没有留下精斑、死者的8个手指甲里留有另一个陌生男子的DNA，虽然这些证据的客观性最强，但由于难以和其他证据融合，统统都被忽视掉了。所谓印证模式，是指两个以上的证据在所包含的事实信息方面发生了完全重合或者部分交叉，使得一个证据的真实性得到了其他证据的验证。[1]这意味着，一个证据如果能够通过"印证"这一固定模式的验证，其证明力就可以得到确认，反之则不予认定。诚然，案件发生后，一个证据事实与其他证据事实之间必然存在一定的联系，裁判者可以通过"印证"这种手段在证明过程中进行必要的验证。但是，在刑事诉讼这种可能剥夺人的自由和生命的程序中，完全采用"印证"这样一种"验证方法"来代替诉讼证明本身，单纯强调通过寻找证据间的共同点这一固定模式来审查证据，单纯依赖于"复数性证据"这样一种粗糙的判断标准，是绝对无法满足刑事诉讼程序排除合理怀疑的证明标准要求的。[2]因为在以剧烈冲突为特征的刑事犯罪中，事实真相常常会与我们一般的常识经验和理性逻辑相背离，尤其是对于疑难复杂案件而言，而庭审实质化又主要针对疑难复杂案件。在疑难复杂案件中，这一"印证规则"可能在诸多方面带来一系列严重问题。例如，刑事诉讼法要求据以定案的证据均须经法定程序查证属实，而印证规则却会弱化对单个证据的独立审查——裁判者在印证规则影响下不再关注对单个证据的自由评价，甚至还会导致即使裁判者内心确信某一证据为真，也很难将其纳入评价体系、作为定案根据的情形。也就是说，会出现某一证据为真，却可能得不到印证，而两个证据都虚假时，却可能得到相互印证的情形，如"张氏叔侄强奸杀人冤案"就是根据表面上印证了的证据定案，而那份指出"在被害人王某8个指甲末端检出混合的DNA谱带是由死者与一名男性的DNA谱带混合形成"[3]的证据却因无法得到所谓的"印证"而未能得到采信。

另外，证据的真实性并不取决于证据的多寡，印证本身并不能保障某一证据的真实性，这种所谓经验总结的法则，也存在相当的例外，而这种例外在刑诉这种以剥夺人的自由和生命为特征的程序下，必然适用排除合理怀疑的标准，也就从而无法依赖这样一种粗糙的判断标准，因为在以急剧冲突为特征的刑事犯罪中，事实真相往往会与我们一般的常识经验和理性逻辑相悖。导致某一证据即便得到其他证据的印证，其指向的事实不一定为真，而当两个证据皆为虚

---

[1] 陈瑞华：《论证据相互印证规则》，载《法商研究》2012年第1期。
[2] 2012年《刑事诉讼法》第53条要求"应当综合全案证据，对所认定事实已排除合理怀疑"。
[3] 付晓英：《冤狱十年：张辉、张高平案始末》，载《三联生活周刊》2013年第14期。

假时，却可以得到所谓的印证。

"从逻辑顺序上讲，对证据进行判断审查，单个证据的独立审查在前，在此基础上要求全案证据相互印证。对单个证据的独立审查是指通过接触某一证据在事实判断者心中留下的印象与影响，或者通过补助证据来查明单个证据是否属实。"[1]而证据相互印证规则强调通过寻找证据之间的共同点来审查证据，导致"证据查证属实才能成为定案的依据"转化为"证据相互印证才能成为定案的依据"。以证人证言为例，印证规则作为审查证据的关键，会导致侦查机关在制作案卷笔录时，只纳入能够与其相互支持的证据，检察机关在审查起诉、法庭举证时，一般倾向于将能够证明同一案件事实的若干证据一并出示，被告人、辩护律师通过指出不能相互印证的部分来否定其真实性、可信性，而裁判者采信证据一般也是依据印证规则综合认证，而非通过要求证人出庭，观察其言行举止，考察其本身可信性等方式进行单个认证。整个证明过程倒置，异化为寻找、验证能够相互支持的其他证据，来反推单个证据的真实性，忽视了印证规则运用的前提，即单个证据的独立审查，未经独立审查的单个证据进入法庭审理，很可能导致裁判者认识上的偏颇，将印证建立在本身并不真实的证据基础之上，最终导致整个案件事实认定的错误。

在这种情况下，异化的印证实践会对司法裁判造成严重负面影响。首先，印证规则会导致整个证明过程异化为依靠一定数量的其他证据来反证某个证据的真实性，证据的真实性判断由此异化为证据数量多寡的比较，异化为一种简单而盲目的数量比拼。其次，印证法则的存在会驱使办案人员人为地制造"印证"，即所谓的"由证到供"模式，如在"聂树斌案"中，警方根据掌握的诸如案件经过、现场勘验、检查结果、证人证言等信息，人为地制造了可以"相互印证"的聂树斌口供——"聂树斌交代了强奸后勒死康某的犯罪经过，并带领公安人员指认了作案现场及埋藏被害人衣物的地点，与现场勘查一致……聂树斌所供被害妇女体态、所穿衣物与被害人之夫侯某、证人余某所证一致"。[2]再次，这种印证注重语言逻辑的圆满和融贯，而通过语言逻辑拼接的证据碎片所形成的案件事实千变万化，这样的真相只不过满足很高的盖然性界限值，通过高度盖然性形成裁判者的心证。最后，印证机制还可能引发裁判者误判，我们知道，某些证据所包含的信息是多维的，而裁判者在适用印证法则对它们进

---

[1] 谢小剑：《我国刑事诉讼相互印证的证明模式》，载《现代法学》2004年第6期。
[2] 最高人民法院聂树斌案再审（2016）最高法刑再3号刑事裁判文书。

行审查判断时，会习惯于只是跳跃式地选取其中某些特定的"印证点"，这就意味着，当这些"印证点"所反映的那一部分证据信息之间产生印证交集，裁判者在印证模式下认可这些交集部分时，极有可能也一并误将这些证据整体判定为真。

印证模式被异化的原因在于融贯论的固有缺陷——无法提供一个用于定义"真"的保证性标准，其自身论证并不涉及任何实在的东西，仅以"融贯"这一主观认识作为"真"的标准，真理就会成为自说自话的任意主张，因为对于任何一个可辩论问题，理性人均可以围绕自身观点建立融贯的论证体系，如果缺少"实在"支撑的共同认可证据，证据之间的协调共处只是一个虚假的"和谐"，因此以融贯论为论证机理的印证模式需要借助"符合论"的主张弥补自身缺陷。

符合论是一种哲学观点，根据这一观点，真理是一个主张或陈述与现实世界的相互关系。符合论主张，真信念和真陈述在于与真实事态相符合。这种理论本质上试图在思想或陈述与事物或客体间建立关系，该关系理论上可以独立于涉及该关系的人，并独立于其他真理关系而存在。这类理论认为陈述的真或假原则上完全取决于它如何关联于客观实在，它是否准确地描述实在。真理符合论的核心思想可以追溯到古希腊哲学家亚里士多德和柏拉图。亚里士多德认为真理是与现实世界的对应关系，他认为真理在于主张与实际存在的事物相符合。柏拉图也提出了类似的观点，他认为真理是通过思想与理念的对应来实现的。在现代哲学中，真理符合论得到了进一步的发展和阐述。早期的真理符合论者包括英国哲学家弗朗西斯·培根和约翰·洛克。他们认为真理是由事实和经验所决定的，一个主张只有在与观察到的现实相符合时才能被认为是真实的。另一位重要的真理符合论者是德国哲学家康德。康德认为真理是通过我们对经验进行的概念与经验之间的一致性来确定的，他主张我们的认识是通过我们的感觉和理性之间的相互作用来建立的，而真理是建立在这种相互作用的基础上的。

"主张与事实的对应"是真理符合论的核心观点，它指出真理的基础是主张与现实世界中的事实之间的关联性。这意味着一个主张或陈述被认为是真实的，当且仅当它所陈述的事物或情况与实际存在的事物或情况相对应或相符合。具体来说，当提出一个主张时，声称它对应或符合了某个事实或现实情况。例如，如果说："今天是星期三"，这个主张只有在实际上确实是星期三时才是真实的。如果实际上是星期三，那么该主张与事实相符合，因此被认为是真实的。真理符合论强调了主张与事实之间的关联性。一个主张被视为真实，是因为它

5. 庭审实质化对判决形成的影响

所陈述的内容与客观的事实相符合，或者可以通过观察、实证或验证来确认其正确性。这种对应关系是真理的基础，它使主体能够判断一个主张的真实性。需要注意的是，主张与事实的对应并不仅限于直接观察的事实，也可以涉及更抽象或复杂的概念和关系。例如，科学理论提供了对自然世界的解释和预测，这些理论被认为是真实的，是因为它们与观察和实验结果相符合，并能够解释和预测自然现象。

"真理的客观性"是真理符合论的重要特征，它强调真理存在于客观的事物和现实世界中，而不依赖于主体的主观意见或信念。根据真理的客观性观点，真理是独立于个体的观点、信仰或感受的，真理不取决于个人的主观意见，而是存在于客观的事实和现实之中，无论个人是否相信或接受某个真理，它的客观性并不会因此而改变。例如，如果一个主张声称"地球是圆的"，那么无论个人是否相信这个主张，地球的形状仍然是客观存在的事实。个人的信仰或主观观点不能改变地球的真实形状。真理的客观性强调了独立于主体意见的客观存在，它与相对主义观点相对立，相对主义认为真理是相对于个体、文化或社会的，真理符合论主张真理是客观的，与主体的主观意见和文化差异无关。

"经验和观察的重要性"是真理符合论的另一个特征，强调通过感知和经验来确定真理的重要性。真理符合论认为，应当通过感官观察、实验、经验和理性思考来获取知识，并基于这些经验来判断主张的真实性，感知能力和经验是我们认识和了解世界的基础，也是确定真理的重要依据。例如，当我们提出一个主张时，我们可以通过观察、实验和经验来验证这个主张的真实性。如果一个主张与我们的观察和实验结果相符，我们就可以认为它是真实的。这种经验和观察的过程帮助我们建立对真实世界的理解，并验证主张是否与现实相符。经验和观察的重要性还体现在科学研究中。科学方法依赖于观察、实验和经验的积累，通过收集数据、观测现象和验证假设来推进我们对自然和现实的认知。科学的真理性是基于对观察和实验结果的经验验证。

因此，符合论是对印证证明有效性的保障。第一是对证据可靠性的保障：符合论要求对参与印证的各个证据进行来源检验，以确保证据的可靠性，这包括对人证、物证、书证、电子数据等各类证据的辨认、比对、检验和鉴定。符合论的方法有助于防止虚假证据的出现，确保证据信息与客观事实相符，从而提高证明的可信度和可靠性，随着审判中心的推进，要求裁判者对矛盾的证据不再单纯依赖印证规则，而是通过当庭盘问探寻更多的疑点和矛盾，同时也就探寻更多真相与客观印证；面对孤证，裁判者可以通过现场对出庭证人盘问从而探寻到相互的"印证";面对已有的"印证",裁判者可以通过盘问探寻出其间的缺陷和伪证。第二保证主张与客观事实的一致性:符合论强调主张与客观事实的对应关系。在印证证明中,符合论要求提供具体的证据来支持主张的真实性。通过经验观察、实证和逻辑推理,符合论有助于确定真理,并排除不符合客观事实的主张,这有助于确保印证证明的准确性和正确性。第三是事实的客观性验证:符合论要求对印证证明的事实进行客观性验证,以确保印证结果的可靠性,正如裁判者的自由心证需要客观的标准,即心证的尺度,裁判者可以据此检验,在何种程度上算是感知到了真相,以及在何种程度上可以排除疑问。这包括对直接证据和间接证据之间的印证,以及与其他事实和证据之间的相互印证,通过经验验证和与案件相关事实的验证,符合论有助于排除不合理的事实和推断,确保通过印证证明的事实能够合理地镶嵌于整体的证据和事实构造的框架之中。[1]第四是真理的追求:符合论强调通过感知和经验来获取知识。在印证证明中,符合论强调经验和观察的重要性,以及对事实的客观性验证。这有助于确保印证证明所得到的结论与真实的客观情况相符合,并为真理的追求提供了方法和指导。

5.3 重塑裁判文书的分析方法

刑事裁判文书是展现司法公正、弘扬社会法治最为直接的平台,是对审理程序等司法活动以及裁判者心证过程的客观记载,是"看得见的正义"的直接载体。一份高质量的刑事裁判文书,不仅仅要求裁判结果应得到社会的认可,还应该在规范撰写的基础上,进行严密的论证和完备透彻的说理。[2]因为裁判文书的说理是连接案件事实与裁判结果的桥梁,能直观反映司法审判工作的质量,也是衡量司法活动公正与否的重要标尺。此外,裁判文书说理也是人类就理性认知与历史经验所达成的共识,还是当今社会司法文明的重要标志,[3]因此其必须被作为裁判文书的重要组成部分而成为裁判者制作裁判文书的基本要求,只有这样才能取得最好的法律效果和社会效果。当然,裁判文书的说理同

---

[1] 龙宗智:《事实碎片都闪耀着同一事实之母的光芒——论"印证"的机理》,载《当代法学》2022年第1期。

[2] 刘树德等:《刑事裁判文书说理》,人民法院出版社2022年版,第13页。

[3] 孙华璞、王利明、马来客主编:《裁判文书如何说理——以判决说理促司法公开、公正和公信》,北京大学出版社2016年版,第7页。

证人出庭一样，是一个老生常谈的话题，所谓说理，就是解释判决的来龙去脉，但为什么老生常谈，因为说理是很困难的，困难在哪里？在于越充分的说理越容易显露出证据锁链和事实认证的疏漏。

随着近年来司法体制改革包括裁判文书改革的逐步深化，裁判文书说理越来越受到理论和实务界的关注和研究，并有一系列相关的著作出版。例如，《裁判文书的语言、逻辑和理由研究》（宋北平著，人民法院出版社 2000 年版）、《刑事裁判文书常见问题与建议》（"裁判文书制作研究丛书"之一，颜九红、鲁兴著，中国法制出版社 2015 年版）、《裁判文书如何说理——以判决说理促司法公开、公正和公信》（孙华璞、马来客、王利明主编，北京大学出版社 2016 年版）、《示范性刑事裁判文书评析》（"示范性裁判文书评丛书"之杨万明主编，人民法院出版社 2017 年版）、《裁判文书释法说理方法〈最高人民法院裁判文书释法说理指导意见〉的案例解读》（胡昌明主编，人民法院出版社 2018 年版）、《司法改革背景下裁判文书说理繁简分流研究》（罗灿著，法律出版社 2018 年版）、《最高人民法院关于加强和规范裁判文书释法说理的指导意见理解与适用》（最高人民法院司法改革领导小组办公室编，中国法制出版社 2018 年版）、《裁判文书说理的规范与方法》（杨贝著，法律出版社 2022 年版）、《刑事裁判文书说理》（"裁判文书说理丛书"之刘树德、王海虹等著，人民法院出版社 2022 年版），等等。各著作均结合司法实践，对我国裁判文书说理的发展、进步以及缺憾和不足进行了一定的论述，也较为广泛地阐述了各自对裁判文书说理改进的构想。

同时，对于裁判文书的释法说理工作，我国实务界也颇有建树。2013 年，《中共中央关于全面深化改革若干重大问题的决定》提出，"增强法律文书说理性"。2014 年，《中共中央关于全面推进依法治国若干重大问题的决定》中提出，"加强法律文书释法说理，建立生效法律文书统一上网和公开查询制度"。2015 年，《最高人民法院关于全面深化人民法院改革的意见——人民法院第四个五年改革纲要（2014—2018）》明确提出，要"推动裁判文书说理改革"，尤其是要"加强对当事人争议较大、法律关系复杂、社会关注度较高的一审案件，以及所有的二审案件、再审案件、审判委员会讨论决定案件裁判文书的说理性"。"完善裁判文书说理的刚性约束机制和激励机制，建立裁判文书说理的评价体系，将裁判文书的说理水平作为法官业绩评价和晋级、选升的重要因素。" 2015 年，《中央政法委关于建立律师参与化解和代理涉法涉诉信访案件制度的意见（试行）》中提出，律师参与化解和代理涉法涉诉信访案件，应当遵循"依法据理"的原则，即"严格依照法律和政策，向信访人讲清法理、讲明事理、讲通情理，向政法机关提出法律意见"。2018年，最高人民法院印发的《关于加强和规范裁判文书释法说理的指导意见》，提出"裁判文书释法说理，要阐明事理，说明裁判所认定的案件事实及其根据和理由，展示案件事实认定的客观性、公正性和准确性；要释明法理，说明裁判所依据的法律规范以及适用法律规范的理由；要讲明情理，体现法理情相协调，符合社会主流价值观；要讲究文理，语言规范，表达准确，逻辑清晰，合理运用说理技巧，增强说理效果"。2021年，最高人民法院印发《关于深入推进社会主义核心价值观融入裁判文书释法说理的指导意见》，该意见指出，"裁判文书释法说理应积极回应人民群众对公正司法的新要求和新期待，准确阐明事理，详细释明法理，积极讲明情理，力求讲究文理，不断提升人民群众对司法裁判的满意度，以司法公正引领社会公平正义"。

此外，最高人民法院多个有关司法工作的文件也就释法说理进行了具体工作安排。例如，2012年，最高人民法院研究室印发《关于编写报送指导性案例体例的意见》《指导性案例样式》，提出指导性案例中的裁判理由要"根据案件事实、法律、司法解释、政策精神和法学理论通说，从法理、事理、情理等方面，结合案情和裁判要点，详细论述法院裁判的正确性和公正性"。2017年，《最高人民法院对十二届全国人大五次会议第1549号建议的答复》提出加强基层裁判者能力培养，"加强社会知识、人文素养等方面的培训，帮助基层法官拓宽视野，善于从法律视角和社会视角通盘考虑法理、事理、情理，实现法律效果和社会效果相统一"。而于2018年6月1日发布的《最高人民法院关于加强和规范裁判文书释法说理的指导意见》则更加详尽，其既是落实中央两个决定和《人民法院第四个五年改革纲要（2014-2018）》具体任务的实际举措，又是未来一个时期指导全国法院裁判文书释法说理工作的重要文件。这些部署表明，释法说理已经成为中国司法不断进步、追求善治的实践议程，而裁判文书释法说理改革是"深化依法治国实践和提升国家治理能力的基础工程""展示法院公正形象的载体工程""提高司法产品质量和审判效率的优化工程""推进司法公开的升华工程""改善人民群众公平正义获得感的民生工程"。立足于此，无论是实务界还是理论界，结合《最高人民法院关于加强和规范裁判文书释法说理的指导意见》的具体规定进行深入、全面、系统的研究，无疑具有重大的实践指导功能和学术理论价值。

裁判文书的说理在我国经历了曲折的发展过程，虽然已经得到中央和最高人民法院的极大重视，也已经取得了较大的进步，但是从实际效果来看，通过对一些刑事裁判文书的实证研究分析，可以发现在说理方面还普遍存在若干不足，具体而言，当前的刑事裁判文书说理主要存在以下几方面的问题：

第一，证据的认定缺乏论证。历史的形成遵循"年代记—编年史—叙事史"的叙事演化路径，而案件事实的形成则遵循"证据—事件—事实"的叙事演化路径。[1]案件事实的确认是裁判的前提和基础，而让证据说话，则是查明案件事实的关键。在实践中，有的裁判文书缺乏深入的证据分析论证，导致证据和事实脱节。一方面，存在证据论证的片面性，片面表述经法庭质证、认证、采信的证据，对未采信的证据缺少足够的说理论述；另一方面，对采信证据的认证过程、采信的根据、证据的效力、证据与案件的逻辑关系、证据与其他证据的相互印证程度等也缺乏相应的分析论证，大多只是简单地罗列证据、照搬照抄，且没有分类标准和总结归纳。[2]事实上，运用原子化的证据证明方法，才能对单个证据，尤其是言词证据的虚假性作出细致的逐一甄别，据此美国证据法规定，控方必须以独立于口供之外的证据证明犯罪事实确实存在。此外，有的裁判文书过于冗长地罗列证据，对证据可采性一概而论、分析模糊，只存在简单的一句表述，即"上述证据经庭审举证、质证，本院对言词证据相互印证的部分及其他证据予以确认"，有的把无关的证据列举进来，有的将已经查明的证据遗漏，有的甚至会把未经查证属实的证据列入等。

第二，认定事实上说理匮乏。有的裁判文书仅最终给出确认事实的结论，未能明确反映裁判者内心对这些事实确信的推断过程，而仅在罗列案件各种证据之后，附缀一句"上述事实有经当庭举证、质证，本院予以确认的证据证实"，并直接套用公式化表述："事实清楚、证据确实、充分，指控的罪名成立。本院认为，被告人构成某罪。"此外，还有裁判文书叙述事实条理不清晰，重点不突出，详略不得当，容易使当事人和读者产生理解上的困惑。

第三，法律适用依据说理不足。在具体的司法实践中，由于法律体系日渐庞大和疑难案件的逐渐增多，如何准确选择并适用法律，是司法裁判中的重要问题。这就需要针对案件事实阐明适用法律的理由，不能只是机械式地引用，要保证案件事实与法律规范之间的有效衔接。比如，在此过程中需要深度运用法解释学的方法进行广泛论证，该方法是法律裁断不可或缺的一种基本方式，

---

[1] 赵永平：《案件事实语言建构研究》，中国政法大学2022年博士学位论文。
[2] 刘树德等：《刑事裁判文书说理》，人民法院出版社2022年版，第28页。

最早发端于欧洲，出现于德国，原本是为了用来正确诠释圣经，当被运用到法学当中时，就有了法解释学，而在裁判文书的说理当中则更应该运用该方法。但是，当前较多的裁判文书只写明依据的法律条文是哪些，却缺乏对适用法律条款所蕴含的精神和法理的翔实阐释，对为什么依据此条文作出判决，甚至条文的内容都没有进行足够的说明论证。裁判文书的受众除了专业法律人士，最主要的是双方当事人以及普通社会大众，如果在裁判文书中不对适用依据作详细透彻的说明，这些非法律人士很难有比较清楚的认识，对裁判结果的接受程度也会有所影响。即便是专业人士也需要通过裁判文书中的说理了解并判断法律规范与案件事实的契合度。此外，有的裁判文书未能准确地"找法"，即缺乏事实、理由与裁判结论之间的逻辑关系，未能清晰地呈现要件事实涵摄于法律规范的动态过程（疑难案件需要多次往返、穿梭于事实与规范之间）。当然，也有相当多的裁判文书说理时，未选择合适的法律解释方法，或者未能综合性地采用多种法律解释方法，或者未能遵循法律解释方法位阶来解释法律条款等。

第四，对辩护意见不重视，未回应争议焦点，难以保障控辩平衡。[1]在刑事案件的庭审中，辩护人虽然是独立的诉讼参与人，但是却相对处于弱势地位，这就导致长期以来辩护人的辩护意见不受重视，控辩双方意见在裁判文书中严重失衡。这一状况在裁判文书中就表现为裁判者不重视辩护意见，不对辩护意见进行积极回应，难以直接对争议的焦点问题进行论证说理，而且辩护意见的采纳率不高。即便予以采纳，也没有进行足够的说理。在刑事裁判文书的说理中，应当针对控辩双方的不同意见进行必要的回应，哪些意见可以采纳，哪些意见不能采纳都要进行充分说明，对双方的意见都要作出相应的回应，合理的部分进行阐述，不合理的部分进行说明。正如有学者所言，"裁判说理，不但要将事实认定、证据采信、法律适用、定罪量刑的依据和理由说清楚、说透彻，而且也要对控辩双方提出的意见特别是辩护意见一一作出合法、合理的评判，把是否采纳的情况和理由说清楚。不但要在法庭上说，而且要在裁判文书上说，并且公布于众。"[2]

第五，程序性问题的说理普遍缺失。相对而言，现有刑事裁判文书对于实体说理的重视程度远大于对程序的说理，但其实实体性问题与程序性问题都是

---

〔1〕 刘树德等：《刑事裁判文书说理》，人民法院出版社2022年版，第28-29页。
〔2〕 颜九红、鲁玉兰：《刑事裁判文书常见问题与建议》，中国法制出版社2015年版，第184页。

法院审理的必要事项，是必须要在裁判文书中有所体现的。而且随着我国法治进程的加快，公民的权利意识和程序意识觉醒，程序已经成为审判活动和社会的重要关注点，传统的重实体轻程序的裁判文书说理方式已经不符合时代的需求和公众的期望。例如，司法实践当中，"重指控轻辩护"的问题较为突出，即裁判文书中对起诉书指控的事实一字不落地"照搬"，而对于被告人及其辩护人的辩护意见则"高度概括"，有违司法中立性、公正性、客观性、对等性原则，间或会因概括得不准确、精简得不恰当而妨害被告人辩护权的正当有效行使。对此，德国刑事裁判文书的经验值得学习，裁判者"善于抓住控辩双方争议的焦点问题，并针对控辩双方的争议焦点，具体而深入地予以分析，以便逐一回应双方的争议焦点，形成判决理由，目的在于消除控辩双方可能存在的质疑和顾虑"。[1]换言之，裁判者要从庭审质证、辩论的过程中准确概括出控辩双方对犯罪证据事实、主体、法律适用等一方面或数个方面的争议，进而有的放矢地释明和说理。当然，不同审判程序说理的重点也是存在差异的，相对而言，适用简易程序的刑事案件因事实清楚且证据较为充分，所以应当以定罪说理为主，可以适当减少对证据的说理，而适用普通程序的刑事案件，可能就需要针对有争议的证据进行充分的说理。

第六，量刑说理缺乏。[2]在司法实践中，裁判文书中的说理往往以定罪问题的说理为主，对具体量刑的说理过少甚至缺失，不能清晰阐释量刑情节、量刑过程及量刑理由，量刑说理还呈现出不重视"附加刑说理""缓刑说理""量刑幅度选择说理"的特点。实质上，最后的量刑往往是双方当事人关注的重要问题。所以，量刑说理的目的不仅仅是要使受众了解量刑结果，还要通过说理使之理解量刑公正的具体原因，明白为什么如此量刑。通过对量刑程序的说理，能够进一步保证实现实体上的公平公正。所以，在量刑说理方面不能太格式化，不能简单地套用"认罪""悔罪""自首""坦白"等格式化的词语，而要阐述论证清楚其背后的原因和依据。应当根据案件具体情形和法律条文进行论证，详细阐明犯罪嫌疑人的量刑理由和根据。

相对而言，西方国家裁判文书说理制度有着较为深厚的历史渊源，且无论是大陆法系还是英美法系国家，在刑事裁判文书说理方面，都形成了自己独特的

---

〔1〕 曹波：《德国刑事判决书说理方法探微——以马斯洛依故意杀人一案刑事判决书为视角》，载《刑事法评论》2013年第2期。

〔2〕 刘树德等：《刑事裁判文书说理》，人民法院出版社2022年版，第29页。

风格和特点。德国诗人诺瓦利斯说："一切认识、知识均可溯源于比较。"[1]因此，在明晰了我国刑事裁判文书说理所存在之缺憾的情况下，比较考察西方国家法院刑事裁判文书说理的历史和现状，借鉴西方国家裁判文书说理的有益经验，有利于更加有针对性地构建符合我国国情的裁判文书说理制度。

对于大陆法系国家来说，其裁判文书说理一般较为简明扼要，裁判者在阐述裁判理由时，多是直接引用法条，而对法条本身的合理性并不多作论述。在法律适用方法上，大陆法系国家一般采取三段论演绎推理模式。具体而言，法律是每一次归入的起点和终点，其背后的原理就是接受立法者的意图。运用该方法的前提就是找到准确的法律依据，同时抽离出法律条文的每个前提条件，再将案件事实与每个前提条件及其中的语词定义进行比较，确认法条是否可以适用于本案事实，从而得出具有逻辑性、确定性的裁判结果。由于法条已经作出明确规定，将案件事实涵摄或归入法条之中，裁判者并不需要展开说理，不需要对法律规定本身的合理性进行论证。因此，大陆法系国家裁判文书说理往往文字精练，表达清晰，简明扼要。例如，法国法院的每一个判决都是由一个单独句子组成，所有判决理由都以一连串的"鉴于……"为开头语，文字精练但失之僵硬。虽然大陆法系国家裁判文书说理较为简略，但并非不重视说理，如法国裁判者在裁判说理过程中，一般也会对法条作有限度的解释，且德国较之于法国采取了更为复杂的涵摄模式，裁判者在裁判说理上善于运用理性、严谨的思维方式，讲求使用严谨的逻辑旁征博引，论证明显要丰富详尽。此外，大陆法系国家的裁判文书注重文书的格式化，多以专门的、权威的法律语言进行表达，用词准确严谨，很少使用通俗化的语言。以法国为例，法国法院，尤其是最高法院致力于使裁判文书的内容缜密而紧凑，附带性论述一概排除，当判决给予某一理由应予撤销，其他理由便弃之不顾，并且也很少涉及案件的背景、法律史、法律政策或比较法。法国裁判文书在说理上，权威色彩浓厚，其在解释和适用制定法上往往不是证明性的，而是结论性的，严谨、格式化的裁判文书说理结构使得这一传统下的裁判文书显得更加严肃、权威，甚至远离普通大众。[2]

对于英美法系国家来说，其裁判文书说理呈现出与大陆法系国家的明显差

---

〔1〕[德]K.茨威格特、H.克茨：《比较法总论》，潘汉典等译，法律出版社2003年版，第1-6页。

〔2〕孙华璞、王利明、马来客主编：《裁判文书如何说理——以判决说理促司法公开、公正和公信》，北京大学出版社2016年版，第10-12页。

5. 庭审实质化对判决形成的影响

别。其一，具有强烈的对话式、论证式、开放式特征。[1]裁判者在撰写裁判文书时会考虑预期受众问题，不仅要与当事人对话，还要与社会公众对话，特别是法律职业共同体内其他裁判者、律师、法学教授对话，裁判者会考虑这些人的可能反应。因此，裁判文书中会阐述各方当事人的不同意见及理由，同时还列明可资裁判选择的裁判理由，不仅篇幅宏大，而且说理层次十分丰富详尽。同时，英美法系国家的裁判文书由于注重说服，一般会进行广泛而充分的论证，如果既有先例可以适用当前案件，裁判者需要说明可资适用的理由，而如果通过区别技术发现以往既有先例均不能适用于当前案件，需要"裁判者造法"时，裁判者会怀着一种"造法"的使命感，对判决理由给予更加充分的论证。"判决意见的篇幅一般相当长，通常会对案件事实作非常详细的记述。推理过程也十分严谨，力求能在一般性法规和实质问题的解决方案之间，一步步地设计出衔接性的论证理由。"裁判者在"造法"时，会反复斟酌案件的本质与合理性，具有复杂的论点结构，大量运用事例、判例、著名学者和其他裁判者的判词意见来说明裁判者对案件的认识过程和判决结论的合法性。至于裁判文书的开放性，体现在裁判理由的开放性，裁判文书一般会尽可能地列出各种因裁判进路不同所形成的理由，并从中选择裁判者认为最有益于案件裁判的理由。

其二，裁判者具有说理的足够动力。英美法系国家由于判例法制度允许"裁判者造法"，这对裁判者裁判说理产生了极大的激励，特别是当既有先例不能适用于当前案件时，裁判者出于"判决作为法律对未来一系列案件的可能影响"（特别是美国联邦最高法院判决对美国政治、经济、社会产生的巨大而深远的影响），往往会高度重视，充满激情地制作裁判文书，观点鲜明、旁征博引，既蕴含深刻法理，又兼容艺术性与个性色彩，以使自己制作的判决成为优秀的判例和法律。英美法系国家的裁判者更多地具有实用主义倾向，裁判者不会放弃使自己扬名天下甚至流芳千古的机遇，也正因此，英美法系国家裁判者更为世界知名，富有卓越声誉，如大名鼎鼎的丹宁勋爵、卡多佐法官、霍姆斯法官、奥康纳法官、波斯纳法官等，而大陆法系国家的裁判者往往倾向于默默耕耘。

其三，说理时注重文学修辞的使用。美国联邦最高法院对于裁判文书要求：清晰明白，能够为公众理解，有说服力、雄辩的，以及尽量不在大裁判者之间留下嫌隙。裁判者为了证明自己观点的合理性，以说服当事人、公众与法律人，

---

[1] 孙华璞、王利明、马来客主编：《裁判文书如何说理——以判决说理促司法公开、公正和公信》，北京大学出版社2016年版，第13-15页。

颇为注重文字修辞,广泛引用各学科知识以及相关调查数据,雄辩滔滔,纵横捭阖。而在语言使用上有很强的个性化倾向,有的更大众化和口语化,文书风格相较于大陆法系国家的裁判文书更加生动活泼,易于让社会公众接受;有的则过度注重理论阐述,令人阅读艰辛,体现个性化差异。当然,以美国为代表的英美法系裁判文书说理虽有说理充分、论证全面的优点,但也招致了诸多批评。如认为在其说理的形式中,公开不同意见下过分突出个人意见而非机构意见,在某种程度上损害了裁判权威的明确性,且裁判文书语言的个性化,会导致裁判者自我表演倾向。而裁判文书篇幅普遍过长,内容比较散漫而不集中,甚至有烦琐臃肿之弊。

"他山之石,可以攻玉。"通过对两大法系国家裁判文书说理制度的介绍与分析,目的在于为健全我国裁判文书说理制度提供有价值的参考与借鉴。而在立足我国国情的情况下,可以从以下几个方面取长补短,丰富我国裁判文书说理的理论和实践。首先,可以借鉴大陆法系裁判文书的说理特点,突出说理的整体性。即说理要突出裁判文书的整体色彩和演绎法的精神,讲究逻辑推理,对复杂案件的判决说理应当更加吸收和借鉴德国、日本等国的经验,采取复杂涵摄模式。其中,一是要对拟用法律规定的要件进行分解,二是应将案件事实提炼为要件事实,三是需将要件事实与拟适用法律规定的构成要件进行逐一对照检验,只有适用法律规定的所有构成要件均被满足,才能适用该法律规定,得出符合该法律规定的相应结果。为实现法律规定与事实的高度契合,裁判者必须在事实与规范之间频繁审视,需要充分地进行内部论证与外部论证,内部论证需要保证演绎推理的形式有效性,即结论是通过将作为小前提的事实涵摄到作为大前提的法律规定中得出的;外部论证则需要保持大前提的真实性、正当性与合理性。而在对具体、单个的证据进行审查判断时,可在逻辑上分解为四个步骤:判断证据形式和来源是否符合法律要求→判断是否具有真实性→判断是否具有关联性→判断是否具有证明力。在判断证据能力和证明力时,还存在两种内在逻辑:一是案件出现了相互印证的证据,一个证据由于自身局限性(例如,证据系复印件、传真件)难以认定其证据属性,另一个证据的内容能与其载明的内容相互印证时,则使得该证据具有了证据资格。对于印证关系的判断同样需要体现说理逻辑,两个证据之间为何形成印证关系,相互印证的内容是什么,印证证据能够认定的案件事实是什么,都应当在裁判文书中进行说明。二是案件出现了相互矛盾的证据,通常是诉讼各方对同一事实分别举出了相反的证据,但都没有足够的依据否定对方证据的,需要结合案件具体情况,判断证据的证明力是否具有高度盖然性。对于矛盾证据的判断也应注重体现说理的逻辑，应当将证据出现相互矛盾的情况，证据取舍的结论和依据予以开示。[1]其次，借鉴英美法系裁判文书的说理模式，特别案件可借鉴英美法系"对话—论证式"说理方式，增强裁判文书的说理性，克服使裁判文书流于一般化、套路化的做法。建构回应型司法，加强判决的决疑性，针对案件的争议焦点，全面记载当事人的诉辩意见，全面回应当事人提出的各种事实争点和法律争点。当然，裁判者的心证历程不可能完全表达，其根据经验所作的分析不可能全部清晰呈现于判决之中，因此，其可以通过叙事的方式，讲述一个像德国判决中的故事，让人们明白他的心迹，他的判断，他的结论。而受众也不明白数学概率、贝叶斯定理和威格莫尔图示法，因此他们也需要一个故事来理解案件，这就借鉴了域外裁判文书中运用的司法叙事的说理方法。此外，这里的借鉴应主要限于缺乏法律明确规定、存在法律漏洞的案件以及复杂疑难案件。对于这些案件，需要详细写明当事人提出的争点及理由，有针对性地围绕争点进行理由阐述，如需要提出理由与证立理由。裁判者应当负有充分说明裁判理由的正当性、合理性、可接受性之义务，体现"协商对话"的民主精神。同时，要有效区分裁判依据与说理依据，尽量实现"引用与说理的一元化"到"引用与说理的二元化"的转化。[2]

同时，所谓的分析案情，必须做到层层深入的分析，做到没有目的的分析。所谓层层深入的分析，意味着既要深刻挖掘，又要视野广阔。也只有这样的案情分析，才能真正认识每个案件的本质，才能真正发现问题，才是真正对案件疑难点的解释。要从复杂、细微的司法案例中，发现特殊的、异常的、不为人知的问题和矛盾，从而否定或消解习以为常的判断结论。正如马克思所说，最好把真理比作燧石，它受到的敲打越厉害，发射出的光辉就越灿烂。而所谓没有目的的分析，是指没有最终结论的分析，无论是通过何种方式认定犯罪与否，都不应在起始的时候就设定下既定的结论，也就是不能为已有的结论背书。神秀说："身是菩提树，心如明镜台，时时勤拂拭，勿使惹尘埃。"惠能说："菩提本无树，明镜亦非台，本来无一物，何处惹尘埃。"同一个案件，完全可能出现不同的结论，无论是一审法院的，还是终审裁判的，其实，只要分析过程是符

---

〔1〕 杨惠惠、邵新：《裁判文书证据说理的实证分析与规诫提炼——以法发［2018］10号为中心》，载《法律适用》2020年第6期。

〔2〕 孙华璞、王利明、马来客主编：《裁判文书如何说理——以判决说理促司法公开、公正和公信》，北京大学出版社2016年版，第17-18页。

合经验、逻辑和良知的，就都不属于错案的范畴。因为，根据工具理性主义的本体论观，社会科学中的问题是否存在真实且正确的答案是可疑的，任何一种结论和观点都无法以真理自居，应该重视的是依据什么样的案件分析进路得出了案件结论。这是因为，不论裁判者采用何种定罪构成方法以及事实认定方法，所得出的最终判断都必然在一定程度上带有个人主观加工与形塑的烙印，在这个意义上，这种裁判者个人的认知及其结论无论如何与实际都不可能完全相符。诚如格林斯坦等人所言，"客观的"、无可争议的观点并不存在，因为个人的意见与特质，以及选择的看法都不可避免地会影响结论。汤因比曾断言："人类观察者不得不从他本人所在空间某一点和时间某一刻选择一个方向，这样他必定是以自我为中心的，这是他成为人的一部分代价。因此，他的观点必然是片面的、主观的。就像盲人摸象一般，多个视角，多个结论，都是正确的片面，又是错误的全面。"心理学家赫根汉也曾经作过一个形象的比喻："研究对象就像是漆黑房间里一件不能直接触摸到的物体，研究方法则是从各个角度投向该物体的光束。光束越多，照射角度越不同，人们对该物体获得的信息就越多。"也正因如此，裁判者应当遵循自己的逻辑判断、经验积累与良心价值来进行自己独立的不设前提的判断。反过来，裁判文书到底记载的是不是事实真相，我们讨论客观真实与法律真实的区别就是假问题，通过正当程序认定的事实就是唯一的真实。一份裁判文书告诉我们，被害人是被告人毒死的，如若不相信，用非正当的程序去找到另外一个事实，只不过是自己的真相版本。因此，我们需要多维地去看待这个问题。

当然，在判断和作出结论时，不能忘记这是刑事判决，要站在天平倒向被告的不公平的立场上，才是公平的。在存疑时，要有利于被告人，这是"无罪推定"原则的应有之义。例如，如果有小偷深夜入室盗窃、被巡逻的民警当场抓获。是不是此时能够放弃无罪推定原则？是否此时能否认正当程序中天平倒向被告人这一弱者的合理性，是否此时可以以被害人权利之名对待被告人？要知道，在刑事诉讼这场由国家提起的追诉中，公诉方在公权力的支持下，始终是具有重大优势的一方，而被告人则始终是劣势的一方，在这样的天平上，始终应当以无罪推定原则来保护被告人，包括在裁判者进行分析判断时，也必须始终以此为预设立场。

笔者认为，裁判者通过实质化的庭审分析案情和对案件作出判断，需要借助以实证分析为主的分析方法。实证分析是法律判断的必不可少的一种基本方式。即通过对案件经验事实的观察和分析，来建立和检验案件的各种可能结果。

它可以包括社会层面的调查、实物的考察、比较分析、逻辑推理、语义分析等方法。无论是大陆法系传统的专业裁判者，还是英美法系的陪审团，当他们实际接触到证据时，都会产生非常直观的印象。例如，在轰动全美的"凯西谋杀案"中，控方将灌入不同死亡气体的易拉罐摆在法庭上，试图以其形态和味道来证明案件中关于尸体存在的问题，这对裁判者会产生严重影响。因此，要综合运用此种分析方式对案件进行整体把握，以使案件分析结果尽善尽美。但同时要注意的是，在此类实证分析中所设置的考量标准过繁，分析范围过宽，断案效率过低等问题，尤其在对突发案件和新类型案件的分析判断上。同时，还应当注意避免伪实证方法，即不应通过预先告知的方式对某些争点进行分析，这时就应采取类似社会学中的炉边谈话，车内谈话等方式。

实证主义这一概念最早由社会学家孔德提出，他认为实证主义才是真正意义上的科学。孔德认为实证把人类智慧的"最高属性"结合在一起；他摒弃一切虚妄、无用、不确定、绝对的东西，摒弃一切神学和形而上学的东西。孔德拒绝对哲学的根本问题作出回答，而是以实证科学为出发点的，对事实进行观察。一种思潮是在19世纪，社会科学主要受由孔德、斯宾塞掀起的实证主义影响的思潮，模仿自然科学的外部观察与实验研究方法，并试图得出有关社会的一般公理式命题。另一种思潮是对启蒙时代理性主义进行反思的新康德主义思潮。新康德主义反对用自然科学的方法研究人文社会科学。新康德主义哲学家文德尔班和李凯尔特将人文社会科学与自然科学进行区分，后期转为"历史相对主义"的狄尔泰等学者更是强调人类精神生活的独特性。韦伯对上述两种思潮进行调和。他既坚持人文社会科学涉及价值问题，又认为人文社会科学研究可以做到类似于自然科学的"价值无涉"。

事实上，裁判文书作为一种法律文书，其不仅是法院审理案件过程和裁判结果的载体，也是司法监督的重要依据，更是法院确定被告人是否构成犯罪以及刑罚强度的法律凭证。裁判文书所载内容是否客观公正对被告人和裁判者均有较大影响，其既关系到被告人的人身、财产等切身利益，又关系到裁判者的职业生命和职业荣誉，更关系到对社会公众的价值判断与行为指引。因此，裁判文书的内容是否客观公正是关注的焦点，而决定裁判文书是否客观公正以及能否获得认同的关键就在于裁判文书的说理部分。也就是说，裁判者对案件事实的认定与裁判结果的逻辑演绎，需要完整且准确地展现在裁判文书中。因为裁判文书的说理越清晰、越透彻，就越容易被各方当事人所了解和接受。反之则可能出现虽然判决的结果是公正的，但由于对事实认定的推理以及证据采纳与否的原因没有详细阐明原因，就可能导致当事人怀疑裁判的过程存在暗箱操作的现象，进而质疑裁判结果的公正性，这可能引发缠讼和上访，最终损害司法的权威性和公信力。事实上，公开透明是现代政治的基本准则，也是人类法治文明的共同成果，裁判者在裁判文书中将自身对案件证据、事实认定以及法律适用的评判和自由心证过程，用社会公众可以接受的方式进行说理和公开，既是对司法公开的深度拓展，又是司法公正的必然要求，更是司法公正的现实基础。在裁判文书说理方面，我们已经取得了长足的发展和进步，但也仍然存在一些未能解决的问题，对此可通过对域外典型刑事案件进行分析，以实际感受我国与其之间的差别并获得相应的启发。

2002年8月2日，德国波恩州法院判决了一起故意杀人未遂案件，该案中被告人哈逊姆·马斯洛依时年25岁，其在16岁时便开始吸食大麻、安非他命等，之后开始抽海洛因，而吸食大麻使其逐渐产生了幻觉，认为他的同事在大量侵吞受托资金，且认为这一侵吞行为的悬赏为德国工业总资产的10%，他相信自己有权利获得这笔金额。在2000年8月7日至2001年1月26日期间，其因源自精神分裂症的类妄想狂的幻觉性精神病以及所存在的大麻依赖性而接受了治疗。被告人与证人萨尔茨原系恋人关系，两人有一个儿子，后萨尔茨与案件被害人斯旺革卡尔帕成了男女朋友并住在了一起，而被告人一直认为斯旺革卡尔帕总是煽动萨尔茨反对自己，他想占有自己的女友和儿子并计划获得本属于自己的亿万遗产，并将萨尔茨不想与其有任何接触一事归咎于斯旺革卡尔帕。

2001年12月7日晚，被告人去了被害人斯旺革卡尔帕和萨尔茨的住处，想最终把斯旺革卡尔帕弄进医院，以便能够平静地与萨尔茨谈谈，并向她提供有关斯旺革卡尔帕的企图的重要情报。当天刚过21点不久，被告人便携带一把菜刀到达了被害人的家，之后在多次偷听确认斯旺革卡尔帕在家并为自己找好退路之后，被告人于2001年12月8日0点30分使用暴力闯入了斯旺革卡尔帕的家里，在此期间其多次砍刺想逃跑的被害人，并砍伤了他的手掌、右耳以及太阳穴处，后因刀刃折断而不得不中断了施暴行为，并在萨尔茨报警并跑进院里之后逃离。被告人快速逃回到自己住处的途中，先是到其他地方躲了起来，后又给警察打了电话并叙述了所发生的事，然后又根据警察的要求回到了自己的住处，直到被赶来的警官抓走。2001年12月8日，在警察对被告人进行的讯问中，其基本上像法庭根据调查所确定的那样说明了犯行，并讲述犯行动机仅是想伤害斯旺革卡尔帕，但同时也表示如果斯旺革卡尔帕在攻击中丧生也无所谓，因为斯旺革卡尔帕使自己的儿子和女友受到了伤害。之后，法院请了专家对被告人的精神状况进行鉴定，发现案发当时并未出现任何线索表明其存在深度的意识障碍、智力低下或者其他严重的精神病态，但专家同时诊断出被告人存在心理病理学的综合征，它是慢性的、毒品产生的精神分裂的偏执狂的幻觉性精神病。此外，被告人还存在大量的后遗性综合征（缺陷状态），这些综合征典型地出现在精神分裂的精神病理过程中。综上，法庭得出结论，即被告人存在的这种疾病性精神障碍并未导致其缺乏《德国刑法典》第20条意义上的认识能力或者控制能力。最终波恩州法院因未遂的故意杀人与危险的身体伤害的竞合，判处被告人有期徒刑四年，并将其收容于精神病院。

在该案件的裁判文书中，法庭对被告人犯罪时的心理活动进行了详细的刻画和描写。例如，裁判文书中写道，"被告人在警察对他进行的审讯中回答，其想'最终把斯旺革卡尔帕弄进医院'，以便能够平静地与萨尔茨谈谈，并且向她提供有关斯旺革卡尔帕的企图的重要情报……为了不被发觉就到达被害人的家门口，被告人爬过隔离围墙达到内院，其从通向屋里的通风洞偷听了一下，听见了斯旺革卡尔帕的声音确认其在家里，为了准备好合适的退路，被告人先是从侧面给铁门打开了一条缝，接着转移到放在内院的垃圾桶那里，以便能够躲在垃圾桶的后面。大约在21点15分，其按响了斯旺革卡尔帕的房屋门铃后立即躲在垃圾桶的后面，以便看看谁会来开门。……被告人又回到院子里，再一次从通风洞里偷听屋里的情况并等了一会儿，然后重新跑过内院和男证人弗里德里希的花园并进入邻接的地里，以便再次仔细思考一下计划。在这一过程中，其发现弗里德里希的阳台上有一满瓶啤酒，因担心这个瓶子可能在将来逃跑时被用作攻击自己的武器，其就将它藏在另一个地方了。当其在邻接的地里转了一会儿并'聚精会神'地想了想之后，作出了使用暴力闯入斯旺革卡尔帕家里的决定。因为知道在屋里有两条狗，所以其就拿起一把扫帚并取下了扫帚柄，以便能够在必要时用它来防御那些狗。……被告人作案后在邻接的地里待了一会儿后就回自己的住处，到达那里之后，其发现房前有一辆不熟悉的汽车，里面有两个穿便衣的男人，其马上推测到里面会是两个因为自己的行为而寻找自己的警察，因此其先是离开住处的附近并躲了起来"。

上述心理描写在裁判文书中体现得非常明显，裁判者将被告人在整个犯罪过程中的所思所想描绘得细致入微，被告人的每一个行动背后的心理活动都被裁判文书完整地重现，使被告人的形象也真实起来，对其精神状况也有了立体全面的了解，因此在心理学家对被告人的心理状态进行鉴定并得出鉴定结论，法庭以此为重要依据作出判决时，大家也更能对裁判结果表示认可和接受。并且，这也是一种很重要的代入法。裁判者首先是人，有人的情感，有人的弱点，只有加强代入，才有可能进入案情，即便这种代入只是一家之言，但至少一定是权衡过诸多可能性后的一家之言，一家之揣测，比未进行过如此尝试的裁判过程要更为公正。也就是说，所有的证据规则、诉讼程序，其实都应该重点研究作为庭审主体的被告人的人性和心理，而且必须是本土化的人性和心理，并在此基础上制定规则，作出判决。关注他们，关注从现实语境中进入庭审程序中的人，通过代入的方法，来进行设身处地的裁断。

此外，在事实认定方面，因事实认定是判决理由的一部分，因此裁判文书必须对此予以说明，虽然本案事实并无争议，面对检方的控告，被告就事实方面都予以承认，没有反驳，但裁判文书事实认定部分还是花了较大篇幅进行说理和描述，并展现出叙述详尽化和故事化的特征。裁判文书在被告人部分仔细介绍了马斯洛依的家庭情况、求学历程和工作经历，讲述了被告人大约三岁时其家从摩洛哥迁移到波恩，其父亲是一个招待员，母亲是家庭主妇，被告人在九年级时离开了学校，之后开始了为期三年的炊事学习，其通过了实际操作部分的考试，但是没有通过理论部分的考试，嗣后，其有时作为厨师助手给一个临时公司工作，但在2001年11月中旬其失去了这一工作。被告人较早便开始消费酒和尼古丁，并在16岁时开始消费大麻、安非他命、麦角酸二乙酰胺，最后抽上了海洛因，而吸食大麻使其逐渐产生了幻觉。被告人在波恩的一个公司短期工作时产生了一种印象，即自己的同事在大量侵吞受托资金，且认为某娱乐节目也报道了这事，于是其向很多部门报告了所谓的观察，但他们都不相信，其认为这一侵吞行为的悬赏金额高达一万二千亿马克，并相信自己有权获得这笔金额。此外，被告人还表达了自己的愿望，即在不久的将来会被加冕为德国的皇帝。因为毒品问题和因此产生的幻想，被告人两次住进波恩的莱茵医院接受住院治疗，并在2000年8月7日至2001年1月26日期间，因为源自精神分裂症的类妄想狂的幻觉性精神病以及所存在的大麻依赖性，其在那里接受了治疗，而即使在治疗期间其也在继续吸食大麻。2000年11月，波恩地方法院给被告人安排了照料，该照料附有居住决定法所规定的职责范围，包括决定收容和限制自由的措施以及健康帮助。被告人曾两次因交通欺诈而受到刑事追究，并被波恩地方法院于1999年11月9日的刑罚命令和2000年6月13日的刑罚命令分别被判处8个日额和25个日额、每日30马克的罚金。被告人在1994年至1996年与证人萨尔茨系恋人关系，萨尔茨在1996年3月18日生下了两人的儿子，不过萨尔茨在发现被告人在吸食毒品后就与其分了手。两人分手后先是中

5. 庭审实质化对判决形成的影响

断了接触,但被告人并不愿接受分手,当他发现自己请求在他和萨尔茨之间进行调解的斯旺革卡尔帕——后来的犯罪被害人——与她建立了关系之后,状况就变得尖锐起来。其后,被告人获知他们两人搬进了一处共同的住房,但起先并不知道他们的地址。被告人有一种印象,即斯旺革卡尔帕总是煽动萨尔茨反对自己,他的任务是占有自己的女友和儿子并计划获得本属于自己的亿万遗产。在2001年底,被告人知道了萨尔茨和斯旺革卡尔帕的地址,因此其在信箱上给萨尔茨放了一束塑料玫瑰花,但萨尔茨不想与被告人有任何接触,被告人将此事归咎于斯旺革卡尔帕,认为是其给萨尔茨提供了虚假的信息。2001年12月2日,被告人进入被害人斯旺革卡尔帕的住处并用一块随身携带的石头多次击打其头部。

上述关于事件的很多描述可以说与案件并无多少关联,但依然被详细地记录在案。这固然使裁判文书显得冗长烦琐,但它向我们展示了一个比较全面、立体而真实的被告形象:他来自移民家庭,父母和其本人的教育水平均十分有限,从事着社会底层的工作且时而失业,自幼便开始吸食毒品并因精神分裂和妄想症而接受过治疗。在了解这些后,我们更容易接受后面对被告人的定罪量刑。此外,这样做还能同时展现裁判者的严肃认真,其认真对待与被告有关的一切有用材料。因此,读者不必担心判决的黑箱问题。此外,裁判文书的叙述充满故事性,不仅有时间、地点、人物,还按照时间的发展顺序描述,令被告人的经历仿佛真正浮现在了读者面前,更能使读者代入其中并对判决产生共情。

最后,在法律适用说理方面,该裁判文书既详细分析了法律的构成要件,又清晰归纳了双方的争议焦点,论证缜密全面,因此具有较高的借鉴价值。如在法律适用部分裁判者阐述道,从法律的观点来看,该危害行为对斯旺革卡尔帕造成的损害是《德国刑法典》第212条意义上的未遂的故意杀人,被告人至少容忍了被害人的死亡,是以有条件的杀人故意而行动的。与此相反,被告人没有满足《德国刑法典》第211条意义上的未遂的谋杀的各个构成要件前提,特别是法庭不能判定被告人的危害行为是基于第211条第2款第1个事例群意义上的"卑劣的动机"。虽然根据被告人自己的说明,其想"弄掉"被害人斯旺革卡尔帕,但其并非仅仅出于自私的动机而计划了这些,而是相信必须将萨尔茨从被害人坏的影响下解放出来。此外,在行为单数(《德国刑法典》第52条)上,其也满足了《德国刑法典》第224条第1款第2项和第5项意义上的危险的身体侵害,即使用武器进行的身体侵害以及使用危及生命的方式进行的身体侵害的构成要件。虽然不存在刑法典第20条意义上的排除刑法答责性的各种前提，但是根据各位专家的判断，法庭认为被告人显著降低了其《德国刑法典》第21条意义上的控制能力。在决定对斯旺革卡尔帕造成损害的未遂的故意杀人的刑罚幅度时，法庭首先必须考查的是：关于是否存在故意杀人的较轻情节（《德国刑法典》第213条），法庭最终否定了这一点。根据《德国刑法典》第213条的规定，若故意杀人者因遭受被害者通过虐待或严重侮辱对其本人或其亲属引起的愤怒，而当场被激怒并实施犯罪行为的，或者存在其他较轻情节时，对故意杀人处以1年以上10年以下的自由刑。然而，本案被告人并未受到斯旺革卡尔帕的挑衅，即未遭受虐待或者侮辱，同时也不存在《德国刑法典》第213条所规定的其他较轻的情节。

在进行不可缺少的对犯行的总体衡量时，需要将下述视点纳入在刑罚幅度衡量的考量之中。在刑罚轻处方面，需要考虑的是：止于故意杀人的未遂；在实施犯行时，被告人的控制能力明显降低（《德国刑法典》第21条）；迄今为止，被告人所受刑事追责程度较低，且并不属于相同的罪行；其并未无限制地实施犯罪行为，并且对犯行表示遗憾；在进行的程序中，他先是被采取了调查拘禁的强制措施，接着进了莱茵医院。相反，在刑罚重处方面，需要考虑的是：被告人实施的两种侵害被害人身体的行为，符合法条竞合的情形；为了实施犯行，他侵入了被害人的住处，即一个被特别保护的区域；其长时间地计划了他的犯行；其在孩子的面前实施了犯行；被害人和犯行时在场的女证人萨尔茨以及她的孩子今天都还因为犯行的后果而痛苦。在衡量了所有这些情况之后，法庭认为，该犯行并未明显地偏离未遂的故意杀人的其他表现形式，以至于它等同于《德国刑法典》第213条中特别提到的一种较轻情形。

在该判决书中，裁判者关于法律适用的论证说理十分全面、充分且充满逻辑性。首先，其确立法律争议并剖析了法律争议，在德国不允许判决书直截了当地援引所要适用的法律，法律适用需要仔细论证，在论证过程中必须确立法律争议，这样判决书在确立了争论焦点的情况下，便为后面的法律评价树立批驳的标靶。其次，针对被告人作案时的精神状况是否满足刑法规定中可判处较轻处罚的情形，以及具体应该适用哪条法律规定的问题，判决书在结合专家鉴定意见的基础上，详细分析了每条相关法律规定具体的适用范围，不仅厘清了所涉法条之间的区别，还使法律适用变得更具说服力，且还能通过判决说理实现向公众释法说理的目的。整体而言，该种全面解释法律的法律适用说理方法具有以下特点：其一，全方位评价行为的非法性，不仅分析一般情况，而且还考虑特殊情况，对每种情况又从多方面进行论证；其二，多角度分析法律责任的有无,如并非病理反应,并非紧急情况等;其三,兼顾量刑的各个环节,例如在刑罚部分首先考虑根据案件中认定的事实,是否应对被告人予以减刑等。总体而言,在适用法律过程中,德国判决书不仅仅局限于援引法律条文,法律规则并非直接作为判决理由而存在,而是伴有大量的法律解释,旨在清晰、准确地阐释法律,力图将法律与案件实际结合起来。例如,为了被告减刑和缓刑,多次引用法律条文、阐释法律,不断地列举涉案的情况。这不仅体现了裁判者的严谨的态度和人文关怀,同时还体现了裁判者的魄力。

5.4 跨学科视角下的裁判文书说理

多学科的发展已经使得裁判文书不能再闭门造车,必须以新的视角来重塑裁判文书,其中最为重要的就是跨学科的问题。长期的规范法学传统使得裁判者形成将整体法律分割为法律部门的不良倾向,法律的整体性被肢解,使得刑法、民法、行政法的适用相互隔离,尤其是民刑交叉的法律问题日益显著。然而,司法实践恰恰需要在跨越不同法律部门和不同学科之间发现问题、分析问题、解释问题。如果在各个部门法之间都无法互相借鉴,将严重动摇裁判合理性的根基,因此,必须认识到案件裁判中的交叉性焦点问题的重要性。为了维护裁判文书的不容置疑性,不能依赖于故步自封的传统壁垒,恰恰要勇于接受和吸纳新的各个领域的科学信息。要避免传统判决文书说理的路径依赖,以免形成天然的屏障,导致不能适应和互相无法理解。生物学理论告诉我们,适应高度特殊化的生活环境到了过分细致的程度,就会走进一条死巷,越是专化和适应,其走向更高等级的可能性就越小。由此可见,裁判文书的证明说理在很大程度上取决于跨学科的共同努力。

5.4.1 证据法视角

裁判文书的说理当然要立足证据,所谓有一分证据说一分话,更为重要的是,证据裁判主义要求裁判者对证据的认知必须非常精通。因此,证据法学本身的规范和例外就是裁判者必须首先跨越的学问之一,如对于庭审实质化所推进的证人出庭制度,对于证人出庭所指向的根本价值,即当庭证言的价值问题,就涉及证人可信度的问题。事实上,即便是现场目击证人,证人证言的可信度在证据类型中也一直是非常有争议的问题。

证人,在我们的认识里,通常都是提供一些客观证据的人,是把自己亲眼看到、亲耳听到的东西如实地讲出来的人。然而，心理学研究证明，很多证人提供的证词都不太准确，或者说是具有个人倾向性，带着个人的观点和意识。证人对他们的证词的信心并不能决定他们证词的准确性，这一研究结果令人感到惊讶。心理学家珀费可特和豪林斯决定对这一结论进行更加深入的研究。为了考察证人的证词是否有特别的东西，他们将证人的记忆与对一般知识的记忆进行了比较。他们让被试者看一个简短的录像，是关于一个女孩被绑架的案件。第二天，研究者让被试者回答一些有关录像里内容的问题，并要求他们说出对自己回答的信心程度，然后做再认记忆测验。接下来，使用同样的方法进行测试，内容是从百科全书和通俗读物中选出的一般知识问题。与先前的情况相似，珀费可特和豪林斯同样发现，在证人回忆的精确性上，那些对自己的回答信心十足的人，其实际表现并不比那些没信心的人更为出色。但对于一般知识来说，情况就不是这样，信心高的人回忆成绩比信心不足的人好得多。人们对于自己在一般知识上的优势与弱势有自知之明，因此，倾向于修改他们对于信心量表的测验结果。一般知识是一个数据库，在个体之间是共享的，它有公认的正确答案，被试者可以自己去衡量。例如，人们会知道自己在体育问题上是否比别人更好或更差一点。但是，目击的事件不受这种自知之明的影响。

5.4.2 跨心理学视角

裁判者在法庭上的心理学问题，主要是被告人对他们的影响，以及由此最终产生的判决结果。在裁判者和被告人的交流中，除了在法律程序及控辩内容上对裁判者的影响外，还有许多言辞上、动作上、环境中的心理问题，会使裁判者更倾向于有罪或者无罪的结论。其中最为细节的问题是，被告人和裁判者的眼神交流，根据经验，被告人直视裁判者的时候，对裁判者的影响最大，如在遇到是否排除非法证据，是否属于刑讯逼供，是否自愿认罪认罚或证人是否作伪证等关键问题时，裁判者可以通过与被告人互相直视，来判断被告人是否处于自由意志，是否真实表达意愿，是否有隐情或是否说谎。也就是说，裁判者需要在庭审实质化的法庭上细心地察言观色，要通过眼睛直视被告人，从而获得更多的倾向性判断信息。这也是心理学上重要的具身效应的价值的一个体现。

除此之外，在罪与非罪的实体问题上，如在被告人是否具有刑事责任能力等问题上，更是涉及心理学专业知识的运用。以"张扣扣被控故意杀人、故意毁坏财物案"的裁判文书为例，在涉及对张扣扣的精神障碍程度进行鉴定的问题上，裁判文书仍沿用传统的说理方式，指出张扣扣无精神病家族史和既往史，其具有现实作案动机，作案前精心策划和预谋，选定三名被害人作为犯罪对象，事先跟踪、守候，作案中分别朝三名被害人要害部位反复捅刺，作案后逃避追捕，后又投案自首，表明其具有完全的辨认能力和控制能力，且一审庭审中思维清晰、对答切题。庭审中，亦未发现张扣扣有精神异常表现。与之前的"陕西邱兴华案"裁判文书对该问题的说理有异曲同工之处，张扣扣案裁判文书未能结合多学科视角对这一问题展开充分说理。反观张扣扣被控故意杀人、故意毁坏财物案作为法律文本的一审辩护词，其中大量引用心理学的知识信息，为法律人勾勒出一幅全面的关于被告人量刑从轻的说理依据。例如，文中引用弗洛伊德，指出"人的创伤经历，特别是童年的创伤经历会对人的一生产生重要的影响。悲惨的童年经历，长大后再怎么成功、美满，心里都会有个洞，充斥着怀疑、不满足、没有安全感……不论治疗身体还是心理上的疾病，都应考虑患者童年发生的事。那些发生于童年时期的疾病是最严重、也是最难治愈的。"进而依据心理学的研究成果，认为心理学的研究表明，激烈的侵犯会导致复仇的欲望，而复仇的欲望只有得到排解，才能放弃复仇的行动。并举出国内学者黄永锋总结的排遣复仇欲望的可能途径，包括：（1）借助诉诸神秘力量的报应思想；（2）通过得到所在群体的支持；（3）诉诸暴力反击；（4）寻求公权力救济；（5）通过忏悔和宽恕；（6）容忍并由时间抚慰。因此，为了实现社会控制，国家应当尽可能地向行为人提供代价更小的仇恨排遣途径。

事实上，精神病问题并非一个智力问题，而是一种情感问题，远非用精心策划、思维敏捷等三言两语可以概括的。而且，从心理视角观之，裁判者认知力问题，也需要心理学的介入，整个刑法的犯罪构成理论体系中的许多问题，包括故意、过失，都是由心理学所决定的。而刑事诉讼法庭审实质化中强调的案卷移送问题以及速裁程序等非普通程序中保留的最后陈述程序，都是因先入为主、倒摄效应等心理学原理所致。

1996年效仿起诉书一本主义的案卷移送实验效果并不理想，并且导致2012年的制度回归，而这种无法解释的反复，反映的其实就是裁判者的一种心理状态，因为裁判者无法判断来自辩护方的第二种主张，也就是说，先入为主不是关键，无法辨析新的观点才是关键，而之所以在只能接受一方主张的心证水平下，往往接受来自控方的主张，那是刑事诉讼结构使然，是另一层面的问题。

同样，当庭宣判制度会对裁判者造成认知倾向压力，因此裁判者本能地会规避开庭审中辩方主张的心理学时间压力，也就是说，由于处理裁判矛盾的心理限制，只能选择远离庭审时间点，在庭审后重新阅卷的心证支撑下，依照起诉书的主张撰写裁判文书。

由此可见，由于裁判者同样通过身体产生感觉和直觉，因此他们所作出的判断就不可能像机器那样缜密且符合逻辑，而是充满了直觉，这就是所谓的直觉认知。所谓法律的生命在于经验，正是在描述每个人对于是非、有罪无罪的判断，正如其在生活中对所有事物的判断一样，存在的是一种几乎不可言说的综合心理，而其本人在作出判断时，往往只是一瞬间举动。正如一个有经验的管道工上来就一把拧开了一个阀门，整个停滞多时的厂房就运转起来了，裁判者如同管道工，好的裁判者如同好的管道工。这就是不可言说的直觉，管道工用它来修水管，成为专业人士，裁判者用它来断案，成为专长。而这一点，正反映在所有的裁判文书中。

5.4.3　经济学：交易成本理论

同样地，如果我们引入包括交易成本理论在内的经济学理论，对庭审与司法裁判问题进行分析，也会发现它可以贯穿于我们研究分析的始末，因为经济分析法学从本质上讲，就是要将经济学理论适用于司法制度及其程序的理解和完善。正如波斯那所指出的那样，"经济分析法学只是在以下意义上运用经济学：将经济学看作是一种理论选择理论——即诉讼所要达成的理性选择，换句话说，也就是以最小可能的资源花费来达成预期目标的理性选择，从而将省下的资源用于经济系统的其他领域。无论一种法律制度的特定目标是什么，如果它关注经济学中旨在追求手段和目的在经济上相适应的学说，那么它就会以最低的成本去实现这一目的。"在正义的问题上，波斯纳认为"我们必须区别'正义'的不同词义。它有时是指分配正义，是一定程度的经济平等正义的第二种含义——也许是最普通的含义——是效率。"

因为，这需要从一开始就认识到司法实践的重要性，才有可能提出一个立足于司法实践的研究模型，如所谓的司法效率价值的决定性作用，事实上，司法效率是型构司法程序，尤其是庭审程序的根本要素，因为无论是法院系统，还是控辩双方当事人，还是大众，都是在特定时间和空间内与司法发生关系的。所谓的庭审实质化，就是选择了庭审场域这一特定空间，以及庭审程序这一特定时间，来决定案件并作出最终裁断。因此，面对时过境迁的人类行为和受到现实语境诸多因素影响的刑事案件及其当事人，有效地调度、配置司法资源，及时解决司法实践中的矛盾，才是更有优势的司法进路。如果让司法程序为追求所谓的事实真相等无法企及的目的而自我运行，最终只能是得不偿失。因此，波斯纳指出，法律的经济理论是关于现存法律的最有希望的实证理论。到了20世纪90年代，波斯纳指出法律经济学集中体现了实用主义意义上的科学研究伦理在法律中的运用，并将经济学中预设的"经济人"转化为"实用主义者"，主张运用实际的效果来作出判断。波斯纳的经济分析法学有一个假定的前提，即法律是理性的，因而可以用经济的概念和原则加以分析，这些原则主要是：效率、收益、成本、风险、均衡、实现效益最优。例如，微观经济学分析工具引入法学领域后形成的交叉学科法律经济学，就接受了"经济人"假设作为逻辑起点，即个体总是进行理性选择的，也称为理性选择假设。

5.4.4 语言学对庭审的影响：语义分析方法

我们有必要结合语言学对司法程序及法庭审判的影响，来厘清审判中心主义改革下关键法律用词的多重含义。因为法律语言的界限就是法律思想的界限，法律语言不是法律思想的形式，而是其思想的内核，事实上，不是法律思想决定法律语言，而是法律语言决定法律思想。所谓的法律语言的语义分析，就是通过分析法律语言的要素、结构、语源、语境，以澄清法律思维的混乱、接近法律真实的一种法律逻辑实证方法。这种方法来源于法律语言哲学。这种法律语义分析方法一直受到法学家的肯定和重视。20世纪50年代初，语言学哲学盛行不久，英国牛津大学法理学教授 H. L. A. 哈特就把它引入法学研究，并创立了语义分析法学。1953年，哈特就任牛津大学法理学教授，这时他就指出，几乎每一个法律、法学的词语都没有确定的、一成不变的意义，而是依其被使用的语境（环境、条件和方式）有着多重意义，只有弄清这些语境，才能确定它们的意义。哈特严厉地批评法学中传统的定义方法，指出人们不要抽象地回答"什么是权利？""什么是法人？"之类的问题，而应当通过弄清这些概念被使用的背景和条件去阐释它们。

语言学哲学家 J. L. 奥斯丁也指出："在寻找法律定义时，我们不是仅仅盯住词，……而是也看到这些词所言及的实际对象。我们正在加深对词的认识来深化我们对现象的理解。"他指出，法学家不应在定义的脊背上建立法学理论，而应致力于分析法律、法学语言在实际生活中是怎样被使用的。他强调要把语义分析方法移植到法学中，以改善法学的研究方法，解决法学领域的混乱和难题。

在庭审实质化改革的语境下，语义分析方法有着特殊的价值和作用。例如，在疑难案件中，犯罪构成的分析需要考虑和分析法律语言的要素、结构，考察词语、概念的语源和语境，来认知和确认特定罪名的内涵和外延，而不是直接照搬传统的犯罪构成。事实上，对于从事审判实践的法律职业人来说，传统的犯罪描述对于复杂的个案是远远不够的，而且许多传统构成拘泥于传统形式或固定样式，没有充分考虑复杂、新型犯罪的本质内容。其实，所有既有的犯罪构成描述都不能包括不断发展和变化的社会现象和犯罪趋势。

除此之外，法律语言的实际运用还体现在开庭陈述的方式中，也就是叙事结构的问题。大陆法系采用的宣读起诉书的方式，无论是对于非专业的旁听人群还是对于长期审理案件已经疲惫的专业裁判者，都不是较好的对案件事实情节的代入方法，而对案件事实的关注度和介入动力直接决定着庭审实质化的实质代入。因此，英美的故事模式构造对于案件的讲述，及后续对案件关键点的证据导入，较为符合专业法律人和普通群众对案件的接受过程。这种结构及其对语言层次的安排，先从宏观简要的案情故事叙述开始，同时结合融贯的标准，使得案件的第一次呈现就较为成功，继而通过专业的证据质证来丰富和解释案情的原始呈现，从而让裁判者和旁听群众得以聚焦于案件证据事实的真实性、关联性等问题，这无疑是叙事结构在优化裁判过程和裁判结果方面的一条更好进路。